面向轮廓数据的
统计质量控制方法

张阳 ◎ 著

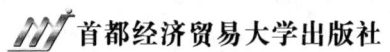

首都经济贸易大学出版社
Capital University of Economics and Business Press
·北京·

图书在版编目（CIP）数据

面向轮廓数据的统计质量控制方法 / 张阳著. -- 北京：首都经济贸易大学出版社，2024.5
　　ISBN 978-7-5638-3689-5

　　Ⅰ.①面… Ⅱ.①张… Ⅲ.①数理统计-应用-工业产品-质量控制 Ⅳ.①F406.3

中国国家版本馆 CIP 数据核字（2024）第 086982 号

面向轮廓数据的统计质量控制方法
张　阳　著

责任编辑	晓　地
封面设计	砚祥志远·激光照排　TEL：010-65976003
出版发行	首都经济贸易大学出版社
地　　址	北京市朝阳区红庙（邮编 100026）
电　　话	（010）65976483　65065761　65071505（传真）
网　　址	http://www.sjmcb.com
E- mail	publish@cueb.edu.cn
经　　销	全国新华书店
照　　排	北京砚祥志远激光照排技术有限公司
印　　刷	北京九州迅驰传媒文化有限公司
成品尺寸	170 毫米×240 毫米　1/16
字　　数	286 千字
印　　张	18
版　　次	2024 年 5 月第 1 版　2024 年 5 月第 1 次印刷
书　　号	ISBN 978-7-5638-3689-5
定　　价	76.00 元

图书印装若有质量问题，本社负责调换
版权所有　侵权必究

前　言

质量是建设制造强国的生命线。《国务院关于加强质量认证体系建设促进全面质量管理的意见》(国发〔2018〕3号)提出要创新质量管理工具，打造中国质量管理"工具箱"。《制造业质量管理数字化实施指南（试行）》(工信厅科〔2021〕59号)进一步提出要加快质量管理数字化工具和方法的研发与应用。2023年2月，中共中央、国务院印发《质量强国建设纲要》，提出要创新质量管理理念、方法、工具，构建数字化、智能化质量管控模式。质量管理数字化和智能化发展离不开面向质量数据的质量管控方法和工具的创新与应用。工业物联网的不断发展及深度应用，使得制造过程质量数据可以实现实时自动采集与存储，将会有力支撑质量管理数字化、智能化的发展。结合质量数据特征及其特点，构建有效的质量管控理论与方法，是推动实现质量管理数字化的重要基础。

本书研究面向质量特性为轮廓数据的统计质量控制理论与方法。与近年来统计质量控制研究成果所关注的多变量连续数据、分类数据等不同，轮廓数据是指通过某种函数关系来描述的一组数据，例如，航空发动机叶片形状数据、列车轮对压装曲线数据等，是当前制造加工过程中常见的质量特性数据。前期通过对发动机叶片加工过程、转换阀套制造过程的现场调研，发现复杂制造过程中产品或过程轮廓存在轮廓特定变异、轮廓内数据呈现时间或空间上的相关关系、轮廓关系呈现非线性以及轮廓数据变量为角度变量等情况。若加工过程存在特定变异信息且预先已知，则期望能充分利用已知特定变异信息，快速监测轮廓特定变异。另外，针对存在内部相关性的轮廓数据，若忽略这种相关关系，则会影响轮廓控制方法的监控性能。此外，针对其他类型轮廓数据，则期望能够构建有效的轮廓控制方法。

基于此，本书面向轮廓数据，分别从考虑轮廓特定变异、考虑轮廓内部相关性、面向其他类型轮廓数据等方面，构建统计质量控制方法。具体而言，第一篇研究特定变异的线性轮廓控制方法，详细研究了面向线性轮廓数据的定向常规控制图、定向 EWMA/CUSUM 控制图、定向区域控制图和带有附加运行准则的线性轮廓定向控制图，以及模型参数估计对部分控制图监控性能的影响。第二篇研究内部相关性的线性轮廓控制方法，包括第一阶段分析用控制方法和第二阶段监控用控制方法。第三篇研究面向其他类型轮廓数据的轮廓控制方法，包括基于非参数度量的非线性轮廓控制方法和面向角度变量数据的线性轮廓控制方法。本书所介绍的轮廓控制方法是作者近年来的最新研究进展，拓展了统计质量控制理论和方法。

感谢国家自然科学基金对本研究的资助（编号：71401123），感谢首都经济贸易大学出版社和天津商业大学管理学院的支持和帮助。

由于作者知识水平有限，书中不足之处在所难免，敬请各位专家和广大读者批评指正。

目 录

1 绪论 …………………………………………………………………… 1
　1.1 轮廓控制概述 ………………………………………………………… 1
　1.2 轮廓控制基本理论 …………………………………………………… 3
　1.3 轮廓控制研究综述 …………………………………………………… 11
　1.4 本书结构框架与主要内容 …………………………………………… 18
　1.5 本书的学术价值与应用价值 ………………………………………… 20

第一篇　考虑特定变异的线性轮廓控制

2 线性轮廓定向常规控制图 ……………………………………………… 25
　2.1 引言 …………………………………………………………………… 25
　2.2 考虑特定变异的线性轮廓建模 ……………………………………… 27
　2.3 定向常规控制图 ……………………………………………………… 29
　2.4 定向控制图性能评估分析 …………………………………………… 33
　2.5 监控性能比较分析 …………………………………………………… 39
　2.6 联合非定向控制图的性能分析 ……………………………………… 46
　2.7 本章小结 ……………………………………………………………… 50

3 线性轮廓定向 EWMA 控制图 …………………………………………… 51
　3.1 引言 …………………………………………………………………… 51
　3.2 面向二次型特定变异的定向 EWMA 控制图 ……………………… 53
　3.3 面向多种类型特定变异的定向 EWMA 控制图 …………………… 67
　3.4 本章小结 ……………………………………………………………… 75

4 线性轮廓定向 CUSUM 控制图 ······ 77
- 4.1 引言 ······ 77
- 4.2 定向 CUSUM 控制图 ······ 80
- 4.3 性能评估研究 ······ 85
- 4.4 定向 CUSUM 控制图改进与分析 ······ 94
- 4.5 应用示例分析 ······ 102
- 4.6 本章小结 ······ 106

5 线性轮廓定向区域控制图 ······ 108
- 5.1 引言 ······ 108
- 5.2 基于 t 检验的定向区域控制图 ······ 109
- 5.3 基于 z 统计量的定向区域控制图 ······ 118
- 5.4 应用示例分析 ······ 138
- 5.5 本章小结 ······ 141

6 带有附加运行准则的线性轮廓定向控制图 ······ 142
- 6.1 引言 ······ 142
- 6.2 带有附加运行准则的 T 控制图 ······ 144
- 6.3 性能评估与比较研究 ······ 148
- 6.4 应用示例分析 ······ 155
- 6.5 本章小结 ······ 158

第二篇　考虑内部相关性的线性轮廓控制

7 基于密度的内部相关性线性轮廓控制参数识别方法 ······ 161
- 7.1 引言 ······ 161
- 7.2 基于 LMM 的内部相关性线性轮廓建模 ······ 164
- 7.3 基于密度的线性轮廓控制参数识别方法 ······ 165
- 7.4 性能分析与比较研究 ······ 169

7.5 应用示例分析 ……………………………………………………… 181
7.6 本章小结 …………………………………………………………… 183

8 内部相关性线性轮廓控制方法 ………………………………………… 185
　8.1 引言 ………………………………………………………………… 185
　8.2 基于 AR（1）的内部相关性线性轮廓控制方法 ……………… 186
　8.3 基于 GPM 的内部相关性线性轮廓控制方法 ………………… 192
　8.4 本章小结 …………………………………………………………… 209

第三篇　面向其他类型轮廓数据的轮廓控制

9 面向非线性轮廓数据的非参数轮廓控制方法 ……………………… 213
　9.1 引言 ………………………………………………………………… 213
　9.2 基于线轮廓度误差的差异度量 …………………………………… 215
　9.3 基于差异度量的 F&P 联合控制图 ……………………………… 219
　9.4 基于差异度量的 FPEWMA 联合控制图 ……………………… 231
　9.5 应用案例分析 ……………………………………………………… 237
　9.6 本章小结 …………………………………………………………… 242

10 面向角度变量数据的线性轮廓控制 ………………………………… 243
　10.1 引言 ……………………………………………………………… 243
　10.2 基于角度变量的线性轮廓建模 ………………………………… 243
　10.3 第二阶段角度线性轮廓控制图 ………………………………… 245
　10.4 角度线性轮廓模型参数估计影响研究 ………………………… 253
　10.5 第一阶段角度线性轮廓控制方法 ……………………………… 258
　10.6 本章小结 ………………………………………………………… 261

参考文献 …………………………………………………………………… 262

1 绪 论

1.1 轮廓控制概述

统计质量控制（statistical quality management，SQM）是质量管理与质量工程中质量改进和控制的主要技术之一，用于实现对制造加工过程的监控，最主要的方法是控制图（Control Chart）。最早的控制图是由美国质量管理专家休哈特（Shewhart）博士于 1924 年提出的，距今已整整百年。1931 年，休哈特在其发表的经典著作《工业产品质量的经济控制》中，介绍了将控制图应用于西方电气公司霍桑工厂的保险丝、加热控制和电站装置的生产质量管理中的情况。此后，控制图作为一种质量控制工具，被广泛应用于产品（或过程）质量控制中，用来预防废次品的产生，控制和提高产品制造加工质量。

为监控产品（或过程）质量特性，如零件尺寸、轴的直径等，通常假设质量特性服从某种一元或多元分布。因而，传统控制图主要集中于一元控制图和多元控制图等统计质量控制方法的研究。不过，通过分析某种甜味剂产品质量数据，发现甜味剂重要的质量特性之一是每升水在不同温度下可以溶解的甜味剂含量（Kang and Albin，2000）。此质量特性中，在不同温度下，每升水溶解的甜味剂含量与温度形成了甜味剂溶解含量曲线。如何通过评估样本曲线来判断是否出现异常，成为甜味剂产品质量控制的关键。另外，在复杂制造过程中，某些产品（或过程）质量特性并不仅包括产品尺寸，还包括产品形状。例如，为满足航空发动机高性能、工作安全性、可靠性及寿命的要求，发动机叶片除应具有精确的尺寸之外，还必须具有准确的形状和严格的表面完整性。这类质量特性需要通过某种函数关系来充分描述。统计质量控制中，称这种描述质量特性的函数关系为轮廓（Profile）。此外，随着工业互联网的发展和传感器、RFID 等技术在制造业中的应用，产品（或过程）质量轮廓数据更易测量并被记录，如轮对压装曲线数据、惯导产品中转换阀套的直线度数据等，有利于更加具体地分析产品（或过程）质量。同时，传统的统计过程控制方法也不再适用于产品（或过程）质量特性为轮廓数据的监测与控制。因此，亟待提出面向轮廓数据的统计质量控制方法。

若所关注的质量特性是变量 Y 与独立变量 X 之间的函数关系，则轮廓模型可以表示为：

$$Y = f(X, \boldsymbol{\beta}) + \varepsilon, \quad X_l < X < X_h \tag{1-1}$$

其中，$\boldsymbol{\beta}$ 为受控轮廓模型的 p 维系数向量，X_l 和 X_h 界定了 X 的范围，ε 为独立随机变量且服从均值为 0、方差为 σ^2 的某种分布。一般情况下，假设误差项 ε 服从正态分布。实际中所测量得到的 X 与 Y 的具体数据即为轮廓数据。在对过程（或产品）质量进行监测和控制时，需要进行合理抽样来获取样本轮廓数据，作为分析产品质量或过程状态的依据。假设在抽样时刻 t，测得样本轮廓内 n 个测量点 x_{t1}，x_{t2}，$\cdots$，x_{tn} 处相应的响应变量 Y 的值为 y_{t1}，y_{t2}，$\cdots$，y_{tn}，则样本轮廓内 n 个轮廓数据点 (x_{ti}, y_{ti})，$i = 1$，2，$\cdots$，n，可以用于轮廓的建模与模型估计。

独立变量 X 既可以是时间，也可以是加工产品的测量位置（Zhang et al., 2012），还可以是其他的表示过程变化的因素或条件的变量，如温度、气体流量（Woodall et al., 2004）、旋转速度（Kazemzadeh et al., 2008）等。但是，在多个产品上采集的时间序列数据并不属于轮廓控制研究的范畴，除非在每个测量时刻的观测值均为时间序列（Woodall, 2007）。另外，为便于分析数据，通常设定不同轮廓内测量点位置不变，即对于任意 t 有 $x_{ti} = x_i$。

基于 t 时刻轮廓内的 n 个观测点数据，可利用回归模型对轮廓进行建模，轮廓模型为：

$$y_{ti} = f(x_{ti}, \boldsymbol{\beta}_t) + \varepsilon_{ti}, \quad i = 1, 2, \cdots, n \tag{1-2}$$

其中，$\boldsymbol{\beta}_t$ 为 t 时刻轮廓模型的 p 维系数向量，ε_{ti} 为随机误差项且服从均值为 0、方差为 σ^2 的正态分布。为监控与改进质量，可以通过对样本轮廓数据及模型的分析来判断生产加工过程是否发生异常变化。当质量特性数据为轮廓数据时，这种监控生产加工过程，并做出过程异常预警的控制过程，称为轮廓控制（profile monitoring）。基于控制图思想所构建的面向轮廓数据的统计质量控制方法，也成为轮廓控制的主要工具和方法。

1.2 轮廓控制基本理论

1.2.1 控制图的基本原理

控制图是用来分析和判断生产过程是否处于稳定状态的一种统计工具，它的基本原理是概率论中的小概率理论，即"概率很小的事件在一次试验中实际上是不可能发生的"。它要求必须按确定的时间间隔抽样检验，获取过程的变化信息，这样才能反映出质量特性数据随时间变化的动态信息，判断加工过程中出现的异常因素，并采取相应的控制措施，使加工过程的质量状态得到良好的控制。

1.2.1.1 单变量控制图的基本形式

在产品的正常生产过程中，产品质量特性值是服从某种随机分布的随机变量。根据中心极限定理，无论总体是什么分布，其样本均值总是呈现正态分布或近似正态分布。因此，即便质量特性值服从的分布有许多种，我们只需讨论正态分布的情况。

如果质量特性值 x 服从正态分布 $N(\mu, \sigma^2)$，则无论均值 μ 与标准差 σ 如何取值，x 落在区间 $[\mu-3\sigma, \mu+3\sigma]$ 内的概率为 99.73%。这是经过严格概率计算得到的精确值，如图 1-1 所示，通常称为 3σ 原则。而落在大于 $\mu+3\sigma$ 或者小于 $\mu-3\sigma$ 一侧的概率为 $(1-99.73\%)/2 \approx 0.135\%$，这是一个小

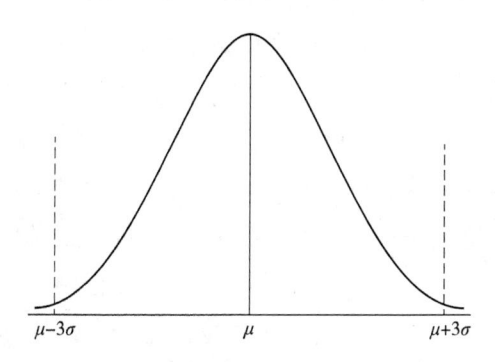

图 1-1 正态分布的性质

概率事件。由于小概率事件在一次试验中几乎不可能发生，所以当 x 落在区间 $[\mu-3\sigma, \mu+3\sigma]$ 之外时，可认为过程存在系统性变异。

休哈特根据正态分布这一性质构造了休哈特控制图，亦称为常规控制图。将图 1-1 顺时针方向转 90°，如图 1-2（a）所示。为使图中数值符合常规，可将图 1-2（a）上下翻转 180°，变为图 1-2（b），就可得到一张单值控制图，这便是控制图的形成。

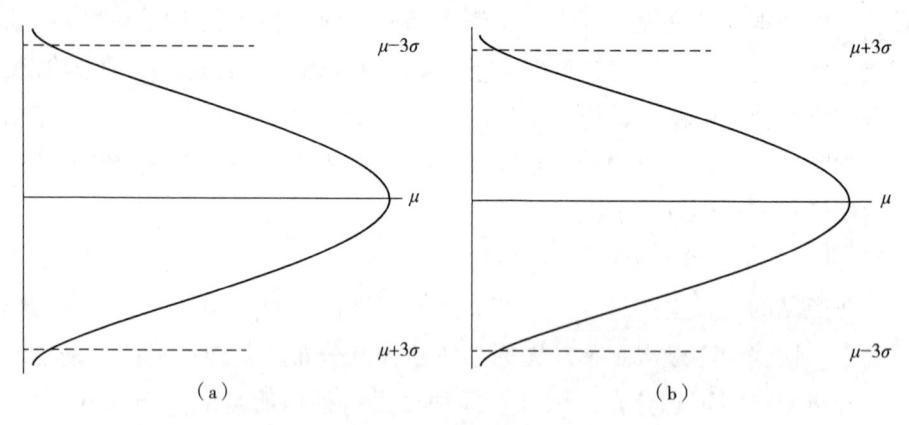

图 1-2 控制图的形成

常规控制图的基本形式如图 1-3 所示，它由平面直角坐标系构成。纵坐标表示被控制的质量特性值，横坐标为时间（或样本号）。常规控制图中设有三条平行于横轴的控制界限。如图 1-3 所示，中间一条实线为控制中心线，简称为中线（central line, CL），上下两条虚线分别为上控制界限（upper control line, UCL）和下控制界限（lower control line, LCL）。利用控制图进行工序质量控制时，首先通过抽样检验，测量需要控制的质量特性值数据，并用点描在控制图相应的位置上，这样便得到一系列坐标点，再将这些点用线连接起来，即可得到一条能反映质量特性值随时间波动的折线。通过分析折线的形状和变化趋势以及折线与三条控制线之间的相互关系，便可判断过程质量状态。控制图在应用过程中，必须按确定的时间间隔抽样检验（或全检），以获取过程的变化信息。正因为如此，控制图能反映过程质量数据随时间变化的信息，这也是控制图与其他统计工具的区别所在。

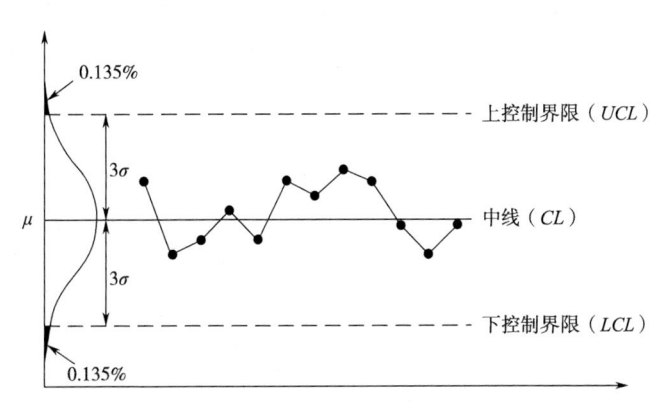

图 1-3 控制图的基本形式

在常规控制图中，有多种判断过程质量发生异常的准则。判异准则大致可以分为两类。一是点出界即判异。当点落在上下控制界限之外时，则认为过程已经统计失控。否则，认为过程处于统计受控状态。二是在上下控制界限内的点排列不随机即判异。过程统计受控状态下，控制界限内的点应是在上下控制界限内中线两侧随机排列的，不会出现规律性排列。如果界限内的点出现不随机排列的现象，如连续 9 个点落在中线之下、下控制界限之上，而没有随机落在中线两侧时，也判定过程发生异常。因为出现这种现象的概率极小。《控制图 第 2 部分：常规控制图》（GB/T 17989.2—2020）给出了西方电气规则中根据点排列的八种典型检验模式，包括点出界即判异的检验模式。控制图设计与应用中最常用的是点出界即判异的判异准则。其他判异准则的使用在本书中也有所涉及，具体可参见相应章节。

1.2.1.2 控制图的两类错误

应用控制图判断生产过程是否稳定，主要是根据控制图上点的分布状况进行的，而点又是通过抽样检验得来的，它具有不确定性。因此，在控制图的应用过程中可能会犯以下两类判断错误。

（1）虚发警报的错误。虚发警报的错误也称第 I 类错误。在生产过程稳定的情况下，纯粹出于偶然因素而使点出界的概率虽然很小，但是这类事件总还是有可能发生的。如果它发生，我们据此判定生产过程出现异常，就犯了虚发警报的错误，从而不必要地去分析查找原因，给生产带来损失。如图 1-4 所示，如果所产生的点正好位于曲线 A 的 α 区间（阴影区间），这种错判的概率为 α。当控制图的控制界限取 $\mu\pm3\sigma$ 时，$\alpha=0.27\%$。

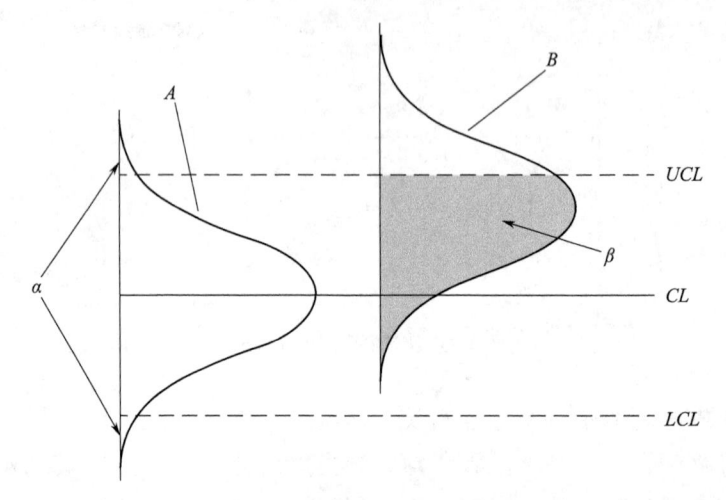

图 1-4　控制图的两类错误

（2）漏发警报的错误。漏发警报的错误也称第Ⅱ类错误。当生产过程出现异常情况时，产品质量的特性值会偏离过程典型分布（如图 1-4 中的 B 曲线），但是总还有一部分产品的质量特性值是落在上下控制界限之内的，如图 1-4 中 B 曲线的阴影部分。如果我们抽检时正好抽到 B 曲线阴影部分的产品，那么由于点未出界则会判定生产正常。此时就犯了漏发警报的错误。发生这种错误的概率等于图 1-4 中 B 曲线阴影部分的面积，通常记为 β。

由于控制图是通过抽样获取产品质量数据的，因此发生上述两类错误是不可避免的。控制图出现虚发警报的错误，是指当过程不存在系统变异时控制图却发出了警报；而控制图出现漏发警报的错误，是指过程本身存在系统变异但是控制图却没有发出警报。虚发警报的错误会无谓地增加人们的工作量，而漏发警报的错误又会使人们失去控制生产过程的良好机会。这两类错误都会造成不良后果。

由于在控制图上中心线一般是对称轴，因而其不能调整。所以，在控制图设计时，所能变动的只是上下控制界限及其间距。容易发现，在应用控制图时，若将间距增大，则犯第Ⅰ类错误的概率 α 减小，但犯第Ⅱ类错

误的概率 β 会增加；反之，则 α 增大，β 减小。因此，在设计与应用控制图时，往往只能根据这两类错误造成的总损失最小的原则，确定控制图的上下控制界限。实际应用中的一般原则是首先确定虚发警报的概率，即犯第 I 类错误的概率 α，再看漏发警报的概率，即犯第 II 类错误的概率 β。

1.2.1.3 控制界限的确定

控制图中的上下控制界限是判断加工过程是否异常（或失控）的主要依据。因此，在应用控制图工具时，如何经济、合理地确定上下控制界限，便成为控制图设计的关键。如果上下控制界限之间的间隔太小，则虚发警报的概率会变大。这会增加过程控制的难度，并且还会提高废次品率。如果上下控制界限之间的间隔太大，则会忽略本应给出警报的点，增大漏发警报的概率，难以保证产品的质量。

我们知道，常规控制图一般采用 3σ 原则确定控制界限。根据前文的介绍，此时犯第 I 类错误的概率为 0.002 7，意思是说 10 000 个点中，只有 27 个点是虚发警报。考虑单侧情况，犯第 I 类错误的概率仅为 0.001 35。可以看出，α 与控制界限之间有着对应的关系。那么，我们只要给定 α 值，就可以确定控制界限。因此，除了 3σ 原则外，我们还可以通过选择犯第 I 类错误的单侧概率来确定控制界限。例如，当单侧概率为 0.001 时，其对应的控制界限即为 $\mu \pm 3.09\sigma$。在英国和西欧，便采用概率控制界限，其标准概率水平设为 0.001。

1.2.1.4 第一阶段控制图与第二阶段控制图

在实际应用控制图时，需要监控的过程一开始可能不会一直稳定地处于统计受控状态。实际上，这种情况经常发生，因为过程总会存在异常原因使得其向非受控状态变化。如果利用非稳定受控状态下的所有过程数据来估计过程质量特性参数，则估计的均值可能不够精确。而且，过程不稳定，或波动相对较大，会导致估计的方差变大。在这种情况下，利用所估计的参数来构建控制图，会增大控制界限的间隔，从而使得漏发警报概率变大。因此，需要通过控制图来分析过程的稳定性，并通过调整参数来调整过程基准。在调整过程并使其处于稳定受控状态后，再基于稳定状态下的过程数据构建控制图，可以增强控制图的合理性和有效性。

在上述过程中，涉及两种控制图。一种是用于分析过程稳定性的控制图，称为分析用控制图，也称为第一阶段控制图。另一种是在分析过程稳定性后，利用移除异常质量特性值重新估计的过程受控参数值作为过程基准，重新构建的用于后续监控过程状态的控制图，称为控制用控制图，也称为第二阶段控制图。构建第二阶段控制图的主要目的是基于抽样样本数据监控过程质量状态，并且当过程发生失控时能够尽快地对过程进行判异，进而给出预警信号。

在实际应用中，第一阶段控制图通常利用最近的过程历史数据来分析过程的稳定性，并在剔除反映过程异常的数据后，构建新的控制图，在第二阶段使用。在此过程中，为判断过程是否已经达到稳定受控状态，通常会使用新的控制图再次分析剔除异常数据后所留下的过程历史数据，分析是否所有的点都处于新控制图的上下控制界限内。如果所有点都落在上下控制界限内，那么新的控制图即可作为第二阶段控制图使用；否则，需要继续剔除反映过程异常的数据，继续构建新的控制图，并进一步分析直至所有的点均落在上下控制界限内。

1.2.1.5 平均运行链长

控制图的平均运行链长（average run length，ARL）是指控制图发出过程失控信号前所抽取的样本数或抽样间隔数的平均数。它可以用来衡量控制图的性能。对于休哈特控制图，如果过程的观测值之间不相关，则平均运行链长可以很容易地通过

$$ARL = 1/P$$

计算得出。其中，P 为出现一个失控点的概率。

平均运行链长又分为受控平均运行链长和失控平均运行链长，分别用 ARL_0 和 ARL_1 表示。所谓受控平均运行链长，是指当生产过程没有发生异常并处于受控状态时，平均经过多少个观测点会出现过程失控的虚假警报。而失控平均运行链长则是指当过程已经出现失控时，平均需要经过多少个观测点才会监测出过程处于失控状态，并发出过程失控警报。通常而言，控制图的 ARL_0 越大，性能越好，控制图也越稳健。这也称为控制图的稳健性。当过程已经发生异常时，控制图的 ARL_1 越小，则表明其对过程异常波动越敏感。这也称为控制图的灵敏性。因此，设计控制图时，既要保证过程失控时尽快发出警报，同时又要保证没有太多的虚假警报。另

外，运行链长的标准差（standard of run length，SDRL）可以辅助 ARL 判断过程运行链长分布的离散趋势。控制图的 SDRL 越小，则代表运行链长的波动越小。

对于常规控制图，可以分别通过以下公式计算出过程处于受控状态时的 ARL_0 和过程处于失控状态时的 ARL_1：

$$ARL_0 = 1/\alpha, ARL_1 = 1/\beta$$

在采用 3σ 原则的常规控制图中，可知 α 为 0.0027，那么 ARL_0 约为 370。这也就意味着平均每经过 370 个抽样点会发生一次虚发警报。在加工过程均值发生偏移后，ARL_1 不仅与偏移量有关，还与抽样的样本容量有关。也就是说，利用不同样本容量的抽样样本来监测均值偏移量为 $k\sigma$ 的偏移时，计算得出的 ARL_1 值会不同。例如，如果抽样样本容量为 3，均值发生 1.5σ 偏移时，给出过程发生异常警报时所需要的平均运行链长 $ARL_1 = 3$，即平均需要经过 3 个采样点才能判断过程发生了异常变化。如果我们将样本容量增加到 16，那么监测出发生 1.5σ 均值偏移只需 1 个样本点，即此时的失控平均运行链长缩小为 $ARL_1 = 1$。

1.2.2 控制图的统计意义

控制图在统计过程控制中的主要应用是判断产品（或过程）质量是否发生异常，是否出现变动。我们可以通过统计学中的假设检验对控制图的构建进行统计意义上的说明。

单变量控制图的构建是基于质量特性服从某种随机分布的假设。不妨假设服从正态分布 $N(\mu, \sigma^2)$。当质量特性出现异常时，则表征质量特性正态分布的均值 μ 或方差 σ^2 就会发生变化，控制图就会报警。因此，在控制图的实际应用中，可以通过比较抽样与假设分布的均值或方差是否相同，来判断质量特性均值或方差在统计意义上是否发生变化，从而判断产品（或过程）质量是否处于统计受控状态。

下面利用假设检验来说明控制图的统计意义。假设质量特性服从正态分布 $N(\mu_0, \sigma_0^2)$，而抽样总体为 $Z \sim N(\mu, \sigma^2)$。将来自总体 Z 的一组样本量为 n 的样本记为 $Z_1, Z_2, \cdots, Z_n$，从而可以计算得出样本均值和样本方差，分别记为 $\bar{Z}$ 与 S^2。为监控质量特性均值，可通过假设检验方法判断均值是否发生变化。此时，建立原假设和备择假设，分别为：

$$H_0: \mu=\mu_0 \text{ 和 } H_1: \mu \neq \mu_0$$

假定 $\sigma^2=\sigma_0^2$，则可以构建检验统计量：

$$U=(\bar{Z}-\mu_0)/(\sigma_0/\sqrt{n})$$

且易知 $U \sim N(0, 1)$。对于一个抽样样本，样本统计量 U 的值可基于样本均值计算得到。另外，对于给定的显著性水平 α，可以知道：

$$P\{|U|>u_{\alpha/2}\}=\alpha$$

而且，在相应的置信水平 $1-\alpha$ 下，可以得到对应的置信区间为：

$$\left[\mu_0-\frac{u_{\alpha/2}}{\sqrt{n}}\sigma_0, \mu_0+\frac{u_{\alpha/2}}{\sqrt{n}}\sigma_0\right]$$

那么，当统计量 U 的值落在置信水平为 $1-\alpha$ 的置信区间时，则不能拒绝原假设，从而认为样本所在总体的均值没有发生变化。这也就意味着产品（或过程）质量应处于统计受控状态。按照此思路，即可构建用于监控质量特性均值的控制图，控制图上下控制界限取值分别为置信区间两端点值。当统计量 U 值落在上下控制界限之外时，则认为过程均值发生变化，产品（或过程）质量处于统计失控状态。正如上节所说，控制图的控制界限可以根据犯第 I 类错误的单侧概率 $\alpha/2$ 来确定，而且可以看出犯第 I 类错误的概率即为给定的显著性水平。

根据控制图的统计意义，以及通过假设检验构建控制图的思路，可以便于理解控制图的构建与设计。而且，还可以更加方便、有效地构建满足给定第 I 类错误概率的控制图。另外，也可以按照此思路，利用非参数假设检验方法构建非参数控制图。这些对于构建面向轮廓数据的统计质量控制图具有较好的借鉴作用。

1.2.3 轮廓控制基本思想

传统单变量或多变量控制图多是基于过程或产品质量特性由一元或多元变量充分描述的假设。基于此假设，在每一抽样时刻，可观测到给定样本量的一组样本，样本观测值为一元观测值或多元观测值向量，进而估计质量特性参数的估计值，从而判断过程或产品质量是否受控。然而，轮廓控制则是对质量特性为轮廓数据的产品（或过程）质量进行监控，其研究对象为描述质量特性的某种函数关系。轮廓控制就是对此描述过程或产品质量特性的轮廓模型进行监控，从而判断生产加工过程是否失控。已有的单变量或多变量控制图不再适用于面向轮廓数据的统计质量控制。但是，控制图构建的基本原理和思路为构建面向轮廓数据的轮廓控制方法提供了基础。

类似于从统计学角度构建单变量控制图的方法，轮廓控制同样可以基于假设检验判断轮廓函数关系是否随时间发生变化。若假定不同抽样时刻轮廓数据均可通过同一模型来描述，那么轮廓控制也就等同于判断轮廓模型参数是否随时间发生了变化。这包括模型系数是否变化的判定和误差项分布是否发生变化的判断。因此，为构建轮廓控制方法，可以利用统计假设检验判断模型参数是否发生统计意义上的显著变化。若假设轮廓模型为公式（1-2）的模式，那么可以构建用于假设检验的原假设与备择假设分别为：

$$H_0: \boldsymbol{\beta}_t = \boldsymbol{\beta}_0, \sigma_t^2 = \sigma_0^2 \text{和} H_1: \boldsymbol{\beta}_t \neq \boldsymbol{\beta}_0, \sigma_t^2 \neq \sigma_0^2$$

其中，$\boldsymbol{\beta}_0$ 和 σ_0^2 为已知受控状态下轮廓模型参数取值。t 抽样时刻模型参数 $\boldsymbol{\beta}_t$ 和 σ_t^2 可基于测量的轮廓数据进行估计，即基于轮廓数据拟合轮廓模型。针对上述假设检验，利用估计的模型参数，可采用多元统计中统计量构建方法对此假设进行检验，并构建基于多元统计量的轮廓控制图。

在轮廓控制研究中，同样需要注意区分第一阶段与第二阶段轮廓控制的区别。第一阶段轮廓分析的主要目的是分析过程变异源，判断过程稳定性，并且在移除异常因素后估计过程受控参数和控制参数；而第二阶段轮廓控制则是基于观测轮廓数据快速监测过程的异常。

1.3　轮廓控制研究综述

1.3.1　线性轮廓控制方法研究综述

线性回归模型是最常见最简单的轮廓模型，尤其经常出现在校准过程中。线性轮廓控制方法最早针对半导体制造中晶体板加工过程质量监控而提出（Kang and Albin, 2000）。其中，晶体板凝结点所受压力与气体的流量之间呈现线性函数关系，是晶体板加工过程的重要质量特性。所提第二阶段控制方法有两种（Kang and Albin, 2000），一种是对模型参数——斜率和截距构建多元 T^2 控制图，另一种是基于样本估计轮廓与理论轮廓之间的残差构建指数加权移动平均-极差（EWMA-R）联合控制图。

为使线性轮廓截距与斜率相互独立，以简化模型、便于分析，可以对轮廓函数的解释变量 X 进行编码，使编码后的 X 平均值为零（Kim et al.，2003）。基于转换后线性轮廓模型，一些传统控制方法，如 EWMA 控制图、累积和（CUSUM）控制图、均值极差控制图等，被用于对转换后模型参数进行控制（Kim et al.，2003；Saghaei et al.，2009；Gupta et al.，2006）。为动态监控线性轮廓，可以基于转换后模型构建考虑变采样间隔的动态线性轮廓控制图（Li and Wang，2010）。为监控一般线性回归模型，可以采用 MEWMA（多元 EWMA）控制图监控模型系数和误差项标准差（Zou et al.，2007a）。与单纯使用传统控制图的轮廓控制方法不同，可以在引入变点模型的基础上，结合 EWMA 技术，建立 EWMA 统计量（Zou et al.，2006）或广义似然率统计量（Zhang et al.，2009）并构建线性轮廓控制图，以实现对线性轮廓的有效监控。

针对线性轮廓第一阶段分析，可以对所提的第二阶段控制图进行修改（Kang and Albin，2000；Kim et al.，2003），以适用于监测过程稳定性并识别异常点或过程偏移。另外，变点模型及似然率等方法也被用于分析线性轮廓参数是否发生变化（Mahmoud et al.，2007；Yeh and Zerehsaz，2013；Xu et al.，2012）。而针对引入指示变量后的线性回归模型，可以基于共线性检验的第一阶段轮廓控制图（Mahmoud and Woodall，2004）。除此之外，可以构建基于递归方差的 EWMA 自启动控制图（Zou et al.，2007b），以监测线性轮廓异常点及过程的稳定性。

上述第一阶段及第二阶段轮廓控制方法还被推广应用于多元多重线性轮廓控制（Mahmoud，2008；Noorossana et al.，2010a，2010b）。多元多重线性轮廓中解释变量维度较高时，则可以通过模型变换（Eyvazian et al.，2011；Amiri et al.，2012）、变量选择（Zou et al.，2012）等方法实现参数维度的降低，从而实现多元多重轮廓的监控。

通常情况下，假设线性轮廓模型误差项服从正态分布。然而，在实际过程中，有时误差项分布为非正态分布，如 t 分布、卡方分布、Gamma 分布等。误差项的非正态性会使控制图受控监控性能发生退化（Noorossana et al.，2011；Soleimani and Asadzadeh，2022），而且在非正态性下参数估计也会显著影响控制图受控监控性能（Aytaçoğlu and Türker Bayrak，2019）。

针对误差项分布为自由分布的情况，可采用基于秩次回归的方法估计模型参数，并提出了 MSEWMA（多元秩次 EWMA）控制图（Zi et al., 2012）。仿真研究表明，MSEWMA 控制图在误差项服从自由分布，尤其是重尾分布时，具有较好的稳健性。

轮廓控制图设计的目的通常是有效监测任意类型的过程失控。然而，在进行控制图性能仿真时，通常假设过程发生阶跃式变异。当过程发生漂移型失控变异时，通过分析几种常见线性轮廓控制图的监控性能，可以发现监测漂移变异时的监控性能与监测阶跃式变异的性能类似（Saghaei et al., 2009）。那么，当预先已知过程失控类型时，利用已知特定类型变异信息，构建轮廓定向控制图，分析其是否具有监控优势，值得深入研究。另外，当线性轮廓测量数据为角度变量数据时，已有的线性轮廓建模及控制方法将不再适用，需要进一步研究。

1.3.2 非线性轮廓控制方法研究综述

非线性轮廓控制方法基本可以分为两大类：一类是对测得的轮廓数据进行非线性回归拟合，并基于拟合模型参数构建轮廓控制图；另一类是建立轮廓基准，构建基于样本轮廓与基准轮廓之间差异度量的非参数轮廓控制方法。

1.3.2.1 基于模型参数的非线性轮廓控制图

在基于模型参数的非线性轮廓控制方法中，轮廓控制图统计量的构建与非线性模型的形式有关。对一般非线性轮廓模型而言，可以类比线性轮廓控制图的构建方法，通过采用传统控制图监控非线性轮廓模型参数，来实现非线性轮廓的分析和监测（Williams et al., 2007; Vaghefi et al., 2009; Chang et al., 2012）。如果非线性轮廓模型的形式过于复杂或未知，可以首先对非线性轮廓进行拟合，然后基于模型系数构建轮廓控制图。例如，可采用分段线性近似模型（Fan et al., 2011）或正弦和函数（Fan et al., 2013）对非线性回归模型进行逼近。而当非线性回归模型参数形式过于复杂时，则可以使用拟合或平滑模型，如样条平滑（Chang and Yadama, 2010; Ghosh et al., 2021）、离散傅立叶变换（Chen and Nembhard, 2010）、小波分析（Jeong et al., 2006; Chicken and Pignatiello, 2009; Varbanov et al., 2019; Piri et al., 2021）、支持向量机回归（Hung et al., 2012; Li et al., 2019；Pan et al., 2019）等拟合非线性轮廓。另外，当模型形式不易确定时，还可采用非参数回归模型（Zou et al., 2008；Qiu and Zou, 2010）对非线性轮廓进行建模，之后基于所构建的模型建立非线性轮廓控制方法。

值得提出的是，多项式回归模型是非线性轮廓图中较为简单的形式。线性轮廓控制图的构建方法同样可以推广至多项式轮廓的第一阶段分析（Kazemzadeh et al., 2009）和第二阶段控制（Amiri et al., 2010）。为便于分析，可首先对多项式轮廓进行正交转化，然后基于转化后的模型，建立针对各回归系数及误差项方差的联合 EWMA 控制图（Kazemzadeh et al., 2009），从而实现第二阶段非线性轮廓监控。

此外，圆形轮廓是非线性轮廓中的特殊形式。基于函数型主成分分析方法的圆形轮廓分析，可以识别过程中除了圆形轮廓的其他系统性特征（Colosimo and Pacella, 2007）。考虑圆形轮廓数据内的相关性，采用空间自回归模型对轮廓数据进行建模，并基于回归系数构建圆形轮廓控制方法（Colosimo et al., 2008）。性能比较研究显示，基于回归模型系数的轮廓控制图设计简单方便，却只在某些生产情况下拥有较好的过程异常监测性能；而基于函数型主成分分析的控制图虽然在大多数情况下监测性能较好，但是控制图设计仅在某些情况下且当数据维度较大时较为容易（Colosimo and Pacella, 2010）。为提高监测性能，可采用神经网络技术构建圆形轮廓控制方法（Pacella and Semeraro, 2011），通过对神经网络模型的训练、建模来实现对异常圆形轮廓的监测。

第一阶段非线性轮廓分析中，异常轮廓识别是需要考虑的主要问题。针对轮廓数据的高维特性，可以首先使用独立成分分析进行降维，之后再使用数据聚类和分类技术监测异常轮廓的轮廓分析方法（Ding et al., 2006），或构建多元统计过程控制图来识别历史数据中的异常轮廓（Zhang and Albin, 2009）。当第一阶段数据中只含有一个异常轮廓时，可以基于函数型主成分分析方法构建异常轮廓的识别方法（Yu et al., 2012）。

实际中输出变量，即轮廓函数的响应变量，有时可能为类别数据。当响应变量类别为两类时，可采用逻辑回归模型对此类轮廓进行建模，并构建基于模型参数的轮廓控制方法（Yeh et al., 2009；Sharafi et al., 2012；

Shang et al.，2011）。而当类别多于两类且类别数据具有次序性时，可采用序次逻辑回归模型进行建模，并构建基于 Pearson 残差的第二阶段类别数据轮廓控制方法（Izadbakhsh et al.，2011）。

1.3.2.2 基于差异度量的非线性轮廓控制图

当非线性轮廓曲线的参数估计非常复杂，或者样本量很小不能满足近似假设时，可以采用非参数差异度量方法监控非线性轮廓。其基本思想主要是设定过程基准轮廓，构建基于样本轮廓与基准轮廓间差异度量的统计量，建立轮廓控制图。

基准轮廓的建立是基于差异度量的轮廓控制图的基础。当过程轮廓函数关系明确且受控参数值已知时，受控轮廓图即可设为过程基准轮廓。若受控参数值未知，可通过第一阶段分析估计受控参数值，以此建立基准轮廓。针对过程轮廓形式较为复杂的情况，在利用非参数拟合平滑技术对轮廓数据进行拟合后，可以采用历史受控轮廓的平均值作为基准轮廓（Williams et al.，2007）。

一旦基准轮廓确定后，便可选取反映样本轮廓与基准轮廓间差异的度量（Williams et al.，2007）。最大偏差的绝对值可以直接作为差异度量，主要在于其可直观地反映样本轮廓与基准轮廓间的差异，而不用考虑差异方向（Williams et al.，2007）。波音公司研究者（1998）分析了三种差异度量方法——各观测点中最大偏差、各观测点绝对偏差之和以及各观测点绝对偏差的均值。除此之外，各观测点偏差平方和也可作为一种差异度量（Gardner et al.，1997）。基于前述五种度量方法，可以采用单值移动极差控制图分析第一阶段轮廓图（Williams et al.，2007）。

为监控第二阶段非线性轮廓，还可以采用样本轮廓曲线与基准轮廓曲线之间所围面积作为差异度量（Vaghefi et al.，2009）。这种度量方法可完全描述轮廓间差异，但在实际应用中计算成本较高。为同时监控第二阶段轮廓的垂直位置偏移、局部形状变形和整体形状偏离，可以基于非参数 L-1 位置尺度模型分别构建用于监测此三种不同偏移或变形的三种差异度量（Wei et al.，2012）。除此之外，还可以基于几何轮廓极值构建在线轮廓监控方法（Celano and Castagliola，2020），用于第二阶段非线性轮廓监控。

尽管上述差异度量选取方法不同，但均是基于各轮廓内测量点位置相同的假设。当不同轮廓内测量点位置发生变化时，上述方法表现出一定的局限性。例如，轮廓内测量点位置变化会影响多项式轮廓控制方法监控性能（Abdella et al.，2012）。而且，当非线性轮廓为自由曲线时，计算最大偏差等度量会存在困难。针对轮廓内测量点位置不同的非线性轮廓，可以使用非参数模型残差的轮廓控制图（Qiu and Zou，2010）。然而，这种方法同样需要基于非参数模型的拟合，计算复杂。因此，在各轮廓内测量点位置发生变化时，建立能够用于监控自由轮廓的、使用较为简单的基于差异度量的非参数控制方法，值得进一步研究。

1.3.3 相关性轮廓控制方法研究综述

数据采集过程中测量间隔较短或加工过程中存在系统性误差（Qiu et al.，2020；Li and Zhou，2017；Steiner et al.，2016），会导致轮廓数据间存在相关关系。轮廓相关性主要包括轮廓内相关性（within-profile correlation，WPC）和轮廓间相关性（between-profile correlation，BPC）。轮廓内相关性是指轮廓内数据采集点较多，或内部本身存在相关关系时，所表现出的特定相关性。而轮廓间相关性则是指当生产过程为自相关过程，或采样时刻点较为频繁时，不同时刻所观测的轮廓之间存在的特定相关关系。

1.3.3.1 内部相关性轮廓控制方法

针对具有内部相关性的线性轮廓，可采用自相关模型或滑动均值模型进行线性轮廓建模。在消除内部相关性后，可使用已有线性轮廓控制图监控线性轮廓（Soleimani et al.，2009；Soleimani et al.，2011；Hadizadeh and Soleimani，2017）。然而，自相关模型或滑动均值模型仅考虑轮廓内数据在某一方向的相关性。单一方向相关性是指在数据采集过程中，因测量时刻点间隔较小，轮廓内某测量点只与其前一个或前几个测量点之间存在相关性。但是，实际生产过程中，因加工过程存在系统性误差，轮廓本身内部就会存在相关性，而且这种相关性在轮廓曲线的两个方向上（针对二维平面轮廓而言）都会存在。因此，为考虑此种相关性，可采用线性混合模型对内部相关性线性轮廓进行建模，并构建线性轮廓控制图（Jensen et al.，2008，2009）。对于相对简单的非线性轮廓模型，如二次多项式轮廓、逻辑回归轮廓等,当其内部存在自相关时也可以采用线性混合模型进行建模,并建立相应的轮廓控制方法(Kazemzadeh et al.,2009;Koosha and Amiri,2013)。

当非线性轮廓内存在自相关时,可使用混合效用模型(Paynabar and Jin,2011;Abdel-Salam et al.,2013;Nassar and Abdel-Salam,2021;Zhou and Qiu,2022)和高斯过程模型(Celano and Castagliola,2020;Quevedo and Vining,2022)对内部相关性非线性轮廓进行建模和分析。在混合效用模型基础上,可以采用B样条函数和非线性指数函数,对非线性轮廓趋势进行建模,并提出第一阶段和第二阶段的控制方法(Mosesova et al.,2007)。类似地,可采用非参数混合效用模型描述轮廓内部相关关系,并提出用局部线性平滑与EWMA结合的方法拟合轮廓,且基于拟合残差构建第二阶段非线性轮廓控制图(Qiu et al.,2010a)。但是,此方法并未考虑相关关系的监控。为分析第一阶段轮廓数据,在利用混合效用模型建模基础上,可以基于聚类(cluster based)构建第一阶段轮廓控制方法(Chen et al.,2014,2015)。

利用混合效用模型,包括线性混合模型、参数或非参数混合效用模型,可以实现对轮廓内部相关关系的描述。但是,对于复杂的相关关系,会有较多模型参数,且参数关系较为复杂,不易于构建控制图。选择较为简单的能够描述轮廓内相关关系的模型,并建立监控轮廓本身和轮廓内相关关系的控制方法,仍具有一定的挑战性。

1.3.3.2 轮廓间相关性轮廓控制方法

当轮廓间存在自相关关系时,可以基于时间序列模型对自相关线性轮廓进行建模,并在消除自相关影响的基础上构建第二阶段自相关轮廓控制图(Noorossana et al.,2008),而且忽略这种线性轮廓间相关性会显著影响控制图平均运行链长。类似地,在自相关性对多元线性轮廓控制方法影响的研究中,发现正相关性会增加信号误报率,但是当偏移较大时可忽略自相关对控制图的影响(Soleimani and Noorossana,2012)。针对自相关多项式轮廓,可以基于一阶自相关模型构建轮廓监控方法(Kazemzadeh et al.,2010)。此外,针对非线性轮廓间相关性,可采用随机效应模型建模,并使用函数型主成分分析方法分析非线性轮廓,构建基于主成分分析的第一阶段和第二阶段轮廓控制方法（Shiau et al., 2009）。而针对自相关多元线性轮廓，则可基于多元混合效用模型建模并构建监控方法（Khallili and Noorossana, 2022）。

1.4 本书结构框架与主要内容

在前期对航空发动机叶片和飞行控制惯导产品中转换阀套的加工过程等调研基础上，发现轮廓数据及轮廓变异会存在如下一些特点：

第一，轮廓变异会表现出特定形式并预先已知。转换阀套表面加工或圆柱体加工中，表面形状变形包括几种典型的特定形状偏差，如沙漏型、滚筒型、香蕉型等。另外，通过实际数据分析，转换阀套的关键质量特性之一——直线度也表现出两种特定的变化，即二次型变异和S形变异。

第二，轮廓内数据呈现相关关系。通过对叶片和转换阀套加工数据分析得知，轮廓内测量数据不再相互独立，而呈现某种时间或空间上的相关关系。这种轮廓相关性主要源于：①数据采集过程中测量时间间隔较短或测量间距较近；②制造过程本身存在的系统性误差。

第三，轮廓数据为非线性自由曲线数据或角度变量数据，且测量点位置变化。经过对航空发动机叶片生产过程的现场调研，发现叶片截面轮廓曲线为自由曲线，是由设计点序列而不是某种特定的函数关系表示的。而且，在叶片检验过程中，叶片轮廓内测量点位置在不同测量时刻也会发生变化。此外，在监测过程中，一些测量数据记录为角度变量，与线性变量的处理方式存在差别，需要建立相应的控制方法。

目前，轮廓控制方法多是针对过程中任意类型变异而提出的，即无论发生何种类型的过程变异，轮廓控制方法均应具有相近的监测性能。若采用现有轮廓控制方法，在监测过程中特定异常变化会表现出较低的检出效果。当预先已知加工过程中特定变异信息时，则期望能充分利用已知信息，构建快速监测轮廓特定变异的控制图。另外，忽略轮廓内观测数据的相关关系，会影响轮廓控制方法的监控性能。然而，当前大部分内部相关性模型参数较多且关系复杂。因此，选择简单有效的轮廓内部相关性建模方法，是构建考虑内部相关性轮廓控制图的基础。此外，当轮廓数据为自由曲线数据或角度变量数据时，可以进一步探究轮廓内测量点位置发生变化时轮廓间的差异度量方法，建立适合于自由曲线的非线性轮廓控制方法，并探究过程变量为角度变量时线性轮廓的建模方法，建立相应的轮廓控制方法。

综上所述，本书聚焦于面向轮廓数据的统计质量控制问题，旨在通过探索不同情况下轮廓控制方法的建立，为统计质量控制技术研究者或质量工程师提供更多关于轮廓建模、轮廓控制图设计和应用的研究思路和方法。

本书依据主要研究内容，将整体结构分为三部分，分别单独成篇，结构框架如图 1-5 所示。

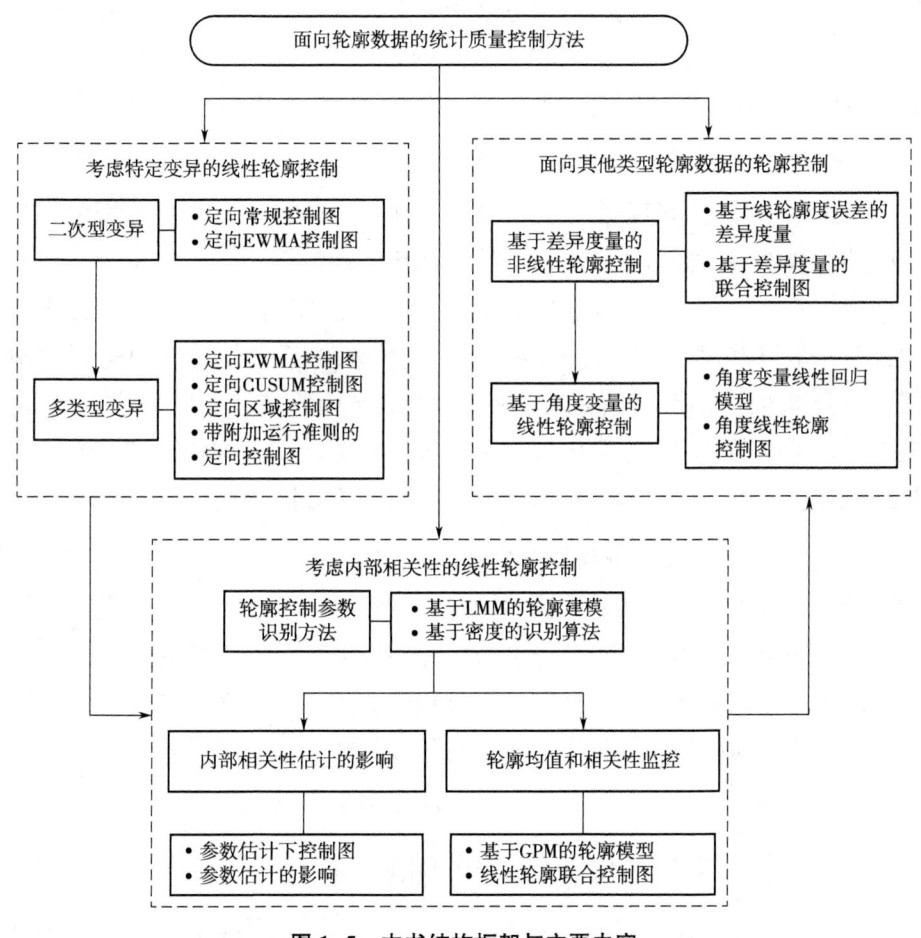

图 1-5 本书结构框架与主要内容

前两篇以线性轮廓数据为研究对象，分别聚焦针对线性轮廓特定变异的轮廓控制和考虑内部相关性的轮廓控制；第三篇针对表现为自由曲线的轮廓数据和基于角度变量数据的轮廓数据研究轮廓控制方法。主要研究内容如下：

1.4.1 考虑特定变异的线性轮廓控制

首先，针对预先已知过程中线性轮廓由直线变为二次曲线的特定变异情况，建立了基于二次多项式回归模型的线性轮廓模型，以描述二次型特定变异，并提出了基于二次项系数假设检验的线性轮廓定向常规控制和定向 EWMA 控制图。其次，将特定变异类型由二次型拓展到多种类型，构建了基于广义线性回归模型的考虑多种类型的线性轮廓模型，并分别提出了基于似然比检验的定向 EWMA 控制图，基于 t 检验的定向 CUSUM 控制图、定向区域控制图和带有附加运行准则的定向控制图。

1.4.2 考虑内部相关性的线性轮廓控制

当线性轮廓内部存在自相关关系时，在第一阶段轮廓控制分析中，基于线性混合模型，提出了基于密度的内部相关性线性轮廓控制参数识别方法，为构建第二阶段轮廓控制图提供基础。在第二阶段轮廓控制方法构建中，首先基于自相关 AR（1）模型研究了自相关系数估计时的轮廓控制图，并分析了内部相关性估计误差对轮廓控制图监控性能的影响。之后，提出了基于高斯过程模型的内部相关性线性轮廓模型，构建了基于模型参数的联合多元控制图，以分别监控轮廓均值和相关性变化。

1.4.3 面向其他类型轮廓数据的轮廓控制

针对表现为自由曲线的非线性轮廓，且轮廓内测量点位置发生变化的情况，以线轮廓度误差作为差异度量，分别提出采用常规控制图和 EWMA 控制图的非参数轮廓联合控制图。当过程中相关变量为角度变量时，基于角度变量线性回归模型，提出了角度变量线性轮廓的第二阶段控制图，以及第一阶段分析方法，并研究了第二阶段控制图的监测性能。

1.5 本书的学术价值与应用价值

本书针对叶片加工和转换阀套等实际加工过程中轮廓数据特点，在轮廓发生特定变异且预先已知、考虑轮廓内相关性、轮廓为自由曲线且测量点位置发生变化、轮廓变量为角度变量等情况下，分别研究轮廓控制方法，具有重要的理论意义和应用价值。

从理论上讲，提出针对特定变异的轮廓控制方法是对轮廓监控研究范围的延伸，基于高斯过程提出监控轮廓均值和内部相关性的轮廓控制图是对轮廓控制研究内容的深化，针对轮廓数据为自由曲线数据或角度变量数据构建相应控制图是对轮廓控制研究对象的拓展。这是对质量科学中统计过程控制理论的重要补充，同时会为轮廓控制研究的深入开展提供新的思路和方法，对于相关理论研究水平的提高具有重要的促进作用。

从实际应用方面讲，本书研究问题来源于实践，研究成果能够方便有效地在企业实践中应用，对在线产品质量进行实时控制，从而提高产品加工精度，提升产品质量水平，具有重要的现实意义。而且，研究成果不仅可以应用于加工产品（或过程）质量特性为轮廓的制造领域，还可用于过程数据为轮廓数据的医疗保健、电信业等服务过程的质量监控与诊断。

第一篇

考虑特定变异的线性轮廓控制

2 线性轮廓定向常规控制图

2.1 引言

轮廓控制的目的是利用控制图监控基于轮廓数据变量间的关系是否随时间发生变化。当轮廓变化形式多种多样时，应该采用针对规定变化更为敏感的监控方法（Chipman et al., 2010）。一般而言，轮廓控制的目的主要包括（Chipman et al., 2010）：①监测轮廓特殊特征的变化；②监测轮廓均值的未指明的变化；③监测轮廓残差波动的变化，不仅包括误差项波动的变化，还包括函数波动的变化；④监测持续的变化和单一离群轮廓的情况；⑤监测由"正常"轮廓向几种预先已知的"异常"轮廓之一变化的特定变异。

在多数轮廓控制方法中，针对前四种轮廓控制目的的研究较多，尤其是监测轮廓均值的未明确知晓的任意变化。相对而言，用于监测特定变异并做出早期预警的轮廓控制方法较少。

在实际生产加工过程中，由于生产加工系统或操作具有一些典型特点，我们可以预先已知一些特定变异。例如，工件的几何误差可以分解为系统误差和随机误差，其中系统误差即可导致出现预先已知类型的形状偏差（Zhang et al., 2005）。又如，通过分析加工过程特性，可以发现圆筒内圆柱面特征中，具有几种代表性的圆柱面误差（Henke et al., 1999）。具体而言，在精车和精磨加工过程中，有三种经典的圆柱面形状偏差，如图 2-1 所示，分别是沙漏型、滚筒型和香蕉型。对加工曲面的特征偏差按照其大体形状进行分类，有利于分析制造过程或设备的缺陷，因为两者之间可能会存在某种联系（Henke et al., 1999）。此外，通过实际数据分析，转换阀套的关键质量特性之一——直线度也表现出两种特定的变化，即二次型变异和 S 型变异。这也就是说，由于系统或操作的某些特性，过程失控时会表现出且只表现出某种或某些特定的变异。

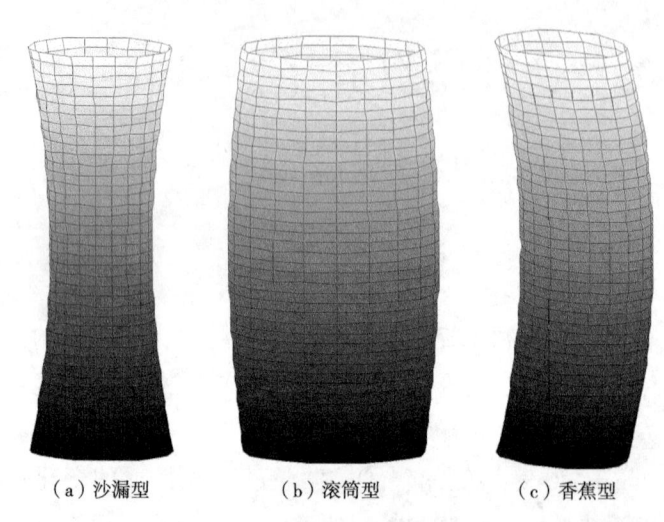

(a) 沙漏型　　(b) 滚筒型　　(c) 香蕉型

图 2-1　三种典型的圆柱面形状偏差

已有轮廓控制方法多是针对过程中任意类型变异提出的，即无论过程中发生何种类型的过程变异，轮廓控制方法都应具有同样的监测性能。构建此种轮廓控制方法的主要原因是过程发生变异的类型不能确定。当预先识别过程中的某种特定变异时，可以充分利用已知轮廓特定变异信息，提出一个更敏感的统计量来快速监测此特定变异（Box and Ramírez，1992），这就是定向过程控制（directed process monitoring）。

为对车床加工过程中制造圆柱表面进行控制，可以基于圆柱面参数模型（Henke et al.，1999）构建圆柱表面监控方法，用来监测过程中存在的任何类型的变异（Colosimo et al.，2010）。为生成失控数据，可以考虑包括图 2-1 中三种形状偏差在内的多种圆柱面的代表性形状误差（Colosimo et al.，2010），以此对轮廓控制图的监控性能进行模拟分析。

为快速监测过程中的变异，若预先已知过程中最常见的圆柱面误差为图 2-1 中三种典型形状偏差，那么就可以考虑对圆柱面的直线度进行监控。例如，可以在圆周上每隔 90°沿着四个纵向等间距的位置对圆柱面直线度进行测量（Ali et al.，2009）。当过程处于统计受控时，沿纵向测量的数据与测量点位置之间可以形成一条直线。然而，当过程中形状偏差

(a)、(b) 或 (c) 发生时，测量数据形成的形状则会由一条直线变成二次曲线。因此，当二次项在线性轮廓中出现时，就需要提出一种定向控制方法，用来对这种线性轮廓形状变化进行早期监测。而且，所提的定向控制方法可以结合其他监测任意类型变异的控制图一同对过程进行监控。因为用于监测任意类型变异的轮廓控制方法已有较多研究，此处仅研究形状变化时线性轮廓控制方法，尤其是预先已知形状误差 (a)、(b) 或 (c) 在过程中出现时。

在单变量过程定向控制中，为监测白噪声中的预知信号，可以基于 Fisher 得分统计量构建累积得分（cumulative score，Cuscore）控制图（Box and Ramírez, 1992）。Cuscore 控制图是早期故障监测中非常有用的 SPC 工具，尤其是作为监测任意变异的常规控制图的辅助工具。之后，许多学者基于 Cuscore 控制图的思想，提出和改进了定向控制方法。例如，为了实现自相关过程的有效监控和早期预警，构建了基于触发机制的 Cuscore 控制图（Shu et al., 2002），该控制图充分利用了故障特征动态变化中所包含的预知信息。在具体应用中，Cuscore 控制图可以用于定向监测血小板的异常，目的是监测血小板季节性过程均值的阶跃性变异，其中均值变动情况可以根据系统特征的影响进行预先建模（Nembhard and Changpetch, 2007）。

本章，我们针对当过程失控时出现某种特定变异且变异类型已知的情况，例如，针对加工过程中圆柱面及阀套中心轴发生特定变异的情况，研究线性轮廓的定向常规控制图的构建与设计。具体而言，利用常规控制图设计思想，构建用于监测线性轮廓的第二阶段定向常规控制图，以快速监测线性轮廓由一条直线变为二次曲线这种形状变化的特定变异，并为生产加工过程做出早期预警。

2.2 考虑特定变异的线性轮廓建模

当过程中发生形状偏差 (a)、(b) 或 (c) 时，圆柱面直线度即会由一条直线变为二次曲线，故此处仅考虑对线性轮廓形状变为二次曲线时进行早期预警。假设 t 时刻样本轮廓测量数据为 (x_{ti}, y_{ti})，$i=1, 2, \cdots, n_t$，$t=1, 2, \cdots$，其中 x_{ti} 为测量点位置，y_{ti} 为对应测量点位置的测量值。此

处假设对于不同的 t，当 i 固定时，测量点位置不变，即 $x_{ti}=x_i$，且对于所有 t 有 $n_t=n$。此处采用二次多项式回归模型对 t 时刻样本轮廓进行建模，其具体形式为：

$$y_{ti}=\beta_{0t}+\beta_{1t}x_i+\beta_{2t}x_i^2+\varepsilon_{ti},\ i=1,2,\cdots,n \tag{2-1}$$

其中，$\boldsymbol{\beta}_t=(\beta_{0t},\beta_{1t},\beta_{2t})$ 为模型系数向量，误差项 ε_{ti} 为独立同分布（i.i.d.）随机变量且服从均值为 0、方差为 σ_ε^2 的正态分布。

当过程处于统计受控时，轮廓形状应为一条直线，则若用公式（2-1）中的模型对此线性轮廓进行描述，其受控情况下模型参数应为 $\boldsymbol{\beta}_0=(B_0,B_1,0)$ 且 $\sigma_\varepsilon^2=\sigma_{\varepsilon 0}^2$。此时，公式（2-1）中的二次多项式回归模型即变为简单线性模型。通常假设在第二阶段控制中受控模型参数已知或已通过历史数据分析估计得到。

然而，当过程特定变异出现，即形状偏差（a）、（b）或（c）发生时，过程处于失控状态。此时，采用二次多项式模型描述轮廓更为适合。则当过程发生特定变异，处于统计失控时，公式（2-1）中的 $\beta_{2t}\neq 0$。因此，为快速监测造成线性轮廓中出现二次项的形状误差，需要检验假设：

$$H_0:\beta_{2t}=0\leftrightarrow H_1:\beta_{2t}\neq 0 \tag{2-2}$$

值得注意的是，模型参数 β_{0t}、β_{1t} 或 σ_ε^2 从统计上来说可能也会不再等于过程受控状态下模型的参数受控值，已发生变化。目前线性轮廓控制方法中大多数都是对模型参数 β_{0t}、β_{1t} 或 σ_ε^2 进行控制的。而此处仅对线性轮廓的形状变化进行控制，故在假设检验中不再考虑参数 β_{0t}、β_{1t} 或 σ_ε^2 是否发生统计上的变化。实际应用中，若要求在对线性轮廓的各种变异进行控制的同时，快速监测线性轮廓的形状变化，可以将定向控制方法作为辅助方法，结合其他线性轮廓控制方法共同监控线性轮廓。

为简化分析，考虑首先对公式（2-1）中的模型进行转换，使得转换后 x_i 的均值为 0。此时，线性轮廓截距与斜率的估计会相互独立。转换后的模型不仅简单，而且具有一定的代表性。另外，使用转换后的模型便于分析受控和失控过程，并且在构建控制图时也会不失一般性。

对 X 编码后，公式（2-1）中的过程模型即转换为：

$$y_{ti}=\beta_{0t}^*+\beta_{1t}^*x_i^*+\beta_{2t}^*x_i^{*2}+\varepsilon_{ti},\ i=1,2,\cdots,n \tag{2-3}$$

其中，$\beta_{0t}^*=\beta_{0t}+\beta_{1t}\bar{x}+\beta_{2t}\bar{x}^2$，$\beta_{1t}^*=\beta_{1t}+2\beta_{2t}\bar{x}+\beta_{2t}\bar{x}^2$，$\beta_{2t}^*=\beta_{2t}$，$x_i^*=x_i-\bar{x}$，$\bar{x}=$

$n^{-1}\sum_{i=1}^{n}x_i$。当过程处于统计受控时，$\beta_{2t}^{*}=0$，则公式（2-3）中转换后的受控轮廓模型与公式（2-1）中的线性轮廓模型一致。为在模拟研究中方便分析，将基于公式（2-3）构建具有代表性的失控模型。转换后的模型不仅简单，而且具有一般性，因为任意线性轮廓均可转换为公式（2-3）中的轮廓模型形式。

针对过程中特定变异预先已知的情况，构建快速监测线性轮廓形状变化的定向控制方法。主要考虑当线性轮廓形状由直线变为二次曲线时对过程进行监控，从模型角度看即是监测线性轮廓中是否出现二次项。因此，针对基于转换后模型的线性轮廓，检验其是否发生特定变异的假设为：

$$H_0: \beta_{2t}^{*}=0 \leftrightarrow H_1: \beta_{2t}^{*}\neq 0 \qquad (2-4)$$

这与公式（2-2）中基于转换前线性轮廓模型的假设一致。

为检验公式（2-4）中的假设，基于已采样获得的轮廓数据，可以构建适用于次假设检验的有效统计量，并构建相应的线性轮廓定向控制图。在现有检验方法中，可用于公式（2-4）假设检验的方法包括基于似然比检验（likelihood ratio，LR）、绝对误差平方和（sum of squares of errors）和得分检验（score test）等。下面基于上述三种检验方法分别构建定向常规控制图。

2.3 定向常规控制图

2.3.1 F 定向控制图

为检验线性轮廓的特定变异，构建了包含二次型特定变异后的一般线性轮廓模型，其中二次项可用于描述二次曲线型特定变异。在公式（2-4）中的原假设 H_0 下，公式（2-3）中的二次项系数将为 0，因而模型将仅包含所考虑的独立解释变量中的一部分。这种模型称为降阶模型（reduced model），其具体形式为：

$$y_{ti}=\beta_{0t}^{*}+\beta_{1t}^{*}x_i^{*}+\varepsilon_{ti} \qquad (2-5)$$

然而，在公式（2-4）中的备择假设 H_1 下，公式（2-3）中的模型包括了所有独立的解释变量，此时模型称为全模型（complete model），其具体形式为：

$$y_{ti} = \beta_{0t}^* + \beta_{1t}^* x_i^* + \beta_{2t}^* x_i^{*2} + \varepsilon_{ti} \tag{2-6}$$

在线性模型的显著性检验中，为检验线性模型中某个或某些参数是否为 0，可以采用线性模型响应变量的观测值与预测值之间的绝对偏差平方和，利用方差分析法（ANOVA）进行分析。此处，借鉴此思想，构建用于监测二次项是否显著影响的统计量，进而构建用于监测二次项特定变异的线性轮廓定向控制图。具体而言，直观上可以得知，如果 x_i^{*2} 是模型信息贡献较大的变量，那么使用公式（2-6）中的全模型对样本轮廓数据进行拟合预测时应比使用公式（2-5）中的降阶模型预测时具有更小的误差。在线性模型显著性分析中，可以考虑利用样本轮廓的观测值与预测值间的绝对误差平方和（SSE）来描述误差。因而可知，若基于轮廓数据建模时二次项应考虑在内的话，则全模型的绝对偏差平方和 SSE_C 应该小于降阶模型的 SSE_R。而且，两者之差 $SSE_R - SSE_C$ 越大，说明越有理由支持备择假设 H_1，即在模型预测时 x_i^{*2} 可以提供重要信息。

对于 t 时刻的线性轮廓模型，针对降阶模型和全模型的离差平方和，可构建统计量：

$$\chi_{1t}^2 = \frac{SSE_{Rt} - SSE_{Ct}}{\sigma_{\varepsilon 0}^2} \tag{2-7}$$

和

$$\chi_{2t}^2 = \frac{SSE_{Ct}}{\sigma_{\varepsilon 0}^2} \tag{2-8}$$

其中，$SSE_{Rt} = Y_t' Y_t - \hat{\boldsymbol{\beta}}_{t0}^{*\prime} X_1' Y_t$，$SSE_{Ct} = Y_t' Y_t - \hat{\boldsymbol{\beta}}_{t1}^{*\prime} X' Y_t$，且 $\hat{\boldsymbol{\beta}}_{t0}^*$ 和 $\hat{\boldsymbol{\beta}}_{t1}^*$ 分别为降阶模型和全模型下模型参数的最小二乘估计，即 $\hat{\boldsymbol{\beta}}_{t0}^* = (\hat{\beta}_{0t}^*, \hat{\beta}_{1t}^*)' = (X_1' X_1)^{-1} X_1' Y_t$，$\hat{\boldsymbol{\beta}}_{t1}^* = (\hat{\beta}_{0t}^*, \hat{\beta}_{1t}^*, \hat{\beta}_{2t}^*)' = (X' X)^{-1} X' Y_t$，且

$$X_1 = \begin{pmatrix} 1 & x_1^* \\ 1 & x_2^* \\ \vdots & \vdots \\ 1 & x_n^* \end{pmatrix}, \quad X = \begin{pmatrix} 1 & x_1^* & x_1^{*2} \\ 1 & x_2^* & x_2^{*2} \\ \vdots & \vdots & \vdots \\ 1 & x_n^* & x_n^{*2} \end{pmatrix}, \quad Y_t = \begin{pmatrix} y_{t1} \\ y_{t2} \\ \vdots \\ y_{tn} \end{pmatrix}$$

若 t 采样时刻二次项影响不显著，即不存在二次型特定变异，则 χ_{1t}^2 接近于 0。另外，基于统计学知识可知，当原假设 H_0 为真时，可知 χ_{1t}^2 和 χ_{2t}^2 分别服从自由度为 $k-g$ 和 $n-(k+1)$ 的卡方分布，其中 $k=2$，$g=1$。并且，

可以简单推得 χ_{1t}^2 和 χ_{2t}^2 统计上相互独立。

因此，为检验二次项影响是否显著，可以考虑基于 χ_{1t}^2 和 χ_{2t}^2 构建统计量 F_t，即

$$F_t = \frac{\chi_1^2/(k-g)}{\chi_2^2/(n-(k+1))} = \frac{(SSE_{Rt}-SSE_{Ct})/(k-g)}{SSE_{Ct}/(n-(k+1))} \tag{2-9}$$

在原假设 H_0 下，即过程未发生失控，轮廓模型为直线时，F_t 服从自由度为 $\nu_1 = k-g$ 和 $\nu_2 = n-(k+1)$ 的 $F(\nu_1, \nu_2)$ 分布。则可以通过统计量 F_t 检验二次项影响是否显著，进而判断二次型特定变异是否发生。因而，可以基于统计量 F_t 构建用于监测二次型特定变异的常规控制图，并记为 F 控制图。因为当过程统计受控时，二次型变异不存在，χ_{1t}^2 接近于 0。而且 χ_{1t}^2 越接近于 0，公式（2-3）中的线性轮廓模型越接近于公式（2-5）中的降阶模型。而且，统计量 $F_t>0$，故 F 控制图为单侧常规控制图，且设定 F 控制图的上控制界限为 $UCL_F = F_{\nu_1,\nu_2,\alpha}$，其中 $F_{\nu_1,\nu_2,\alpha}$ 为自由度 ν_1 和 ν_2 的 F 分布的 $1-\alpha$ 分位数，且 α 为满足特定受控平均运行链长 ARL_0 的犯第Ⅰ类错误的概率。当 F 控制图用于第二阶段监测二次型特定变异时，若 $F_t > UCL_F$，即可判断过程中线性轮廓已发生二次型特定变异，F 控制图将给出过程失控的预警信号。

2.3.2 LR 定向控制图

在线性模型系数显著性检验中，另一常用方法为似然比检验。对于 t 时刻的线性轮廓模型，似然比检验是比较全模型下极大似然估计 $\widehat{\boldsymbol{\beta}}_{t1}^*$ 和原假设 H_0 对应模型下极大似然估计 $\widehat{\boldsymbol{\beta}}_{t0}^*$ 分别对应的似然函数，并构建包括 $\widehat{\boldsymbol{\beta}}_{t0}^*$ 和 $\widehat{\boldsymbol{\beta}}_{t1}^*$ 的似然比统计量 LR_t。若 LR_t 比较大，则意味着全模型下的似然函数比 H_0 下的似然函数要大。全模型下的似然函数越大，则二次型特定变异越有可能发生，相应的结果就越合理，这时应该不拒绝原假设 H_0。因此，针对 t 时刻的线性轮廓模型，为检验公式（2-4）中的假设，构建似然比检验统计量为：

$$LR_t = -2(\ln(l_{t0}(\widehat{\boldsymbol{\beta}}_{t0}^*)) - \ln(l_{t1}(\widehat{\boldsymbol{\beta}}_{t1}^*))) \tag{2-10}$$

其中，$\widehat{\boldsymbol{\beta}}_{t0}^*$ 和 $\widehat{\boldsymbol{\beta}}_{t1}^*$ 分别是在原假设 H_0 和备择假设 H_1 下模型参数的极大似然估计。对于一般线性模型而言，其极大似然估计与最小二乘估计的结果

相同，即有 $\hat{\boldsymbol{\beta}}_{t0}^* = (\hat{\beta}_{0t}^*, \hat{\beta}_{1t}^*)' = (X_1'X_1)^{-1}X_1'Y_t$ 和 $\hat{\boldsymbol{\beta}}_{t1}^* = (\hat{\beta}_{0t}^*, \hat{\beta}_{1t}^*, \hat{\beta}_{2t}^*)' = (X'X)^{-1}X'Y_t$。

为监测线性轮廓的二次型特定变异，可基于似然比统计检验构建 LR 控制图，其控制图统计量可进一步计算得到

$$LR_t = -2(\ln(l_{t0}(\hat{\boldsymbol{\beta}}_{t0}^*)) - \ln(l_{t1}(\hat{\boldsymbol{\beta}}_{t1}^*))) = n(\ln\hat{\sigma}_{t0}^2 - \ln\hat{\sigma}_{t1}^2) \quad (2-11)$$

其中，$\hat{\sigma}_{t0}^2 = n^{-1}(Y_t - X_1\hat{\boldsymbol{\beta}}_{t0}^*)'(Y_t - X_1\hat{\boldsymbol{\beta}}_{t0}^*)$，且 $\hat{\sigma}_{t1}^2 = n^{-1}(Y_t - X\hat{\boldsymbol{\beta}}_{t1}^*)'(Y_t - X\hat{\boldsymbol{\beta}}_{t1}^*)$。同样，构建 LR 控制图为单侧常规控制图，并设定其上控制界限为 UCL_{lr}。当 $LR_t > UCL_{lr}$ 时，LR 控制图即给出过程失控信号，则认为过程已发生二次型特定变异。

对于 UCL_{lr} 的具体取值的确定，需要进一步分析在原假设 H_0 下 LR_t 的统计分布。当过程处于统计受控时，轮廓数据会形成一条直线，为线性轮廓；当过程失控时，轮廓模型会变为二次曲线。基于此假设，当轮廓内测量点数量 n 足够大时，LR_t 服从自由度为 1 的卡方分布。那么，即可基于此分布确定 LR 控制图的上控制界限为 $UCL_{lr} = \chi_{1,1-\alpha}^2$，其中 $\chi_{1,1-\alpha}^2$ 是自由度为 1 的卡方分布的 $1-\alpha$ 分位数，且 α 为满足特定 ARL_0 的犯第 I 类错误的概率。但是，实际应用中，n 通常不能达到使 LR_t 服从卡方分布的要求。在这种情况下，经过理论推导计算得出 LR 控制图上控制界限 $UCL_{lr} = \chi_{1,1-\alpha}^2$ 不再适合于构建满足特定 ARL_0 的控制图。此时，可以采用蒙特卡洛（Monte Carlo）模拟仿真方法确定满足 LR 控制图特定 ARL_0 的控制界限。

基于蒙特卡洛模拟方法确定控制界限的一般步骤为：

（1）预先设定控制界限的一个取值；

（2）产生受控轮廓数据，并计算相应统计量；

（3）重复步骤（2）直至统计量值超出控制界限，此时控制图判断过程失控，记录此时控制图运行链长；

（4）重复步骤（2）和（3）N 次，并计算平均运行链长，此时即得到给定控制界限所对应的 ARL_0；

（5）如果步骤（4）中得到的 ARL_0 满足要求，则模拟结束，对应控制界限即为所求；否则，重新设定控制界限，并重复步骤（2）至（5）直至得到满足特定 ARL_0 的控制界限。

基于蒙特卡洛模拟的控制界限确定方法将在本章及后续章节适时采

用，但是在不同控制方法中需要做稍微调整，以适用于具体情形。其中，最直接的是需要使用不同控制图的统计量进行计算。后续章节如无特殊说明，均可参考基于蒙特卡洛方法的控制界限确定步骤。

2.3.3 ST 定向控制图

得分检验是模型总体检验的常用方法之一。在监测线性轮廓模型二次型特定变异时，可以将公式（2-4）的假设转为当假设全模型中二次项系数为 0 时对全模型的总体检验。具体而言，在第二阶段监测中，基于模型参数受控值已知的假设，在原假设 H_0 下可得 Score 检验统计量为：

$$S(\hat{\boldsymbol{\beta}}_t^*) = \frac{X'(Y_t - X\hat{\boldsymbol{\beta}}_t^*)}{\sigma_{\varepsilon 0}^2} \tag{2-12}$$

其中，$\hat{\boldsymbol{\beta}}_t^* = (\hat{\boldsymbol{\beta}}_{t0}^*, 0)$，且 $\hat{\boldsymbol{\beta}}_{t0}^* = (\hat{\boldsymbol{\beta}}_{0t}^*, \hat{\boldsymbol{\beta}}_{1t}^*)' = (X_1'X_1)^{-1}X_1'Y_t$。

基于上述假设可知，$S(\hat{\boldsymbol{\beta}}_t^*)$ 服从均值为 0，协方差阵为 $I(\hat{\boldsymbol{\beta}}_t^*) = X'X/\sigma_{\varepsilon 0}^2$ 的多元正态分布，其中 $I(\hat{\boldsymbol{\beta}}_t^*)$ 为 Fisher 信息量。则 Score 检验统计量可定义为：

$$ST_t = S(\hat{\boldsymbol{\beta}}_t^*)' I(\hat{\boldsymbol{\beta}}_t^*)^{-1} S(\hat{\boldsymbol{\beta}}_t^*) = \frac{Y_t'(H - H_1)Y_t}{\sigma_{\varepsilon 0}^2} \tag{2-13}$$

其中，$H = X(X'X)^{-1}X'$，且 $H_1 = X_1(X_1'X_1)^{-1}X_1'$。此时，$ST_t$ 服从自由度为 1 的卡方分布，则可基于 Score 检验统计量构建单侧控制图监测线性轮廓的二次型特定变异，记此控制图为 ST 控制图。

在控制图应用中，当 $ST_t > UCL_{ST}$ 时，ST 控制图即给出过程失控信号。其中，上控制界限 $UCL_{ST} = \chi^2_{1,1-\alpha}$，且 $\chi^2_{1,1-\alpha}$ 是自由度为 1 的卡方分布的 $1-\alpha$ 分位数。同样，调整 α 可使 ARL_0 达到预先设定值。

2.4 定向控制图性能评估分析

为评估线性轮廓定向控制图的监控性能，本节通过模拟仿真分析方法，比较研究三种定向控制方法——F 控制图、LR 控制图和 ST 控制图在监测线性轮廓二次型特定变异时的监控性能。具体而言，首先，在设计三种定向控制图时，设定其受控平均运行链长 ARL_0 的值相同，并分别确定能够达到给定 ARL_0 值的控制界限。然后，以控制图的失控平均运行链长 ARL_1 为准则，比较分析三种定向控制方法快速监测线性轮廓二次型特定变异的能力。

2.4.1 模型设定

在仿真比较研究中，所选取的受控轮廓模型为：

$$y_{ti}=\beta_0^*+\beta_1^* x_i^*+\varepsilon_{ti}, \ i=1, 2, \cdots, n \tag{2-14}$$

其中，$\beta_0^*=B_0+B_1\bar{x}$，$\beta_1^*=B_1$，$x_i^*=x_i-\bar{x}$，$\bar{x}=n^{-1}\sum_{i=1}^n x_i$，$\varepsilon_{ti}$ 为独立同分布随机变量且服从均值为 0、方差为 $\sigma_{\varepsilon 0}^2$ 的正态分布。假设在模拟仿真中受控轮廓模型各参数取值为 $B_0=3$，$B_1=2$ 和 $\sigma_{\varepsilon 0}^2=1$。$x_i$ 取值固定且为 $x_i=2+[(8-2)(i-1)]/(n-1)$，此时，x_i 取值范围为 [2, 8] 且 $\bar{x}=5$。则转换后 x_i^* 的取值范围为 [-3, 3] 且 $\bar{x}^*=0$。此处，轮廓内测量点数量 n 的取值不再固定，且在模拟仿真研究中会考虑不同 n 的取值对方向控制方法控制性能的影响。

此处，当线性轮廓发生二次型特定变异时，即线性轮廓由直线变为二次曲线时，考虑如下失控轮廓模型：

$$y_{ti}=\beta_0^*+\beta_1^* x_i^*+\lambda(x_i^{*2}-\eta)+\varepsilon_{ti}, \ i=1, 2, \cdots, n \tag{2-15}$$

其中，η 表示线性轮廓截距的偏移，$\lambda=\delta\sigma_{\varepsilon 0}$ 表示过程偏移量且为误差项方差 $\sigma_{\varepsilon 0}$ 的倍数。η 变化时，轮廓会沿 Y 轴方向上下移动，但是不会改变线性轮廓的形状。图 2-2 给出了几条轮廓样本，分别来自公式 (2-14) 中的受控模型和公式 (2-15) 中的失控模型，但均不包含误差项 ε_{ti}。由图 2-2 可以看出：当 $\eta=0$ 时，失控轮廓与受控时的线性轮廓相切；当 η 变大时，失控轮廓沿 Y 轴向下移动，且与受控线性轮廓相交；当 $\eta=9$ 时，失控轮廓与受控线性轮廓的两个相交点正好落在 x_i^* 取值区间的两个端点处，即 $x^*=-3$ 与 $x^*=3$ 处，此时分别对应 $x=2$ 和 $x=8$；而当 $\eta>9$ 时，失控轮廓则会落在受控线性轮廓以下且在 x_i^* 的取值区间 [-3, 3] 内不再与受控线性轮廓相交。

2.4.2 结果分析

在分析 F 控制图、LR 控制图和 ST 控制图监测线性轮廓二次型特定变异的性能，并进行比较研究时，考虑轮廓内测量点数量 n 的三种不同取值情况，即 $n=5$，$n=13$ 和 $n=25$。在本次模拟仿真分析中，设定三种控制图统计受控状态下的平均运行链长 $ARL_0=200$。基于公式 (2-14) 的受控模

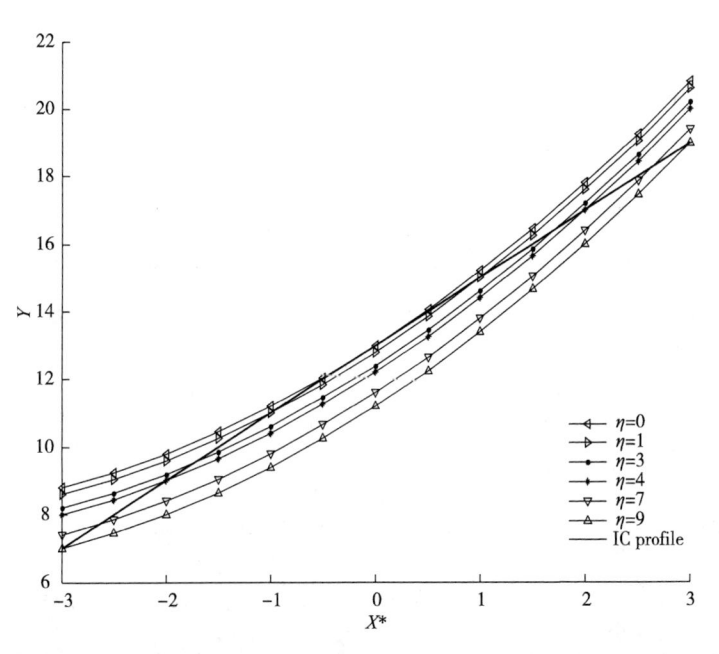

图2-2 轮廓样本分别来自受控模型和失控模型（$\delta=0.2$且模型中均不含误差项ε_{ti}）

型和公式（2-15）的失控模型，通过仿真研究得到 F 控制图、LR 控制图和 ST 控制图的失控平均运行链长 ARL_1 的值分别如表 2-1、表 2-2 和表 2-3 所示。本章模拟仿真研究中所有平均运行链长的取值均是通过 $N=10\ 000$ 次重复模拟计算得到的。

表2-1 线性轮廓发生二次型特定变异时 F 控制图的 ARL_1 值

n	δ	η								
		0.50	1.00	1.50	2.00	3.00	5.00	7.00	9.00
5	0.025	188.58	190.72	192.98	188.96	186.85	192.64	188.32	188.56
	0.050	165.77	165.77	163.49	164.45	162.68	163.56	166.09	166.03
	0.075	134.21	137.20	133.69	136.54	139.15	136.95	135.56	135.77
	0.100	109.60	109.12	109.79	108.94	108.51	109.62	109.01	107.62
	0.150	69.36	69.69	68.14	69.93	69.40	70.14	69.97	71.20
	0.200	46.19	45.82	47.12	46.26	46.46	47.23	46.79	46.13

续表

n	δ	\multicolumn{7}{c}{η}
		0.50	1.00	1.50	2.00	3.00	5.00	7.00	9.00
5	0.300	24.19	23.60	23.94	24.29	23.99	23.68	23.86	23.75
	0.500	9.50	9.67	9.68	9.60	9.57	9.71	9.46	9.49
13	0.025	160.83	160.52	161.54	160.36	162.74	161.41	160.89	163.77
	0.050	99.01	100.53	99.74	99.28	98.81	101.33	99.57	100.15
	0.075	57.44	57.40	56.81	56.53	57.93	56.47	57.10	58.09
	0.100	33.61	33.81	34.10	33.14	33.70	33.99	33.84	33.84
	0.150	13.22	13.07	13.06	13.06	13.03	13.04	13.37	13.06
	0.200	6.14	6.19	6.10	6.19	6.22	6.32	6.15	6.23
	0.300	2.18	2.19	2.17	2.19	2.17	2.18	2.15	2.17
	0.500	1.05	1.06	1.05	1.05	1.06	1.05	1.05	1.05
25	0.025	134.86	133.38	133.11	132.44	133.95	135.17	135.89	133.93
	0.050	61.20	61.93	61.79	60.98	59.90	61.07	61.28	61.41
	0.075	28.44	28.46	28.99	28.54	28.53	28.55	28.48	28.72
	0.100	14.24	14.77	14.35	14.24	14.43	14.57	14.36	14.40
	0.150	4.86	4.86	4.84	4.86	4.94	4.95	4.89	4.85
	0.200	2.32	2.29	2.31	2.28	2.31	2.27	2.26	2.31
	0.300	1.15	1.15	1.14	1.14	1.14	1.15	1.14	1.14
	0.500	1.00	1.00	1.00	1.00	1.00	1.00	1.00	1.00

表2-2 线性轮廓发生二次型特定变异时 LR 控制图的 ARL_1 值

n	δ	\multicolumn{7}{c}{η}
		0.50	1.00	1.50	2.00	3.00	5.00	7.00	9.00
5	0.025	187.56	189.51	191.32	187.35	185.59	189.31	188.18	186.88
	0.050	164.23	165.25	162.84	164.06	160.80	163.27	164.47	164.91

续表

n	δ	\multicolumn{8}{c}{η}
		0.50	1.00	1.50	2.00	3.00	5.00	7.00	9.00
5	0.075	133.70	135.61	132.56	135.82	137.81	134.44	134.28	136.51
	0.100	108.34	108.09	109.37	108.13	107.82	109.70	108.26	107.34
	0.150	69.08	69.06	67.29	69.15	69.49	69.08	70.14	69.64
	0.200	45.94	45.49	46.62	46.49	45.09	47.10	45.75	47.01
	0.300	23.81	23.57	23.79	23.56	23.98	23.68	23.86	23.75
	0.500	9.57	9.57	9.50	9.52	9.57	9.54	9.68	9.44
13	0.025	158.84	158.65	159.20	160.60	161.25	160.20	159.01	162.15
	0.050	97.52	99.25	98.64	97.29	98.48	100.12	98.81	99.37
	0.075	57.02	56.70	56.17	56.37	57.02	56.52	56.82	57.86
	0.100	33.32	33.49	33.79	32.80	33.50	33.09	33.37	33.48
	0.150	12.95	12.90	13.00	13.10	13.00	13.30	13.11	13.19
	0.200	6.16	6.04	6.08	6.03	6.13	6.02	6.11	6.12
	0.300	2.17	2.18	2.17	2.17	2.18	2.14	2.14	2.16
	0.500	1.05	1.05	1.05	1.05	1.05	1.06	1.06	1.05
25	0.025	134.74	133.13	133.00	132.55	133.53	134.89	135.84	133.69
	0.050	61.16	61.93	61.79	60.75	60.00	60.72	60.99	61.26
	0.075	28.36	28.41	28.92	28.45	28.52	28.60	28.26	28.73
	0.100	14.26	14.77	14.39	14.25	14.46	14.44	14.33	14.42
	0.150	4.84	4.83	4.80	4.83	4.85	4.97	4.86	4.80
	0.200	2.31	2.29	2.33	2.29	2.31	2.31	2.32	2.27
	0.300	1.14	1.14	1.14	1.14	1.15	1.15	1.14	1.15
	0.500	1.00	1.00	1.00	1.00	1.00	1.00	1.00	1.00

表 2-3 线性轮廓发生二次型特定变异时 ST 控制图的 ARL_1 值

| n | δ | \multicolumn{8}{c}{η} |
		0.50	1.00	1.50	2.00	3.00	5.00	7.00	9.00
5	0.025	161.18	164.21	162.86	160.88	159.13	160.07	161.57	160.89
	0.050	100.58	99.42	99.98	101.04	101.47	102.32	100.13	100.12
	0.075	58.49	58.25	57.97	57.96	57.14	57.91	57.98	57.97
	0.100	34.43	33.24	34.23	34.21	33.93	34.17	33.51	34.28
	0.150	13.21	13.37	13.29	13.34	13.11	13.15	13.25	13.32
	0.200	5.99	6.02	6.00	6.13	6.06	6.16	5.96	6.07
	0.300	2.08	2.11	2.08	2.09	2.11	2.08	2.09	2.09
	0.500	1.04	1.04	1.04	1.04	1.04	1.04	1.04	1.04
13	0.025	148.27	147.37	150.11	146.53	148.89	146.98	149.15	150.01
	0.050	78.19	77.62	80.25	81.04	79.41	78.95	79.81	78.91
	0.075	40.30	40.89	40.81	40.55	40.77	40.36	40.73	40.12
	0.100	21.70	21.95	21.71	21.83	21.96	21.80	22.05	21.46
	0.150	7.74	7.81	7.80	7.74	7.68	7.59	7.63	7.78
	0.200	3.49	3.55	3.57	3.54	3.52	3.49	3.50	3.53
	0.300	1.42	1.42	1.41	1.41	1.41	1.42	1.41	1.41
	0.500	1.00	1.00	1.00	1.00	1.00	1.00	1.00	1.00
25	0.025	123.33	124.29	126.28	124.75	123.97	124.62	125.60	122.95
	0.050	52.10	52.52	52.89	52.96	52.56	53.53	53.15	53.56
	0.075	23.37	23.37	23.36	22.72	23.17	23.63	23.43	23.20
	0.100	11.45	11.70	11.51	11.47	11.40	11.48	11.49	11.36
	0.150	3.80	3.76	3.76	3.82	3.84	3.80	3.80	3.79
	0.200	1.87	1.88	1.85	1.87	1.89	1.88	1.89	1.86
	0.300	1.07	1.06	1.06	1.07	1.07	1.07	1.07	1.06
	0.500	1.00	1.00	1.00	1.00	1.00	1.00	1.00	1.00

通过分析比较表 2-1 至表 2-3，可以得出如下结论：

（1）LR 控制图与 F 控制图的监测性能几乎相同，且 ST 控制图的监测性能要优于 LR 控制图和 F 控制图。

（2）当 η 变化时，即失控轮廓沿 Y 轴上下移动时，三种定向控制图在监测线性轮廓的形状变形时均比较稳健。由表可以看出，当 η 由 0.5 增大到 9 时，对于特定的 n 和 δ，LR 控制图的 ARL_1 值十分接近。对于 F 控制图和 ST 控制图均可得到同样的结论。

（3）对于特定的 n 和 η，当 δ 增大时，三种定向控制图的监测性能均会迅速提升。

（4）三种定向控制图的性能在 $n=25$ 时要比 $n=5$ 和 $n=13$ 时好，这意味着轮廓内测量点数量较多时有助于提高控制图在监测线性轮廓形状变化时的性能。

2.5 监控性能比较分析

2.5.1 现有方法

为进一步分析所提出的定向控制图，本节对其与已有方法进行对比研究。在比较分析中，考虑文献中所提出的 T^2 控制图（Kang and Albin, 2000）和 KMW 控制图（Kim et al., 2003）。T^2 控制图和 KMW 控制图在提出时均是忽略预先已知特定变异信息的，用于监测任意类型过程变异的非定向控制方法。

2.5.1.1 T^2 控制图

T^2 控制图是针对未转换的线性轮廓模型提出的。在此方法中，假设当过程处于统计受控状态时，t 时刻线性轮廓模型为：

$$y_{ti} = \beta_0 + \beta_1 x_i + \varepsilon_{ti}, \quad i=1, 2, \cdots, n \tag{2-16}$$

其中，ε_{ti} 独立同分布于均值为 0、方差为 σ^2 的正态分布，β_0 和 β_1 为受控轮廓模型系数，并假设受控模型参数 $(\beta_0, \beta_1, \sigma^2)$ 已知或已通过历史数据得到其估计值，且为 $\boldsymbol{\beta}_0 = (\beta_{00}, \beta_{10})$ 和 σ_0^2。

基于 t 时刻轮廓观测数据，t 时刻线性轮廓模型系数 $\boldsymbol{\beta} = (\beta_0, \beta_1)$ 的最小二乘估计为 $\hat{\boldsymbol{\beta}}_t = (\hat{\beta}_{0t}, \hat{\beta}_{1t})$，其中，$\hat{\beta}_{0t} = \bar{y}_t - \hat{\beta}_{1t} \bar{x}$，$\hat{\beta}_{1t} = \sum_{i=1}^{n} y_{ti} (x_i -$

$\bar{x}) / \sum_{i=1}^{n} (x_i - \bar{x})^2$, $\bar{y}_t = n^{-1} \sum_{i=1}^{n} y_{ti}$, $\bar{x} = n^{-1} \sum_{i=1}^{n} x_i$。此时可知 $\hat{\boldsymbol{\beta}}_t$ 服从均值为 $\boldsymbol{\beta}_0$，协方差阵为 $\Sigma = \begin{pmatrix} \sigma_{00}^2 & \sigma_{01}^2 \\ \sigma_{10}^2 & \sigma_{11}^2 \end{pmatrix}$ 的二元正态分布。其中，$\sigma_{00}^2 = \sigma_0^2 (n^{-1} + \bar{x}^2 S_{xx}^{-1})$，$\sigma_{11}^2 = \sigma_0^2 S_{xx}^{-1}$，$\sigma_{10}^2 = \sigma_{01}^2 = -\sigma_0^2 \bar{x} S_{xx}^{-1}$，且 $S_{xx}^{-1} = \sum_{i=1}^{n} (x_i - \bar{x})^2$。基于此分布所构建的 T^2 控制图统计量（Kang and Albin, 2000）为：

$$T_t^2 = (\hat{\boldsymbol{\beta}}_t - \boldsymbol{\beta}_0) \Sigma^{-1} (\hat{\boldsymbol{\beta}}_t - \boldsymbol{\beta}_0)^T \tag{2-17}$$

当 $T_t^2 > \chi_{2,1-\alpha}^2$ 时，T_t^2 控制图将会给出过程发生失控的信号。其中，$\chi_{2,1-\alpha}^2$ 是自由度为 2 的卡方分布的 $1-\alpha$ 分位数，调整 α 能使控制图的 ARL_0 达到预先设定的固定值。

2.5.1.2 KMW 控制图

KMW 控制图是针对转换后的模型提出的三个独立的 EWMA 控制图，同时监控模型截距、斜率和误差项方差。当受控模型参数已知且为 (β_{00}, β_{10}, σ_0^2) 时，转换后的线性轮廓模型为：

$$y_{ti} = \beta_{00}^* + \beta_{10}^* x_i^* + \varepsilon_{ti}, \quad i = 1, 2, \cdots, n \tag{2-18}$$

其中，$\beta_{00}^* = \beta_{00} + \beta_{10} \bar{x}$，$\beta_{10}^* = \beta_{10}$，$x_i^* = x_i - \bar{x}$，$\bar{x} = n^{-1} \sum_{i=1}^{n} x_i$。此时，转换后轮廓模型截距与斜率的最小二乘估计即为相互独立的变量。KMW 控制图中三个 EWMA 控制图的统计量分别为：

$$EWMA_1(t) = \theta \hat{\beta}_{0t}^* + (1-\theta) EWMA_1(t-1) \tag{2-19}$$

$$EWMA_2(t) = \theta \hat{\beta}_{1t}^* + (1-\theta) EWMA_2(t-1) \tag{2-20}$$

$$EWMA_3(t) = \max\{\theta \ln(MSE_t) + (1-\theta) EWMA_3(t-1), \ln(\sigma_0^2)\} \tag{2-21}$$

其中，$0 < \theta < 1$ 为权重因子，$EWMA_1(0) = \beta_{00}^*$，$EWMA_2(0) = \beta_{10}^*$，$EWMA_3(0) = 0$，$\hat{\beta}_{0t}^*$ 和 $\hat{\beta}_{1t}^*$ 是 t 时刻转换后模型截距和斜率的估计值，MSE_t 是拟合模型的均方误差。三个控制图对应的上下控制界限分别为：

$$UCL_{EWMA_1} = \beta_1 + L_1 \sigma_0 \sqrt{\frac{\theta}{[(2-\theta)n]}}, LCL_{EWMA_1} = \beta_0 - L_1 \sigma_0 \sqrt{\theta/[(2-\theta)n]}$$

$$UCL_{EWMA_2} = \beta_1 + L_2 \sigma_0 \sqrt{\theta/[(2-\theta) \sum_{i=1}^{n} (x_{ti} - \bar{x}_t)]}$$

$$LCL_{EWMA_2} = \beta_1 - L_2 \sigma_0 \sqrt{\theta/[(2-\theta) \sum_{i=1}^{n} (x_{ti} - \bar{x}_t)]}$$

$$UCL_{EWMA_3} = L_3\sqrt{\theta \mathrm{Var}[\ln(MSE_i)]/(2-\theta)}, LCL_{EWMA_3}=0$$

其中，$\mathrm{Var}[\ln(MSE_i)] \approx \dfrac{2}{n-2} + \dfrac{2}{(n-2)^2} + \dfrac{4}{3(n-2)^3} - \dfrac{16}{15(n-2)^5}$，系数 $L_1>0$、$L_2>0$ 和 $L_3>0$ 的选择与 ARL_0 有关。当以上三个 EWMA 控制图中任意一个发出警报时，此 KMW 控制图即判断过程失控。在后续分析中，取 $\theta=0.2$。

2.5.2 结果对比

虽然 T^2 控制图和 KMW 控制图可以用于监测任意类型的过程变异，但在此处仅比较监测线性轮廓由直线变为二次曲线这种特定形状变化时的监控性能。表 2-4 和表 2-5 分别列出了 T^2 控制图和 KMW 控制图在监测二次型特定变异时的 ARL_1 值。由表 2-4 和表 2-5 可以得出如下结论：

(1) 对于特定 η 和 δ，当 n 增大时，T^2 控制图和 KMW 控制图的性能越来越好，这与 F 控制图、LR 控制图和 ST 控制图的性能相同。

(2) 当失控轮廓沿 Y 轴上下移动时，T^2 控制图和 KMW 控制图并不稳健。显然可以看出，对于特定 n 和 δ，当 η 由 0.5 增大到 9 时，ARL_1 先逐渐变大，之后又逐渐变小。

(3) 当 η 取中间值时，尤其当 $\eta=3$ 时，T^2 控制图的监测性能相比而言较差。这主要是因为当 $\eta=3$ 时失控轮廓偏离受控轮廓并不太远，这也可以通过图 2-2 看出。此时，失控轮廓的参数估计值非常接近受控参数值，因此在监测受控轮廓附近波动的失控轮廓时，T^2 控制图并不敏感，性能表现较差。

(4) 通过表 2-4 和表 2-5 的对比可以看出，当给定 n、η 和 δ 时，在监测二次型特定变异的监控性能方面，KMW 控制图要绝对优于 T^2 控制图。

表 2-4 线性轮廓发生二次型特定变异时 T^2 控制图的 ARL_1 值

n	δ	\multicolumn{8}{c}{η}
		0.50	1.00	1.50	2.00	3.00	5.00	7.00	9.00
5	0.025	178.60	184.61	186.48	195.34	200.73	199.97	182.78	165.93
	0.050	140.89	153.21	163.21	175.97	192.14	192.00	152.96	104.33
	0.075	96.39	115.93	133.66	153.18	184.32	186.16	114.27	58.56
	0.100	64.73	84.17	103.97	127.76	175.93	175.05	82.88	32.96

续表

n	δ	\multicolumn{8}{c}{η}
		0.50	1.00	1.50	2.00	3.00	5.00	7.00	9.00
5	0.150	29.40	42.07	58.94	83.84	155.21	151.80	41.32	11.70
	0.200	13.93	21.47	33.46	51.60	125.53	125.69	20.95	4.90
	0.300	4.25	6.78	11.56	20.85	80.94	82.06	6.70	1.66
	0.500	1.26	1.68	2.63	4.97	33.41	32.51	1.64	1.01
13	0.025	168.78	176.74	183.37	190.94	198.90	189.65	158.30	116.16
	0.050	105.99	130.52	148.28	168.86	195.59	165.77	89.35	42.70
	0.075	62.80	80.81	106.70	137.78	193.03	138.17	47.53	15.83
	0.100	35.21	51.90	73.89	107.85	184.42	107.56	25.13	7.02
	0.150	12.65	20.85	35.55	61.78	168.03	62.70	8.03	2.22
	0.200	5.46	9.44	17.52	35.67	144.92	35.30	3.45	1.25
	0.300	1.79	2.83	5.49	12.90	107.82	12.79	1.33	1.00
	0.500	1.01	1.09	1.45	2.86	51.47	2.86	1.00	1.00
25	0.025	150.45	164.31	180.67	187.93	198.50	180.19	121.36	75.10
	0.050	79.98	102.62	128.88	157.85	195.66	129.76	47.54	17.53
	0.075	38.72	58.00	84.75	122.48	196.34	84.62	18.53	5.51
	0.100	19.78	32.68	54.32	90.73	189.77	54.39	8.38	2.43
	0.150	6.27	11.38	22.23	47.44	184.98	22.11	2.57	1.13
	0.200	2.73	4.91	10.09	25.25	171.06	10.16	1.35	1.00
	0.300	1.18	1.64	3.07	8.31	146.09	3.08	1.01	1.00
	0.500	1.00	1.01	1.11	1.97	90.87	1.12	1.00	1.00

表 2-5 线性轮廓发生二次型特定变异时 KMW 控制图的 ARL_1 值

n	δ	\multicolumn{8}{c}{η}
		0.50	1.00	1.50	2.00	3.00	5.00	7.00	9.00
5	0.025	128.93	141.86	151.33	164.6	181.17	179.86	140.06	95.11
	0.050	56.72	69.87	85.77	104.97	137.6	135.76	69.38	31.62

续表

n	δ	\multicolumn{8}{c}{η}
		0.50	1.00	1.50	2.00	3.00	5.00	7.00	9.00
5	0.075	26.98	34.25	45.65	58.8	91.47	90.56	35.24	14.41
	0.100	15.48	19.72	25.72	34.1	54.45	54.04	19.62	8.62
	0.150	7.31	8.75	10.94	13.45	18.7	19.15	8.78	4.62
	0.200	4.61	5.28	6.08	7.04	8.47	8.45	5.31	3.21
	0.300	2.72	2.94	3.17	3.37	3.58	3.57	2.97	2.13
	0.500	1.81	1.91	1.95	1.97	1.98	1.99	1.91	1.27
13	0.025	99.88	115.12	135.94	157.66	185.24	155.49	82.52	40.39
	0.050	33.87	46.47	64.18	91.66	150.37	91.49	24.95	10.9
	0.075	15.33	21.62	31.71	50.91	108.27	50.08	11.63	5.66
	0.100	9.21	12.58	18.38	29.04	69.96	28.94	7.20	3.83
	0.150	4.93	6.3	8.47	12.4	25.26	12.27	4.06	2.44
	0.200	3.38	4.16	5.24	6.91	10.58	6.92	2.87	1.9
	0.300	2.19	2.52	2.94	3.39	3.87	3.42	1.97	1.18
	0.500	1.31	1.61	1.8	1.88	1.91	1.88	1.09	1.00
25	0.025	73.75	94.56	119.29	145.96	185.12	117.41	45.14	19.77
	0.050	21.14	31.58	48.61	78.33	153.22	48.97	12.06	5.97
	0.075	10.06	14.49	22.36	39.65	105.28	22.55	6.17	3.48
	0.100	6.29	8.47	13.08	22.5	64.41	12.96	4.12	2.51
	0.150	3.64	4.64	6.44	9.63	20.00	6.38	2.56	1.78
	0.200	2.60	3.2	4.15	5.6	8.18	4.14	1.98	1.23
	0.300	1.83	2.1	2.46	2.86	3.18	2.45	1.27	1.00
	0.500	1.02	1.16	1.41	1.56	1.58	1.43	1.00	1.00

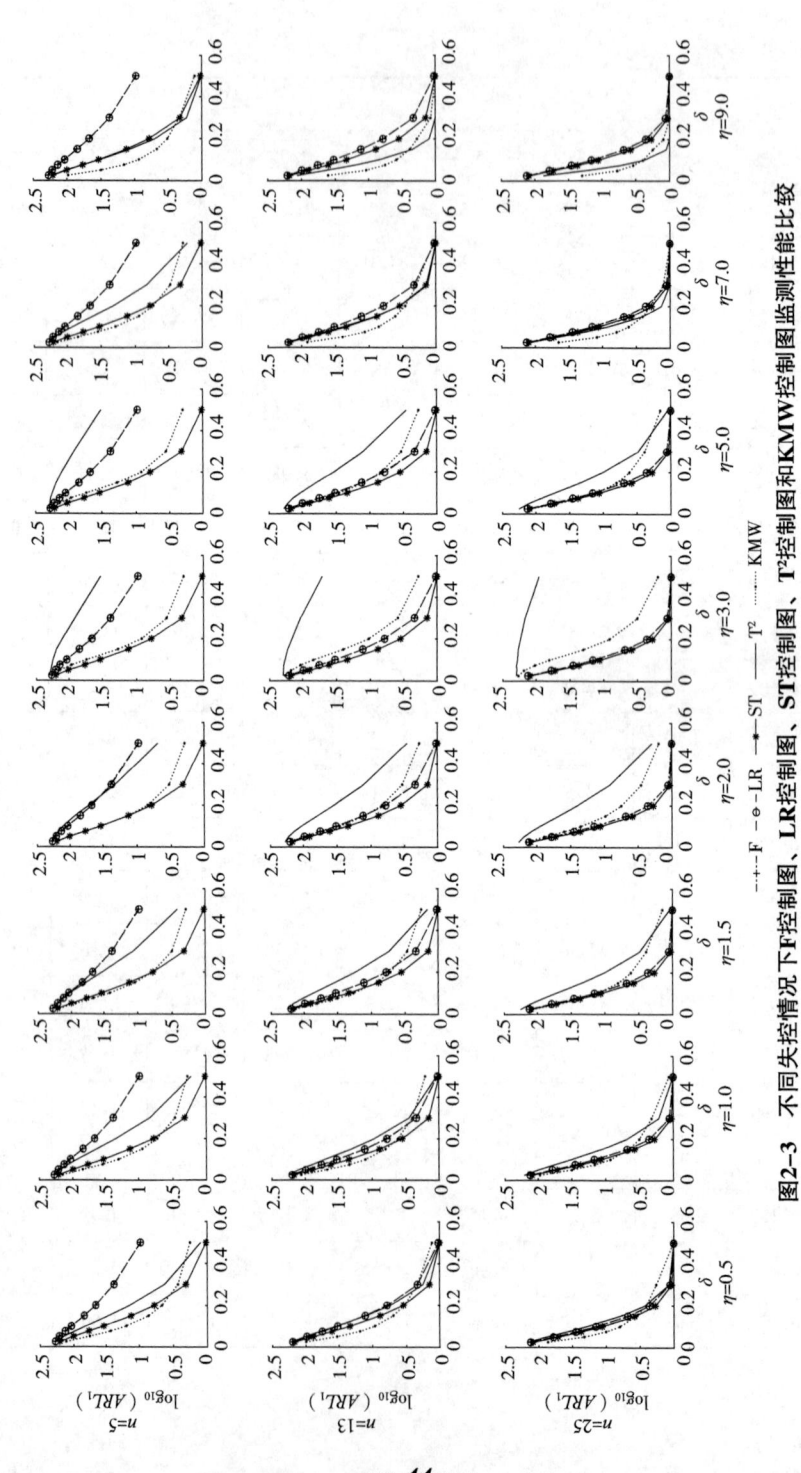

图2-3 不同失控情况下F控制图、LR控制图、ST控制图、T^2控制图和KMW控制图监测性能比较

为比较所提的 F、LR 和 ST 三种控制图与 T^2 控制图和 KMW 控制图的监控性能，基于表 2-1 至表 2-5 绘制出图 2-3。图 2-3 中将性能指标 ARL_1 转换为 $\log_{10}(ARL_1)$，以便于比较观察不同控制图的监控性能。通过图 2-3 可以得出如下结论：

第一，与 T^2 控制图相比，轮廓内观测点数量 n 对控制图的性能分析结果影响较大。当 $n=5$ 时，ST 控制图的监控性能几乎完全优于 T^2 控制图，除了监测 $\eta=9$ 时的大偏移量的情况；而 F 控制图和 LR 控制图则在 $\eta=2$、3 和 5 时的性能要比 T^2 控制图更好。随着 n 的增大，越来越多的轮廓数据信息可用于判断是否发生二次型特定变异，因而控制图的性能变化更加显著。当 n 增大至 13 时，与 T^2 控制图性能相比，ST 控制图优于 T^2 控制图的优势比 $n=5$ 时有所缩减，即在 $\eta=7$ 时的大偏移和 $\eta=9$ 时的所有偏移的情况下，ST 控制图的监控性能变得比 T^2 控制图要差；当 $n=25$ 时，ST 控制图监控 $\eta=7$ 和 $\eta=9$ 下所有大小偏移时的表现都要弱于 T^2 控制图，而对于其他 η 取值，ST 控制图则表现更好。与 ST 控制图的性能变化相反，在 n 变大的过程中，F 控制图和 LR 控制图优于 T^2 控制图的性能优势范围（由 η 和 δ 构成的各种取值组合的数量）变得更大，并且最终的优势范围与 ST 控制图优于 T^2 控制图的优势范围趋于相同。也就是当 $n=25$ 时，除了 $\eta=7$ 和 $\eta=9$ 下的偏移情况外，F 控制图和 LR 控制图在其他 η 取值下的监控性能均优于 T^2 控制图。

第二，与 KMW 控制图相比，F 控制图、LR 控制图和 ST 控制图相比于 KMW 控制图的优势范围随 n 的变化过程，与相比于 T^2 控制图的变化趋势类似。具体而言，ST 控制图在 $n=5$ 时监测 $\eta=2$、3 和 5 下所有偏移的性能均优于 KMW 控制图，且对其他 η 取值下的大偏移情况的监测表现也优于 KMW 控制图。随着 n 增大，ST 控制图监测优势范围缩减，直至 $n=25$ 时优势范围仅包括 $\eta=2$ 和 3 下所有偏移情况和其他 η 取值下的部分大偏移情况。相对而言，F 控制图和 LR 控制图在 $n=5$ 时对于给定 η 和 δ 的性能表现都要弱于 KMW 控制图，而当 n 变大时在部分情况下开始优于 KMW 控制图。另外，当 $n=25$ 时，F 控制图和 LR 控制图优于 KMW 控制图的优势范围与 ST 控制图的优势范围趋于相同。无论与 T^2 控制图相比，还是与 KMW 控制图相比，F 控制图（或 LR 控制图）和 ST 控制图相对优

势范围随 n 变化而变化的趋势相反。这主要是因为所提 LR 控制图和 F 控制图中的统计量是基于二次多项式回归模型中二次项系数的估计量构建的。当每条样本轮廓内测量数据增多时，二次项系数的估计量就会更准确，所提的定向控制方法也就更敏感。但是，ST 控制图的统计量则不同。

第三，随着 n 变大，虽然 F 控制图（或 LR 控制图）和 ST 控制图的优势范围（与 T^2 控制图或 KMW 控制图相比）最终趋于相同，但是 ST 控制图的性能均绝对优于 F 控制图和 LR 控制图。

基于上述性能评估与比较研究，所提的线性轮廓定向控制图在监测 $\eta = 2$、3 和 5 下的具有二次型特定变异的线性轮廓偏移情况时的表现要优于现有的 T^2 控制图和 KMW 控制图，无论是对于二次型特定变异的大偏移量还是小偏移量的情况。$\eta = 2$、3 和 5 时发生二次型特定变异的轮廓曲线围绕受控线性轮廓发生曲线的变异，此时基于最小二乘估计的受控线性轮廓参数估计对于识别模型参数的变化不够敏感，所以基于最小二乘估计的 T^2 控制图和 KMW 控制图对于监测围绕受控线性轮廓的二次型特定变异不够敏感。而当 η 更小或更大时，基于最小二乘估计的受控线性轮廓参数估计统计上显著偏移受控参数值，T^2 控制图和 KMW 控制图将更加敏感。其中，T^2 控制图对于部分情况下的大偏移量监测更快，而 KMW 控制图因其基于 EWMA 技术对部分情况下的小到中度偏移量更加有效。

2.6 联合非定向控制图的性能分析

因为所提的线性轮廓定向控制图主要用于监测特定的二次型变异，对于其他任意型变异情况的监测性能较弱。相比而言，用于监测任意型变异的 KMW 控制图在某些监测二次型特定变异的情况下性能会相对较弱。为同时监测任意型变异和更有效地监测特定变异，可以将所提的定向控制图作为监测任意型变异控制图的辅助工具，通过建立联合控制图来提升监测任意型变异控制图的特定变异监控性能。本部分首先构建基于 LR 控制图和 KMW 控制图的 KMW-LR 联合控制图，然后分析其监测二次型特定变异的监控性能并与其他方法进行比较。

在构建 KMW-LR 联合控制图时，同样需要设计受控状态下的联合控制图的整体监控性能，即总体 ARL_0。因为 KMW-LR 联合控制图包括 KMW

和 LR 两个控制图，因此就需要确定每个控制图的 ARL_0，进而确定受控状态下各控制图的控制界限，以完成联合控制图的构建。由常规控制图设计的基本原理可知，控制图 ARL_0 与犯第 I 类错误的概率 α 存在倒数关系，即 $ARL_0 = 1/\alpha$。设 LR 控制图和 KMW 控制图犯第 I 类错误的概率分别为 α_{LR} 和 α_{KMW}，则联合控制图犯第 I 类错误的概率 α_{KL} 为：

$$\alpha_{KL} = 1 - (1 - \alpha_{LR})(1 - \alpha_{KMW}) \tag{2-22}$$

在使用联合控制图时，可以通过设定各控制图犯第 I 类错误概率的比值，从而根据联合控制图总体犯第 I 类错误概率值来确定各控制图犯第 I 类错误概率的具体值，进而可以确定各控制图的 ARL_0 值并设计其控制界限。对于 KMW-LR 联合控制图，设定：

$$p_{KL} = \alpha_{KMW} / \alpha_{LR} \tag{2-23}$$

则可以推得

$$\alpha_{LR} = \left((1 + p_{KL}) - \sqrt{(1 + p_{KL})^2 - 4 p_{KL} \alpha_{KL}} \right) / (2 p_{KL}) \tag{2-24}$$

和

$$\alpha_{KMW} = p_{KL} \alpha_{LR} = \left((1 + p_{KL}) - \sqrt{(1 + p_{KL})^2 - 4 p_{KL} \alpha_{KL}} \right) / 2 \tag{2-25}$$

当 $p_{KL} = 1$ 时，表示对 KMW 控制图和 LR 控制图的侧重程度相同；当 $p_{KL} < 1$ 时，$\alpha_{LR} > \alpha_{KMW}$，LR 控制图犯第 I 类错误的概率比 KMW 控制图要大，在 KMW-LR 联合控制图中 LR 控制图的检出能力要高于 KMW 控制图，意味着 KMW-LR 联合控制图更侧重于二次型特定变异的监测；当 $p_{KL} > 1$ 时，则相反，即 KMW-LR 联合控制图更侧重于使用 KMW 控制图监测任意变异。实际应用中，因二次型特定变异的出现概率未知，通常情况下选取 $p_{KL} = 1$，即 $\alpha_{LR} = \alpha_{KMW}$，此时 $\alpha_{LR} = \alpha_{KMW} = 1 - \sqrt{1 - \alpha_{KL}}$。如果二次型特定变异出现的概率较大时，可以选取使得 $p_{KL} < 1$ 的 p_{KL} 值。

在此处研究分析 KMW-LR 联合控制图监控性能时，设定总体 ARL_0 的值为 200，即 $\alpha_{KL} = 0.005$。则当 $\alpha_{LR} = \alpha_{KMW}$ 时，可得出 $\alpha_{LR} = \alpha_{KMW} \cong 0.0025$，因而 LR 控制图和 KMW 控制图各自的 ARL_0 值均为 400。此时，LR 控制图和 KMW 控制图可以根据其各自受控状态下的 ARL_0 值来确定各自的控制界限。其实，KMW 控制图本身即为包含三个 EWMA 类控制图的联合控制图，其各自 EWMA 类控制图的 ARL_0 和控制界限可以按此思路确定。此处同样设定 KMW 控制图中三个 EWMA 类控制图犯第 I 类错误的概率相同，即三个 EWMA 类控制图在受控状态下 ARL_0 值相同且均为 1 200。

在 $\alpha_{LR} = \alpha_{KMW}$ 且总体 ARL_0 为 200 的设定下，表 2-6 列出了 KMW-LR 联合控制图监测二次型特定变异的 ARL_1 值。

表 2-6 线性轮廓发生二次型特定变异时 KMW-LR 联合控制图的 ARL_1 值

n	δ	\multicolumn{8}{c}{η}
		0.50	1.00	1.50	2.00	3.00	5.00	7.00	9.00
5	0.025	148.49	161.25	168.10	175.85	186.57	187.85	159.17	116.34
	0.050	72.87	87.86	105.47	120.36	146.65	147.86	87.22	39.27
	0.075	34.34	43.26	57.82	73.18	102.82	103.39	43.58	17.22
	0.100	18.27	23.92	31.88	41.81	63.61	64.08	24.10	9.84
	0.150	8.30	10.18	12.61	15.82	22.28	22.05	10.15	5.12
	0.200	5.08	5.86	6.86	7.94	9.47	9.50	5.86	3.45
	0.300	2.90	3.17	3.42	3.64	3.79	3.79	3.17	2.23
	0.500	1.88	1.94	1.99	2.01	2.02	2.01	1.95	1.39
13	0.025	114.11	126.39	142.29	155.39	170.41	153.12	95.91	50.90
	0.050	38.95	52.93	69.54	88.66	117.60	88.34	30.07	12.60
	0.075	17.11	23.67	33.20	46.87	69.52	47.00	12.94	6.16
	0.100	9.74	13.06	18.20	26.08	41.55	25.89	7.64	4.10
	0.150	4.83	6.08	7.84	10.32	15.00	10.39	4.05	2.50
	0.200	3.17	3.69	4.48	5.43	6.66	5.34	2.74	1.90
	0.300	1.80	1.95	2.14	2.31	2.42	2.32	1.68	1.19
	0.500	1.05	1.08	1.11	1.11	1.11	1.11	1.02	1.00
25	0.025	84.34	102.99	121.02	134.88	156.09	120.18	53.52	24.00
	0.050	23.28	32.70	46.63	62.4	83.11	46.53	13.53	6.40
	0.075	10.20	14.01	20.38	28.58	40.87	20.04	6.44	3.66
	0.100	6.11	7.96	10.76	14.55	20.76	10.74	4.17	2.60
	0.150	3.14	3.72	4.47	5.49	6.40	4.47	2.40	1.76
	0.200	1.99	2.21	2.42	2.64	2.84	2.43	1.70	1.24
	0.300	1.17	1.20	1.22	1.24	1.22	1.22	1.08	1.00
	0.500	1.00	1.00	1.00	1.00	1.00	1.00	1.00	1.00

通过表2-6并将其与表2-2、表2-3和表2-5对比，可以得出如下结论：

第一，对于给定的η和δ，KMW-LR联合控制图监测二次型特定变异时将随n变大且更加敏感。

第二，对于给定的n和δ，KMW-LR联合控制图的ARL_1值将在η从0.5变为9的过程中先增加后降低。这意味着KMW-LR联合控制图在面对失控轮廓沿Y轴上下移动时监控性能不够稳健。

第三，与非定向的KMW控制图相比，当n变大时，如当$n=13$和25时，KMW-LR联合控制图在监测失控轮廓围绕受控轮廓发生二次型特定变异时，即$\eta=2$、3和5时监测任意大小偏移量表现更加优异；而且对于其他η值时，对于特定变异的中到大偏移量会更加敏感。但是，当$n=5$时，KMW-LR联合控制图的性能在各种情况下均全部弱于KMW控制图。

第四，与定向ST控制图相比，KMW-LR联合控制图在$\eta=2$、3和5时几乎全部弱于ST控制图的性能表现，而且对于其他η值的大偏移特定变异也弱于ST控制图；但是随着n变大，KMW-LR联合控制图比ST控制图性能较优的范围逐步扩大。另外，与定向LR控制图相比，当$n=5$时，KMW-LR联合控制图几乎在所有情况下全部优于LR控制图；但是随着n变大，LR控制图在监测围绕受控轮廓发生二次型特定变异的失控轮廓时，即在$\eta=3$左右变化时，开始表现出更好的监测性能。

通过上述分析，KMW-LR联合控制图因联合了KMW和LR两个控制图而表现出结合两种控制图的特点，即KMW-LR联合控制图表现出失控轮廓沿Y轴上下移动时监控性能的非稳健性；而且当n变大时，对于围绕受控轮廓的失控轮廓变异，即$\eta=2$、3和5时的监测性能比KMW控制图更优，但要弱于ST控制图和LR控制图。这也体现了KMW-LR联合控制图同时具有定向和非定向两种控制图的优势。

为了进一步提升KMW-LR联合控制图监测二次型特定变异的监控性能，可以调整p_{KL}的取值，即取$p_{KL}<1$的值。另外，因为ST控制图整体性能要优于LR控制图，因而在某些情况下要优于KMW-LR联合控制图。所以，可以构建联合KMW控制图和ST控制图的KMW-ST联合控制图，以获得监测二次型特定变异和任意类型变异的监测能力。

2.7 本章小结

本章针对预先已知过程发生某种特定变异的情况,研究了线性轮廓的定向控制问题。通过对实际加工过程进行分析,提出了用于检验线性轮廓由直线变为二次曲线这种特定变异的定向控制方法。基于对二次回归模型中二次项系数的假设检验分析,构建了基于假设检验统计量的 F 控制图、LR 控制图和 ST 控制图,用于对线性轮廓的形状变化进行监控。

通过模拟仿真比较研究,本章比较了定向控制方法——F 控制图、LR 控制图和 ST 控制图的监测性能,并与忽略过程发生特定变异信息的控制图进行了比较。模拟比较结果显示,所提三种控制方法能快速监测过程特定变异,在失控轮廓沿 Y 轴上下移动时具有稳健性,而且 LR 控制图与 F 控制图监测性能相近。此外,当 η 取中等数值时,即失控轮廓在受控轮廓附近波动时,所提三种控制图对线性轮廓的形状变化较为敏感;而且当 η 取较小值时,即失控轮廓偏离受控轮廓较多时,所提控制方法在轮廓内测量点个数较多时也能有效监测线性轮廓的形状变化。

另外,为提升同时监测二次型特定变异和任意类型变异的监测能力,本章研究了联合 LR 控制图和 KMW 控制图的 KMW-LR 联合控制图。仿真分析显示,KMW-LR 联合控制图表现出结合两种控制图的特点,而且当 n 变大时,对于围绕受控轮廓的失控轮廓变异,即 $\eta=2$、3 和 5 时的监测性能比 KMW 控制图更优,但要弱于 ST 控制图和 LR 控制图。

3 线性轮廓定向 EWMA 控制图

3.1 引言

如前文所述，轮廓控制中大多数方法的提出是为了监测轮廓任意类型变异。然而，在统计质量控制应用中，由于系统或过程的固有特征，一些特定变异时有发生。因此，用于监测轮廓由"正常"轮廓向几种预先已知"异常"轮廓之一发生变化的特定变异轮廓控制方法变得更为重要，并且具有挑战性。不过，这种轮廓特定变异的监测可以通过具体的特定模型来完成（Chipman et al., 2010）。在此特定模型中，一些模型参数可以用来识别过程发生轮廓"异常"的趋势。例如，在圆柱体部件加工过程中，监测圆柱体直线度随时间的变化。由于圆柱体可能会发生沙漏型、滚筒型或香蕉型的特定变异，在特定变异发生后，直线度就会发生二次型变异。在此种情况下，可以利用二次多项式回归模型对可能发生二次型特定变异的直线度进行建模。同时，可以通过二次多项式回归中的二次项系数识别是否发生了二次型特定变异，即识别出向特定"异常"轮廓的变化趋势。按照此思路，前文提出了线性轮廓的定向常规控制图，以监测线性轮廓发生的二次型特定变异。

众所周知，常规控制图对于变异的大偏移量更加敏感。而且，前文仿真分析结果也表明线性轮廓定向常规控制图确实对大偏移量相对更敏感。但是，在加工过程中，过程小偏移更值得关注。尤其是在数控加工过程中，由于过程精度较高，过程小偏移情况更常见。因此，提出针对过程特定变异小偏移的线性轮廓定向控制图更值得关注。本章研究基于指数加权移动均值（exponential weighted moving average，EWMA）技术，提出用于监测二次型特定变异的线性轮廓定向 EWMA 控制图。另外，在实际生产加工过程中，特定变异类型不局限于一种。因此，除了考虑二次型特定变异之外，针对多种类型的特定变异构建线性轮廓定向 EWMA 控制图更为重要。本章在研究面向二次型特定变异的定向 EWMA 控制图基础上，构建可用于监测多种类型特定变异的定向 EWMA 控制图。

基于指数加权移动平均技术的 EWMA 控制图是在常规控制图基础上的改进（Roberts，1959），特别适用于监测过程存在微小偏差的情况，且操作简单。EWMA 控制图最典型的是用于样本容量为 1 的情况。EWMA 控制图关注的是当前值与历史数据的加权平均，当第 t 样本中含有单个观测值 x_t 时，可以构建 EWMA 控制图的统计量为：

$$Z_t = \lambda x_t + (1-\lambda) Z_{t-1} \tag{3-1}$$

其中，Z_t 为当前时刻的 EWMA 统计量，Z_{t-1} 为上一时刻的 EWMA 统计量，λ 为权重因子且 $0 < \lambda \leq 1$。x_t 为当前时刻的观测值，且在此 EWMA 控制图介绍中假设 x_t 服从 $N(\mu, \sigma^2)$。并假设当过程统计受控时 $\mu = \mu_0$ 且 $\sigma^2 = \sigma_0^2$，因此，可有 EWMA 统计量的初值 $Z_0 = \mu_0$。

由于存在递推关系 $Z_{t-1} = \lambda x_{t-1} + (1-\lambda) Z_{t-2}$，将其代入公式（3-1）中可以得到 $Z_t = \lambda x_t + \lambda(1-\lambda) Z_{t-1} + (1-\lambda)^2 Z_{t-2}$。依此类推可得

$$Z_t = \lambda \sum_{j=0}^{t-1} (1-\lambda) x_{t-j} + (1-\lambda)^t Z_0 \tag{3-2}$$

在公式（3-2）中，等式右边的权重之和为 1。权重 λ 越大，Z_t 受 x_t 影响的程度也越大。当 $\lambda = 1$ 时，EWMA 控制图则变成样本容量为 1 的常规控制图。若 $\lambda \to 1$，即 x_t 的权重趋近于 1 时，Z_t 基本上由 x_t 决定。权重 λ 越小，EWMA 控制图对于过程中小偏移就越敏感。一般情况下，λ 的取值范围在 $0.05 \leq \lambda \leq 0.25$ 内。在实际中，λ 通常取值为 0.05、0.1 和 0.2。

为构建 EWMA 控制图，还需确定 EWMA 控制图的控制界限。假设一组观测值 x_t 相互独立。当过程统计受控时，x_t 的均值为 μ_0，方差为 σ_0^2，则统计量 Z_t 的方差 $\sigma_{Z_t}^2$ 为：

$$\sigma_{Z_t}^2 = \sigma_0^2 (\lambda/(2-\lambda))(1-(1-\lambda)^{2t})$$

则根据控制图的构建方法可以构建 EWMA 控制图，其中心线以及上下控制界限的计算公式分别为：

$$LCL = \mu_0 - L\sigma_0 \sqrt{(\lambda/(2-\lambda))(1-(1-\lambda)^{2t})}$$
$$CL = \mu_0$$

$$UCL=\mu_0+L\sigma_0\sqrt{(\lambda/(2-\lambda))(1-(1-\lambda)^{2t})}$$

其中，L 表示控制界限的间距，一般取 $L=3$（表示控制界限在 $\pm 3\sigma$ 范围内）。并且注意到当 t 变大时，$1-(1-\lambda)^{2t}$ 会越来越接近于 1。也就是说，在使用 EWMA 控制图一段时间后，控制界限就会趋于稳定，如图 3-1 所示。此时，上下控制界限可以简化为：

$$LCL=\mu_0-L\sigma_0\sqrt{(\lambda/(2-\lambda))}$$
$$UCL=\mu_0+L\sigma_0\sqrt{(\lambda/(2-\lambda))}$$

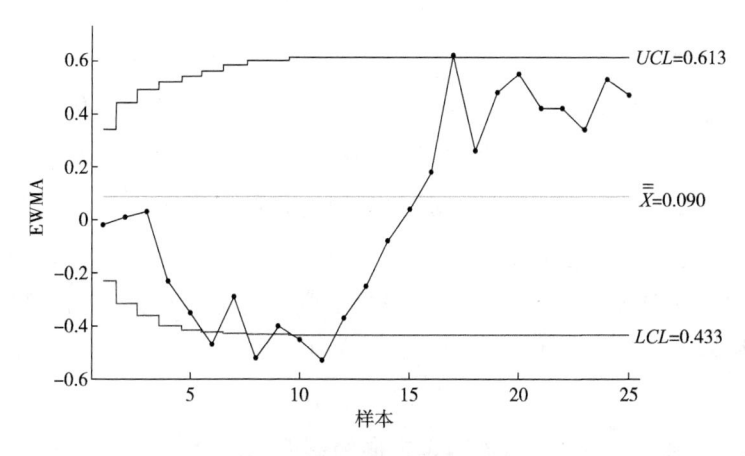

图 3-1 EWMA 控制图示例

但是当 t 值很小时，建议使用精确的计算公式，这将有效地提高 EWMA 控制图在建立阶段快速监测出过程出现异常的能力。当然，EWMA 控制图也可用于样本容量 n 大于 1 的情况，这时只需将公式（3-1）中的 x_t 换成 $\bar{x}_t$，且上下控制界限中的 σ_0 用 $\sigma_{\bar{x}_t}=\sigma_0/\sqrt{n}$ 替换即可。

本章基于 EWMA 控制图构建思路，针对线性轮廓的二次型特定变异和多种类型特定变异，在建立描述特定变异的线性轮廓模型的基础上，设计面向线性轮廓数据的定向 EWMA 控制图，并分析所提线性轮廓定向 EWMA 控制图的监控性能及其有效性。

3.2 面向二次型特定变异的定向 EWMA 控制图

假设 t 时刻样本轮廓测量数据为 (x_{ti}, y_{ti})，$i=1, 2, \cdots, n_t$，$t=1$,

2，…，其中，x_{ti} 为测量点位置，y_{ti} 为对应测量点位置的测量值，并假设 $x_{ti}=x_i$，且对于所有 t 有 $n_t=n$。此处，采用二次多项式回归模型对 t 时刻样本轮廓进行建模，其具体形式为：

$$y_{ti}=\beta_{0t}+\beta_{1t}x_i+\beta_{2t}x_i^2+\varepsilon_{ti}, \quad i=1, 2, \cdots, n \tag{3-3}$$

其中，$\boldsymbol{\beta}_t=(\beta_{0t}, \beta_{1t}, \beta_{2t})$ 为模型系数向量，且误差项 ε_{ti} 独立同分布于均值为 0、方差为 σ_ε^2 的正态分布。为简化分析，类似前文，同样对此模型进行转换，并使得转换后 x_i 的均值为 0。转换后的模型为：

$$y_{ti}=\beta_{0t}^*+\beta_{1t}^*x_i^*+\beta_{2t}^*x_i^{*2}+\varepsilon_{ti}, \quad i=1, 2, \cdots, n \tag{3-4}$$

其中，$\beta_{0t}^*=\beta_{0t}+\beta_{1t}\bar{x}+\beta_{2t}\bar{x}^2$，$\beta_{1t}^*=\beta_{1t}+2\beta_{2t}\bar{x}+\beta_{2t}\bar{x}^2$，$\beta_{2t}^*=\beta_{2t}$，$x_i^*=x_i-\bar{x}$，$\bar{x}=n^{-1}\sum_{i=1}^n x_i$。当过程处于统计受控时，假设模型参数为 $\boldsymbol{\beta}_0=(B_0, B_1, 0)$ 且 $\sigma_\varepsilon^2=\sigma_{\varepsilon 0}^2$。对于转换后的模型，统计受控下模型参数为 $\boldsymbol{\beta}_0^*=(\beta_0^*, \beta_1^*, \beta_2^*)=(B_0+B_1\bar{x}, B_1, 0)$。可知过程统计受控时应有 $\beta_{2t}^*=0$，而过程失控状态时 β_{2t}^* 将不为 0。因而，上述模型中二次项系数 β_{2t}^* 可用于识别过程中线性轮廓是否发生了二次型特定变异。进而可知，为构建用于监测二次型特定变异的控制图，可以检验如下假设：

$$H_0: \beta_{2t}^*=0 \leftrightarrow H_1: \beta_{2t}^* \neq 0 \tag{3-5}$$

3.2.1 基于得分检验的 STE 定向控制图

当预先已知的二次型特定变异较小时，β_{2t}^* 的真值将非常接近于 0。众所周知，得分检验是较强的检验公式（3-5）中假设的检验方法之一，而且在前一章已构建了基于得分检验的单侧 ST 定向常规控制图。在此处，针对小偏移的二次型特定变异，将基于得分检验构建定向 EWMA 控制图。为便于理解，再次给出得分检验统计量的公式。基于模型参数受控值已知的假设，在原假设 H_0 下可知得分量为 $S(\widehat{\boldsymbol{\beta}}_t^*)=X'(Y_t-X\widehat{\boldsymbol{\beta}}_t^*)/\sigma_{\varepsilon 0}^2$，其中，$\widehat{\boldsymbol{\beta}}_t^*=(\widehat{\beta}_{t0}^*, 0)$，且 $\widehat{\boldsymbol{\beta}}_{t0}^*=(\widehat{\beta}_{0t}^*, \widehat{\beta}_{1t}^*)'=(X_1'X_1)^{-1}X_1'Y_t$。基于上述假设可知，$S(\widehat{\boldsymbol{\beta}}_t^*)$ 服从均值为 0，协方差阵为 $I(\widehat{\boldsymbol{\beta}}_t^*)=X'X/\sigma_{\varepsilon 0}^2$ 的多元正态分布，其中 $I(\widehat{\boldsymbol{\beta}}_t^*)$ 为 Fisher 信息量。则得分检验统计量可定义为：

$$ST_t=S(\widehat{\boldsymbol{\beta}}_t^*)'I(\widehat{\boldsymbol{\beta}}_t^*)^{-1}S(\widehat{\boldsymbol{\beta}}_t^*)=\frac{Y_t'(H-H_1)Y_t}{\sigma_{\varepsilon 0}^2} \tag{3-6}$$

其中，$H=X(X'X)^{-1}X'$，$H_1=X_1(X_1'X_1)^{-1}X_1'$，且

$$X_1 = \begin{pmatrix} 1 & x_1^* \\ 1 & x_2^* \\ \vdots & \vdots \\ 1 & x_n^* \end{pmatrix}, \quad X = \begin{pmatrix} 1 & x_1^* & x_1^{*2} \\ 1 & x_2^* & x_2^{*2} \\ \vdots & \vdots & \vdots \\ 1 & x_n^* & x_n^{*2} \end{pmatrix}, \quad Y_t = \begin{pmatrix} y_{t1} \\ y_{t2} \\ \vdots \\ y_{tn} \end{pmatrix}$$

此时，ST_t 服从自由度为 1 的卡方分布。单侧 ST 定向常规控制图即是基于 ST_t 所构建的休哈特类控制图。但是此类控制图对于小偏移不够敏感。因此，为更加有效地监测线性轮廓二次型特定形状变异的小偏移，将结合 EWMA 技术构建基于得分量的 EWMA 控制图，并将此定向 EWMA 控制图记为 STE 控制图。

因为 $S(\hat{\boldsymbol{\beta}}_t^*)$ 服从多元正态分布，可设定得分量的 EWMA 控制图的统计量为

$$W_t = \lambda S(\hat{\boldsymbol{\beta}}_t^*) + (1-\lambda) W_{t-1}, \quad t = 1, 2, \cdots \quad (3-7)$$

其中，λ 为平滑权重因子且 $0 \leqslant \lambda \leqslant 1$，$W_0$ 为三维初始向量。之后，可以构建 STE 控制图的统计量为：

$$U_t = W_t' I(\hat{\boldsymbol{\beta}}_t^*)^{-1} W_t \quad (3-8)$$

在控制图应用中，当 $U_t > L\lambda/(2-\lambda)$ 时，STE 控制图将给出过程失控的信号。其中，L 为使 STE 控制图达到给定 ARL_0 预设值的控制界限调节参数，且 $L>0$。此处，上控制界限为简化形式。此 STE 控制图可以看作多元 EWMA 控制图（Lowry et al., 1992）的应用特例。在 STE 定向控制图中，可取初始向量 W_0 为元素全部为 0 的零向量。

3.2.2 性能评估

此部分通过蒙特卡洛仿真分析 STE 控制图监测线性轮廓二次型特定变异的监控性能。同时，利用 ARL_1 评估 STE 控制图的有效性，并比较其与现有方法的监控性能。

类似前文研究，在仿真比较研究中，所选取的受控轮廓模型为：

$$y_{ti} = \beta_0^* + \beta_1^* x_i^* + \varepsilon_{ti}, \quad i = 1, 2, \cdots, n \quad (3-9)$$

其中，$\beta_0^* = B_0 + B_1 \bar{x}$，$\beta_1^* = B_1$，$x_i^* = x_i - \bar{x}$，$\bar{x} = n^{-1} \sum_{i=1}^{n} x_i$，$\varepsilon_{ti}$ 为独立同分布随机变量且服从均值为 0、方差为 $\sigma_{\varepsilon 0}^2$ 的正态分布。假设在模拟仿真中受控轮廓模型各参数取值为 $B_0 = 3$，$B_1 = 2$ 和 $\sigma_{\varepsilon 0}^2 = 1$。$x_i$ 取值固定且为 $x_i = 2+$

$[(8-2)(i-1)]/(n-1)$，此时，x_i 取值范围为 $[2, 8]$ 且 $\bar{x}=5$。则转换后 x_i^* 的取值范围为 $[-3, 3]$ 且 $\bar{x}^*=0$。此处，考虑 n 的三种取值，即 $n=7$，13 和 25。当线性轮廓发生二次型特定变异时，即线性轮廓由直线变为二次曲线时，考虑如下失控轮廓模型：

$$y_{ti} = \beta_0^* + \beta_1^* x_i^* + \gamma(x_i^{*2} - \eta) + \varepsilon_{ti}, \quad i=1, 2, \cdots, n \tag{3-10}$$

其中，η 表示线性轮廓截距的偏移，$\gamma = \delta\sigma_{\varepsilon 0}$ 表示过程偏移量且为误差项方差 $\sigma_{\varepsilon 0}$ 的倍数。与前文介绍相同，当 η 变化时，轮廓会沿 Y 轴方向上下移动，但是不会改变线性轮廓的形状。对于给定的 δ，当 η 从 -1.5 增大至 9 时，失控轮廓将与受控轮廓相离（$\eta<0$）、相切（$\eta=0$）、相交（$0<\eta\leq 9$）。而且，当 $\eta=3.5$ 时，失控轮廓几乎围绕在受控轮廓上下；当 η 大于或小于 3.5 时，失控轮廓将整体偏离受控轮廓（如图 3-2 所示）。

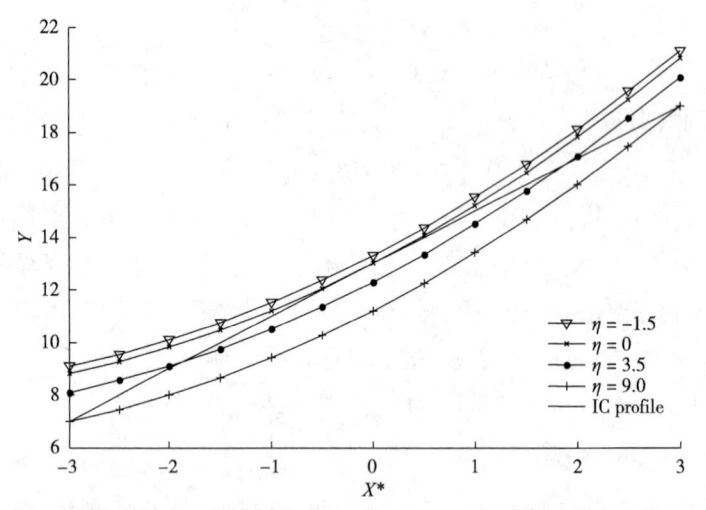

图 3-2 受控轮廓与失控轮廓样本（$\delta=0.2$，$n=13$ 且模型中均不含误差项 ε_{ti}）

3.2.2.1 STE 控制图性能分析

在 STE 定向控制图性能分析中，设定平滑权重因子 $\lambda=0.2$，这与 EWMA 控制图的常用设置相同。同时，设定统计受控状态下平均运行链长为 $ARL_0=200$。表 3-1 列出了 STE 控制图监测二次型特定变异的失控状态下平均运行链长 ARL_1 的值。表 3-1 中括号内为运行链长的标准差。除非特别指出，否则 ARL_0 和 ARL_1 的值均是基于蒙特卡洛仿真通过 10 000 次重复模拟计算得到的。

表 3-1　线性轮廓发生二次型特定变异时 STE 控制图的 ARL_1 值

n	η	\multicolumn{7}{c}{δ}
		0.025	0.050	0.075	0.100	0.150	0.200	0.300
7	−1.50	86.7 (81.6)	31.9 (26.7)	15.6 (11.6)	9.7 (6.1)	5.2 (2.5)	3.6 (1.4)	2.3 (0.7)
	−0.25	86.5 (79.9)	31.4 (27.0)	15.5 (11.3)	9.6 (5.9)	5.2 (2.4)	3.6 (1.4)	2.3 (0.7)
	1.00	86.1 (81.7)	31.7 (27.3)	15.4 (11.1)	9.6 (5.8)	5.2 (2.4)	3.6 (1.4)	2.3 (0.7)
	2.25	86.7 (81.4)	31.2 (26.3)	15.6 (11.3)	9.6 (6.0)	5.3 (2.4)	3.6 (1.4)	2.3 (0.7)
	3.50	87.1 (82.8)	31.4 (27.0)	15.5 (11.5)	9.5 (5.8)	5.3 (2.4)	3.6 (1.4)	2.3 (0.7)
	4.75	85.1 (78.8)	31.0 (26.6)	15.3 (11.2)	9.6 (5.9)	5.3 (2.5)	3.6 (1.4)	2.3 (0.7)
	6.00	85.8 (80.7)	31.3 (26.5)	15.7 (11.3)	9.7 (6.0)	5.2 (2.5)	3.6 (1.4)	2.3 (0.7)
	7.25	86.0 (83.3)	30.9 (26.1)	15.4 (11.2)	9.5 (5.9)	5.3 (2.4)	3.6 (1.4)	2.3 (0.7)
	8.50	86.2 (83.0)	31.0 (26.4)	15.6 (11.6)	9.6 (6.0)	5.2 (2.4)	3.7 (1.4)	2.3 (0.7)
13	−1.50	66.5 (61.8)	22.4 (17.7)	11.0 (7.3)	7.1 (3.8)	4.1 (1.6)	2.9 (1.0)	1.9 (0.5)
	−0.25	67.2 (61.8)	22.3 (17.8)	11.1 (7.1)	7.1 (3.8)	4.1 (1.7)	2.9 (0.9)	2.0 (0.5)
	1.00	67.3 (62.6)	22.8 (18.1)	11.0 (7.2)	7.1 (3.8)	4.0 (1.6)	2.9 (1.0)	1.9 (0.5)
	2.25	68.1 (63.5)	22.2 (17.7)	11.1 (7.3)	7.1 (3.9)	4.0 (1.6)	2.9 (1.0)	1.9 (0.5)
	3.50	67.3 (61.8)	21.9 (17.1)	11.3 (7.6)	7.1 (3.9)	4.1 (1.6)	2.9 (1.0)	2.0 (0.5)
	4.75	67.7 (62.9)	22.1 (17.3)	11.1 (7.3)	7.1 (3.8)	4.0 (1.6)	2.9 (1.0)	2.0 (0.5)
	6.00	67.7 (63.2)	22.3 (18.0)	11.1 (7.4)	7.1 (3.9)	4.1 (1.7)	2.9 (0.9)	1.9 (0.5)
	7.25	68.3 (63.8)	22.4 (17.9)	11.1 (7.3)	7.1 (3.9)	4.1 (1.6)	2.9 (1.0)	2.0 (0.5)
	8.50	67.0 (61.4)	22.0 (17.2)	11.2 (7.2)	7.1 (3.9)	4.0 (1.6)	2.9 (1.0)	2.0 (0.5)
25	−1.50	45.6 (41.1)	14.1 (10.0)	7.3 (4.1)	4.9 (2.2)	3.0 (1.0)	2.2 (0.6)	1.5 (0.5)
	−0.25	45.1 (40.2)	14.1 (10.0)	7.3 (4.1)	4.9 (2.2)	3.0 (1.0)	2.2 (0.6)	1.5 (0.5)
	1.00	46.1 (41.4)	14.4 (10.3)	7.3 (4.1)	4.9 (2.2)	3.0 (1.0)	2.2 (0.6)	1.5 (0.5)
	2.25	46.4 (42.0)	14.2 (10.2)	7.4 (4.1)	4.9 (2.2)	3.0 (1.0)	2.2 (0.6)	1.5 (0.5)
	3.50	46.3 (41.3)	14.3 (10.3)	7.4 (4.1)	4.9 (2.3)	3.0 (1.0)	2.2 (0.6)	1.5 (0.5)
	4.75	46.5 (41.7)	14.3 (10.2)	7.4 (4.1)	4.9 (2.2)	3.0 (1.0)	2.2 (0.6)	1.5 (0.5)
	6.00	45.9 (41.0)	13.9 (9.8)	7.3 (4.1)	4.9 (2.2)	3.0 (1.0)	2.2 (0.6)	1.5 (0.5)
	7.25	46.8 (42.5)	14.3 (10.3)	7.4 (4.1)	4.9 (2.2)	3.0 (1.0)	2.2 (0.6)	1.5 (0.5)
	8.50	45.7 (41.4)	14.2 (10.0)	7.4 (4.1)	4.9 (2.2)	3.0 (1.0)	2.2 (0.6)	1.5 (0.5)

通过分析表3-1，可以得出如下结论：

(1) 给定 n 和 η 时，STE 定向控制图的 ARL_1 值随 δ 的增加而逐渐变小。这表明 STE 控制图在监测二次型特定变异时对监测特定变异具有有效性，且其检出性能随着特定变异偏移量的增大而变得更为敏感。

(2) 给定 n 和 δ 时，当 η 变动时 STE 定向控制图的 ARL_1 值十分接近。这表明当失控轮廓沿 Y 轴上下移动时，STE 定向控制图在监测二次特定变异时比较稳健。

(3) 给定 η 和 δ 时，STE 控制图的 ARL_1 值随着 n 的增大逐渐变小，在 $n=25$ 时的监测性能要优于 $n=7$ 和 $n=13$ 两种情况。这意味着在每条轮廓内的观测值数量越多，控制图监测出线性轮廓特定形状变异越容易。

3.2.2.2 与定向常规控制图对比分析

为说明所提 STE 定向 EWMA 控制图在监测特定变异小偏移时的优势，将对比分析 STE 控制图与前文所提的 ST 控制图和 LR 控制图在监测二次型特定变异时的监控性能。前文研究显示，ST 控制图和 LR 控制图在失控轮廓沿 Y 轴上下移动时同样都具有稳健性，这与 STE 控制图类似。因此，为便于分析，此处仅比较分析 $\eta=3.5$ 时 STE 控制图、ST 控制图和 LR 控制图的监控性能，并设定三种控制图受控状态下 $ARL_0=200$。这三种控制图在 $\eta=3.5$ 时的 ARL_1 值如表 3-2 所示，其中，$\delta=0$ 行的值为通过蒙特卡洛模拟得到的失控状态下的平均运行链长 ARL_0 值，括号内数据为失控运行链长的标准差。

表 3-2 STE 控制图、ST 控制图和 LR 控制图的线性轮廓二次型特定变异监控性能对比

δ	$n=7$			$n=13$			$n=25$		
	STE	ST	LR	STE	ST	LR	STE	ST	LR
0	201.8	199.7	200.3	200.3	200	197.6	200.0	200.0	200.0
0.025	87.1 (82.8)	162.4 (161.1)	178.5 (178.5)	67.3 (61.8)	148.1 (146.0)	161.4 (160.2)	46.3 (41.3)	123.3 (122.4)	133.4 (132.9)
0.050	31.4 (27.0)	100.6 (99.3)	144.5 (141.1)	21.9 (17.0)	79.8 (79.1)	98.8 (100.3)	14.3 (10.3)	52.6 (52.5)	59.7 (58.4)
0.075	15.5 (11.5)	58.3 (57.9)	104.3 (103.0)	11.3 (7.6)	40.6 (40.1)	57.0 (57.4)	7.4 (4.1)	23.1 (22.6)	28.9 (28.3)

续表

δ	n = 7			n = 13			n = 25		
	STE	ST	LR	STE	ST	LR	STE	ST	LR
0.100	9.5 (5.8)	33.7 (32.8)	73.6 (72.8)	7.1 (3.9)	22.0 (21.2)	33.4 (32.6)	4.9 (2.3)	11.5 (11.0)	14.3 (13.8)
0.150	5.3 (2.4)	13.4 (12.8)	39.7 (39.2)	4.1 (1.6)	7.6 (7.0)	13.0 (12.4)	3.0 (1.0)	3.8 (3.3)	4.9 (4.4)
0.200	3.6 (1.4)	6.1 (5.6)	21.5 (21.0)	2.9 (1.0)	3.5 (3.0)	6.1 (5.7)	2.2 (0.6)	1.9 (1.3)	2.3 (1.7)
0.300	2.3 (0.7)	2.1 (1.5)	8.5 (8.0)	2.0 (0.5)	1.4 (0.8)	2.2 (1.6)	1.5 (0.5)	1.1 (0.3)	1.1 (0.4)

基于表 3-2 的 STE 控制图、ST 控制图和 LR 控制图监控性能对比分析，可以得到如下结论：

（1）在 $\eta=3.5$ 的情况下，给定 n 时，STE 控制图的 ARL_1 值在几乎大多数偏移情况下均小于 ST 控制图和 LR 控制图的 ARL_1 值，除了 $\delta=0.3$ 时的情况。这表明 STE 控制图在监测二次型特定变异的小到中等程度偏移时要比 ST 控制图和 LR 控制图的监控性能更优。然而，在监测特定变异大偏移时，STE 控制图的性能仅是稍弱于 ST 控制图。

（2）ST 控制图在所有情况下几乎全部优于 LR 控制图，这也有助于同样基于得分检验的 STE 控制图比 LR 控制图表现更优。

3.2.2.3 与 EWMA 类控制图对比分析

为进一步分析 STE 定向控制图相比于 EWMA 类轮廓控制图的优势，此处考虑其他三个 EWMA 类控制图，包括前文中研究过的 KMW 控制图和 KMW-LR 联合控制图。第三个 EWMA 类控制图是沿着 KMW-LR 联合控制图的设计思路，构建包含 KMW 控制图和 ST 控制图的 KMW-ST 定向联合控制图。前文研究显示，KMW-LR 联合控制图在大多数情况下表现良好，此处进一步分析其与其他控制图的表现。同样设定联合控制图的总体 ARL_0 为 200，则其内各控制图的 ARL_0 为 400。KMW 控制图、KMW-LR 联合控制图和 KMW-ST 联合控制图的 ARL_1 值分别如表 3-3 至表 3-5 所示。

表 3-3　线性轮廓发生二次型特定变异时 KMW 控制图的 ARL_1 值

n	η	δ						
		0.025	0.050	0.075	0.100	0.150	0.200	0.300
7	-1.50	67.4 (60.9)	19.2 (14.5)	9.2 (5.3)	5.8 (2.6)	3.4 (1.1)	2.5 (0.7)	1.7 (0.5)
	-0.25	94.5 (89.4)	31.5 (26.2)	14.3 (9.6)	8.6 (4.8)	4.6 (1.8)	3.2 (1.0)	2.1 (0.5)
	1.00	127.6 (122.0)	55.5 (49.5)	26.6 (21.1)	15.4 (10.7)	7.4 (3.8)	4.8 (1.9)	2.8 (0.8)
	2.25	163.6 (159.9)	105.4 (100.1)	60.6 (54.8)	35.8 (30.5)	14.9 (10.7)	8.0 (4.4)	3.8 (1.4)
	3.50	182.9 (175.3)	153.4 (147.6)	114.4 (111.1)	75.7 (71.4)	27.1 (23.6)	11.7 (8.3)	4.3 (1.9)
	4.75	185.5 (180.4)	149.2 (143.2)	104.0 (98.6)	68.7 (64.5)	25.5 (21.5)	11.1 (7.7)	4.2 (1.9)
	6.00	157.7 (154.7)	92.4 (87.1)	52.1 (46.9)	29.9 (24.6)	12.7 (8.3)	7.1 (3.7)	3.6 (1.2)
	7.25	119.6 (115.6)	50.0 (45.8)	23.5 (18.3)	13.5 (9.0)	6.7 (3.3)	4.4 (1.7)	2.6 (0.7)
	8.50	86.1 (80.5)	28.0 (22.6)	13.1 (8.6)	7.9 (4.2)	4.3 (1.6)	3.1 (0.9)	2.0 (0.4)
13	-1.50	47.8 (41.8)	13.0 (8.7)	6.5 (3.1)	4.4 (1.7)	2.7 (0.8)	2.0 (0.5)	1.3 (0.5)
	-0.25	76.2 (69.9)	22.2 (16.9)	10.4 (6.4)	6.5 (3.1)	3.8 (1.3)	2.7 (0.8)	1.9 (0.4)
	1.00	115.1 (110.4)	46.4 (40.4)	21.7 (16.7)	12.6 (8.1)	6.3 (3.0)	4.1 (1.5)	2.5 (0.7)
	2.25	164.1 (162.8)	105.6 (98.7)	64.2 (59.1)	37.3 (32.1)	15.2 (10.6)	7.9 (4.3)	3.6 (1.3)
	3.50	188.8 (188.0)	163.3 (161.7)	122.7 (118.3)	79.1 (74.7)	27.5 (23.3)	10.7 (7.3)	3.9 (1.6)
	4.75	161.7 (154.8)	107.5 (102.2)	62.4 (57.0)	36.8 (31.1)	15.1 (10.6)	8.0 (4.2)	3.6 (1.3)
	6.00	115.9 (111.3)	46.3 (41.1)	21.3 (16.4)	12.3 (7.8)	6.2 (2.9)	4.2 (1.5)	2.5 (0.7)
	7.25	75.7 (69.8)	22.1 (17.4)	10.3 (6.2)	6.5 (3.1)	3.7 (1.3)	2.7 (0.8)	1.9 (0.4)
	8.50	47.2 (41.6)	13.0 (8.5)	6.6 (3.1)	4.4 (1.7)	2.7 (0.8)	2.1 (0.5)	1.4 (0.5)
25	-1.50	28.7 (23.3)	8.0 (4.3)	4.4 (1.7)	3.1 (1.0)	2.1 (0.5)	1.6 (0.5)	1.0 (0.1)
	-0.25	50.4 (44.0)	13.6 (9.0)	6.8 (3.3)	4.5 (1.7)	2.8 (0.8)	2.1 (0.5)	1.4 (0.5)
	1.00	95.2 (89.7)	31.3 (26.0)	14.2 (9.6)	8.5 (4.8)	4.6 (1.8)	3.2 (1.0)	2.1 (0.4)
	2.25	159.7 (156.2)	98.0 (92.9)	53.1 (46.8)	30.8 (25.4)	12.1 (7.7)	6.5 (3.1)	3.0 (0.9)
	3.50	185.9 (180.7)	150.6 (148.6)	107.0 (101.9)	65.3 (59.9)	19.9 (15.6)	8.2 (4.8)	3.2 (1.1)
	4.75	133.9 (130.1)	61.2 (55.0)	29.4 (23.5)	16.8 (12.1)	7.8 (4.0)	4.8 (1.9)	2.7 (0.7)
	6.00	73.3 (68.1)	21.2 (16.2)	10.2 (6.0)	6.2 (2.9)	3.6 (1.3)	2.6 (0.7)	1.8 (0.4)
	7.25	39.4 (33.5)	10.8 (6.5)	5.6 (2.5)	3.8 (1.4)	2.4 (0.6)	1.9 (0.4)	1.2 (0.4)
	8.50	23.8 (18.4)	6.9 (3.4)	3.9 (1.4)	2.8 (0.8)	1.9 (0.4)	1.4 (0.5)	1.0 (0.0)

表 3-4　线性轮廓发生二次型特定变异时 KMW-LR 联合控制图的 ARL_1 值

n	η	\multicolumn{7}{c}{δ}
		0.025	0.050	0.075	0.100	0.150	0.200	0.300
7	-1.50	85.8 (80.9)	23.3 (18.3)	10.6 (6.3)	6.4 (3.0)	3.7 (1.3)	2.6 (0.7)	1.8 (0.4)
	-0.25	115.6 (112.0)	38.3 (33.2)	16.9 (11.8)	9.7 (5.6)	5.1 (2.1)	3.4 (1.2)	2.2 (0.6)
	1.00	147.1 (141.5)	71.1 (66.4)	32.8 (27.9)	18.2 (13.6)	8.2 (4.6)	5.0 (2.2)	2.9 (1.0)
	2.25	172.3 (170.3)	115.1 (113.9)	69.3 (65.3)	40.8 (36.5)	16.6 (12.3)	8.5 (5.2)	3.8 (1.6)
	3.50	184.7 (179.9)	151.9 (149.3)	107.4 (104.2)	70.0 (66.0)	27.4 (24.6)	11.5 (8.7)	4.2 (2.1)
	4.75	187.2 (186.3)	145.7 (144.3)	101.2 (99.1)	66.3 (63.3)	26.5 (23.2)	11.3 (8.3)	4.2 (2.1)
	6.00	166.8 (162.9)	104.5 (101.8)	59.6 (55.2)	34.7 (30.0)	14.1 (10.1)	7.6 (4.0)	3.6 (1.5)
	7.25	140.1 (136.3)	61.9 (57.0)	28.7 (23.3)	15.6 (11.0)	7.3 (3.7)	4.6 (1.9)	2.7 (0.9)
	8.50	108.3 (102.8)	35.5 (30.9)	15.1 (10.2)	8.9 (4.9)	4.7 (1.9)	3.2 (1.1)	2.1 (0.5)
13	-1.50	60.1 (55.1)	14.9 (10.4)	7.2 (3.6)	4.7 (1.9)	2.8 (0.9)	2.0 (0.6)	1.3 (0.5)
	-0.25	91.1 (86.0)	26.1 (21.0)	11.5 (7.2)	6.8 (3.4)	3.8 (1.5)	2.6 (0.9)	1.6 (0.5)
	1.00	127.4 (123.2)	52.9 (48.3)	23.6 (18.9)	13.1 (9.1)	6.1 (3.2)	3.7 (1.5)	2.0 (0.9)
	2.25	159.9 (157.9)	96.4 (93.0)	55.0 (51.4)	30.9 (27.3)	11.9 (9.2)	5.8 (3.9)	2.4 (1.4)
	3.50	172.3 (171.3)	122.1 (121.1)	73.8 (72.7)	43.1 (41.2)	15.4 (13.7)	6.8 (5.3)	2.4 (1.5)
	4.75	160.5 (157.7)	94.9 (92.8)	53.8 (50.5)	30.7 (27.3)	12.0 (9.5)	5.8 (3.9)	2.4 (1.4)
	6.00	126.6 (122.8)	52.6 (47.7)	23.6 (19.1)	13.1 (9.2)	6.0 (3.2)	3.7 (1.7)	2.0 (0.9)
	7.25	89.4 (86.6)	25.9 (20.9)	11.4 (7.2)	6.9 (3.5)	3.7 (1.5)	2.6 (0.9)	1.6 (0.5)
	8.50	60.7 (55.3)	15.0 (10.3)	7.1 (3.6)	4.6 (1.9)	2.8 (0.9)	2.0 (0.6)	1.3 (0.5)
25	-1.50	35.1 (29.9)	8.9 (4.9)	4.7 (2.0)	3.2 (1.1)	2.0 (0.6)	1.5 (0.5)	1.0 (0.1)
	-0.25	60.8 (55.0)	15.1 (10.5)	7.1 (3.8)	4.6 (2.0)	2.5 (1.0)	1.8 (0.6)	1.1 (0.3)
	1.00	102.7 (98.7)	32.6 (28.0)	14.0 (10.5)	7.9 (4.9)	3.7 (2.0)	2.2 (1.2)	1.2 (0.4)
	2.25	143.2 (139.1)	69.3 (67.0)	32.8 (30.6)	16.9 (14.9)	5.9 (4.6)	2.8 (1.9)	1.2 (0.5)
	3.50	153.2 (151.7)	81.4 (79.0)	40.2 (39.0)	19.8 (18.8)	6.3 (5.4)	2.8 (2.1)	1.2 (0.5)
	4.75	122.8 (117.8)	52.8 (49.3)	23.9 (20.8)	12.8 (10.1)	4.9 (3.3)	2.6 (1.6)	1.2 (0.4)
	6.00	84.7 (79.0)	23.5 (18.4)	10.2 (6.3)	6.1 (3.3)	3.1 (1.5)	2.0 (0.9)	1.2 (0.4)
	7.25	49.1 (43.2)	12.0 (7.8)	5.8 (2.8)	3.9 (1.5)	2.3 (0.8)	1.7 (0.6)	1.1 (0.2)
	8.50	29.2 (23.8)	7.5 (3.8)	4.1 (1.6)	2.8 (0.9)	1.9 (0.5)	1.4 (0.5)	1.0 (0.0)

表 3-5　线性轮廓发生二次型特定变异时 KMW-ST 联合控制图的 ARL_1 值

n	η	\multicolumn{7}{c}{δ}
		0.025	0.050	0.075	0.100	0.150	0.200	0.300
7	-1.50	83.4 (81.1)	22.9 (18.2)	10.3 (6.2)	6.2 (3.0)	3.5 (1.3)	2.4 (0.8)	1.5 (0.5)
	-0.25	112.9 (110.0)	36.5 (31.4)	16.1 (11.5)	9.2 (5.4)	4.6 (2.1)	3.0 (1.3)	1.7 (0.7)
	1.00	138.1 (134.0)	63.7 (58.5)	29.2 (24.6)	15.8 (12.1)	7.2 (4.3)	4.2 (2.2)	2.0 (1.0)
	2.25	166.2 (164.1)	98.1 (94.0)	54.2 (51.9)	30.8 (28.1)	12.2 (10.0)	6.1 (4.4)	2.3 (1.5)
	3.50	177.6 (173.1)	120.8 (119.3)	74.3 (72.3)	43.5 (42.2)	16.5 (15.4)	7.4 (6.3)	2.5 (1.8)
	4.75	174.1 (170.7)	119.8 (117.3)	72.5 (70.2)	42.8 (40.6)	16.3 (14.9)	7.1 (6.0)	2.4 (1.7)
	6.00	158.9 (156.5)	90.1 (86.8)	48.8 (45.8)	27.6 (23.5)	10.9 (8.4)	5.6 (3.9)	2.3 (1.5)
	7.25	136.0 (131.2)	57.1 (52.8)	25.6 (21.3)	14.1 (10.1)	6.4 (3.6)	3.9 (2.0)	1.9 (0.9)
	8.50	105.6 (102.0)	33.5 (28.9)	14.5 (10.2)	8.5 (4.8)	4.4 (1.9)	2.9 (1.1)	1.7 (0.6)
13	-1.50	58.6 (53.8)	14.7 (10.2)	7.0 (3.5)	4.5 (1.9)	2.6 (0.9)	1.9 (0.6)	1.2 (0.4)
	-0.25	89.7 (85.8)	25.1 (20.2)	11.1 (7.1)	6.6 (3.4)	3.5 (1.5)	2.3 (1.0)	1.3 (0.5)
	1.00	122.3 (117.4)	49.1 (44.8)	21.8 (17.9)	12.0 (8.3)	5.3 (3.1)	3.0 (1.7)	1.5 (0.7)
	2.25	152.9 (152.7)	85.4 (84.4)	44.9 (42.3)	24.1 (21.7)	8.8 (7.2)	4.1 (3.2)	1.6 (0.9)
	3.50	170.7 (166.6)	101.7 (100.4)	56.7 (56.1)	30.9 (30.0)	10.3 (9.5)	4.5 (3.8)	1.6 (0.9)
	4.75	154.6 (149.4)	86.3 (83.7)	44.1 (41.8)	23.7 (21.8)	8.8 (7.4)	4.2 (3.2)	1.6 (0.9)
	6.00	121.9 (117.7)	48.8 (44.1)	21.9 (17.9)	11.9 (8.5)	5.3 (3.1)	3.0 (1.7)	1.5 (0.7)
	7.25	86.8 (81.6)	25.0 (20.1)	11.1 (7.2)	6.7 (3.5)	3.5 (1.5)	2.3 (1.0)	1.4 (0.5)
	8.50	59.0 (54.8)	14.8 (10.1)	7.0 (3.5)	4.5 (1.8)	2.6 (0.9)	1.9 (0.6)	1.2 (0.4)
25	-1.50	34.8 (29.7)	8.8 (5.0)	4.6 (2.0)	3.1 (1.1)	1.9 (0.6)	1.4 (0.5)	1.0 (0.1)
	-0.25	59.6 (54.7)	14.7 (10.3)	6.9 (3.7)	4.4 (2.0)	2.4 (1.0)	1.6 (0.6)	1.1 (0.2)
	1.00	99.5 (96.7)	31.3 (26.8)	13.4 (9.9)	7.4 (4.8)	3.3 (1.9)	1.9 (1.0)	1.1 (0.3)
	2.25	139.5 (136.5)	63.0 (61.0)	27.9 (25.9)	14.0 (12.6)	4.7 (3.8)	2.2 (1.5)	1.1 (0.3)
	3.50	148.8 (144.2)	73.0 (71.0)	33.1 (31.7)	16.2 (15.2)	5.0 (4.4)	2.2 (1.6)	1.1 (0.3)
	4.75	122.1 (119.6)	49.3 (46.5)	21.4 (18.6)	10.9 (8.7)	4.2 (3.0)	2.1 (1.4)	1.1 (0.3)
	6.00	81.4 (78.0)	23.0 (18.5)	10.0 (6.5)	5.8 (3.2)	2.9 (1.4)	1.8 (0.8)	1.1 (0.3)
	7.25	47.9 (42.5)	11.7 (7.4)	5.8 (2.8)	3.7 (1.5)	2.2 (0.8)	1.5 (0.5)	1.0 (0.2)
	8.50	28.7 (23.1)	7.4 (3.9)	4.1 (1.5)	2.8 (0.9)	1.8 (0.5)	1.3 (0.5)	1.0 (0.0)

通过分析表 3-3 至表 3-5，可以得到关于 KMW 控制图、KMW-LR 联合控制图和 KMW-ST 联合控制图监测二次型特定变异的相关结论，具体如下：

（1）KMW 控制图、KMW-LR 联合控制图和 KMW-ST 联合控制图表现出二次型特定变异监控的有效性。而且，随着偏移量 δ 的增大，三个控制图均表现出更为敏感有效的监测性能。

（2）给定 η 和 δ，当 n 逐渐变大时，与 STE 控制图类似，KMW 控制图、KMW-LR 联合控制图和 KMW-ST 联合控制图控制图的监测性能逐步提升。

（3）此三个 EWMA 类轮廓控制图在失控轮廓沿 Y 轴上下移动时监测性能不够稳健。具体而言，对于给定的 n 和 δ，当 η 从 -1.50 增大至 8.50 时，KMW 控制图的 ARL_1 值先增加后变小。这也就意味着 KMW 控制图不够稳健，与前文研究结论一致，进而影响了 KMW-LR 联合控制图和 KMW-ST 联合控制图的稳健性。

为进一步对比分析 STE 控制图与三个 EWMA 类控制图在监测二次型特定变异时的监测性能，我们将不同 n 和 η 组合下随 δ 变化的性能指标 $\log_{10}(ARL_1)$ 绘制在图 3-3 中。在图 3-3 中，每行图中的 n 相同，每列图中的 η 相同。通过图 3-3 容易看出，在所有的 EWMA 类控制图中，KMW-ST 联合控制图的性能在大多数情况下最优，至少具有一定的可比性。

通过对比 STE 控制图与其他三个 EWMA 类控制图，可以得出如下结论：

（1）当失控轮廓围绕受控轮廓变动时，即 $2.25 \leq \eta \leq 6.00$ 时，在较小的 n 取值下，STE 定向控制图监测线性轮廓二次型特定变异的性能要比其他三个控制图更具有优势；而且，当 n 增大时，STE 控制图在监测二次型特定变异的小至中度偏移时仍然表现出较强的监控性能，但是对于较大程度的偏移具有稍微的弱势。

（2）当失控轮廓偏离受控轮廓较大时，如 $\eta = -0.25$，$\eta = 1.00$ 或 $\eta = 7.25$ 时，在监测二次型特定变异的小偏移时 STE 控制图表现出具有竞争性的监控性能。

（3）当失控轮廓偏离受控轮廓很大时，即 $\eta \leq -1.50$ 或 $\eta \geq 8.50$ 时，

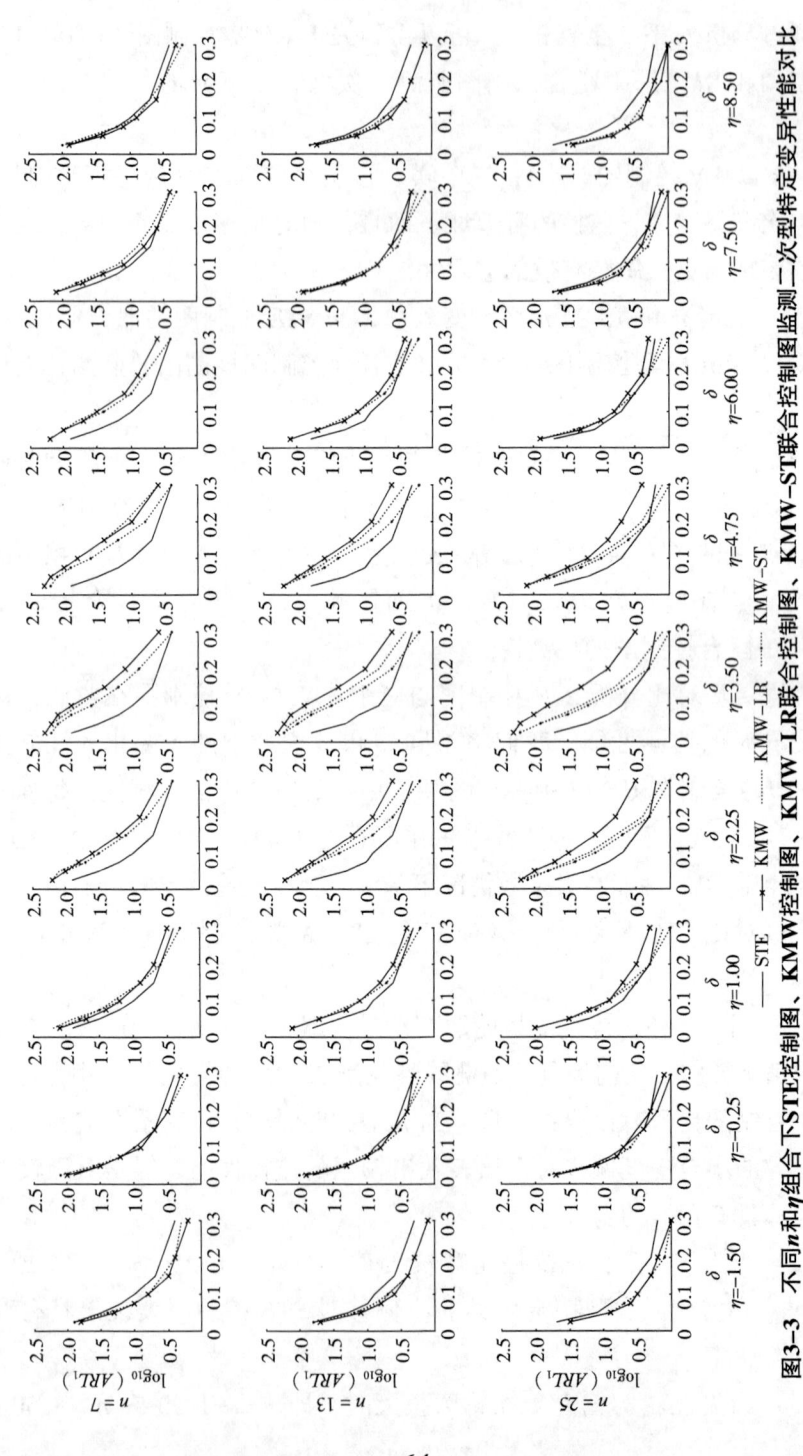

图3-3 不同 n 和 η 组合下STE控制图、KMW控制图、KMW-LR联合控制图、KMW-ST联合控制图监测二次型特定变异性能对比

STE控制图的监控性能要弱于其他三个基于KMW控制图的EWMA类控制图。这主要是因为KWM控制图包含两个分别用于监控线性轮廓截距和斜率的控制图,这两个控制图在监测偏离受控轮廓很大的失控轮廓时更加有效。

通过上述性能评估与对比分析可以看出,所提出的基于得分检验和EWMA技术的STE控制图能够有效监测线性轮廓二次型特定变异,而且当失控轮廓沿Y轴方向平移时表现出较强的稳健性。另外,与现有方法相比,STE定向控制图在监测具有小至中度偏移量的特定变异时要优于前文提出的定向常规控制图;而且当失控轮廓围绕受控轮廓变动时,在监测特定变异的小至中度偏移时也优于其他EWMA类控制图。

3.2.3 应用示例分析

此部分通过轴车削过程中的一个实例说明所提的基于得分检验和EWMA技术的STE控制图的有效性。在此轴车削实例中,可以采用基于Legendre函数和Fourier多项式的模型描述和表征机加工圆柱体部件在车削或磨削过程中会出现的一些典型的系统性的形状误差(Zhang et al.,2005)。值得指出的是,这些系统性误差通常可以由机器操作者来控制(Zhang et al.,2005)。此处,选取这些典型系统性误差之一的轴向误差作为示例说明所提STE控制图的使用过程及其有效性,其中轴向误差是由于装夹在两个顶尖夹具中的工件在加工时出现偏差导致的。

在车削过程中,工件由两端顶尖持住(如图3-4中的上图所示),由于切削力的作用会导致工件出现偏离,并且工件沿切削件轴向的偏差会因切削位置的不同而不同(如图3-4中下图所示),因此,工件偏差是切削刀具到顶尖距离的函数。工件偏差的变化最终会导致在轴向截面上表现出凹陷或凸出的形状变化(如图3-4下图中的线2或线3所示),这些轴向截面上的凹凸形状变化在机加工轴体上表现出来的即是典型的几何形状误差,如沙漏型或滚筒型形状误差(如图2-1所示)。基于Legendre函数的工件偏差近似模型(Zhang et al.,2005)为:

$$y = y_0 + D(3x^2-1)/2 \tag{3-11}$$

其中,x为工件轴向坐标,y为工件在x位置的半径,$y_0 = r_0$为设计的工件半径,且D为常数。

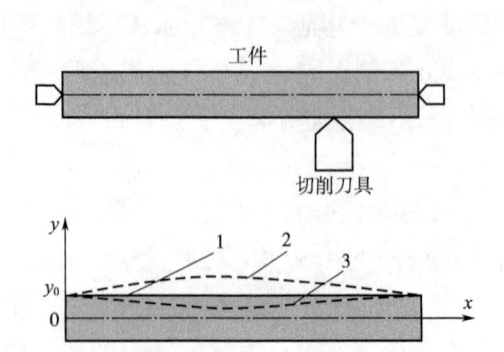

图 3-4 两顶尖夹具中的工件（上）和偏差与刀具位置间的关系（下）

为控制所加工轴体的直线度，可以沿轴体纵向位置获得直线度测量值。假设第 t 个采样样本的观测值为 (x_i, y_{ti})，$i=1, 2, \cdots, n$，则可以采用如下二次回归模型描述所加工轴体特征，即

$$y_{ti} = \beta_{0t} + \beta_{1t}x_i + \beta_{2t}(3x_i^2 - 1)/2 + \varepsilon_{ti}, \quad i=1, 2, \cdots, n \qquad (3-12)$$

其中，$\boldsymbol{\beta}_t = (\beta_{0t}, \beta_{1t}, \beta_{2t})$ 为模型参数向量，误差 ε_{ti} 为服从均值为 0、方差为 σ_t^2 的正态分布的独立同分布变量。当过程统计受控时，沿轴体纵向的直线度观测值理论上应为一条平行于 X 轴的直线（如图 3-4 下图中的线 1 所示）。因此，在统计受控状态下，应有 $\boldsymbol{\beta}_t = (r_0, 0, 0)$ 且 $\sigma_t^2 = \sigma_0^2$，其中，r_0 和 σ_0^2 为过程受控时的受控参数，且通常假设其已知或通过历史受控样本数据估计得到。当加工过程中轴向误差出现时，加工过程将处于统计失控状态，则将有 $\beta_{2t} \neq 0$。

因此处主要给出 STE 控制图的应用示例，故设定 $x_i = 6(i-1)/(n-1) - 5$，且 $n = 13$。另外，在此应用示例中设定 $r_0 = 5$ 和 $\sigma_0^2 = 1$。假定已观测到 25 条样本轮廓数据，其中，前 20 条轮廓样本来自受控过程，自第 21 条轮廓样本开始过程已发生失控且 $\beta_{2t} = 0.10$。STE 定向控制图应用于监测轴向误差特定变异时的步骤如下：

（1）选定滑动权重因子 λ 并给定 ARL_0 值。为监测过程小偏移，在应用示例中选取 $\lambda = 0.20$，并设定 $ARL_0 = 200$。

（2）确定 L 和 STE 控制图的控制界限。基于受控轮廓模型，通过数值模拟分析可以得到 L 值为 $L = 6.94$。之后，可计算得到 STE 定向控制图的上控制界限为 0.771 1，且无下控制界限。

(3) 利用上步中所构建的 STE 控制图启动过程的监控。随着采样过程的进行，观测过程中的轮廓样本数据。基于观测数据通过公式（3-8）计算 STE 控制图的统计量，并将所计算得到的统计量描绘在 STE 定向控制图中。在此应用示例中，基于 25 条轮廓数据（包括 20 条受控轮廓数据和 5 条失控轮廓数据）计算得到的所有统计量均描绘在 STE 控制图中，如图 3-5 所示。

(4) 在 STE 控制图给出失控信号后立即停止加工过程，并找出异常原因。从图 3-5 可以看出，STE 控制图在第 22 个采样点触发并给出了过程失控信号。这意味着加工过程中发生了轴向误差，应该由机器操作者及时调整加工过程中的相关操作参数等。

(5) 在移除异常原因后，恢复加工过程并重新启动观测新样本轮廓数据，继续计算控制图统计量并将其描绘在 STE 控制图中，以及时监测过程中的二次型特定变异。

基于上述应用示例分析，STE 控制图在应用中操作方便，而且能够有效监测线性轮廓的二次型特定变异，便于应用于实际加工过程的监控。

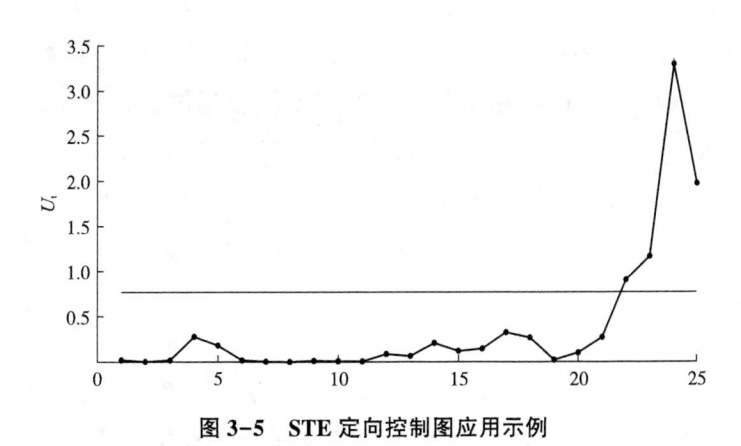

图 3-5 STE 定向控制图应用示例

3.3 面向多种类型特定变异的定向 EWMA 控制图

前述线性轮廓定向常规控制图和定向 EWMA 控制图，均用于监测线性轮廓二次型特定轮廓变异。然而，除了二次型这一种特定变异外，由于系统或操作的某些特性，过程失控时会表现出某些特定变异。例如，转换阀套加工中，其直线度通常表现出两种特定的变异，即二次型特定变异和S型特定变异。因此，有必要针对线性轮廓的特定变异，构建更为一般的定向控制图。为考虑多种类型特定变异，可以利用广义线性模型对产品（或过程）的直线轮廓进行建模，并基于EWMA技术构建监测特定变异小偏移的面向多种类型特定变异的定向EWMA控制图。

3.3.1 特定变异线性轮廓建模

假设t时刻样本轮廓观测数据为(x_i, y_{it})，$i=1, 2, \cdots, n$，$t=1, 2, \cdots$。为考虑线性轮廓的多种类型特定变异，基于广义线性模型的t时刻轮廓模型为：

$$y_{it} = \beta_{0t} + \beta_{1t} x_i + \beta_{2t} f(x_i) + \varepsilon_{it}, \ i=1, 2, \cdots, n \tag{3-13}$$

其中，$\boldsymbol{\beta}_t = (\beta_{0t}, \beta_{1t}, \beta_{2t})$为模型系数向量，误差项$\varepsilon_{it}$为独立同分布随机变量且$\varepsilon_{it} \sim N(0, \sigma_\varepsilon^2)$。$\beta_{0t} + \beta_{1t} x_i$表示轮廓线性部分；$\beta_{2t} f(x_i)$表示轮廓特定变异部分，且其为变量$x_i$的$m$次多项式（$m \geq 2$）或超越项（如三角函数项），以满足模型为线性模型。$f(x_i)$的具体形式可基于预先已知的发生特定变异的轮廓数据，通过AIC信息准则确定。本书假设$f(x_i)$的基本形式已知或者已通过历史数据拟合而获知。那么，轮廓模型中β_{2t}的取值即可用于判定产品（或过程）轮廓是否发生特定变异。当过程处于统计受控时，轮廓形状为一条直线，则$\beta_{2t}=0$，公式（3-13）中的轮廓模型即变为简单线性回归模型。然而，当过程中出现特定变异时，过程则会处于失控状态，此时$\beta_{2t} \neq 0$。因此，为快速监测线性轮廓的特定变异，需对如下假设进行检验：

$$H_0 : \beta_{2t} = 0 \leftrightarrow H_1 : \beta_{2t} \neq 0 \tag{3-14}$$

值得注意的是，当过程处于统计失控时，模型参数β_{0t}、β_{1t}或σ_ε^2也会发生变化，而β_{2t}变化仅是过程失控中的一种。目前线性轮廓控制方法中大多数均是监控模型参数β_{0t}、β_{1t}和σ_ε^2。而此处只关注当预先已知过程会发生特定变异时，快速监测特定变异的监控方法。在实际应用中，当不确定过程仅发生特定变异时，可结合已有方法与此处所提方法同时监控线性轮廓。此外，通常假设受控模型参数已知或已通过历史受控数据分析估计得到。

3.3.2 基于似然比检验的 LREWMA 定向控制图

为检验公式（3-14）中的假设，可采用对数似然比检验方法，基于 t 时刻样本轮廓数据，其统计量为：

$$LR_t = -2(\ln(l_{t0}(\hat{\boldsymbol{\beta}}_{t0})) - \ln(l_{t1}(\hat{\boldsymbol{\beta}}_{t1}))) \tag{3-15}$$

其中，$\hat{\boldsymbol{\beta}}_{t0} = (\hat{\beta}_{0t}, \hat{\beta}_{1t})' = (X'_1 X_1)^{-1} X'_1 Y_t$ 和 $\hat{\boldsymbol{\beta}}_{t1} = (\hat{\beta}_{0t}, \hat{\beta}_{1t}, \hat{\beta}_{2t})' = (X'X)^{-1} X'Y_t$ 分别为假设 H_0 和 H_1 下 $\boldsymbol{\beta}_t$ 的最大似然估计，

$$X_1 = \begin{pmatrix} 1 & x_1 \\ 1 & x_2 \\ \vdots & \vdots \\ 1 & x_n \end{pmatrix}, \quad X = \begin{pmatrix} 1 & x_1 & x_1^2 \\ 1 & x_2 & x_2^2 \\ \vdots & \vdots & \vdots \\ 1 & x_n & x_n^2 \end{pmatrix}, \quad \text{且} \, Y_t = \begin{pmatrix} y_{1t} \\ y_{2t} \\ \vdots \\ y_{nt} \end{pmatrix}$$

公式（3-15）中的统计量可进一步表达为：

$$LR_t = -2(\ln(l_{t0}(\hat{\boldsymbol{\beta}}_{t0})) - \ln(l_{t1}(\hat{\boldsymbol{\beta}}_{t1}))) = n(\ln\hat{\sigma}_{t0}^2 - \ln\hat{\sigma}_{t1}^2) \tag{3-16}$$

其中，$\hat{\sigma}_{t0}^2 = n^{-1}(Y_t - X_1\hat{\boldsymbol{\beta}}_{t0})'(Y_t - X_1\hat{\boldsymbol{\beta}}_{t0})$ 和 $\hat{\sigma}_{t1}^2 = n^{-1}(Y_t - X\hat{\boldsymbol{\beta}}_{t1})'(Y_t - X\hat{\boldsymbol{\beta}}_{t1})$。基于上述假设可知，当 n 足够大时，LR_t 服从自由度为 1 的卡方分布。为监控过程中的小偏移特定变异，结合似然比统计量和 EWMA，建立特定变异定向 EWMA 控制图，记为 LREWMA，其绘图统计量为：

$$W_t = \lambda LR_t + (1-\lambda) W_{t-1} \tag{3-17}$$

其中，初始值 $W_0 = 1$，$0 < \lambda \leq 1$ 是平滑系数。当 λ 取值较小时，LREWMA 控制图对过程小偏移较为敏感；当 λ 取值较大时，LREWMA 控制图对过程大偏移更为敏感。而当 $\lambda = 1$ 时，此控制图则变成了常规控制图。

通过 LREWMA 控制图的统计量公式可知 $W_t > 0$，故在实际应用中，可设定 LREWMA 控制图的上控制界限为 $UCL = 1 + L\sqrt{\lambda/(2-\lambda)}$，下控制界限为 $LCL = 0$。那么，当 $W_t > UCL$ 时，LREWMA 控制图即给出过程失控信号，其中，$L > 0$ 为控制界限系数，可使控制图受控下平均运行链长（ARL_0）达到预先设定值。控制界限系数 L 的值可以通过数值仿真确定。

3.3.3 性能评估

在仿真分析中，选取受控轮廓模型为：

$$y_{it} = \beta_0 + \beta_1 x_i + \varepsilon_{it}, \quad i = 1, 2, \cdots, n \tag{3-18}$$

其中，ε_{it} 为独立同分布随机变量且服从均值为 0、方差为 $\sigma_{\varepsilon 0}^2$ 的正态分布。

假设在模拟仿真中受控轮廓模型各参数取值为 $\beta_0=13$，$\beta_1=2$，$\sigma_{\varepsilon 0}^2=1$，$x_i$ 取值范围为 $[-3, 3]$ 且 $x_i=-3+6(i-1)/(n-1)$。在仿真分析中，将研究 n 不同取值（$n=7$、13、25）对控制界限系数 L 取值和控制图性能的影响。此外，为分析 LREWMA 控制图监测广义类型特定变异，考虑两种典型的特定变异失控轮廓模型：

(1) 二次型变异：

$$y_{iu}=\beta_0+\beta_1 x_i+\gamma_1(x_i^2-\eta_1)+\varepsilon_{iu},\ i=1,\ 2,\ \cdots,\ n \qquad (3-19)$$

(2) S 型变异：

$$y_{iu}=\beta_0+\beta_1 x_i+\gamma_2(\sin(2\pi x_i/6)+\eta_2)+\varepsilon_{iu},\ i=1,\ 2,\ \cdots,\ n \qquad (3-20)$$

其中，η_1 和 η_2 表示线性轮廓截距的偏移，$\gamma_1=\delta_1\sigma_{\varepsilon 0}$ 和 $\gamma_2=\delta_2\sigma_{\varepsilon 0}$ 表示过程特定变异偏移量，为误差项方差 $\sigma_{\varepsilon 0}$ 的倍数。η_1 或 η_2 变化时，轮廓会沿 Y 轴方向上下移动，但是轮廓形状不会发生改变，图 3-6 展示了 S 型变异失控轮廓样本（但不包含误差项 ε_{iu}）。二次型变异失控轮廓样本可以参见图 3-2。

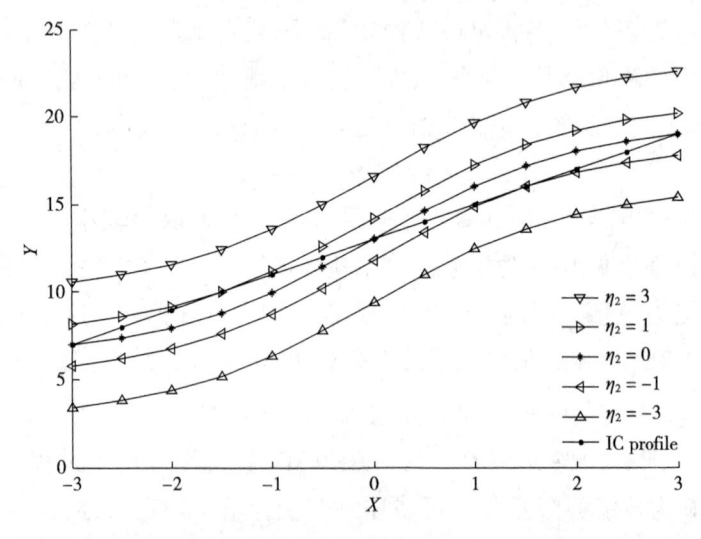

图 3-6 受控轮廓与 S 型特定变异失控轮廓样本（$\delta_2=1.2$ 且模型中均不含误差项 ε_{iu}）

3.3.3.1 LREWMA 控制图性能研究

LREWMA 控制图在实际应用中首先应通过数值仿真方法确定其控制界限系数，并由此确定控制界限。表 3-6 中列出了在 n 和平滑系数 λ 取值不同时 LREWMA 控制图的控制界限系数 L 及上控制界限 UCL 的取值

(ARL_0 设定为 200)。

表 3-6　LREWMA 控制图的控制界限系数 L 及上控制界限 UCL ($ARL_0 = 200$)

λ	$n = 7$		$n = 13$		$n = 25$	
	L	UCL	L	UCL	L	UCL
0.1	11.20	3.57	6.53	2.50	4.95	2.14
0.2	11.78	4.93	7.35	3.45	5.83	2.94
0.3	12.44	6.23	7.98	4.35	6.46	3.71
0.4	12.98	7.49	8.50	5.25	6.98	4.49
0.5	13.44	8.76	8.90	6.14	7.37	5.26
0.6	13.77	10.01	9.23	7.04	7.66	6.01
0.7	14.05	11.31	9.46	7.94	7.89	6.79
0.8	14.19	12.59	9.62	8.85	8.05	7.57
0.9	14.25	13.89	9.72	9.79	8.14	8.36

在分析 LREWMA 控制图监测过程失控时，选取平滑参数 $\lambda = 0.2$。表 3-7 和表 3-8 分别列出了 LREWMA 控制图在不同参数组合下监控过程出现二次型变异和 S 型变异时的失控平均运行链长 (ARL_1) 值。由表 3-7 和表 3-8 可以看出，对于特定 η_1 (或 η_2) 和 n，当 δ_1 (或 δ_2) 增大时，ARL_1 值迅速变小，LREWMA 控制图的监测性能会迅速提升。当 η_1 和 δ_1 (或 η_2 和 δ_2) 固定时，随着 n 的增大，ARL_1 值逐步变小，这说明样本轮廓内观测数据越多，LREWMA 控制图的监控性能越好。此外，无论对于二次型特定变异还是 S 型特定变异，LREWMA 控制图的监控性能均比较稳健，即当 η_1 或 η_2 变化时，对于固定的 δ_1 或 δ_2，LREWMA 控制图的 ARL_1 值十分接近。

表 3-7　二次型特定变异下 LREWMA 控制图的 ARL_1 值

n	η_1	δ_1									
		0.025	0.050	0.075	0.10	0.15	0.20	0.25	0.30	0.40	0.50
7	1	172.28	112.34	65.65	38.31	14.81	8.01	5.32	3.95	2.71	2.17
	2	173.66	113.92	66.26	37.93	14.78	8.11	5.24	3.94	2.73	2.18

续表

n	η_1	\multicolumn{9}{c}{δ_1}
		0.025	0.050	0.075	0.10	0.15	0.20	0.25	0.30	0.40	0.50
7	3	170.97	112.69	66.28	38.51	15.08	7.98	5.23	3.97	2.71	2.17
	4	174.76	113.35	65.04	38.11	14.94	8.05	5.27	3.92	2.70	2.16
	5	172.26	113.77	66.68	37.90	15.26	8.03	5.29	3.93	2.72	2.18
	6	172.48	114.41	66.57	37.71	15.02	8.08	5.30	3.96	2.73	2.17
	7	171.61	111.40	67.14	38.15	15.10	8.06	5.23	3.98	2.72	2.17
	8	172.23	111.51	66.13	38.17	14.99	8.07	5.26	3.91	2.71	2.17
	9	168.49	113.91	66.00	37.62	15.16	8.02	5.28	3.96	2.71	2.17
13	1	146.35	72.26	32.20	16.79	6.61	3.75	2.57	1.99	1.40	1.14
	2	147.60	71.07	32.89	16.84	6.56	3.72	2.57	1.99	1.41	1.14
	3	146.27	72.21	32.82	16.89	6.53	3.75	2.54	1.99	1.41	1.13
	4	147.75	71.55	32.97	16.85	6.60	3.71	2.55	1.98	1.41	1.14
	5	146.89	71.66	33.74	17.00	6.63	3.76	2.55	1.99	1.42	1.14
	6	144.50	71.62	32.76	16.78	6.60	3.72	2.55	1.99	1.41	1.14
	7	148.05	71.92	33.44	16.84	6.60	3.71	2.55	1.98	1.41	1.13
	8	145.37	71.90	32.99	16.74	6.56	3.72	2.56	1.96	1.41	1.13
	9	147.45	72.21	33.19	16.94	6.59	3.73	2.58	1.99	1.41	1.13
25	1	111.72	39.13	15.36	7.71	3.29	2.01	1.49	1.21	1.02	1.00
	2	114.32	39.66	15.38	7.66	3.33	2.01	1.48	1.21	1.02	1.00
	3	111.96	38.51	15.58	7.77	3.29	2.01	1.48	1.21	1.02	1.00
	4	114.21	39.30	15.66	7.79	3.30	2.02	1.47	1.20	1.02	1.00
	5	113.76	39.56	15.48	7.81	3.31	2.02	1.48	1.20	1.02	1.00
	6	115.71	39.41	15.11	7.74	3.34	2.02	1.47	1.20	1.01	1.00
	7	115.45	39.23	15.40	7.80	3.34	2.03	1.47	1.20	1.02	1.00
	8	113.69	39.55	15.70	7.75	3.32	2.01	1.48	1.21	1.02	1.00
	9	115.91	38.99	15.33	7.75	3.30	2.02	1.48	1.20	1.02	1.00

表 3-8　S 型特定变异下 LREWMA 控制图的 ARL_1 值

n	η_2	\multicolumn{10}{c}{δ_2}										
		0.2	0.4	0.6	0.8	1.0	1.2	1.4	1.6	1.8	2.0
7	−7	156.74	89.40	44.00	23.29	13.92	9.25	6.75	5.32	4.35	3.74
	−5	156.95	87.37	44.19	23.33	13.91	9.14	6.78	5.29	4.37	3.73
	−3	158.99	87.99	43.48	23.41	13.72	9.24	6.77	5.28	4.38	3.75
	−1	157.98	87.62	44.55	23.39	13.87	9.18	6.76	5.30	4.39	3.74
	0	158.73	88.77	43.92	23.46	13.92	9.34	6.72	5.31	4.36	3.72
	1	155.74	87.60	43.73	23.21	13.92	9.15	6.77	5.33	4.35	3.73
	3	158.27	87.87	44.30	23.03	13.87	9.29	6.76	5.31	4.36	3.73
	5	155.50	87.49	44.88	23.36	13.88	9.32	6.74	5.30	4.37	3.73
	7	158.47	87.71	43.97	23.06	14.04	9.25	6.81	5.31	4.37	3.72
13	−7	122.78	45.69	18.21	9.22	5.72	3.98	3.01	2.45	2.06	1.79
	−5	122.17	45.13	18.38	9.29	5.70	3.94	3.07	2.44	2.06	1.80
	−3	122.00	45.25	18.33	9.20	5.72	4.01	3.03	2.45	2.05	1.80
	−1	123.13	45.82	17.98	9.23	5.63	3.96	3.03	2.45	2.07	1.80
	0	121.38	46.14	18.22	9.17	5.70	4.02	3.05	2.44	2.08	1.82
	1	120.04	44.79	18.14	9.15	5.69	3.96	3.03	2.44	2.10	1.81
	3	121.41	45.59	18.13	9.27	5.64	3.99	3.02	2.44	2.07	1.81
	5	121.05	45.01	18.34	9.23	5.67	3.99	3.04	2.44	2.08	1.80
	7	122.13	45.63	18.31	9.19	5.68	3.98	3.04	2.46	2.07	1.80
25	−7	81.95	21.71	8.06	4.36	2.84	2.09	1.66	1.41	1.23	1.11
	−5	84.60	21.06	8.03	4.32	2.85	2.09	1.67	1.41	1.23	1.12
	−3	84.61	21.84	8.08	4.35	2.81	2.10	1.67	1.39	1.22	1.12
	−1	82.53	21.39	8.08	4.30	2.80	2.08	1.66	1.40	1.23	1.12
	0	83.22	20.90	8.08	4.33	2.83	2.08	1.67	1.40	1.22	1.11
	1	83.75	21.85	8.10	4.28	2.82	2.08	1.66	1.41	1.23	1.12
	3	82.61	21.45	8.12	4.32	2.82	2.09	1.67	1.39	1.22	1.12
	5	82.92	21.13	8.06	4.34	2.84	2.07	1.65	1.39	1.23	1.12
	7	84.07	21.30	8.09	4.32	2.82	2.09	1.67	1.39	1.23	1.12

3.3.3.2 控制图性能比较研究

本节通过数值模拟对本书所提 LREWMA 控制图与已有的 ST 控制图和 LR 控制图进行比较，分析不同控制图在监测线性轮廓特定变异时的监控性能。模拟结果（未列出）显示，对于二次型或 S 型特定变异，当失控轮廓沿 Y 轴移动时，与 LREWMA 控制图类似，ST 控制图和 LR 控制图均具有稳健性。因此，为方便分析三种控制图的监控性能，仅比较 $\eta_1=3$ 和 $\eta_2=0$ 时不同控制图的 ARL_1 值。表 3-9 和表 3-10 中分别列出了二次型和 S 型特定变异下三种控制图的 ARL_1 值，表中粗体数值表示不同 n 取值下三种控制图 ARL_1 值中的最小值。

表 3-9 二次型特定变异下不同控制图性能比较（$\eta_1=3$）

n	控制图	δ_1									
		0.025	0.05	0.075	0.1	0.15	0.2	0.25	0.3	0.4	0.5
7	LREWMA	170.97	112.69	66.28	38.51	15.08	7.98	5.23	3.97	2.71	2.17
	ST	**163.11**	**100.91**	**57.98**	**34.09**	**13.20**	**6.07**	**3.29**	**2.09**	**1.24**	**1.04**
	LR	182.83	143.68	105.69	74.40	39.17	21.73	13.15	8.38	4.18	2.54
13	LREWMA	**146.27**	**72.21**	**32.82**	**16.89**	**6.53**	3.75	2.54	1.99	1.41	1.13
	ST	147.85	78.52	40.67	21.87	7.76	**3.53**	**2.01**	**1.41**	**1.05**	**1.00**
	LR	160.93	98.92	57.13	33.47	13.13	6.11	3.38	2.16	1.28	1.05
25	LREWMA	**111.96**	**38.51**	**15.58**	**7.77**	**3.29**	2.01	1.48	1.21	1.02	**1.00**
	ST	124.24	53.52	23.40	11.50	3.79	**1.87**	**1.26**	**1.07**	**1.00**	**1.00**
	LR	132.55	61.46	28.44	14.43	4.87	2.30	1.46	1.14	1.01	**1.00**

由表 3-9 可知，当轮廓内观测数据点数目较多时，即 n 较大时，LREWMA 控制图对于较小偏移的二次型特定变异更为敏感；对于大偏移的二次型变异虽然比 ST 控制图的监测性能稍差，但仍具有一定的可比性。不过，当 n 较小时，如 $n=7$ 时，ST 控制图的监控性能最优。当三种方法用于监测 S 型特定变异时，通过表 3-10 可以得出类似的结论，即当 n 较大时，LREWMA 控制图更易于监测小偏移 S 型变异，且监控大偏移 S 型变

异时与 ST 控制图性能相近；当 n 较小时，LREWMA 控制图的监控性能要弱于 ST 控制图。通过比较分析可知，当监测特定变异时，在轮廓内观测数据较多的情况下，LREWMA 控制图具有最优的监测小偏移的监控性能，并且拥有较强的大偏移检出性能。

表 3-10 S 型特定变异下不同控制图性能比较（$\eta_2 = 0$）

n	控制图	\multicolumn{9}{c}{δ_2}								
		0.2	0.4	0.6	0.8	1.0	1.2	1.4	1.6	1.8	2.0
7	LREWMA	158.73	88.77	43.92	23.46	13.92	9.34	6.72	5.31	4.36	3.72
	ST	**145.91**	**75.99**	**39.06**	**21.05**	**12.10**	**7.34**	**4.78**	**3.27**	**2.48**	**1.95**
	LR	175.05	122.08	80.53	53.47	35.43	25.06	17.80	13.16	9.89	7.70
13	LREWMA	**121.38**	**46.14**	**18.22**	**9.17**	**5.70**	4.02	3.05	2.44	2.08	1.82
	ST	126.03	52.70	23.39	11.75	6.35	**3.91**	**2.55**	**1.88**	**1.51**	**1.27**
	LR	139.27	71.24	35.95	19.17	10.90	6.77	4.41	3.10	2.33	1.84
25	LREWMA	**83.22**	**20.90**	**8.08**	**4.33**	**2.83**	2.08	1.67	1.40	1.22	1.11
	ST	97.74	31.57	12.10	5.45	3.02	**1.94**	**1.45**	**1.19**	**1.08**	**1.03**
	LR	104.97	38.57	15.28	7.06	3.84	2.41	1.72	1.35	1.16	1.08

3.4 本章小结

在轮廓控制中，监测轮廓特定变异是轮廓监控的主要目的之一。本章首先重点研究了监测线性轮廓发生二次项特定变异的监控方法。基于二次多项式回归模型构建了考虑二次项特定变异的线性轮廓模型。为有效监测二次型特定变异的小偏移，提出了结合 EWMA 技术和得分检验统计量的 STE 控制图。仿真研究表明，当失控轮廓沿 Y 轴移动时，所提出的 STE 控制图总是稳健的。此外，模拟仿真分析结果显示，STE 控制图在监测线性轮廓特定变异的大偏移时比常规控制图表现得更好。当失控轮廓偏离受控轮廓较小时，STE 控制图在监测小到中等偏移时的表现也比其他 EWMA 控制图更优。

本章还针对线性轮廓发生多种类型特定变异的情况，基于广义线性模型建立了考虑多种类型特定变异的线性轮廓模型，并结合似然比检验和 EWMA 技术提出了定向 LREWMA 控制图，以用于有效地监测线性轮廓的多种类型特定变异。通过模拟仿真分析了两种典型特定变异下 LREWMA 控制图，发现 LREWMA 同样具有稳健的监测性能。另外，与已有定向 ST 和 LR 常规控制图相比，当样本轮廓内观测数据较多时，LREWMA 控制图具有更优的小偏移特定变异的监控性能，而且表现出较强的监测大偏移特定变异的性能。

本章假设特定变异的基本形式已知。但是，在实际应用中，已知的信息往往是具有特定变异的轮廓数据，而非具体的基本形式。如何基于 AIC 准则确定特定变异基本形式并估计其参数，以及特定变异轮廓模型参数估计误差如何影响控制图的性能，值得未来深入研究。

4 线性轮廓定向 CUSUM 控制图

4.1 引言

在线性轮廓定向控制图实际应用中，由于加工系统或操作的某些特性，会预先已知过程统计失控状态下线性轮廓的特定变异。但是，预先已知特定变异的类型并不单一，而是会存在多种类型的特定变异。如前文所提，圆柱体部件可能会发生沙漏型、滚筒型或香蕉型三种类型的特定变异。而在转换阀套加工中，转换阀套的直线度通常也会表现出二次型或 S 型两种类型的特定变异。前文主要研究了针对线性轮廓二次型特定变异的监控方法，提出了多种线性轮廓定向常规控制图和定向 EWMA 控制图。但是由于线性轮廓特定变异不局限于单一的二次型特定变异，因此有必要考虑针对一般型特定变异构建线性轮廓定向控制图。

然而，如果把所有预先已知的线性轮廓特定变异都同时加以考虑，势必会增加定向控制方法的设计难度。其中，最主要的是线性轮廓建模难度会增加，因为通过一个线性轮廓模型来考虑所有的特定变异相对困难。不过，如果某些特定变异具有相似的特征或在建模时模型结构类似的话，那么对具有相似性的一类特定变异可以利用统一的一种轮廓模型进行建模。这将拓展之前针对一种类型特定变异的轮廓定向控制方法。为考虑更多类型的特定变异，可以利用广义线性回归模型（generalized linear regression model）对将会发生特定变异的产品（或过程）的线性轮廓数据建立更具一般性的模型。在此广义线性回归模型中，同样将通过一些模型参数来识别过程发生轮廓"异常"的趋势，并构建基于此类模型参数的线性轮廓定向控制图，以便用于监测线性轮廓中发生的多种类型的特定变异。

基于广义线性回归模型，前文提出了基于 EWMA 的 LREWMA 定向控制图，以快速监测发生小偏移的特定变异。除了 EWMA 类控制图外，累积和（cumulative sum，CUSUM）控制图是另外一种能够有效监控过程小偏移变异的控制方法。本章针对考虑多种类型特定变异的情况，基于广义线性回归模型，进一步深入研究基于累积和技术的定向 CUSUM 控制图的设计及其监控性能。

CUSUM 控制图的理论基础是序贯分析原理中的序贯概率比检验（sequential probability ratio test，SPTR）。它是一种基础的序贯检验法。其设计思想是：对过程的判断是以历次观测结果为依据的，对观测数据加以累积。通过将过程的小偏移累加起来，达到放大的结果。这样就可以充分利用数据所提供的信息，对发现过程的小偏移特别有效。CUSUM 控制图一般分为表格法（tabular CUSUM）和 V 型模板法（V-mask CUSUM）两种类型（Montgomery，2009）。此处以监控过程均值为例，仅介绍表格法 CUSUM 控制图。

假设 x_j 是过程中的第 j 个观测点。当过程处于统计受控状态时，假设 x_j 服从均值为 μ_0，方差为 σ_0^2 的正态分布，其中 μ_0 被称为质量特性 X 的目标值。通常假定 μ_0 和 σ_0^2 已知或已估计得到。表格法 CUSUM 控制图通过累积计算过程变量偏离目标值的上偏移量和下偏移量，并使之与决策区间边界值（通常用 H 表示）相比较。如果偏移量大于 H，则说明过程出现失控。使用表格法 CUSUM 控制图时，其统计量计算公式如下：

$$C_j^+ = \max\,[0, x_j - (\mu_0 + K) + C_{j-1}^+] \qquad (4-1)$$

$$C_j^- = \min\,[0, x_j - (\mu_0 - K) + C_{j-1}^-] \qquad (4-2)$$

其中，C_j^+ 和 C_j^- 分别表示上下偏差，$C_0^+ = C_0^- = 0$，μ_0 为目标值。公式（4-1）和公式（4-2）中的 K 称为参考值，经常取目标值 μ_0 与失控过程的均值 μ_1 差值的一半。如果均值漂移用标准偏差的倍数表示，即 $\mu_1 = \mu_0 + \delta\sigma$，则有：

$$K = \delta\sigma/2 = |\mu_1 - \mu_0|/2 \qquad (4-3)$$

如果 C_j^+ 或 C_j^- 大于或等于 H，则判断过程已经发生异常。上面简单介绍了 K 的取值，而 H 的比较合理的取值一般为 5 倍的标准差，即 $H = 5\sigma$。实际上，参考值 K 与决策区间 H 的选择非常重要，因为它们对 CUSUM 控制图的监控效果有着潜在的影响。一组参数 (H, K) 决定了一个过程的检验方案，将会影响平均运行链长 ARL。在实际应用中，可以通过蒙特卡洛仿真方法得到给定参考值 K 下能够达到要求的 ARL_0 的决策区间 H 值。

根据上述公式，可以建立 CUSUM 表格，形式如表 4-1 所示。为了直观理解 CUSUM 表格所表示的内容，以便更容易地判断过程是否发生变异，可以根据表格内容，按样本号先后顺序，将上下偏差的值描绘在一张纸上，并将决策区间 H 同时描绘。这样即可得到一张表示累积和随样本增加的变化趋势图，此图即称为 CUSUM 控制图，如图 4-1 所示。在图 4-1 所示的 CUSUM 控制图中，上下控制界限 UCL 和 LCL 即分别为上下偏差各自对应的决策区间边界值。当上偏差 $C_j^+ \geq UCL$ 或下偏差 $C_j^- \leq LCL$ 时，CUSUM 控制图将给出过程失控的预警信号，而且可以判断过程均值偏离目标值是发生了上偏移还是下偏移。在实际应用中，可以根据过程质量监控的目标，选择构建同时监控上下偏移，或单独监控上偏移或下偏移的 CUSUM 控制图。其中，前者称为双侧 CUSUM 控制图，后者称为单侧 CUSUM 控制图。

表 4-1　CUSUM 计算表格

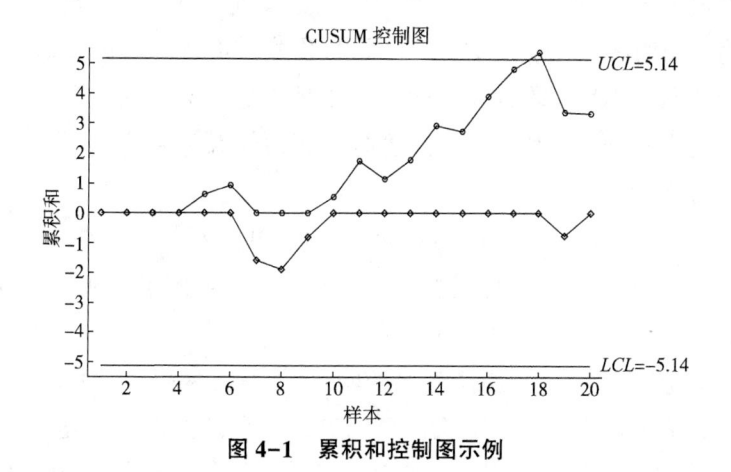

样本号 j	x_j	(a)		(b)	
		$x_j - (\mu_0 + K)$	C_j^+	$x_j - (\mu_0 - K)$	C_j^-
1					
2					
j					

图 4-1　累积和控制图示例

4.2 定向 CUSUM 控制图

为考虑更多类型的特定变异，广义线性回归模型（GLM）可以用于描述质量特征为线性轮廓的过程（或产品）质量。GLM 作为经验模型普遍用于近似描述响应变量和回归变量之间较为复杂或通常未知的函数关系（Myers et al., 2012）。具体而言，假设 j 时刻样本轮廓观测数据为 (x_i, y_{ij})，$i=1, 2, \cdots, n$，$j=1, 2, \cdots$，其中，对于不同的 j 设定 x_i 固定为 $(x_1, x_2, \cdots, x_n)$。则考虑线性轮廓的多种类型特定变异时，基于广义线性模型的 j 时刻轮廓模型为：

$$y_{ij}=\beta_{0j}+\beta_{1j}x_i+\beta_{2j}f(x_i)+\varepsilon_{ij}, \quad i=1, 2, \cdots, n \tag{4-4}$$

其中，$\boldsymbol{\beta}_j=(\beta_{0j}, \beta_{1j}, \beta_{2j})$ 为模型系数向量，误差项 ε_{ij} 独立同分布于均值为 0、方差为 $\sigma_{\varepsilon0}^2$ 的正态分布，$\beta_{0j}+\beta_{1j}x_i$ 表示轮廓线性部分。$f(x_i)$ 则表示轮廓特定变异部分，且其为变量 x_i 的 a 次多项式（$a \geq 2$）或超越项（如三角函数项），以满足模型为线性模型。例如，二次多项式可以用于描述二次型形状变异，而 S 型特定变异可以由三角函数项来表示。$f(x_i)$ 的具体形式可以基于预先已知的发生特定变异的历史轮廓数据，通过 AIC 信息准则或贝叶斯信息准则来确定。本书假设 $f(x_i)$ 的基本形式已知或者已通过历史数据拟合而获知。

基于公式（4-4）中的广义线性轮廓模型，可以利用 β_{2j} 的值来识别过程（或产品）轮廓是否发生特定变异。当过程处于统计受控时，正常轮廓形状应为一条直线，则会有 $\beta_{2j}=0$，此时公式（4-4）中的轮廓模型即变为简单线性回归模型。然而，当过程中出现特定变异时，过程则会处于失控状态，此时 $\beta_{2j} \neq 0$。因此，为快速监测线性轮廓的特定变异，可以对如下假设进行检验：

$$H_0: \beta_{2j}=0 \leftrightarrow H_1: \beta_{2j} \neq 0 \tag{4-5}$$

当公式（4-5）中的原假设 $H_0: \beta_{2j}=0$ 不能拒绝时，则意味着在上述广义线性模型中可以不考虑表示线性轮廓特定变异的 $f(x_i)$ 项。为检验公式（4-5）中的假设，可以利用似然比检验、F 检验、得分检验和 t 检验等方法。其中，前三种方法已在前文中讨论过，并在其基础上构建了多种线性轮廓定向控制图。此处，因 t 检验统计量计算简便，故可采用 t 检验作为公式（4-5）假设检验的方法，并进一步构建基于 t 检验统计量的定向 CUSUM 控制图。

t 检验是线性回归模型检验中针对单个系数的显著性检验方法，其基于模型系数的最小二乘估计。针对公式（4-4）中的广义线性模型，j 时刻模型系数 $\boldsymbol{\beta}_j$ 的最小二乘估计为 $\hat{\boldsymbol{\beta}}_j = (\hat{\beta}_{0j}, \hat{\beta}_{1j}, \hat{\beta}_{2j}) = (X'X)^{-1}X'\boldsymbol{y}_j$，其中：

$$X = \begin{pmatrix} 1 & x_1 & f(x_1) \\ 1 & x_2 & f(x_2) \\ \vdots & \vdots & \vdots \\ 1 & x_n & f(x_n) \end{pmatrix}, \boldsymbol{y}_j = \begin{pmatrix} y_{1j} \\ y_{2j} \\ \vdots \\ y_{nj} \end{pmatrix}$$

为检验是否拒绝原假设 H_0，可以构建 t 检验统计量，其计算公式为：

$$t_j = \hat{\beta}_{2j} / \sqrt{v_3 \hat{\sigma}_{ej}^2} \tag{4-6}$$

其中，v_3 为 $(X'X)^{-1}$ 的对角线元素中对应 $\hat{\beta}_{2j}$ 的量，$\hat{\sigma}_{ej}^2$ 是 σ_{e0}^2 的无偏估计且有 $\hat{\sigma}_{ej}^2 = (\boldsymbol{y}_j'\boldsymbol{y}_j - \hat{\boldsymbol{\beta}}_j X'\boldsymbol{y}_j)/(n-3)$。在公式（4-5）中的原假设 H_0 下，t_j 服从自由度为 $(n-3)$ 的 t 分布。而且易知 t_j 的均值和方差分别为 0 和 $(n-5)/(n-3)$，其中，$n>5$。如果 t_j 值（绝对值）较大，则可能会得出需要拒绝原假设的结论。因此，为监测线性轮廓的特定变异，较为直接的监控方法是基于 t 统计量构建常规控制图，其中，线性轮廓内观测点数量应大于 5，即 $n>5$。然而，众所周知，常规控制图对于过程小偏移的敏感性较弱。为提升对过程小偏移的监控能力，可以结合 CUSUM 技术构建控制图。此处将给出两种基于 t 统计量的 CUSUM 控制图方案。

4.2.1 基于双统计量的定向 CUSUM 控制图

采用双侧 CUSUM 控制图监控过程（或产品）质量时，最常用的方法是利用两个独立的 CUSUM 统计量，即构建 C_j^+ 和 C_j^- 两个监控统计量，分别用于监控上偏移和下偏移。此处，对于 j 时刻轮廓样本，基于 t 统计量构建的 CUSUM 控制图的统计量分别为：

$$C_j^+ = \max[0, C_{j-1}^+ + t_j - K] \tag{4-7}$$

和

$$C_j^- = \min[0, C_{j-1}^- + t_j + K] \tag{4-8}$$

其中，$C_0^+ = C_0^- = 0$，K 为参考值且 $K \geqslant 0$。将此基于独立的双统计量的双侧 CUSUM 控制图记为 TC$_2$ 控制图。当 $C_j^- < -H$ 或 $C_j^+ > H$ 时，TC$_2$ 控制图将给

出过程失控预警信号；否则，会认为过程中未发生已知类型的特定变异，过程处于统计受控状态。

4.2.2 基于单统计量的定向 CUSUM 控制图

除了基于双统计量构建 CUSUM 控制图外，还可以利用单一统计量构建双侧 CUSUM 控制图（Crosier，1986），将用于一元变量监控的 CUSUM 控制图拓展到多元变量。相比于基于双统计量的双侧 CUSUM 控制图，基于单统计量的 CUSUM 控制图在实际应用中计算更容易、设计更快速、应用更方便（Nenes and Tagaras，2007）。此方法还被应用于监控偏移未知的小批量生产过程质量，其中，监控统计量也服从 t 分布（Celano et al.，2013）。因此，此处针对线性轮廓特定变异的监控，构建基于单变量的定向双侧 CUSUM 控制图。

类似于双统计量 CUSUM 控制图，单统计量 CUSUM 控制图也是首先利用新获得的观测值来更新监控统计量，然后利用参考值 K 收缩更新后的监控统计量。当更新后的监控统计量符合收缩条件时，监控统计量更新为 0。然而，不同之处在于，单统计量 CUSUM 控制图是利用乘法法则来完成收缩过程的，而不是通过加上或减去参考值 K。具体而言，为监测线性轮廓特定变异，对于第 j 条线性轮廓（$j=1,2,\cdots$），基于 t 统计量构建的单统计量 CUSUM 控制图监控统计量为：

$$C_j = \begin{cases} 0, & W_j \leq K \\ (C_{j-1}+t_j)(1-K/W_j), & W_j > K \end{cases} \quad (4-9)$$

其中，$K \geq 0$ 为参考值，且其与 TC_2 控制图的参考值 K 一致；$W_j = |C_{j-1}+t_j|$ 为更新后但非收缩的 CUSUM 量的绝对值；初始值 C_0 为 $C_0 = 0$。此基于单统计量的 CUSUM 控制方法记为 TC_1 控制图。TC_1 控制图的控制界限为 $UCL = h\sigma_t$ 和 $LCL = -h\sigma_t$，其中，h 为 TC_1 控制图的决策区间，σ_t 为公式（4-6）中 t 统计量的方差，即 $\sigma_t = \sqrt{(n-3)/(n-5)}$，$n>5$。因此，当 $C_j > UCL$ 或 $C_j < LCL$ 时，TC_1 控制图将会给出预警信号，此时应尽快暂停生产加工过程，找出异常原因并剔除。

4.2.3 设计说明与实施步骤

定向 CUSUM 控制图的设计与应用步骤需要进一步说明。在 CUSUM 控制图设计中,两个关键参数是参考值与决策区间。它们通常都与要监测的变异偏移量和控制图受控性能特性有关(Graham et al.,2014)。此处,采用应用最为广泛的平均运行链长(ARL)性能指标确定这两个参数值和CUSUM控制图的监控性能。另外,为说明所提CUSUM方法的使用,将给出其应用步骤,据此可用于监测过程中的特定变异。

4.2.3.1 参考值的选择

在CUSUM控制图设计中,首先要确定参考值K的取值。一般定义K为$K=k\sigma_C$,其中,σ_C为CUSUM控制图构建中样本变量的标准差。实际应用中通常取$k=0.5$(Montgomery,2009)。针对标准正态分布数据,参考值K的取值可以为$K=0.25$、0.5、1和2(Hawkins and Olwell,1998),并用来分析其对CUSUM控制图ARL的影响。除此之外,针对服从正态分布且方差为$\sigma_Y^2=1$的数据变量的CUSUM控制图,通过分析k取0和0.5两个不同值下CUSUM控制图的ARL表现(Kim et al.,2007),发现采用$k=0$的CUSUM控制图在监测偏移量为$0.25\sigma_Y$时更加有效;不过当偏移量超过$0.25\sigma_Y$时,采用$k=0.5$的CUSUM控制图在检出偏移时更快。仿真分析结果显示,上述研究均表明针对独立同分布于正态数据的CUSUM控制图对于偏移具有接近的最佳灵敏度。也就是说,参考值非常小的CUSUM控制图在监测相对较小偏移量时非常有效,但是与采用更大参考值的类似控制图相比,在监测更多相对较大偏移量时性能相对较弱(Kim et al.,2007)。

当数据存在自相关时,所提出的用于监控自相关过程的自由分布CUSUM控制方法中,参考值K不能太大或太接近于0(Kim et al.,2007),并且在分析采用不同k值的CUSUM控制图受控性能后推荐参考值参数k,取$k=0.1$。另外,在非参数CUSUM控制图中,参考值可以定义为$K=kSTDEV(U_{j,r})$(Graham et al.,2014),其中,$U_{j,r}$为此非参数CUSUM控制图中的样本变量,$STDEV(\cdot)$为标准差,$k=c\delta$,c为大于0的常数,δ为要监测的偏移量且为标准差的倍数。在此研究中,考虑了常数c从小到大的各类取值,包括0.25、0.5、1和2。

此处,在所提的基于双统计量和单统计量的CUSUM控制图中,参考值定义为:

$$K=k\sigma_t \tag{4-10}$$

其中，σ_t 为公式（4-6）中 t 统计量的标准差，即 $\sigma_t = \sqrt{(n-3)/(n-5)}$。为研究参考值对所提 CUSUM 控制图性能的影响，后续仿真分析中将考虑 k 从小到大的四种取值，即 $k=0.25$、0.5、1 和 2。

4.2.3.2 决策区间的确定

决策区间的确定在 CUSUM 控制图构建中同样关键。此处所提的定向 CUSUM 控制图的决策区间，即 TC_2 控制图的 H 和 TC_1 控制图的 h，均与控制界限有关且决定平均运行链长 ARL 的值。在选择参考值 K 后，可以通过蒙特卡洛模拟方法确定决策区间 H 或 h，并使得 CUSUM 控制图能够达到需要的受控 ARL（ARL_0）值。在模拟仿真中，可以基于公式（4-4）中的轮廓模型和受控模型参数生成轮廓观测数据。之后，可以基于选定的参考值 K，利用搜索算法确定能够达到给定 ARL_0 的决策区间 H（或 h）值。搜索算法具体步骤如下：

（1）选取需要的 ARL_0^*，并选定参考值 K。

（2）给定决策区间 H（或 h）的初始值 H_0（或 h_0）。

（3）基于公式（4-4）中的受控轮廓模型生成样本轮廓数据，并针对每条轮廓样本分别基于公式（4-7）和公式（4-8）计算监控统计量 C_j^+ 和 C_j^-（或基于公式（4-9）计算监控统计量 C_j）。

（4）记录轮廓样本生成的数量，直到 $C_j^- < -H_0$ 或 $C_j^+ > H_0$（$C_j > h_0 \sigma_t$ 或 $C_j < -h_0 \sigma_t$）。则落在控制界限之间的轮廓样本统计量的数量即为此次模拟的运行链长。

（5）重复步骤（3）和（4）进行 N 次模拟，则可获得 N 个运行链长值。计算 N 次模拟的平均运行链长，记为 arl_0。如果 $|arl_0 - ARL_0^*|$ 小于某预先设定值，则 H_0（或 h_0）即为使定向 CUSUM 控制图达到给定 ARL_0 的对应参考值 K 的决策区间，并可以停止搜索算法。否则，转向步骤（6）。

（6）更新决策区间。当 $arl_0 > ARL_0^*$ 时，以一个小于 H_0（或 h_0）的值来更新决策区间 H（或 h）；否则，以一个大于 H_0（或 h_0）的值来更新决策区间 H（或 h）。之后，转向步骤（3）。

4.2.3.3 定向 CUSUM 控制图的实施

在实际应用于监测线性轮廓特定变异时，所提的 TC_2 控制图和 TC_1 控制图的实施步骤类似，具体步骤如下：

（1）定向 CUSUM 控制图构建与设计。明确需要达到的 ARL_0，选定参考值 K 并采用上述搜索算法确定决策区间 H（或 h），则可以获得 CUSUM 控制图的控制界限。

（2）从生产加工过程中抽取轮廓样本，获得样本轮廓数据。

（3）利用步骤（2）中的样本轮廓数据，基于公式（4-7）和公式（4-8）计算监控统计量 C_j^+ 和 C_j^-（或基于公式（4-9）计算监控统计量 C_j）。

（4）当 $C_j^+<H_0$ 且 $C_j^->-H_0$（或 $-h_0\sigma_t<C_j<h_0\sigma_t$）时，认为过程处于统计受控状态，并转向步骤（2）；否则，认为过程已发生线性轮廓特定变异，处于失控状态，并转向步骤（5）。

（5）如果 CUSUM 控制图给出失控预警信号，则立即停止生产加工过程，基于操作者经验找出并移除引起线性轮廓特定变异的异常原因。

（6）在移除异常原因后，恢复生产加工过程，并重新启动过程监控，返回步骤（2）利用定向 CUSUM 控制图监测线性轮廓的特定变异。

4.3　性能评估研究

在性能评估仿真分析中，采用公式（4-4）中的广义线性模型对发生特定变异的线性轮廓进行建模。具体而言，当过程统计受控时，有 $\beta_{2j}=0$。类似前文研究，在仿真分析中，选取受控轮廓模型为：

$$y_{ij}=\beta_{0j}+\beta_{1j}x_i+\varepsilon_{ij}, \quad i=1, 2, \cdots, n \tag{4-11}$$

其中，ε_{ij} 为独立同分布随机变量且服从均值为 0、方差为 $\sigma_{\varepsilon 0}^2$ 的正态分布。假设在模拟仿真中受控轮廓模型各参数取值为 $\beta_0=13$，$\beta_1=2$，$\sigma_{\varepsilon 0}^2=1$，$x_i$ 取值范围为 $[-3, 3]$ 且 $x_i=-3+6(i-1)/(n-1)$，这与前文所使用的模型参数值一致。另外，将同样研究 n 的不同取值（$n=7$、13、25）对定向 CUSUM 控制图性能的影响，并考虑两种典型的特定变异失控轮廓模型，即

（i）　　　　　$y_{ij}=\beta_{0j}+\beta_{1j}x_i+\gamma_1(x_i^2-\eta_1)+\varepsilon_{ij}, \quad i=1, 2, \cdots, n$　　　　（4-12）

（ii）　　　　$y_{ij}=\beta_{0j}+\beta_{1j}x_i+\gamma_2(\sin(2\pi x_i/6)+\eta_2)+\varepsilon_{ij}, \quad i=1, 2, \cdots, n$　　　　（4-13）

其中，η_1 和 η_2 表示线性轮廓截距的偏移；$\gamma_1=\delta_1\sigma_{\varepsilon 0}$ 和 $\gamma_2=\delta_2\sigma_{\varepsilon 0}$ 表示过程特定变异偏移量，为误差项方差 $\sigma_{\varepsilon 0}$ 的倍数。η_1 或 η_2 变化时，轮廓会沿 Y 轴方向上下移动，但是轮廓形状不会发生改变，具体可参见前文轮廓样本

示例。

4.3.1 受控监控性能分析

为分析定向 CUSUM 控制图的监控性能，首先需要利用 4.2 节中的搜索算法确定参考值和决策区间。由于 t 统计量的计算需基于 $f(x_i)$ 项，因此在实际应用中 $f(x_i)$ 项的形式需要基于历史数据或根据工程师经验来确定。另外，当过程统计受控时，所有受控轮廓应为简单的直线轮廓，无论特定形状变异为何种形式。因此，在给定 ARL_0 下，无论对于哪种特定变异，定向 CUSUM 控制图的参考值和决策区间都应该近似相同。在给定 $ARL_0 = 200$ 下，TC_1 控制图和 TC_2 控制图的决策区间及其对应的参考值如表 4-2 所示，包括对应的 ARL_0 模拟值及受控运行链长标准差 $SDRL_0$。除非特别说明，在性能仿真分析中，所有的模拟结果均是基于 10 000 次模拟迭代得到的。

通过表 4-2 可以看出，对于给定的 n、k、h 或 n、k、H，在所考虑的两类特定变异情况下，ARL_0 模拟值均近似于 200。这也进一步验证了一旦选定 (n, k) 后，所确定的决策区间适用于任意特定变异。另外，对于定向 CUSUM 控制图的任意一种，决策区间 h（或 H）随着 n 或 k 的增加而递减。

表 4-2 不同类型特定变异下 TC_1 控制图和 TC_2 控制图的受控监控性能

n	k	TC_1			TC_2		
		h	(i)	(ii)	H	(i)	(ii)
7	0.25	6.15	199.9 (194.2)	198.7 (193.9)	9.70	200.8 (195.5)	200.8 (191.2)
	0.50	4.41	200.7 (198.6)	197.5 (197.5)	6.59	199.7 (197.9)	198.0 (195.6)
	1.00	3.18	200.3 (200.6)	201.2 (199.7)	4.58	200.1 (199.8)	198.9 (198.0)
	2.00	1.97	199.4 (196.8)	199.7 (201.3)	2.80	199.7 (197.8)	201.6 (200.7)
13	0.25	6.13	199.6 (190.8)	201.6 (194.9)	7.70	199.5 (187.5)	200.0 (195.7)
	0.50	4.07	199.2 (197.1)	199.5 (194.3)	4.84	200.0 (195.7)	197.4 (190.8)
	1.00	2.51	200.4 (195.9)	200.7 (197.7)	2.87	200.5 (197.7)	198.0 (195.5)
	2.00	1.21	199.3 (196.8)	198.7 (196.1)	1.36	199.3 (195.7)	199.4 (196.7)

续表

n	k	TC$_1$			TC$_2$		
		h	(i)	(ii)	H	(i)	(ii)
25	0.25	6.08	199.5 (188.0)	197.1 (186.8)	7.20	199.6 (184.6)	199.3 (185.8)
	0.50	3.95	200.1 (191.1)	198.0 (194.5)	4.44	200.6 (191.9)	203.0 (200.3)
	1.00	2.30	199.2 (193.7)	201.2 (201.2)	2.48	200.3 (197.1)	202.3 (201.5)
	2.00	0.99	200.7 (198.3)	205.8 (204.9)	1.04	199.3 (196.5)	204.7 (204.1)

注：括号内为 $SDRL_0$ 数据。

4.3.2 失控监控性能分析

定向 CUSUM 控制图在过程失控状态下的监控性能能够通过失控平均运行链长 ARL_1 及失控运行链长标准差 $SDRL_1$ 来进行分析。TC$_1$ 控制图和 TC$_2$ 控制图在过程发生特定变异（i）和（ii）失控状态下的监控性能分别如表 4-3 至表 4-6 所示，其中，$k=0.25$。通过表 4-3 和表 4-4，可以得出如下结论：

（1）当过程发生特定变异（i）时，如表 4-3 所示，给定 n 和 η_1，TC$_1$ 控制图的 ARL_1 值随着 δ_1 的增大而逐渐变小；给定 δ_1 和 η_1，ARL_1 值同样随着 n 的增大而减小。另外，给定 n 和 δ_1，当 η_1 在 -1.5 至 8.5 范围内波动时，ARL_1 值几乎保持不变。也就是说，当失控轮廓沿 Y 轴上下平移时，TC$_1$ 控制图的监控性能具有稳健性。

（2）当过程发生特定变异（ii）时，如表 4-4 所示，TC$_1$ 控制图具有与监控特定变异（i）类似的性能表现。

通过对比表 4-5 和表 4-3、表 4-6 和表 4-4，可以得出 TC$_2$ 控制图的监控性能与 TC$_1$ 控制图类似的结论。

表 4-3 TC$_1$ 控制图监测特定变异（i）时的失控监控性能（$k=0.25$）

n	η_1	δ_1						
		0.005	0.015	0.025	0.050	0.100	0.200	0.300
7	-1.5	189.6 (182.0)	131.8 (123.9)	83.0 (74.5)	32.1 (22.9)	12.1 (5.9)	5.4 (1.9)	3.6 (1.1)
	1.0	189.0 (187.8)	130.1 (121.8)	82.1 (72.0)	32.0 (23.0)	12.0 (5.9)	5.4 (1.9)	3.6 (1.1)

续表

n	η_1	\multicolumn{7}{c}{δ_1}
		0.005	0.015	0.025	0.050	0.100	0.200	0.300
7	3.5	189.9 (184.2)	131.4 (122.8)	82.4 (72.6)	31.8 (22.9)	12.2 (6.0)	5.3 (1.9)	3.6 (1.1)
	6.0	190.1 (179.7)	132.6 (123.4)	83.3 (74.7)	31.9 (23.0)	12.0 (5.9)	5.4 (1.9)	3.6 (1.1)
	8.5	189.0 (180.8)	134.5 (123.9)	81.7 (72.0)	32.1 (22.8)	12.1 (5.9)	5.4 (1.9)	3.6 (1.1)
13	-1.5	180.0 (171.9)	101.3 (90.3)	54.8 (44.7)	20.3 (12.3)	8.3 (3.3)	3.9 (1.1)	2.6 (0.7)
	1.0	187.4 (176.6)	102.4 (94.2)	54.0 (44.4)	20.0 (12.2)	8.3 (3.3)	3.9 (1.1)	2.6 (0.7)
	3.5	180.3 (169.5)	100.6 (91.8)	54.1 (43.9)	20.2 (12.3)	8.3 (3.4)	3.9 (1.1)	2.6 (0.7)
	6.0	182.1 (173.2)	99.7 (89.7)	53.8 (43.9)	20.2 (12.4)	8.3 (3.3)	3.9 (1.1)	2.6 (0.7)
	8.5	181.3 (176.3)	99.2 (88.2)	54.8 (44.4)	20.1 (12.0)	8.3 (3.3)	3.9 (1.1)	2.6 (0.7)
25	-1.5	165.0 (153.0)	71.5 (61.4)	36.2 (27.3)	13.7 (7.0)	5.9 (2.0)	2.9 (0.7)	2.0 (0.4)
	1.0	165.5 (154.7)	70.9 (61.1)	35.8 (26.6)	13.7 (7.1)	5.9 (2.0)	2.9 (0.7)	2.1 (0.4)
	3.5	165.7 (155.5)	72.3 (62.9)	35.6 (26.3)	13.7 (7.0)	5.9 (2.0)	2.9 (0.7)	2.1 (0.4)
	6.0	165.6 (159.7)	72.0 (62.0)	35.6 (26.5)	13.6 (7.0)	5.9 (2.0)	2.9 (0.7)	2.1 (0.4)
	8.5	164.8 (156.0)	71.8 (62.7)	36.2 (26.8)	13.7 (7.1)	5.9 (2.0)	2.9 (0.7)	2.1 (0.4)

注：括号内为 $SDRL_1$ 数据。

表4-4 TC_1 控制图监测特定变异（ii）时的监控性能（$k=0.25$）

n	η_2	\multicolumn{7}{c}{δ_2}
		0.05	0.10	0.15	0.20	0.50	1.00	2.00
7	-3	176.8 (171.8)	130.5 (123.3)	89.4 (80.0)	63.9 (54.9)	16.9 (9.6)	7.1 (2.8)	3.4 (1.1)
	-1	175.4 (167.0)	128.4 (119.3)	90.5 (80.2)	62.9 (53.2)	17.0 (9.6)	7.1 (2.8)	3.4 (1.1)
	0	174.4 (168.2)	129.6 (120.7)	90.1 (80.7)	63.7 (53.8)	17.0 (9.4)	7.1 (2.7)	3.4 (1.1)
	1	177.0 (170.0)	130.3 (121.5)	91.2 (82.4)	62.3 (52.5)	16.8 (9.5)	7.1 (2.8)	3.4 (1.1)
	3	174.7 (169.7)	129.5 (120.4)	89.3 (77.5)	62.9 (54.0)	16.9 (9.4)	7.1 (2.8)	3.5 (1.1)
13	-3	157.4 (147.1)	93.7 (83.4)	56.6 (47.2)	38.2 (28.9)	10.7 (4.9)	4.8 (1.5)	2.5 (0.6)
	-1	155.9 (146.9)	94.2 (85.6)	57.8 (47.2)	38.1 (29.2)	10.7 (4.9)	4.8 (1.5)	2.5 (0.6)

续表

n	η_2	δ_2						
		0.05	0.10	0.15	0.20	0.50	1.00	2.00
13	0	156.3 (145.5)	94.3 (84.7)	57.9 (48.9)	38.1 (28.6)	10.7 (4.9)	4.8 (1.5)	2.5 (0.6)
	1	157.5 (148.8)	94.8 (87.6)	56.9 (47.1)	37.8 (28.0)	10.7 (4.8)	4.9 (1.5)	2.5 (0.6)
	3	156.4 (147.9)	93.2 (83.1)	57.2 (46.8)	38.3 (29.1)	10.7 (4.9)	4.8 (1.5)	2.5 (0.6)
25	-3	129.0 (119.8)	65.2 (55.1)	36.7 (27.1)	24.4 (15.9)	7.4 (2.8)	3.5 (0.9)	1.9 (0.4)
	-1	130.4 (119.5)	64.7 (55.6)	37.1 (28.0)	24.3 (16.1)	7.4 (2.9)	3.5 (0.9)	1.9 (0.4)
	0	130.5 (120.5)	65.0 (54.8)	37.0 (28.3)	24.6 (15.9)	7.4 (2.9)	3.5 (0.9)	1.9 (0.4)
	1	130.4 (122.2)	64.7 (54.1)	37.2 (28.0)	24.3 (16.0)	7.5 (2.8)	3.5 (1.0)	2.0 (0.4)
	3	128.8 (120.2)	64.6 (55.2)	37.0 (28.0)	24.3 (16.1)	7.4 (2.8)	3.5 (0.9)	1.9 (0.4)

注：括号内为 $SDRL_0$ 数据。

表 4-5　TC_2 控制图监测特定变异（i）时的监控性能（$k=0.25$）

n	η_1	δ_1						
		0.005	0.015	0.025	0.050	0.100	0.200	0.300
7	-1.5	192.3 (184.2)	136.6 (126.5)	89.0 (78.7)	34.5 (24.1)	13.2 (6.1)	5.9 (2.0)	3.9 (1.2)
	1.0	190.6 (185.8)	136.3 (124.2)	87.3 (75.5)	34.5 (23.8)	13.3 (6.2)	5.9 (2.0)	3.9 (1.2)
	3.5	192.8 (184.4)	135.7 (124.5)	88.5 (76.0)	34.8 (23.9)	13.2 (6.1)	5.9 (2.0)	3.9 (1.2)
	6.0	192.9 (183.4)	138.9 (126.0)	88.2 (77.4)	34.4 (23.7)	13.2 (6.1)	5.9 (2.0)	3.9 (1.2)
	8.5	189.7 (177.9)	139.5 (128.9)	88.5 (79.2)	34.6 (24.1)	13.3 (6.2)	5.9 (2.0)	3.9 (1.2)
13	-1.5	181.9 (170.8)	106.6 (94.1)	58.8 (47.0)	21.9 (12.8)	9.1 (3.5)	4.3 (1.2)	2.9 (0.7)
	1.0	184.1 (171.4)	106.6 (96.2)	58.0 (46.7)	22.3 (13.1)	9.0 (3.4)	4.2 (1.2)	2.9 (0.7)
	3.5	181.9 (168.0)	104.7 (93.9)	58.7 (47.6)	22.1 (12.6)	9.1 (3.5)	4.3 (1.2)	2.9 (0.7)
	6.0	179.9 (169.6)	104.1 (92.3)	58.8 (47.2)	21.7 (12.7)	9.0 (3.5)	4.3 (1.2)	2.9 (0.7)
	8.5	183.0 (174.8)	104.4 (91.2)	58.2 (47.1)	22.0 (13.0)	9.1 (3.5)	4.3 (1.2)	2.9 (0.7)
25	-1.5	169.4 (156.5)	76.8 (64.9)	39.5 (28.9)	15.0 (7.4)	6.6 (2.1)	3.2 (0.7)	2.2 (0.5)
	1.0	171.8 (156.9)	76.0 (64.4)	39.8 (28.3)	15.1 (7.5)	6.5 (2.2)	3.2 (0.8)	2.2 (0.5)
	3.5	169.8 (157.9)	76.7 (64.8)	39.4 (28.8)	15.0 (7.3)	6.6 (2.2)	3.2 (0.8)	2.2 (0.5)
	6.0	169.2 (155.9)	77.4 (66.3)	38.9 (28.4)	15.1 (7.4)	6.6 (2.2)	3.2 (0.8)	2.2 (0.5)
	8.5	170.6 (159.5)	78.0 (66.3)	39.7 (28.2)	14.9 (7.3)	6.6 (2.1)	3.2 (0.8)	2.2 (0.5)

注：括号内为 $SDRL_1$ 数据。

表 4-6　TC_2 控制图监测特定变异 (ii) 时的监控性能 ($k=0.25$)

n	η_2	\multicolumn{7}{c}{δ_2}
		0.05	0.10	0.15	0.20	0.50	1.00	2.00
7	-3	179.2 (168.3)	136.1 (125.8)	95.2 (83.9)	67.9 (56.7)	18.5 (10.0)	7.8 (2.9)	3.7 (1.1)
	-1	179.6 (168.5)	134.2 (123.0)	95.5 (85.3)	67.9 (56.4)	18.3 (9.9)	7.8 (2.9)	3.8 (1.1)
	0	177.0 (169.0)	134.0 (123.5)	95.6 (84.2)	67.7 (56.8)	18.5 (10.0)	7.8 (2.9)	3.8 (1.1)
	1	179.2 (170.1)	137.5 (127.5)	93.8 (83.5)	67.6 (56.8)	18.6 (10.0)	7.8 (2.9)	3.8 (1.2)
	3	176.9 (168.7)	133.2 (121.6)	94.5 (84.6)	67.7 (56.6)	18.5 (10.0)	7.8 (2.9)	3.8 (1.1)
13	-3	160.0 (148.0)	98.6 (87.8)	60.6 (49.7)	40.9 (29.9)	11.8 (5.2)	5.4 (1.6)	2.7 (0.7)
	-1	158.9 (146.2)	98.9 (87.6)	61.6 (48.7)	40.7 (29.9)	11.8 (5.1)	5.4 (1.6)	2.7 (0.7)
	0	159.8 (146.3)	99.3 (86.9)	61.3 (51.0)	41.0 (29.5)	11.7 (5.1)	5.3 (1.6)	2.7 (0.7)
	1	159.3 (147.6)	98.7 (88.9)	61.5 (50.4)	40.9 (29.8)	11.8 (5.2)	5.3 (1.6)	2.7 (0.7)
	3	158.8 (147.9)	98.3 (87.0)	61.0 (48.9)	41.4 (30.9)	11.8 (5.1)	5.3 (1.6)	2.7 (0.7)
25	-3	135.3 (122.2)	70.1 (58.5)	39.9 (29.0)	26.8 (17.0)	8.3 (3.0)	3.9 (1.0)	2.1 (0.4)
	-1	135.6 (123.9)	70.1 (59.5)	40.5 (29.8)	26.8 (17.0)	8.2 (3.0)	3.9 (1.0)	2.1 (0.4)
	0	136.3 (124.8)	69.9 (58.7)	40.9 (30.2)	27.0 (17.2)	8.2 (3.0)	3.9 (1.0)	2.1 (0.4)
	1	136.3 (124.4)	70.3 (58.3)	40.2 (29.2)	26.7 (17.0)	8.3 (3.0)	3.9 (1.0)	2.1 (0.4)
	3	134.9 (122.6)	68.6 (58.2)	40.8 (29.9)	26.6 (16.7)	8.2 (3.0)	3.9 (1.0)	2.1 (0.4)

注：括号内为 $SDRL_1$ 数据。

总体来说，所提的 TC_1 控制图和 TC_2 控制图在监测特定变异时有效，而且较大的 n 使得 CUSUM 监控方法能够更快地检出线性轮廓特定变异。另外，当失控轮廓沿 Y 轴平移波动时，两种 CUSUM 监控方法在监控任意特定形状变异时都具有稳健的性能表现，这也正是所提方法用于特定变异监控的目的。因此，在进一步分析所提方法监控性能时，可以仅考虑 η_1 和 η_2 的一个特定值。

对定向 CUSUM 控制图在采用其他 k 值（如 0.5、1 和 2）时监控特定变异 (i) 和 (ii) 时的监控性能同样进行了模拟仿真研究。仿真分析结果同样显示，在 η_1 和 η_2 发生变化时，TC_1 控制图和 TC_2 控制图均表现出稳健的监控性能。因此，此处仅给出在 $\eta_1 = 3.5$ 和 $\eta_2 = 0$ 时 TC_1 控制图和 TC_2 控制图的失控监控性能，分别如表 4-7 和表 4-8 所示。表中加粗数据表示控制图在采用所有考虑的参考值时 ARL_1 值中的最小值。例如，在表 4-7 中第 3~6 列为 TC_1 控制图在不同参考值下监测特定变异（i）的 ARL_1 值，在给定 n、η_1 和 δ_1 下 TC_1 控制图的最小 ARL_1 值用加粗字体表示。

通过表 4-7 和表 4-8 的第 3~6 列可以看出，当 $n=7$ 时，采用 $k=0.25$ 的 TC_1 控制图在监测小到中度偏移量时监控性能较优，而 TC_1 控制图在采用 $k=0.5$ 时对于大偏移量的监测效果最优。然而，随着 n 的增大，采用 $k=0.25$ 的 TC_1 控制图变得仅对小偏移量的监测更为有效，采用 $k=0.5$ 的 TC_1 控制图对于中度偏移变得更为敏感；同时，TC_1 控制图采用 $k=1$ 和 $k=2$ 时会随着 n 的增大开始分别对大偏移量和更大偏移量的变异变得更加敏感。概括而言，作为 CUSUM 类控制图，TC_1 控制图在 k 较小时监测相对较小偏移量的变异时性能表现会更优；但是，与采用大得多的 k 值的 TC_1 控制图相比，其监测其他中到大偏移量的性能会变得相对更弱。类似地，通过表 4-7 和表 4-8 的第 7~10 列可以看出，TC_2 控制图在监测线性轮廓特定变异时有着类似于 TC_1 控制图的性能表现。另外，通过对比表 4-7 和表 4-8 中 TC_1 控制图和 TC_2 控制图数据发现，TC_1 控制图失控监控性能表现几乎完全优于 TC_2 控制图；不过，当 n 逐渐增大时，TC_2 控制图在监测大偏移变异时的性能表现逐渐接近 TC_1 控制图。

4.3.3 与现有方法的性能对比分析

为进一步对比分析定向 CUSUM 控制图与其他已有方法的性能表现，此处将考虑前文研究的 ST 控制图、LR 控制图、STE 控制图和 LREWMA 控制图。尽管前三种方法均应用于监测二次型特定变异，但是其可以拓展到监控多种类型特定变异的情况。前文仿真分析表明，此四种方法及两种 CUSUM 控制图在 η_1 和 η_2 发生变化时均表现出稳健性能。因此，此处仅考虑线性轮廓特定变异（i）和（ii）分别在 $\eta_1 = 3.5$ 和 $\eta_2 = 0$ 时的情形，并对比分析各线性轮廓定向控制图的监控性能。表 4-7 和表 4-8 分别列出了监测特定变异（i）和（ii）时各控制图的 ARL_1 值。

表 4-7 监测特定变异（i）时的监控性能比较（$\eta_1=3.5$）

n	δ_1	TC$_1$ k=0.25	k=0.5	k=1	k=2	TC$_2$ k=0.25	k=0.5	k=1	k=2	STE	LREWMA	ST	LR
7	0.005	189.9	195.6	197.0	198.2	192.8	196.4	199.0	199.3	190.9	202.9	194.4	203.4
	0.015	131.4	164.6	183.7	194.7	135.7	165.0	187.0	192.1	137.7	187.9	183.0	195.9
	0.025	82.4	122.0	167.6	178.4	88.5	129.0	172.6	182.6	86.1	171.4	161.7	182.0
	0.050	31.8	51.4	105.5	138.9	34.8	54.7	108.4	137.6	31.2	112.6	101.0	143.1
	0.100	12.2	14.1	34.1	67.3	13.2	14.8	34.3	69.1	9.5	38.3	33.9	75.4
	0.200	5.3	**5.0**	6.5	16.4	5.9	**5.2**	6.5	16.3	3.6	8.0	6.1	21.8
	0.300	3.6	**3.1**	3.2	5.5	3.9	**3.2**	3.3	5.5	2.3	3.9	2.1	8.4
13	0.005	180.3	189.3	197.2	194.5	181.9	190.2	201.1	196.8	188.2	201.1	194.6	195.3
	0.015	100.6	130.8	165.9	177.8	104.7	131.0	164.4	183.7	118.3	180.0	179.2	180.5
	0.025	54.1	78.5	124.9	157.4	58.7	79.5	126.5	156.5	67.1	150.4	149.2	159.6
	0.050	20.2	25.2	51.7	92.3	22.1	26.0	52.5	91.3	22.1	71.2	79.3	99.3
	0.100	8.3	**7.8**	11.3	28.4	9.1	**8.1**	11.7	28.6	7.1	16.6	21.8	33.3
	0.200	3.9	3.1	**3.0**	4.7	4.3	3.3	**3.0**	4.7	2.9	3.7	3.6	6.2
	0.300	2.6	2.1	**1.8**	1.9	2.9	2.2	**1.8**	1.9	2.0	2.0	1.4	2.2
25	0.005	165.7	177.3	190.8	201.3	169.8	183.4	191.5	196.9	178.6	192.9	191.9	194.8
	0.015	72.3	95.5	135.6	167.8	76.7	100.4	142.7	168.7	93.6	157.6	165.8	171.4
	0.025	35.6	48.2	86.0	128.6	39.4	50.8	88.4	130.1	46.1	115.5	125.7	134.0
	0.050	13.7	14.5	25.7	55.5	15.0	15.5	26.6	56.1	14.4	39.3	53.1	61.2
	0.100	5.9	**5.0**	5.6	11.9	6.6	**5.3**	5.7	12.1	4.9	7.8	11.2	14.3
	0.200	2.9	2.3	**1.9**	2.0	3.2	2.4	**1.9**	2.0	2.2	2.0	1.9	2.3
	0.300	2.1	1.6	1.2	**1.1**	2.2	1.7	1.2	**1.1**	1.5	1.2	1.1	1.2

表 4-8 监测特定变异 (ii) 时的监控性能比较 ($\eta_2 = 0$)

n	δ_2	TC$_1$ $k=0.25$	$k=0.5$	$k=1$	$k=2$	TC$_2$ $k=0.25$	$k=0.5$	$k=1$	$k=2$	STE	LREWMA	ST	LR
7	0.05	174.4	189.4	197.4	193.2	177.0	190.7	197.0	195.8	176.5	198.0	201.0	199.5
	0.10	129.6	164.2	185.0	191.4	134.0	165.0	185.3	190.4	133.6	188.7	184.2	195.1
	0.15	90.1	132.3	171.2	181.3	95.6	133.9	171.1	182.9	93.7	169.9	168.5	183.5
	0.20	63.7	99.8	153.2	171.2	67.7	104.6	152.7	171.7	65.4	159.0	147.3	174.1
	0.50	17.0	22.7	56.5	96.3	18.5	23.5	57.8	95.1	14.5	62.2	54.5	100.6
	1.00	7.1	7.0	11.2	30.0	7.8	7.2	11.4	30.3	5.0	13.9	11.8	36.2
	2.00	3.4	3.0	3.1	5.0	3.8	3.1	3.1	5.0	2.3	3.7	1.9	7.8
13	0.05	156.3	175.0	187.9	191.3	159.8	175.6	189.0	192.9	170.0	194.0	190.9	189.8
	0.10	94.3	120.6	164.5	179.6	99.3	125.5	160.7	178.4	113.2	174.8	172.2	181.2
	0.15	57.9	81.3	129.1	160.0	61.3	83.0	127.7	160.3	71.5	150.3	152.7	163.2
	0.20	38.1	53.9	97.0	136.8	41.0	55.8	98.1	139.1	46.7	122.0	127.3	139.0
	0.50	10.7	10.7	18.7	44.6	11.7	11.4	19.1	44.8	10.0	27.8	35.4	51.4
	1.00	4.8	4.1	4.2	8.4	5.3	4.3	4.3	8.4	3.7	5.7	6.3	10.7
	2.00	2.5	2.0	1.6	1.7	2.7	2.1	1.7	1.6	1.8	1.8	1.3	1.9
25	0.05	130.5	150.9	181.2	190.5	136.3	157.9	179.2	191.3	150.2	183.9	189.5	187.2
	0.10	65.0	85.9	128.8	166.5	69.9	92.4	132.5	165.0	83.2	152.0	161.0	165.8
	0.15	37.0	50.3	86.7	130.4	40.9	53.6	91.4	132.5	47.5	116.7	127.1	135.8
	0.20	24.6	30.6	59.5	103.9	27.0	32.8	60.6	102.9	29.7	83.1	97.5	105.1
	0.50	7.4	6.7	8.6	20.1	8.2	7.0	8.8	20.3	6.5	12.7	19.3	23.5
	1.00	3.5	2.8	2.5	3.2	3.9	3.0	2.5	3.2	2.7	2.8	3.0	3.8
	2.00	1.9	1.5	1.1	1.1	2.1	1.6	1.1	1.1	1.4	1.1	1.0	1.1

通过分析表 4-7 和表 4-8，具体可得如下结论：

（1）当特定变异发生小偏移时，采用较小 k 值的 TC_1 控制图在所有方法中表现几乎最好，而且其性能随着 n 的增加变得更加具有优势。另外，虽然 TC_2 控制图比 TC_1 控制图性能表现稍弱，但是在监测特定变异小偏移时要优于其他四种控制方法。

（2）当特定变异发生中度偏移时，STE 控制图在所有的特定变异定向控制方法中监控性能表现更为敏感。然而，两种定向 CUSUM 控制图在采用较大 k 值时，对中度特定变异偏移的监测性能会随着 n 的变大而逐渐变得与 STE 控制图的性能表现类似。

（3）当特定变异发生大偏移时，ST 控制图表现最优；仅基于更大 k 值的 CUSUM 控制图在 n 很大时的监控性能会接近 ST 控制图监测大偏移时的性能表现。

总体来说，与现有方法相比，所提定向 CUSUM 控制图通过选择合适的 k 值，可以使其表现出比已有方法更优或接近现有最优方法的监控性能。一般而言，为监测特定变异小偏移，定向 CUSUM 控制图可以选择较小 k 值；而随着特定变异偏移量逐渐增大，定向 CUSUM 控制图选择采用的 k 值可以逐渐增大。

4.4　定向 CUSUM 控制图改进与分析

前文所提的 TC_1 控制图和 TC_2 控制图构建了基于 t 统计量的监控统计量，主要用于第二阶段线性轮廓特定变异的监控。而且，通常假设模型受控参数 β_0、β_1 和 $\sigma_{\varepsilon 0}^2$ 已知或利用第一阶段受控历史轮廓数据估计得知。不过，在受控轮廓中 β_2 为 0，且不需要估计。由于监控统计量是基于 t 统计量的，其计算不包括受控参数 β_0、β_1 和 $\sigma_{\varepsilon 0}^2$ 的估计，因此受控模型参数的估计不会影响定向 CUSUM 控制图的监控性能。

然而，由于 t 统计量的方差为 $(n-3)/(n-5)$，故定向 CUSUM 控制图只能应用于样本轮廓内观测点数 n 大于 5 的情况。此处，为解决 t 统计量方差在 $n \leq 5$ 时不能确定的问题，基于 z 统计量得到两个改进的定向 CUSUM 控制图。其中，z 统计量是将公式（4-6）中的 $\hat{\sigma}_{\varepsilon j}^2$ 替换为已知的受控参数 $\sigma_{\varepsilon 0}^2$，即

$$z_j = \hat{\beta}_{2j} / \sqrt{v_3 \sigma_{\varepsilon 0}^2} \tag{4-14}$$

可知 z_j 服从标准正态分布（Friedman et al., 2001）且其方差为 1，因此将不会受到 $n>5$ 的限制。但可惜的是，为估计 $\hat{\beta}_{2j}$，每条轮廓仍需要至少三个轮廓内观测点数据，也就是要求 $n>2$。而且，如果 $\sigma_{\varepsilon 0}^2$ 未知的话，也需要基于第一阶段数据进行估计，同时也应有 $n>2$。当每条轮廓样本内观测点数据量很少时，则需要更为有效的方法。例如，针对简单线性轮廓内仅有两个观测点的情况，可以采用基于均方偏差的监控方法（Mahmoud et al., 2010）。因此，可进一步研究当 $n \leq 2$ 时线性轮廓特定变异的监控方法，例如，可基于变点检验或序贯比检验方法等。

在改进的两个定向 CUSUM 控制图中，其监控统计量的计算仍与公式（4-7）、公式（4-8）和公式（4-9）一致，只是用 z_j 替代了 t_j。分别记基于双统计量的改进 CUSUM 控制图和基于单统计量的改进 CUSUM 控制图为 ZC_2 和 ZC_1。设定 ZC_1 控制图的控制界限为 $UCL_z = h_z \sigma_z$ 和 $LCL_z = -h_z \sigma_z$，其中，σ_z 为 z_j 的标准差，则有 $\sigma_z = 1$；设定 ZC_2 控制图的决策区间为 H_z。此外，参考值重新定义为 $K = k \sigma_z$。之后，可以采用 4.2 节所介绍的搜索算法确定对应给定参考值的决策区间 H_z（或 h_z）。表 4-9 列出了在特定变异（i）和（ii）下 ZC_1 控制图和 ZC_2 控制图对应给定参考值的决策区间值，其中，$ARL_0 = 200$，受控参数 $\sigma_{\varepsilon 0}^2$ 已知且 $\sigma_{\varepsilon 0}^2 = 1$。通过表 4-9 容易看出，给定 k 时，不同 n 下决策区间 H_z（或 h_z）的值均相同。这主要是因为监控统计量采用了已知的受控参数 $\sigma_{\varepsilon 0}$，而非依赖于 n 的参数估计 $\hat{\sigma}_{\varepsilon j}$。

表 4-9 不同 k 值下 ZC_1 控制图和 ZC_2 控制图的决策区间和受控性能仿真结果

n	k	H_z (ZC$_1$)	(i)	(ii)	H_z (ZC$_2$)	(i)	(ii)
7	0.25	6.08	201.5（190.9）	200.9（192.7）	6.86	202.8（189.1）	201.3（189.6）
	0.50	3.90	201.8（194.4）	203.4（198.7）	4.18	203.3（196.3）	202.7（197.4）
	1.00	2.16	201.8（198.6）	204.8（205.2）	2.21	198.7（196.4）	202.8（200.2）
	2.00	0.82	199.8（198.6）	207.7（209.7）	0.82	201.1（200.3）	205.1（206.3）
13	0.25	6.08	200.5（191.8）	200.0（192.9）	6.86	199.3（186.9）	199.5（188.6）
	0.50	3.90	199.3（198.4）	197.8（193.0）	4.18	200.8（197.8）	198.8（192.9）
	1.00	2.16	202.6（203.7）	199.8（200.1）	2.21	199.8（199.6）	198.5（197.1）
	2.00	0.82	202.9（203.8）	203.9（204.0）	0.82	201.1（201.7）	201.5（201.8）

续表

n	k	ZC$_1$			ZC$_2$		
		H_z	(i)	(ii)	H_z	(i)	(ii)
25	0.25	6.08	199.9（186.7）	199.3（188.1）	6.86	200.1（185.0）	199.0（185.4）
	0.50	3.90	202.4（196.4）	199.9（198.2）	4.18	202.1（194.0）	203.1（199.6）
	1.00	2.16	200.4（199.9）	201.9（202.9）	2.21	197.7（197.2）	198.3（199.9）
	2.00	0.82	202.3（203.5）	203.9（202.6）	0.82	196.5（196.3）	201.6（200.3）

注：括号内为 $SDRL_0$ 数据。

应该注意到，在实际应用中，受控参数值通常未知，且需要基于受控历史数据来估计。由于会使用不同的第一阶段数据，参数估计误差的影响会比通常认为的大得多（Aly et al.，2015）。为评估使用估计参数时第二阶段的性能表现，应用较为广泛的性能指标是 ARL 和 SDRL。但是，当参数值是估计得到的时，ARL 和 SDRL 会变为随机变量。因此，选取平均运行链长的标准差（SDARL）作为性能指标更为重要。这主要是因为基于不同的第一阶段样本数据集会导致所估计参数的波动，从而在不同的估计参数值下出现受控 ARL 的波动。因此，应用 SDARL 作为性能指标，已有文献分别研究了伯努利 CUSUM 控制图、几何控制图和指数 CUSUM 控制图受参数估计的影响（Jones et al.，2012；Zhang et al.，2013），以及三种线性轮廓控制图监控性能的比较（Aly et al.，2015）。此处，将同样采用受控状态下 AARL（平均 ARL）和 SDARL 分析受控参数 $\sigma_{\varepsilon 0}$ 的估计对受控监控性能的影响，为控制图选择和第一阶段样本量确定提供依据。很显然，当受控参数已知时，可知 SDARL 为 0。因而，寻找一个相对较小的 SDARL 似乎更符合逻辑（Aly et al.，2015），而且在确定第一阶段样本量时，通常建议 SDARL 的大小应为受控 ARL 值的 5% 至 10%（Zhang et al.，2013）。

当受控参数 $\sigma_{\varepsilon 0}$ 未知时，需要首先对其进行估计，可以基于均方误差来估计 $\sigma_{\varepsilon 0}$。在公式（4-4）的线性轮廓模型下，当过程统计受控时，有 $\beta_{2j}=0$。当利用 m 条受控历史轮廓样本估计受控线性轮廓模型参数时，最常用的参数估计方法是：

$$\bar{\hat{\beta}}_0 = \sum_{j=1}^{m}\hat{\beta}_{0j}/m, \bar{\hat{\beta}}_1 = \sum_{j=1}^{m}\hat{\beta}_{1j}/m, MSE = \sum_{j=1}^{m}MSE_j/m \tag{4-15}$$

其中，$\hat{\beta}_{0j}$ 和 $\hat{\beta}_{1j}$ 为受控线性轮廓参数 β_{0j} 和 β_{1j} 的最小二乘估计，且 MSE_j 为方差 $\sigma_{\varepsilon 0}^2$ 的估计。具体而言，$\hat{\beta}_{0j} = \bar{Y}_j - \hat{\beta}_{1j}\bar{x}$，$\hat{\beta}_{1j} = S_{xy(j)}/S_{xx}$，$\bar{Y}_j = n^{-1}\sum_{i=1}^{n} y_{ij}$，$\bar{x} = n^{-1}\sum_{i=1}^{n} x_i$，$S_{xy(j)} = \sum_{i=1}^{n} y_{ij}(x_i - \bar{x})$，$S_{xx} = \sum_{i=1}^{n} (x_i - \bar{x})^2$，$MSE_j = SSE_j/(n-2)$，且 $SSE_j = \sum_{i=1}^{n} (y_{ij} - \hat{\beta}_{0j} - \hat{\beta}_{1j}x_i)^2$。

不失一般性，公式（4-11）中的受控过程模型同样可以用于分析参数估计误差对改进 CUSUM 控制图受控监控性能的影响。容易看出，公式（4-11）的模型中 $\bar{x} = 0$，因此可有 $\hat{\beta}_0$ 服从均值为 β_0、方差为 $\sigma_{\varepsilon 0}^2/mn$ 的正态分布，$\hat{\beta}_1$ 服从均值为 β_1、方差为 $\sigma_{\varepsilon 0}^2/(mS_{xx})$ 的正态分布，且 $m(n-2)MSE/\sigma_{\varepsilon 0}^2$ 服从自由度为 $m(n-2)$ 的卡方分布（此卡方分布记为 $\chi_{m(n-2)}^2$）（Aly et al., 2015）。可以采用蒙特卡洛模拟方法（Aly et al., 2015）分析模型参数估计的影响。给定 m 和 n 时，具体步骤如下：

（1）指定受控 ARL_0 及模型参数已知时的参考值和决策区间，并确定控制图的控制界限。当 $ARL_0 = 200$ 时，改进 CUSUM 控制图的参考值和决策区间值可以通过表 4-9 确定。

（2）通过卡方分布 $\chi_{m(n-2)}^2$ 可以生成一个随机数，其为 MSE 与常数 $m(n-2)/\sigma_{\varepsilon 0}^2$ 的乘积。因此，可以进一步生成方差 σ_{ε}^2 的一个估计值，即 MSE。

（3）利用公式（4-4）中的受控轮廓模型生成一组随机样本轮廓数据（轮廓内观测点数量为 n）。利用步骤（2）中的 MSE 值，计算基于 z 统计量的改进 CUSUM 控制图的监控统计量，并将该监控统计量与步骤（1）中的控制界限进行比较。

（4）记录随机生成的样本轮廓的数量，直至改进 CUSUM 控制图给出预警信号。此样本轮廓数量即为运行链长。

（5）重复步骤（3）至（4）5 000 次，可以计算模拟的受控 ARL 值。

（6）重复步骤（2）至（5）1 000 次，则可以基于 1 000 个受控 ARL 值计算得到受控状态下模拟的 AARL 和 SDARL。

在模拟分析中，同样考虑 m 和 n 的不同取值情况，其中考虑 $n = 7$、13、25 和 $m = 30$、50、100、200、500、1 000、5 000、10 000。在 m 和 n

的不同组合下改进的 CUSUM 控制图，即 ZC_1 控制图和 ZC_2 控制图，在受控状态下的 AARL 和 SDARL 值分别列于表 4-10 至表 4-13 中。

表 4-10 参数估计对 ZC_1 控制图监测特定变异（i）的受控监控性能影响

n	m	k=0.25 AARL	SDARL	k=0.5 AARL	SDARL	k=1 AARL	SDARL	k=2 AARL	SDARL
7	30	251.4	216.9	320.5	495.6	415.3	901.9	422.6	854.3
	50	227.9	122.5	257.4	203.1	289.4	314.5	283.0	287.9
	100	214.2	79.5	226.8	115.3	246.5	169.8	245.6	166.2
	200	206.9	51.3	214.1	71.4	214.5	86.4	222.2	99.8
	500	203.0	30.3	204.3	41.8	211.3	54.3	210.4	54.7
	1 000	202.3	22.1	203.8	30.2	205.0	35.9	205.9	37.5
	5 000	201.6	10.1	201.3	13.7	201.8	16.0	204.0	16.8
	10 000	201.3	7.3	201.0	9.5	202.1	11.9	203.9	11.6
13	30	227.9	111.6	244.5	161.5	279.4	292.1	286.6	321.1
	50	216.1	77.1	227.2	118.3	238.0	151.3	236.4	146.1
	100	209.2	50.7	211.9	64.8	217.1	90.7	223.2	86.1
	200	203.9	33.3	204.7	45.3	207.4	55.3	212.9	60.0
	500	202.4	21.6	203.3	28.9	205.0	35.8	205.8	35.2
	1 000	201.7	14.8	201.8	19.9	203.1	24.0	205.6	25.0
	5 000	201.3	7.1	201.0	9.3	201.2	11.1	203.6	11.4
	10 000	200.9	5.3	201.1	6.6	202.0	8.2	203.0	7.9
25	30	210.0	61.2	219.2	97.6	228.4	135.9	227.3	129.0
	50	205.6	48.2	213.0	68.9	216.9	86.6	216.9	86.8
	100	205.0	32.7	206.7	46.4	206.0	54.7	209.7	57.3
	200	202.5	23.5	204.1	28.7	206.0	38.8	207.3	42.3
	500	201.8	14.0	202.1	19.5	203.0	24.4	204.4	24.9
	1 000	201.6	10.2	201.0	14.0	202.9	17.2	203.0	16.7
	5 000	201.1	5.3	201.0	6.6	201.7	7.9	203.2	8.0
	10 000	201.0	4.2	200.8	4.8	201.5	6.2	203.2	6.0

表 4-11　参数估计对 ZC_1 控制图监测特定变异（ii）的受控监控性能影响

n	m	$k=0.25$ AARL	SDARL	$k=0.5$ AARL	SDARL	$k=1$ AARL	SDARL	$k=2$ AARL	SDARL
7	30	264.8	217.0	327.1	750.3	422.4	758.8	353.7	524.7
7	50	224.0	124.1	260.1	226.7	305.5	398.1	305.9	351.9
7	100	220.6	81.8	223.3	111.1	245.4	171.2	248.1	158.4
7	200	206.9	51.2	213.4	74.2	222.4	90.2	217.4	90.5
7	500	203.9	31.1	205.1	44.0	209.2	53.3	210.8	54.7
7	1 000	201.6	22.2	203.4	28.6	204.8	35.1	206.2	36.4
7	5 000	201.6	10.2	201.0	13.0	201.3	16.5	203.1	16.4
7	10 000	201.4	7.4	200.9	9.4	202.1	11.8	203.6	11.6
13	30	227.5	110.9	242.0	186.2	269.3	235.9	261.2	210.4
13	50	215.4	74.7	218.0	97.6	239.3	159.9	237.1	137.1
13	100	206.2	47.3	210.3	67.0	220.8	91.3	216.6	89.1
13	200	204.0	34.1	203.9	43.5	209.2	57.8	210.0	59.6
13	500	202.7	20.8	203.6	28.6	203.9	34.0	205.9	36.9
13	1 000	201.7	15.1	202.4	18.8	203.2	24.2	203.5	24.2
13	5 000	201.3	7.1	200.3	8.8	201.1	10.8	203.8	11.3
13	10 000	200.9	5.3	200.5	6.6	202.1	8.3	202.9	7.9
25	30	213.5	66.6	219.7	87.1	225.5	113.3	228.2	118.1
25	50	207.2	48.6	213.4	66.5	214.0	82.7	221.1	91.1
25	100	204.0	33.7	207.7	45.9	212.3	59.5	210.8	54.5
25	200	201.0	23.5	203.6	30.5	205.4	39.3	207.1	40.1
25	500	202.2	14.6	202.3	19.2	203.7	24.0	204.7	24.7
25	1 000	201.2	10.4	201.1	13.9	200.8	15.9	203.9	17.6
25	5 000	201.1	5.6	200.7	6.6	201.4	7.6	202.8	8.1
25	10 000	201.1	4.1	200.7	5.0	201.9	5.9	203.0	6.0

表 4-12　参数估计对 ZC_2 控制图监测特定变异（i）的受控监控性能影响

n	m	k=0.25 AARL	k=0.25 SDARL	k=0.5 AARL	k=0.5 SDARL	k=1 AARL	k=1 SDARL	k=2 AARL	k=2 SDARL
7	30	279.0	290.5	348.9	644.9	418.8	860.0	394.9	840.0
7	50	234.5	147.7	283.1	399.2	317.3	496.6	307.9	418.0
7	100	217.3	90.3	233.9	126.7	247.9	178.4	238.6	160.3
7	200	209.6	64.2	218.3	84.8	217.1	93.3	218.0	93.1
7	500	206.0	35.0	208.4	45.5	207.4	54.7	205.7	53.7
7	1 000	202.0	24.3	205.6	31.6	201.0	37.3	204.6	36.8
7	5 000	201.9	11.7	203.5	14.3	199.0	16.4	201.0	16.6
7	10 000	201.5	8.1	201.7	10.4	198.9	12.0	201.1	11.6
13	30	230.6	124.9	254.5	206.8	262.5	245.3	268.8	260.8
13	50	219.8	94.0	231.3	118.8	233.4	154.1	232.6	135.0
13	100	209.8	56.1	215.7	77.5	210.2	90.9	217.5	91.9
13	200	204.9	39.8	208.7	51.1	206.1	57.3	212.1	59.1
13	500	201.8	23.9	203.9	30.2	202.3	36.3	205.0	36.5
13	1 000	201.7	16.1	202.1	21.5	201.2	25.1	202.0	24.8
13	5 000	201.2	7.8	202.3	9.8	198.4	11.5	201.2	11.3
13	10 000	200.9	5.9	202.1	7.3	198.5	8.1	201.1	8.1
25	30	214.5	72.4	224.3	109.4	227.1	136.7	231.7	131.5
25	50	206.4	54.6	214.9	73.8	215.2	83.8	220.8	91.1
25	100	204.8	36.9	210.1	51.6	207.0	60.6	208.9	60.1
25	200	203.0	24.9	205.8	33.6	202.7	38.6	205.1	37.6
25	500	200.8	16.3	203.4	21.2	200.4	23.7	201.5	24.0
25	1 000	201.7	11.9	202.4	15.1	199.5	17.1	200.3	17.4
25	5 000	200.9	5.7	202.0	7.1	198.6	8.0	201.0	8.2
25	10 000	201.1	4.4	201.9	5.3	198.8	6.0	200.4	5.9

表4-13 参数估计对ZC_2控制图监测特定变异（ii）的受控监控性能影响

n	m	$k=0.25$ AARL	SDARL	$k=0.5$ AARL	SDARL	$k=1$ AARL	SDARL	$k=2$ AARL	SDARL
7	30	296.7	360.0	385.9	784.9	446.1	1 191.2	437.9	1 649.9
	50	248.0	187.3	262.8	242.9	309.5	354.4	292.5	472.0
	100	216.8	93.3	230.1	132.7	245.0	167.8	242.5	246.3
	200	208.3	57.8	212.3	74.8	216.1	97.1	217.0	94.2
	500	204.8	34.0	206.6	45.2	205.5	53.5	209.0	53.5
	1 000	202.9	24.6	201.9	30.6	202.6	38.1	206.4	37.1
	5 000	201.8	11.2	202.3	14.5	200.3	16.8	202.1	16.5
	10 000	201.5	8.4	202.1	10.6	198.9	11.6	200.9	11.8
13	30	229.1	127.0	251.0	206.6	275.9	271.5	270.1	235.2
	50	218.2	91.6	232.3	141.5	231.8	145.3	238.9	140.0
	100	206.5	56.3	215.9	81.2	217.5	94.7	218.4	87.4
	200	204.4	38.0	206.7	49.8	204.8	56.8	208.6	56.4
	500	201.5	23.6	203.1	28.8	200.7	35.5	204.0	33.9
	1 000	201.5	17.4	203.8	21.1	198.7	24.0	202.6	24.5
	5 000	201.0	7.7	202.1	10.4	199.8	11.4	201.0	11.0
	10 000	201.3	5.8	201.9	7.5	198.9	8.2	200.9	8.8
25	30	213.4	72.9	232.7	113.4	225.4	137.6	224.3	115.6
	50	207.9	54.3	211.8	75.1	221.7	94.5	212.7	79.7
	100	206.8	37.8	207.8	49.8	208.9	59.6	207.3	56.4
	200	202.2	26.1	204.1	33.7	201.5	37.8	205.4	37.3
	500	202.3	16.2	202.6	21.9	200.2	25.3	202.2	24.4
	1 000	201.3	11.9	203.0	15.0	199.4	17.0	201.9	17.2
	5 000	201.1	5.8	202.4	7.1	198.5	8.1	201.0	7.8
	10 000	201.0	4.5	202.0	5.4	198.7	5.9	200.5	6.2

通过表 4-10 至表 4-13 可得出如下结论：

（1）无论在哪种特定变异下，给定 n 时，ZC_1 控制图和 ZC_2 控制图的 $AARL$ 值均随着 m 的增大而逐渐减小并接近指定的 ARL_0 值。这主要是因为随着 m 的增大，参数估计误差逐渐减小。这也意味着，当使用轮廓模型参数估计而非已知受控轮廓参数时，需要更大的 m 值，即需要更多的样本轮廓数据。

（2）根据 $AARL$ 和 $SDARL$ 值可以看出，无论在哪种特定变异下，当使用估计的模型参数时，对于给定的 m 和 n，采用更小 k 值的 ZC_1 控制图的受控监控性能表现要优于采用更大 k 值的 ZC_1 控制图。对于 ZC_2 控制图，也可以得出类似的结论。这表明当模型参数为估计值时，应该选取采用较小 k 值的改进定向 CUSUM 控制图。

（3）通过比较 ZC_1 控制图和 ZC_2 控制图在模型参数估计下的受控监控性能，若以 $SDARL$ 作为性能评价指标，则 ZC_1 控制图比 ZC_2 控制图具有稍强的性能表现。

（4）为使 $SDARL$ 达到或小于一个较小值，比如 10（给定 ARL_0 值的 5%），采用 $k=0.25$ 的 ZC_1 控制图在 $n=7$ 时需要 $m=5\,000$，在 $n=13$ 时需要 $1\,000<m<5\,000$，在 $n=25$ 时需要 $m=1\,000$。然而，采用 $k=0.25$ 的 ZC_2 控制图在 $n=7$ 时需要 $m>5\,000$，在 $n=13$ 或 $n=25$ 时需要 $1\,000<m<5\,000$。这同样说明采用 $k=0.25$ 的 ZC_1 控制图要优于采用 $k=0.25$ 的 ZC_2 控制图。因为为得到更为合理的 $SDARL$ 值，采用 $k=0.25$ 的 ZC_1 控制图需要更少的第一阶段受控轮廓样本量。

4.5 应用示例分析

为说明定向 CUSUM 控制图在实际应用中的过程及其有效性，将采用圆柱体部件加工中的两个特定变异实例（Zhang et al., 2005）。这两个典型的系统性形状误差包括：①主轴缺陷或固定装置变形导致的横截面形状误差；②由顶尖夹具间的工件偏转引起的轴向形状误差。其中，前者表现为 S 型形状误差，后者可近似采用多项式函数描述。

4.5.1 横截面形状误差监控

在内圆磨削过程中，通常用三爪或四爪卡盘来固定工件。如果该工件的刚性较低，固定力会导致外圆误差（Zhang et al.，2005）。而且当使用三爪卡盘时，磨削孔将变成三瓣形状。三爪卡盘产生的误差可以通过如下近似模型来描述，即

$$y = y_0 + A\cos(3z) \tag{4-16}$$

其中，z 为横截面角度，y 为工件在 z 角度上的半径，$y_0 = r_0$ 是工件的平均半径，A 为常数。假设第 j 个样本观测值数据为 (z_i, y_{ij})，$i = 1, 2, \cdots, n$，则描述内圆磨削中加工孔特征的模型为：

$$y_{ij} = \beta_{0j} + \beta_{1j} z_i + \beta_{2j} \cos(3z_i) + \varepsilon_{ij} \tag{4-17}$$

其中，$\boldsymbol{\beta}_j = (\beta_{0j}, \beta_{1j}, \beta_{2j})$ 为模型参数向量，误差 ε_{ij} 为服从均值为 0、方差为 σ_j^2 的正态分布的独立同分布变量。另外，设定 $z_i = 6(i-1)/(n-1) - 5$，且 $n = 13$。当过程受控时，可有 $\boldsymbol{\beta}_j = (r_0, 0, 0)$ 且 $\sigma_j^2 = \sigma_0^2$，其中，r_0 和 σ_0^2 为过程受控时的受控参数，且假设其已知。在此示例中，设定 $r_0 = 5$，$\sigma_0^2 = 1$。在加工过程中因夹具变形而出现截面形状误差后，磨削过程将会失控，且有 $\beta_{2j} \neq 0$。

在本示例中，假设随着时间的推移已获得 25 个样本轮廓，其中前 15 个样本轮廓来自受控过程，后 10 个样本轮廓来自失控过程且 $\beta_{2j} = 0.80$。按照前文的定向 CUSUM 控制图实施步骤，所提 CUSUM 方法可以用于监测由三爪卡盘造成的横截面形状误差。在定向 CUSUM 控制图中，设定 $ARL_0 = 200$，$k = 0.5$，从而基于蒙特卡洛仿真方法可以确定 TC_1 控制图和 TC_2 控制图的决策区间分别为 $h = 4.07$ 和 $H = 4.84$。图 4-2 和图 4-3 分别给出了用于监测横截面形状误差的 TC_1 控制图和 TC_2 控制图，其中分别绘制了基于观测样本的监控统计量以及 TC_1 控制图和 TC_2 控制图的决策区间。从图 4-2 和图 4-3 可以看出，TC_1 控制图在第 5 和第 6 个失控轮廓样本观测点处给出了过程失控信号，但是 TC_2 控制图却没有给出任何失控信号。这意味着 TC_1 控制图比 TC_2 控制图的监控性能表现得更好，与前文模拟分析结论一致。

4.5.2 轴向形状误差监控

另一典型的系统性误差是由工件偏转引起的轴向形状误差，其可以采用包含二次项的广义线性回归模型来建模。针对此形状误差的建模和监控前章已讨论过。此处将在前章所建立模型基础上进一步分析定向 CUSUM

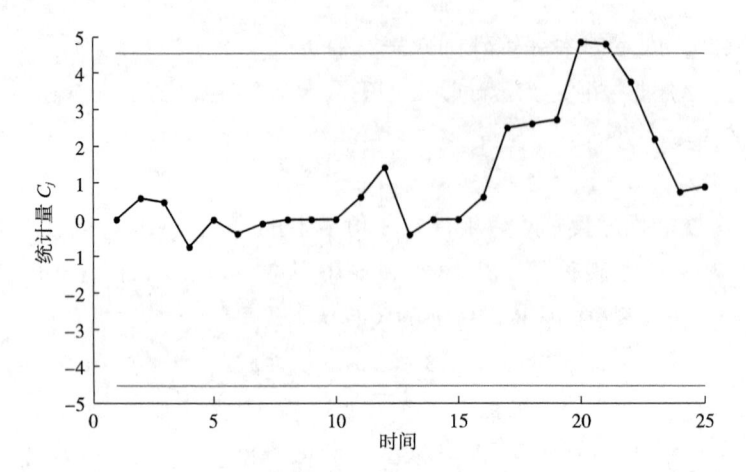

图 4-2 用于监测横截面形状误差的 TC_1 控制图

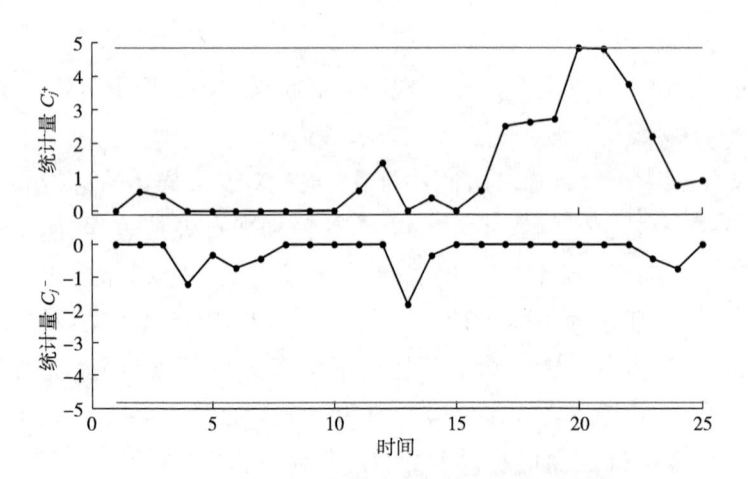

图 4-3 用于监测横截面形状误差的 TC_2 控制图

控制图的监测效果。同样，假设第 j 个样本观测值数据为 (z_i, y_{ij})，$i=1$, 2, $\cdots$, n，则考虑轴向形状误差的轮廓模型为：

$$y_{ij}=\beta_{0j}+\beta_{1j}x_i+\beta_{2j}(3z_i^2-1)/2+\varepsilon_{ij}, i=1, 2, \cdots, n \quad (4-18)$$

其中，$\boldsymbol{\beta}_j=(\beta_{0j}, \beta_{1j}, \beta_{2j})$ 为模型参数向量，误差 ε_{ij} 独立且服从均值为 0、方差为 σ_j^2 的正态分布。当过程受控时，仍有 $\boldsymbol{\beta}_j=(r_0, 0, 0)$，$\sigma_j^2=\sigma_0^2$，并且 r_0 和 σ_0^2 为已知的过程受控参数。另外，在此示例中 z_i、n、r_0 和 σ_0^2 的设定值与前示例相同。同样，假定已获取 25 条样本轮廓数据，其中，前 20 条轮廓样本来自受控过程，后 5 条轮廓样本来自 $\beta_{2j}=0.10$ 的失控轮廓。

在应用定向 CUSUM 控制图监控轴向形状误差时，同样设定 $ARL_0 = 200$，$k=0.5$，且TC_1控制图和TC_2控制图的决策区间分别为 $h=4.07$ 和 $H=4.84$。图 4-4 和图 4-5 分别绘制出TC_1控制图和TC_2控制图。通过图 4-4 和图 4-5 可以看出，TC_1 在第 3 个失控样本处，即第 23 个轮廓样本处给出了失控预警信号，而TC_2控制图则在第 22 个观测点给出了过程失控警报。这意味着过程中发生了因工件偏转引起的轴向形状误差，因而需要机器设备操作者调整过程以剔除异常原因。之后，可以恢复生成加工并重新启动针对轴向形状误差特定变异的监控。

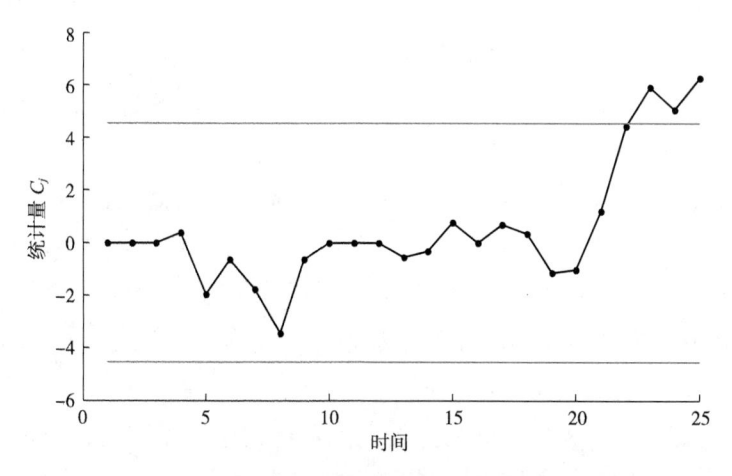

图 4-4　用于监测轴向形状误差的TC_1控制图

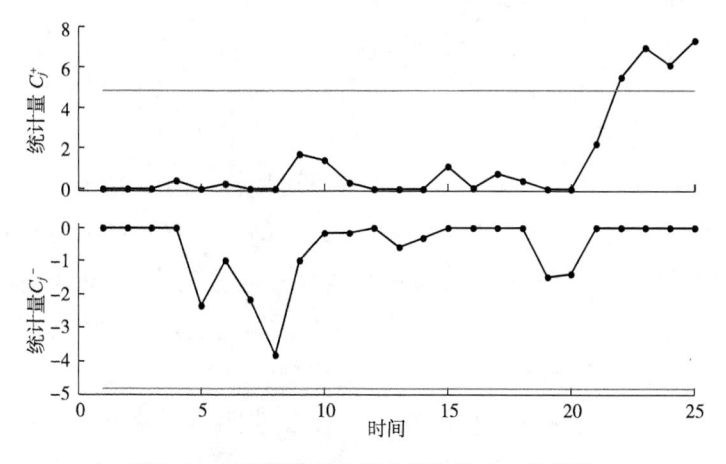

图 4-5　用于监测轴向形状误差的TC_2控制图

基于上述应用示例分析发现，所提定向CUSUM控制图在应用中操作方便，而且能够有效监测线性轮廓的多种类型特定变异，便于应用于对实际加工过程的监控。

4.6 本章小结

本章聚焦过程（或产品）质量特性表现为线性关系的轮廓数据，旨在探讨可以用于监测预先已知多种类型特定变异的轮廓控制方法。广义线性回归模型用来描述包含多种类型特定变异的线性轮廓。为了监测小偏移特定变异，基于t统计量，提出了两个双侧定向CUSUM控制图，分别是具有两个独立统计量的TC_2控制图和一个单独统计量的TC_1控制图。而且，给出了定向CUSUM控制图的详细设计，包括参考值的选择和决策区间的确定。同时给出了定向CUSUM控制图的实施步骤。

本章通过数值模拟研究了定向CUSUM控制图的监控性能，并与其他方法的性能进行了比较。仿真结果表明，当失控轮廓沿Y轴移动时，两种定向CUSUM控制图都是有效且稳健的。更重要的是，当参考值k很小时，CUSUM控制图在监测相对较小的偏移量时更为有效；但是，与采用较大k值的CUSUM控制图相比，对特定变异的其他偏移量不太敏感。此外，基于单统计量的CUSUM控制图的监控性能普遍优于基于双统计量的CUSUM控制图。当与其他方法相比时，在监测具有小偏移的特定变异时，采用较小k值的CUSUM控制图比备选方法表现得更好。而且，随着n的增加，采用较大k值的CUSUM控制图在监测中等或大偏移时与其他方法相当。最后给出了两个应用示例，结果表明所提出的定向CUSUM控制图在监测线性轮廓特定变异时是有效的。

为了克服t统计量方差在$n<5$时的不可用性，本章基于z统计量和受控参数提出了两个改进的定向CUSUM控制图，即ZC_1控制图和ZC_2控制图。然而，改进后的CUSUM控制图易受到受控参数估计误差的显著影响。本章通过模拟仿真分析，以$AARL$和$SDARL$为性能指标，研究了这两种改进方法受参数估计误差影响的监控性能表现。仿真结果表明，采用较小k值的改进CUSUM控制图比采用较大k值的性能表现更好，而且采用$k=0.25$的基于单统计量的改进CUSUM控制图的监控性能优于基于双统计量

的改进 CUSUM 控制图。

在未来研究中，可以进一步研究当轮廓内数据观测点数量小于 3 时监控轮廓特定变异的轮廓控制方法。此外，当轮廓受控参数根据第一阶段历史受控轮廓数据估计得到时，现有轮廓控制方法的受控性能需要重新进行评估研究。

5 线性轮廓定向区域控制图

5.1 引言

在现有控制图中，除 EWMA 控制图和 CUSUM 型控制图外，另一种可用于灵敏监测小或中度偏移的控制图是区域控制图（zone control chart）（Jaehn, 1987）或运行和控制图（run sum control chart）（Reynolds, 1971）。事实上，运行和控制图是区域控制图的通用模型（Khoo et al., 2013）。区域控制图提出时是用于监测过程质量特性均值的变异，其中通常假设过程质量特性服从正态分布。而后，运行和控制图被拓展应用于监测过程质量特性波动的变异（Rakizis and Antzoulakos, 2016），以及构建基于变采样间隔的运行和控制图（Chew et al., 2015；Chew et al., 2016）。此处，构建用于监测线性轮廓多种类型特定变异的区域控制图，以有效地监测特定变异的小至中度偏移。

区域控制图将控制图划分为八个区域，并赋予每个区域一定的权重分值。这八个区域在中心线两侧对称分布，各四个区域，且对称区域的权重分值相同。在监控过程中，区域控制图根据标绘点落在区域的权重分值计算累计分数，通过累计分数判断过程是否统计受控。图 5-1 给出了区域控制图用于监控过程（或产品）质量特性变量均值的一个示例。该示例展示了常用的一种区域划分及各区域的权重分值，具体如下：

(1) 介于中心线和 1 倍标准差之间的区域，其权重为 0；
(2) 介于 1 倍标准差至 2 倍标准差之间的区域，其权重为 2；
(3) 介于 2 倍标准差至 3 倍标准差之间的区域，其权重为 4；
(4) 位于 3 倍标准差之外的区域，其权重为 8。

上述关于区域的划分均包括关于中心线对称的上下两个对称区域。该示例通常用于质量特性变量服从正态分布的情况。基于此区域划分方式及

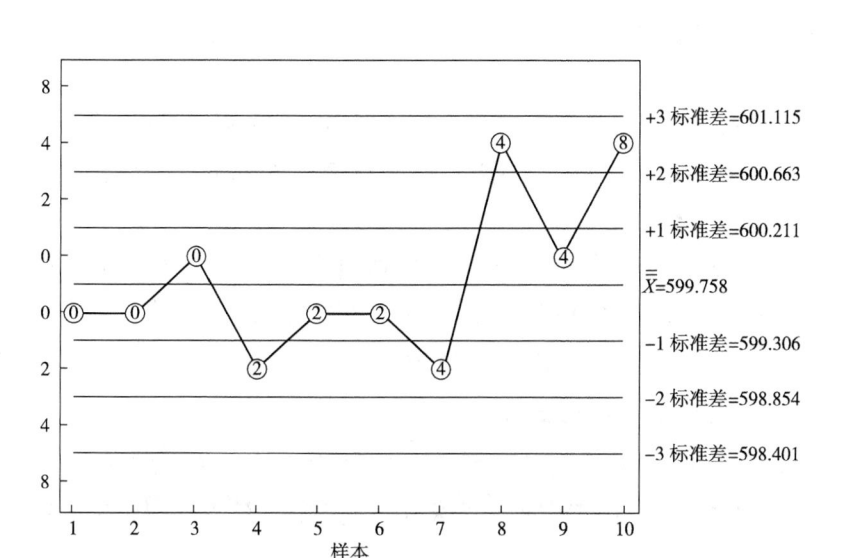

图 5-1 区域控制图示例

各区域权重分值的区域控制图已集成在相关质量分析软件中。在区域控制图中，累计分数是各个标绘点所在区域的权重分值之和。但是，每当标绘点越过中心线时，累积分数会被重置为零。区域控制图常用的判异准则是当累计分数大于或等于 8 时，即判定过程已不再统计受控。

除了上述权重分值（0，2，4，8）外，区域控制图还可根据具体研究问题调整权重分值。比如，考虑了其他权重分值，（1，2，4，8）或（0，1，2，4）下的区域控制图监控性能（Davis et al，1990）。此外，为提升控制图性能，还可以构建一种具有更多不同权重分值组合的通用区域控制图（Davis et al，1994），或通过优化模型选择调节参数和权重分值的方法（Khoo et al.，2013；Sitt et al.，2014）。研究结果显示，权重分值为（1，2，3，10）和（0，2，3，6）的区域控制图分别对小偏移和中度偏移更加敏感（Sitt et al.，2014）。

5.2 基于 t 检验的定向区域控制图

假设 j 时刻样本轮廓观测数据为 (x_i, y_{ij})，$i = 1, 2, \cdots, n, j = 1$，$2, \cdots$，其中对于不同的 j 设定 x_i 固定为 $(x_1, x_2, \cdots, x_n)$。则考虑线性轮

廓的多种类型特定变异时，基于广义线性模型的 j 时刻轮廓模型为：

$$y_{ij}=\beta_{0j}+\beta_{1j}x_i+\beta_{2j}f(x_i)+\varepsilon_{ij},\ i=1,\ 2,\ \cdots,\ n \tag{5-1}$$

其中，$\boldsymbol{\beta}_j=(\beta_{0j},\ \beta_{1j},\ \beta_{2j})$ 为模型系数向量，误差项 ε_{ij} 独立同分布于均值为 0、方差为 σ_ε^2 的正态分布，$\beta_{0j}+\beta_{1j}x_i$ 表示轮廓线性部分。$f(x_i)$ 则表示轮廓特定变异部分，其为变量 x_i 的 a 次多项式（$a \geq 2$）或超越项（如三角函数项），且 $f(x_i)$ 的基本形式已知或者已通过历史数据拟合而获知。因此，为快速监测线性轮廓的特定变异，可以对如下假设进行检验：

$$H_0: \beta_{2j}=0 \leftrightarrow H_1: \beta_{2j} \neq 0 \tag{5-2}$$

5.2.1 定向区域控制图的设计

前文讨论过 t 检验是公式（5-2）假设检验的主要方法之一。此处，将基于 t 检验统计量构建定向区域控制图。其中，对 j 时刻样本轮廓，t 检验统计量为：

$$t_j=\hat{\beta}_{2j}/\sqrt{v_3\widehat{\sigma_{\varepsilon j}^2}} \tag{5-3}$$

其中，v_3 为 $(X'X)^{-1}$ 的对角线元素中对应 $\hat{\beta}_{2j}$ 的量，$\widehat{\sigma_{\varepsilon j}^2}$ 是 σ_ε^2 的无偏估计且有 $\widehat{\sigma_{\varepsilon j}^2}=(\boldsymbol{y}_j'\boldsymbol{y}_j-\hat{\boldsymbol{\beta}}_j\boldsymbol{X}'\boldsymbol{y}_j)/(n-3)$，$\hat{\boldsymbol{\beta}}_j=(\hat{\beta}_{0j},\ \hat{\beta}_{1j},\ \hat{\beta}_{2j})=(\boldsymbol{X}'\boldsymbol{X})^{-1}\boldsymbol{X}'\boldsymbol{y}_j$ 为模型系数 $\boldsymbol{\beta}_j$ 的最小二乘估计，且有：

$$\boldsymbol{X}=\begin{pmatrix} 1 & x_1 & f(x_1) \\ 1 & x_2 & f(x_2) \\ \vdots & \vdots & \vdots \\ 1 & x_n & f(x_n) \end{pmatrix},\ \boldsymbol{y}_j=\begin{pmatrix} y_{1j} \\ y_{2j} \\ \vdots \\ y_{nj} \end{pmatrix}$$

公式（5-2）中的原假设 H_0 下，t_j 服从自由度为 $(n-3)$ 的 t 分布。而且易知 t_j 的均值和方差分别为 0 和 $(n-5)/(n-3)$。

为构建区域控制图，首先需进行区域划分。设定区域控制图内有三个上控制界限，分别为 UCL_1、UCL_2 和 UCL_3，且有 $0 = CL < UCL_1 < UCL_2 < UCL_3$，其中，$CL$ 为中心线。则利用三个上控制界限可以将中心线上侧控制图部分划分为四个区域，即

UZ_1：介于 CL 和 UCL_1 之间的区域；

UZ_2：介于 UCL_1 和 UCL_2 之间的区域；

UZ_3：介于 UCL_2 和 UCL_3 之间的区域；

UZ_4：位于 UCL_3 之外的区域。

同样，利用三个下控制界限 $LCL_3<LCL_2<LCL_1<CL=0$，将中心线 CL 下侧控制图部分划分为四个区域，即

LZ_1：介于 CL 和 LCL_1 之间的区域；

LZ_2：介于 LCL_1 和 LCL_2 之间的区域；

LZ_3：介于 LCL_2 和 LCL_3 之间的区域；

LZ_4：位于 LCL_3 之外的区域。

之后，可以赋予中心线 CL 上侧或下侧四个区域的权重分值分别为四个整数分值 S_k，$k=1,\cdots,4$，其中，$0 \leq S_1 \leq S_2 \leq S_3 \leq S_4$。

对于第 j 时刻样本轮廓，在计算得到 t 检验统计量 t_j 后，可得到分数函数 $S(t_j)$，即

$$S(t_j)=\begin{cases} S_k, & \text{当} t_j \text{落在} UZ_k \text{时} \\ -S_k, & \text{当} t_j \text{落在} LZ_k \text{时} \end{cases} \tag{5-4}$$

区域控制图的监控统计量为 t_j 所处区域权重分值的累计分数，且每当 t_j 越过中心线时，累积分数会被重置为 0。因此，可以针对中心线上下侧分别构建累计分数，以作为区域控制图的监控统计量。分别定义中心线上下侧累计分数为：

$$U_j = \begin{cases} 0, & \text{当} t_j<CL \text{时} \\ U_{j-1}+S(t_j), & \text{当} t_j \geq CL \text{时} \end{cases} \tag{5-5}$$

和

$$L_j = \begin{cases} L_{j-1}+S(t_j), & \text{当} t_j<CL \text{时} \\ 0, & \text{当} t_j \geq CL \text{时} \end{cases} \tag{5-6}$$

其中，$j=1,2,\cdots$，且 $U_0=L_0=0$。可以注意到，当 $t_j<CL$ 时，U_j 将重置为 0；当 $t_j \geq CL$ 时，L_j 将重置为 0。当 $U_j \geq S_4$ 或 $L_j \leq -S_4$ 时，区域控制图将触发过程失控信号预警。

5.2.1.1 权重分值的选择

现有区域控制图各区域权重分值的设定基本都是主观给出的，可以根据要检验的变异类型及变异偏移程度进行权重分值的选择。常见的权重分值组合包括（0，2，4，8）（1，2，4，8）（0，1，2，4）（1，2，3，10）（0，2，3，6）等。结合现有文献的研究结果，此处区域控制图将考虑 S_k（$k=1,\cdots,4$）的三种组合，即（0，2，3，6）（1，2，4，8）（1，2，3，10）。在

下文中，将基于这三种权重分值组合的定向区域控制图分别记为ZT_1控制图、ZT_2控制图和ZT_3控制图。

5.2.1.2 控制界限的确定

在上文区域控制图示例中，使用了1倍、2倍和3倍标准差作为区域控制图的控制界限。同样，可以基于此思想确定定向区域控制图的控制界限。不同的是，在定向控制图中，将基于t检验统计量t_j服从的t分布确定基于1倍、2倍和3倍标准差的具体控制界限。然而，同时使用1倍、2倍和3倍标准差作为控制界限，将会增加区域控制图的误警率（Davis et al., 1990; Davis et al., 1994），从而会减小受控平均运行链长（ARL_0）。因此，为获得期望的ARL_0，可以引入调节参数调整控制界限，以降低区域控制图的误警率。此时，包含调节参数L的系列上控制界限可以定义为：

$$UCL_l = L \times F_t^{-1}(\Phi(l)), \quad l=1, 2, 3 \tag{5-7}$$

其中，$F_t^{-1}(\cdot)$是自由度为$(n-3)$的t分布的累积分布函数的逆函数，$\Phi(\cdot)$为标准正态分布的累积分布函数。从区域控制图的设计上可以明显看出，中心线上侧和下侧的区域划分是对称的。因此，可以定义区域控制图的系列下控制界限为：

$$LCL_l = -UCL_l, \quad l=1, 2, 3 \tag{5-8}$$

为得到满足期望ARL_0的区域控制图的控制界限，需要首先确定调节参数L。调节参数L可以通过图5-2所示搜索流程来确定。其中，ξ为搜索终止准则中的容忍误差，可以给定一个较小的正数，表示达到满足期望ARL_0的容差范围；r则为搜索步长。

5.2.1.3 受控平均运行链长的计算

在搜索确定调节参数和下文区域控制图性能分析中，均需要计算受控平均运行链长ARL_0。此处将给出基于马尔科夫链（Markov Chain）方法的定向区域控制图ARL的计算方法。为了便于说明，此处仅考虑权重分值为(0, 2, 3, 6)的定向区域控制图。

在应用定向区域控制图监测线性轮廓特定变异时，定向区域控制图的绘制过程从监控统计量即中心线上下侧累计分数初始值U_0和L_0开始，即有$U_0 = +0$和$L_0 = -0$。可记累计分数初始值为(U_0, L_0)，此即为马尔科夫链的初始状态。在j时刻，受控状态下所有可能的中心线上下两侧的累计

第一篇 考虑特定变异的线性轮廓控制

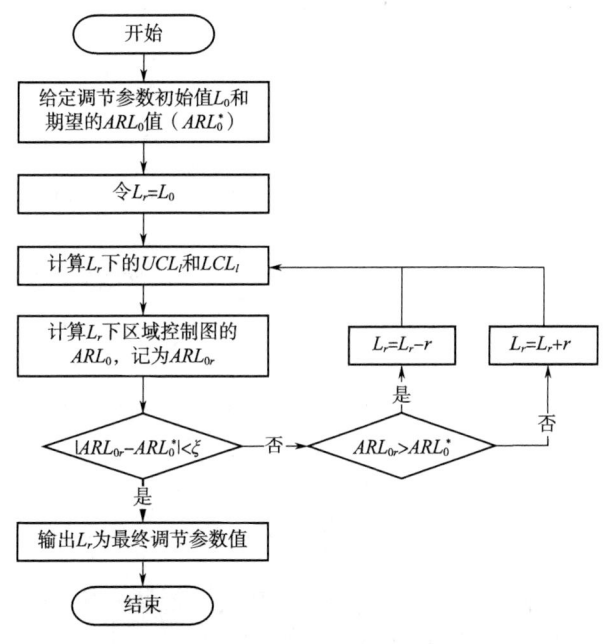

图 5-2 调节参数确定的搜索方法流程

分数组合(U_j, L_j)包括 {(+0, -0), (+0, -5), (+0, -4), (+0, -3), (+0, -2), (+2, -0), (+3, -0), (+4, -0), (+5, -0)}。这些累计分数组合可以设定为马尔科夫链的有序状态，分别记为状态 1、2、3、4、5、6、7、8 和 9。当累计分数 $U_j \geq 6$ 或 $L_j \leq -6$ 时，定向区域控制图将给出失控预警信号，则被监控的过程将暂停并寻找异常原因，此时状态为吸收态，并记为状态 10。状态 1 至状态 10 构成了马尔科夫链的状态空间。在此基础上，容易构建针对权重得分为(0, 2, 3, 6)的定向区域控制图的状态转移概率矩阵 R（如表 5-1 所示），用来描述从当前 j 时刻某状态转到 $j+1$ 时刻各状态的转移概率。

表 5-1 采用权重得分 (0, 2, 3, 6) 的定向区域控制图状态转移概率矩阵

j 时刻状态	$j+1$ 时刻状态								
	1	2	3	4	5	6	7	8	9
1	p1+p4	0	0	p6	p5	p2	p3	0	0

续表

j 时刻状态	\multicolumn{9}{c	}{$j+1$ 时刻状态}
	1	2	3	4	5	6	7	8	9
2	p1	p4	0	0	0	p2	p3	0	0
3	p1	0	p4	0	0	p2	p3	0	0
4	p1	p5	0	p4	0	p2	p3	0	0
5	p1	p6	p5	0	p4	p2	p3	0	0
6	p4	0	0	p6	p5	p1	0	p2	p3
7	p4	0	0	p6	p5	0	p1	0	p2
8	p4	0	0	p6	p5	0	0	p1	0
9	p4	0	0	p6	p5	0	0	0	p1

在表 5-1 中,各转移概率的计算需要基于控制界限 UCL_l 和 LCL_l,以及自由度为 ($n-3$) 的 t 分布的累积分布函数 $F_t(\cdot)$。因为区域控制图中心线上下两侧区域对称,则可有:

$$p1 = p4 = F_t(UCL_1) - F_t(CL)$$
$$p2 = p5 = F_t(UCL_2) - F_t(UCL_1)$$
$$p3 = p6 = F_t(UCL_3) - F_t(UCL_2)$$

值得注意的是,定向区域控制图的状态转移概率矩阵 R 依赖于权重分值的选择。不过,当采用其他权重分值组合时,仍然可以采用此思路来分析马尔科夫链的状态空间,并确定状态转移概率矩阵。

在定向区域控制图的控制界限确定后,或调节参数 L 设定后,ARL_0 可以通过下述公式计算得到,即

$$ARL_0 = s'(I-R)^{-1}\mathbf{1} \tag{5-9}$$

其中,$s' = (1, 0, \cdots, 0)$ 为初始概率向量,其中第一个元素为 1,其他元素均为 0;$\mathbf{1}$ 为所有元素均为 1 的向量。

5.2.2 定向区域控制图性能研究

类似前文研究,在仿真分析中,选取受控轮廓模型为:

$$y_{ij} = \beta_{0j} + \beta_{1j}x_i + \varepsilon_{ij}, \quad i = 1, 2, \cdots, n \tag{5-10}$$

其中，ε_{ij} 为独立同分布随机变量且服从均值为 0、方差为 σ_ε^2 的正态分布。假设在模拟仿真中受控轮廓模型各参数取值为 $\beta_0=13$，$\beta_1=2$，$\sigma_\varepsilon^2=1$，x_i 取值范围为 $[-3, 3]$ 且 $x_i=-3+6(i-1)/(n-1)$，这与前文所使用的模型参数值一致。为简要说明在监测线性轮廓特定变异时定向区域控制图的有效性及其优势，此处只考虑二次型特定变异失控轮廓模型，即

$$y_{ij}=\beta_{0j}+\beta_{1j}x_i+\gamma_1(x_i^2-\eta_1)+\varepsilon_{ij}, \quad i=1, 2, \cdots, n \tag{5-11}$$

其中，η_1 表示线性轮廓截距的偏移，$\gamma_1=\delta_1\sigma_\varepsilon$ 表示过程特定变异偏移量，为误差项方差 σ_ε 的倍数。在此包含二次型特定变异的线性轮廓模型中，有 $f(x_i)=x_i^2-\eta_1$。此外，将研究 $n=25$ 下定向区域控制图的监控性能。

5.2.2.1 定向区域控制图性能分析

为分析定向区域控制图的监控性能，可以采用上文所提的调节参数搜索方法确定调节参数 L 和控制界限。设定受控 $ARL_0=200$。表 5-2 列出了 ZT_1 控制图、ZT_2 控制图和 ZT_3 控制图的调节参数和受控平均运行链长的模拟值。之后，可以通过蒙特卡洛模拟方法得到定向区域控制图在监测二次型特定变异时的监控性能。表 5-3 至表 5-5 分别给出了 ZT_1 控制图、ZT_2 控制图和 ZT_3 控制图监测二次型特定变异的 ARL_1 值。除非另有说明，否则在整个模拟过程中，所有 ARL_1 值都是通过 10 000 次迭代获得的。

表 5-2　基于 t 检验的定向区域控制图受控性能

	ZT_1	ZT_2	ZT_3
L	1.289 6	2.173 4	1.206 1
ARL_0	199.999 5	200.000 5	199.999 9

表 5-3　ZT_1 区域控制图监测二次型特定变异性能

δ_1	η_1				
	-1.5	1.0	3.5	6.0	8.5
0.005	68.3	68.5	69.2	70.3	70.1
0.015	20.9	21.1	20.8	21.2	20.7
0.025	9.6	9.7	9.7	9.6	9.5

续表

δ_1	η_1				
	-1.5	1.0	3.5	6.0	8.5
0.050	5.9	5.9	5.9	5.9	5.9
0.100	3.5	3.5	3.5	3.5	3.5
0.200	2.6	2.6	2.6	2.6	2.6
0.300	1.5	1.5	1.5	1.5	1.6

表 5-4　ZT_2 区域控制图监测二次型特定变异性能

δ_1	η_1				
	-1.5	1.0	3.5	6.0	8.5
0.005	73.1	73.0	72.9	74.1	73.9
0.015	25.3	25.0	25.2	25.1	25.3
0.025	12.8	12.8	13.0	12.8	12.8
0.050	8.7	8.7	8.7	8.7	8.6
0.100	5.7	5.7	5.7	5.7	5.7
0.200	4.5	4.5	4.5	4.5	4.5
0.300	3.0	3.0	3.0	3.0	3.0

表 5-5　ZT_3 区域控制图监测二次型特定变异性能

δ_1	η_1				
	-1.5	1.0	3.5	6.0	8.5
0.005	66.7	66.8	66.9	67.5	66.9
0.015	22.0	22.2	22.0	21.9	22.1
0.025	11.1	11.0	11.1	11.1	11.0
0.050	7.3	7.3	7.3	7.3	7.3
0.100	4.6	4.5	4.6	4.6	4.6

续表

δ_1	η_1				
	-1.5	1.0	3.5	6.0	8.5
0.200	3.3	3.3	3.2	3.2	3.3
0.300	1.6	1.6	1.6	1.6	1.6

通过分析表 5-3 至表 5-5 可知，所提的三个定向区域控制图具有如下性能：

（1）三个控制图在监测二次型特定变异时有效，且对于不同的 η_1 值具有稳健性。比如，在表 5-3 中，当 η_1 从 -1.5 到 8.5 变化时，ZT_1 控制图的 ARL_1 值在特定 δ_1 下几乎保持不变。

（2）对比三个控制图的 ARL_1 值发现，ZT_1 控制图的监控性能几乎全部优于 ZT_2 控制图和 ZT_3 控制图，除了在监测二次型特定变异很小偏移（即 $\delta_1 = 0.005$）时弱于 ZT_3 控制图的监控性能。这说明采用权重分值（0，2，3，6）的定向区域控制图在监测中度偏移特定变异时更加有效，而采用权重分值（1，2，3，10）的定向区域控制图在监测小偏移特定变异时更加敏感。这与西特等（Sitt et al.，2014）的研究结论一致。

5.2.2.2 监控性能比较分析

所提的三个定向区域控制图与前文所提的 ST 控制图、LR 控制图和 STE 控制图进行对比分析。因为线性轮廓定向控制图对于变动的 η_1 均表现出稳健性能，所以此处仅比较分析 $\eta_1 = 3.5$ 下定向控制图的监控性能，如表 5-6 所示。通过表 5-6 可以得出如下结论：

（1）在监测二次型特定变异的小到中度偏移时，所提三个定向区域控制图和 STE 控制图比定向常规控制图，即 ST 控制图和 LR 控制图，有更好的监控性能；而在监测大偏移时，其监控性能要弱于定向常规控制图。

（2）定向区域控制图在监测特定变异的小偏移或中度偏移时，比 STE 控制图更为敏感。而当特定变异的偏移量较大时，STE 控制图的监控性能要优于三个定向区域控制图。

表 5-6　监测二次型特定变异时定向控制图性能比较（$\eta_1=3.5$）

δ_1	ZT_1	ZT_2	ZT_3	STE	ST	LR
0.005	69.2	72.9	66.9	178.6	191.9	194.8
0.015	20.8	25.2	22.0	93.6	165.8	171.4
0.025	9.7	13.0	11.1	46.1	125.7	134.0
0.050	5.9	8.7	7.3	14.4	53.1	61.2
0.100	3.5	5.7	4.6	4.9	11.2	14.3
0.200	2.6	4.5	3.2	2.2	1.9	2.3
0.300	1.5	3.0	1.6	1.5	1.1	1.2

5.3　基于 z 统计量的定向区域控制图

5.3.1　控制图的设计

当公式（5-1）中轮廓模型的过程受控参数已知时，尤其是误差项方差 σ_ε^2 已知时，公式（5-3） t 统计量中的 $\hat{\sigma}_{\varepsilon j}^2$ 可以替换为已知的误差项方差，此时即可得到 z 统计量。类似前章所述，z 统计量可以应用于 $n \leqslant 5$ 的情况。而 t 统计量因为其方差为 $(n-3)/(n-5)$，则需要轮廓内观测点数 n 大于 5。因此，基于 z 统计量的定向区域控制图可以应用于更为普遍的情况。假设已知误差项方差 σ_ε^2 为 $\sigma_{\varepsilon 0}^2$，则 z 统计量为：

$$z_j = \hat{\beta}_{2j} / \sqrt{v_3 \sigma_{\varepsilon 0}^2} \tag{5-12}$$

易知 z_j 服从标准正态分布。

基于 z 统计量构建定向区域控制图与基于 t 统计量的设计思路类似，不同的是分数函数、累计分数和控制界限的确定需要基于 z 统计量进行调整。具体而言，基于 z 统计量的分数函数为：

$$ZS(z_j) = \begin{cases} S_k, & \text{当}z_j \text{落在}UZ_k \text{时} \\ -S_k, & \text{当}z_j \text{落在}LZ_k \text{时} \end{cases} \tag{5-13}$$

则其对应的中心线上下侧累计分数为：

$$ZU_j = \begin{cases} 0, & \text{当}z_j < CL \text{时} \\ ZU_{j-1} + ZS(z_j), & \text{当}z_j \geqslant CL \text{时} \end{cases} \tag{5-14}$$

和

$$ZL_j = \begin{cases} ZL_{j-1} + ZS(z_j), & \text{当} z_j < CL \text{ 时} \\ 0, & \text{当} z_j \geq CL \text{ 时} \end{cases} \quad (5-15)$$

其中，$ZU_0 = ZL_0 = 0$。当 $ZU_j \geq S_4$ 或 $ZL_j \leq -S_4$ 时，基于 z 统计量的区域控制图将触发过程失控信号预警。此处，将采用权重分值 (0, 2, 3, 6) (1, 2, 4, 8) (1, 2, 3, 10) 的基于 z 统计量的定向区域控制图分别记为 ZZ_1 控制图、ZZ_2 控制图和 ZZ_3 控制图。

因为 z 统计量服从标准正态分布，故可以使用 1 倍、2 倍和 3 倍标准差作为区域控制图的控制界限。但是，为降低误警率，同样引入调节参数 K 来调整控制界限，以使得基于 z 统计量的定向区域控制图能够达到期望的 ARL_0。则定义其上下控制界限分别为：

$$UCL_l^z = K \times l, \quad l = 1, 2, 3 \quad (5-16)$$

和

$$LCL_l^z = -UCL_l^z, \quad l = 1, 2, 3 \quad (5-17)$$

其中，l 可以看作 1 倍、2 倍和 3 倍标准差，且 z 统计量的标准差为 1。调节参数 K 同样可以通过图 5-2 所示的搜索流程来确定。

另外，在利用马尔科夫链方法计算受控平均运行链长 ARL_0 时，其状态转移概率矩阵 R 依赖于统计量的分布。因此，基于 z 统计量的定向区域控制图需要重新确定各状态转移概率。由于所采用的 z 统计量服从标准正态分布，在表 5-1 中的相关概率的计算采用如下公式：

$$p1 = p4 = \Phi_t(UCL_1^z) - \Phi_t(CL)$$
$$p2 = p5 = \Phi_t(UCL_2^z) - \Phi_t(UCL_1^z)$$
$$p3 = p6 = \Phi_t(UCL_3^z) - \Phi_t(UCL_2^z)$$

之后，可以基于此概率按照马尔科夫链方法计算 ARL_0。

在实际应用中，误差项方差 σ_ε^2 的具体值 $\sigma_{\varepsilon 0}^2$ 需要首先通过来自第一阶段的历史受控数据估计得到，以作为第二阶段定向区域控制图的已知参数。前章已给出了基于 m 条受控历史轮廓样本，利用样本均方误差来估计误差项方差 σ_ε^2 的方法，即

$$MSE = \sum_{j=1}^{m} MSE_j / m \quad (5-18)$$

其中，MSE_j 为方差 σ_ε^2 的估计，且 $MSE_j = SSE_j/(n-2)$，$SSE_j =$

$\sum_{i=1}^{n}(y_{ij}-\hat{\beta}_{0j}-\hat{\beta}_{1j}x_i)^2$，$\hat{\beta}_{0j}=\bar{Y}_j-\hat{\beta}_{1j}\bar{x}$，$\hat{\beta}_{1j}=S_{xy(j)}/S_{xx}$，$\bar{Y}_j=n^{-1}\sum_{i=1}^{n}y_{ij}$，$\bar{x}=n^{-1}\sum_{i=1}^{n}x_i$，$S_{xy(j)}=\sum_{i=1}^{n}y_{ij}(x_i-\bar{x})$，$S_{xx}=\sum_{i=1}^{n}(x_i-\bar{x})^2$。易知，$m(n-2)MSE/\sigma_{\varepsilon 0}^2$ 服从自由度为 $m(n-2)$ 的卡方分布 $\chi^2_{m(n-2)}$。

当误差项方差 σ_ε^2 的具体值 $\sigma_{\varepsilon 0}^2$ 通过第一阶段样本数据计算得到时，则可以用 MSE 替换公式（5-12）中的 $\sigma_{\varepsilon 0}^2$。然而，基于 MSE 估计得到的值与方差真值间存在估计误差，从而会影响定向区域控制图的性能。下文将重点分析该参数估计误差对 ZZ_1 控制图、ZZ_2 控制图和 ZZ_3 控制图性能的影响。

5.3.2 参数估计下监控性能研究

在分析参数估计对基于 z 统计量的定向区域控制图的影响时，受控轮廓模型仍采用公式（5-10）中的线性轮廓模型。发生特定变异的失控轮廓模型，除考虑公式（5-11）中的二次型特定变异外，将同时考虑 S 型特定变异，其失控轮廓模型为：

$$y_{ij}=\beta_{0j}+\beta_{1j}x_i+\gamma_2(\sin(2\pi x_i/6)+\eta_2)+\varepsilon_{ij}, \quad i=1,2,\cdots,n \quad (5-19)$$

其中，η_2 表示线性轮廓截距的偏移，$\gamma_2=\delta_2\sigma_\varepsilon$ 表示过程特定变异偏移量，为方差 σ_ε 的倍数。

设定受控状态下基于 z 统计量的定向区域控制图的 $ARL_0=200$，根据已知的 $\sigma_{\varepsilon 0}^2$ 可以确定 ZZ_1 控制图、ZZ_2 控制图和 ZZ_3 控制图的调节参数 K 和受控平均运行链长的模拟值，如表 5-7 所示。通过表 5-7 可以看出，在基于 z 统计量的定向区域控制图设计中，无论对于不同类型的特定变异，还是对于变化的线性轮廓内观测点数量，调节参数 K 具有稳健性。也就是说，定向区域控制图仅依赖于权重分值，与 n 和特定变异类型无关。这也就意味着基于 z 统计量的定向区域控制图可以适用于任意类型特定变异的监控。

表 5-7 基于 z 统计量的定向区域控制图受控性能

n	ZZ_1 ($K=1.2739$)		ZZ_2 ($K=2.0836$)		ZZ_3 ($K=1.1842$)	
	(i)	(ii)	(i)	(ii)	(i)	(ii)
7	201.2 (196.7)	200.3 (196.9)	199.8 (191.8)	199.6 (195.2)	200.1 (195.9)	199.9 (195.6)

续表

n	ZZ$_1$ (K=1.2739)		ZZ$_2$ (K=2.0836)		ZZ$_3$ (K=1.1842)	
	(i)	(ii)	(i)	(ii)	(i)	(ii)
13	200.0 (197.2)	200.0 (196.0)	201.1 (194.6)	200.3 (193.6)	199.5 (194.5)	200.3 (194.2)
25	200.0 (195.7)	200.4 (197.5)	200.3 (190.4)	200.6 (196.9)	200.1 (193.5)	200.5 (194.8)

注：括号内为运行链长标准差。(i) 为二次型特定变异；(ii) 为 S 型特定变异。

5.3.2.1 控制图条件性能评估研究

为分析参数估计下定向区域控制图的条件性能，此处考虑误差项方差的两个估计值，即误差项方差估计的第 10 和第 90 百分位值。此方差的两个估计值分别对应方差的过低估计和过高估计，反映了参数估计存在的低估和高估两种误差类型。之后，将分别评估在此两个估计值下控制图的条件性能，即分析在低估（UE）和高估（OE）两种条件下定向区域控制图的监控性能表现。定向区域控制图条件性能将通过蒙特卡洛模拟方法获得，具体包括在低估（UE）和高估（OE）两种条件下控制图的运行链长分布特征。给定 m 和 n 时，评估参数估计误差对条件监控性能影响的蒙特卡洛模拟步骤如下：

（1）设定受控 ARL_0，并根据已知的 $\sigma_{\varepsilon 0}^2$ 确定定向区域控制图的调节参数及控制界限。

（2）根据卡方分布 $\chi_{m(n-2)}^2$ 的第 10（或第 90）百分位数，将其除以常数 $m(n-2)/\sigma_{\varepsilon 0}^2$，则可以生成 σ_ε^2 的一个估计值 MSE，对应方差 σ_ε^2 的过低估计（或过高估计）。

（3）利用公式（5-10）（研究参数估计下受控监控性能时）或公式（5-11）或公式（5-19）（研究参数估计下失控监控性能时）中的轮廓模型生成一组随机样本轮廓数据。

（4）利用步骤（2）中的 MSE 值代替公式（5-12）中的 $\sigma_{\varepsilon 0}^2$ 计算 z 统计量，进而计算 ZU_j 和 ZL_j，并将 ZU_j 和 ZL_j 分别与 S_4 和 $-S_4$ 进行对比。

（5）记录随机生成的样本轮廓的数量，直至基于 z 统计量的定向区域控制图给出预警信号。此记录的样本轮廓数量即为运行链长。

(6) 重复步骤 (3) 至 (5) 5 000 次,则可计算得到 ARL、SDRL,以及运行链长分布的百分位值。

基于上述蒙特卡洛模拟仿真步骤,可以得到在误差项方差过低估计和过高估计下,定向区域控制图监测线性轮廓特定变异的条件性能。表 5-8 至表 5-13 分别列出了 ZZ_1 控制图、ZZ_2 控制图和 ZZ_3 控制图在 $n = 25$ 和 $ARL_0 = 200$ 时的条件监控性能。其中,仅列出了针对 $\eta_1 = 3.5$ 和 $\eta_2 = 0$ 时二次型特定变异和 S 型特定变异的 ARL、SDRL 和运行链长分布情况。更多的模拟研究(此处未给出)表明,类似基于 t 统计量的定向区域控制图,ZZ_1 控制图、ZZ_2 控制图和 ZZ_3 控制图对于变动的 η_1 和 η_2 取值同样具有稳健性。在表 5-8 至表 5-13 中,$\delta_1 = 0$ 或 $\delta_2 = 0$ 表示过程未发生特定变异,处于受控状态。

表 5-8 参数估计下 ZZ_1 控制图监测二次型特定变异的条件监控性能 ($\eta_1 = 3.5$, $n = 25$)

m	δ_1	UE ARL	UE SDRL	UE 10th	UE 50th	UE 90th	OE ARL	OE SDRL	OE 10th	OE 50th	OE 90th
30	0	161.0	156.9	20.0	115.0	364.0	245.1	239.7	29.0	170.0	570.0
	0.025	59.1	55.5	9.0	41.0	134.0	79.8	76.8	12.0	57.0	177.0
	0.05	18.5	15.1	5.0	14.0	38.0	22.7	19.7	5.0	16.0	48.0
	0.1	5.5	2.9	3.0	5.0	9.0	6.0	3.3	3.0	5.0	10.0
50	0	171.0	161.7	22.0	123.0	388.0	231.2	223.0	30.0	163.0	524.0
	0.025	60.1	56.5	9.0	43.0	131.0	76.2	72.9	11.0	54.0	170.0
	0.05	19.0	15.8	5.0	14.0	39.0	22.2	19.0	5.0	17.0	47.0
	0.1	5.5	2.9	3.0	5.0	9.0	5.9	3.2	3.0	5.0	10.0
100	0	180.9	177.8	21.0	127.0	411.0	224.5	225.0	25.0	155.0	506.0
	0.025	62.9	59.1	9.0	44.0	141.0	74.6	71.1	11.0	53.0	167.0
	0.05	19.3	16.1	5.0	14.0	40.0	21.2	17.9	5.0	15.0	45.0
	0.1	5.6	2.8	3.0	5.0	9.0	5.9	3.1	3.0	5.0	10.0

续表

m	δ_1	UE ARL	SDRL	10th	50th	90th	OE ARL	SDRL	10th	50th	90th
200	0	184.2	180.4	22.0	126.0	423.0	222.1	220.1	27.0	153.0	521.0
	0.025	63.5	59.7	10.0	45.0	139.0	72.8	69.3	11.0	51.0	163.0
	0.05	19.5	16.0	5.0	15.0	41.0	20.9	17.5	5.0	15.0	44.0
	0.1	5.6	3.0	3.0	5.0	9.0	5.9	3.1	3.0	5.0	10.0
500	0	187.6	180.2	24.0	133.0	424.0	214.2	211.5	26.0	150.0	490.0
	0.025	64.3	60.6	10.0	46.0	145.0	70.5	68.1	10.0	49.0	162.0
	0.05	20.1	16.5	5.0	15.0	42.0	20.2	16.7	5.0	15.0	43.0
	0.1	5.7	3.0	3.0	5.0	10.0	5.7	3.1	3.0	5.0	10
5 000	0	198.2	197.4	24.0	136.0	463.0	204.7	199.3	26.0	140.0	471.0
	0.025	66.8	63.4	10.0	47.0	152.0	68.8	65.7	10.0	49.0	157.0
	0.05	20.4	17.2	5.0	15.0	43.0	20.2	16.6	5.0	15.0	43.0
	0.1	5.7	3.1	3.0	5.0	10.0	5.7	3.0	3.0	5.0	10.0

表 5-9　参数估计下 ZZ_1 控制图监测 S 型特定变异的条件监控性能（$\eta_2=0$，$n=25$）

m	δ_2	UE ARL	SDRL	10th	50th	90th	OE ARL	SDRL	10th	50th	90th
30	0	161.1	155.9	20.0	113.0	367.0	238.4	239.9	27.0	164.0	546.0
	0.15	62.0	58.8	10.0	44.0	139.0	82.5	78.2	12.0	59.0	185.0
	0.2	39.6	37.0	7.0	28.0	87.0	50.9	47.6	8.0	37.0	113.0
	0.5	7.6	5.0	3.0	6.0	14.0	8.4	5.3	3.0	7.0	15.0
50	0	171.8	165	23	123.0	386.0	235.8	229.9	29.0	165.0	537.0
	0.15	62.7	59.8	9.0	44.0	140.0	76.5	72.6	11.0	54.0	173.0
	0.2	40.7	36.6	7.0	30.0	90.0	49.9	46.8	8.0	37.0	110.0
	0.5	7.6	4.8	3.0	6.0	14.0	8.3	5.1	3.0	7.0	15.0

续表

		UE					OE			
m	δ_2	ARL	SDRL	10th	50th	90th	ARL	SDRL	10th	50th	90th
100	0	175.9	173.1	22.0	122.0	403.0	224.0	216.9	27.0	159.0	515.0
	0.15	64.7	60.7	10.0	46.0	145.0	73.6	70.2	11.0	52.0	162.0
	0.2	42.4	38.8	7.0	30.0	96.0	47.5	44.3	8.0	34.0	106.0
	0.5	7.8	4.9	3.0	6.0	14.0	8.2	5.3	3.0	7.0	15.0
200	0	191.0	183.9	25.0	136.0	430.0	215.4	212.2	26.0	152.0	490.0
	0.15	66.9	63.6	10.0	47.0	150.0	76.0	72.1	11.0	54.0	170.0
	0.2	41.6	37.2	8.0	30.0	90.0	47.2	44.7	8.0	33.0	105.0
	0.5	7.7	4.9	3.0	6.0	14.0	8.3	5.3	3.0	7.0	15.0
500	0	194	190.1	23.0	136.0	444.0	209.4	203.5	26.0	149.0	475.0
	0.15	69.5	66.0	10.0	49.0	159.0	73.5	71.0	11.0	51.0	167.0
	0.2	42.8	39.8	7.0	31.0	94.0	44.5	41.5	8.0	32.0	100.0
	0.5	7.8	4.9	3.0	6.0	14.0	8.1	5.2	3.0	6.0	15.0
5 000	0	195.8	191.1	24.0	135.0	447.0	208.3	203.2	26.0	143.0	481.0
	0.15	67.9	64.2	11.0	48.0	151.0	70.6	66.7	10.0	50.0	161.0
	0.2	44.3	40.0	8.0	32.0	98.0	43.9	40.5	8.0	31.0	97.0
	0.5	8.0	5.2	3.0	6.0	14.0	8.1	5.2	3.0	6.0	15.0

表 5-10　参数估计下 ZZ_2 控制图监测二次型特定变异的条件监控性能（$\eta_1=3.5$，$n=25$）

		UE					OE			
m	δ_1	ARL	SDRL	10th	50th	90th	ARL	SDRL	10th	50th	90th
30	0	192.4	191.5	26.0	133.0	436.0	207.6	195.7	29.0	149.0	469.0
	0.025	68.7	64.9	12.0	49.0	150.0	76.6	70.1	13.0	55.0	168.0
	0.05	23.5	18.4	7.0	18.0	47.0	25.5	20.0	8.0	19.0	52.0
	0.1	8.3	3.9	5.0	7.0	13.0	8.6	3.9	6.0	7.0	14.0

续表

m	δ_1	UE					OE				
		ARL	SDRL	10th	50th	90th	ARL	SDRL	10th	50th	90th
50	0	190.9	185.4	25.0	134.0	430.0	206.5	195.9	28.0	146.0	467.0
	0.025	72.1	66.1	12.0	52.0	160.0	74.4	67.9	13.0	54.0	163.0
	0.05	23.8	19.0	7.0	18.0	49.0	25.3	20.2	8.0	19.0	52.0
	0.1	8.3	3.7	5.0	7.0	13.0	8.5	3.8	6.0	7.0	14.0
100	0	194.6	185.9	27.0	137.0	448.0	206.7	199.7	27.0	148.0	465.0
	0.025	71.7	66.4	12.0	52.0	159.0	74.4	69.4	13.0	53.0	167.0
	0.05	23.9	18.5	7.0	18.0	48.0	24.7	19.1	8.0	19.0	50.0
	0.1	8.5	3.9	5.0	7.0	14.0	8.6	4.0	6.0	7.0	14.0
200	0	191.9	185.6	28.0	134.0	431.0	204.2	196.2	28.0	144.0	463.0
	0.025	72.2	66.2	13.0	52.0	158.0	75.0	68.8	13.0	54.0	165.0
	0.05	24.1	19.0	7.0	18.0	49.0	25.2	20.2	8.0	19.0	51.0
	0.1	8.4	3.9	5.0	7.0	13.0	8.6	4.0	6.0	7.0	14.0
500	0	195.8	188.7	26.0	138.0	452.0	198.3	191.4	27.0	139.0	452.0
	0.025	72.1	66.9	13.0	50.0	161.0	73.7	65.6	13.0	54.0	162.0
	0.05	24.4	19.2	7.0	18.0	50.0	24.9	19.9	7.0	19.0	51.0
	0.1	8.4	3.8	5.0	7.0	14.0	8.6	4.0	5.0	7.0	14.0
5 000	0	201.4	193.5	26.0	144.0	459.0	205.6	198.5	28.0	145	459.0
	0.025	72.9	66.0	13.0	54.0	159.0	72.4	67.0	13.0	52.0	160.0
	0.05	24.9	19.6	7.0	19.0	51.0	25.4	20.1	8.0	19.0	52.0
	0.1	8.5	4.0	5	7.0	14.0	8.4	3.9	5.0	7.0	13.0

表 5-11 参数估计下 ZZ_2 控制图监测 S 型特定变异的条件监控性能（$\eta_2=0$，$n=25$）

m	δ_2	UE					OE				
		ARL	SDRL	10th	50th	90th	ARL	SDRL	10th	50th	90th
30	0	193.1	190.4	26.0	136.0	431.0	210.6	206.7	27.0	147	482.0
	0.15	73.1	67.3	12.0	51.0	162.0	77.5	72.1	13.0	55.0	174.0
	0.2	49.3	44.1	10.0	36.0	107.0	51.8	46.3	11.0	38.0	112.0
	0.5	10.9	6.2	6.0	8.0	19.0	11.3	6.5	6.0	9.0	20.0

续表

m	δ_2	UE					OE				
		ARL	SDRL	10th	50th	90th	ARL	SDRL	10th	50th	90th
50	0	193.5	188.8	26.0	134.0	441.0	208.9	202.7	27.0	147.0	477.0
	0.15	74.3	69.3	13.0	53.0	162.0	76.0	71.6	13.0	54.0	168.5
	0.2	49.4	43.8	10.0	36.0	108.5	50.8	45.0	10.0	37.0	108.0
	0.5	11	6.4	6.0	8.0	19.0	11.4	6.6	6.0	9.0	20.0
100	0	194.5	185.0	26.0	137.0	441.0	206.4	201.8	28.0	143.0	466.0
	0.15	74.4	69.6	13.0	53.0	165.0	76.9	71.0	14.0	56.0	168.0
	0.2	48.3	44.5	10.0	35.0	102.0	50.9	43.7	10.0	38.0	109.5
	0.5	11.1	6.4	6.0	9.0	19.0	11.3	6.6	6.0	9.0	20.0
200	0	198.0	190.7	27.0	140.0	458.5	199.0	193.7	26.0	138.0	453.0
	0.15	74.8	70.7	13.0	53.0	166.0	76.7	71.3	13.0	55.0	173.0
	0.2	49.6	43.7	10.0	36.0	105.5	51.4	46.9	10.0	37.0	110.0
	0.5	11.1	6.4	6.0	8.0	19.0	11.3	6.5	6.0	9.0	20.0
500	0	197.6	191.3	28.0	140.0	437.0	201.3	193.7	26.0	142.0	450.0
	0.15	73.5	70.6	13.0	52.0	164.0	75.1	68.0	13.0	54.0	165.0
	0.2	49.6	43.6	10.0	36.0	108.0	50.6	45.0	10.0	36.0	110.0
	0.5	11.0	6.3	6.0	8.0	19.0	11.1	6.2	6.0	8.0	20.0
5 000	0	204.0	198.5	26.0	144.0	461.0	197.4	189.8	26.0	139.0	448.0
	0.15	74.6	68.2	13.0	53.0	163.0	76.6	72.5	12.0	55.0	168.0
	0.2	49.5	43.9	10.0	35.0	108.5	50.1	42.8	10.0	37.0	109.0
	0.5	11.2	6.3	6.0	9.0	19.5	11.1	6.3	6.0	9.0	20.0

表 5-12 参数估计下 ZZ_3 控制图监测二次型特定变异的条件监控性能（$\eta_1 = 3.5$，$n = 25$）

m	δ_1	UE					OE				
		ARL	SDRL	10th	50th	90th	ARL	SDRL	10th	50th	90th
30	0	174.2	169.3	23.0	124.0	395.0	224.3	219.2	29.0	158.0	506.0
	0.025	61.3	57.2	11.0	44.0	135.0	70.6	65.6	12.0	51.0	158.0
	0.05	20.1	15.7	6.0	15.0	40.0	22.8	17.8	7.0	17.0	47.0
	0.1	6.7	3.4	4.0	6.0	11.0	7.3	3.4	5.0	6.0	12.0

续表

m	δ_1	UE ARL	SDRL	10th	50th	90th	OE ARL	SDRL	10th	50th	90th
50	0	186.2	178.8	25.0	133.0	427.0	209.7	203.1	28.0	145.0	470.0
	0.025	61.2	56.1	11.0	44.0	135.0	70.0	64.8	12.0	50.0	154.0
	0.05	20.2	15.5	7.0	15.0	40.0	22.0	17.5	7.0	17.0	45.0
	0.1	6.9	3.4	4.0	6.0	11.0	7.3	3.5	5.0	6.0	12.0
100	0	188.8	186.0	24.0	130.0	431.0	213.4	210.2	27.0	146.0	491.0
	0.025	63.4	59.0	11.0	45.0	140.0	67.9	63.2	12.0	48.0	152.0
	0.05	21	16.6	7.0	16.0	43.0	21.7	17.2	7.0	16.0	44.0
	0.1	6.9	3.3	4.0	6.0	11.0	7.3	3.6	5.0	6.0	12.0
200	0	188.4	179.8	26.0	133.0	432.0	213.0	205.4	29.0	149.0	471.0
	0.025	63.0	59.7	11.0	44.0	141.0	66.2	60.2	12.0	48.0	146.0
	0.05	21.2	16.9	7.0	16.0	43.0	21.6	16.9	7.0	16.0	44.0
	0.1	7.0	3.5	4.0	6.0	11.0	7.2	3.4	5.0	6.0	12.0
500	0	192.4	186.8	25.0	138.0	440.0	206.4	202.7	28.0	143.0	461.0
	0.025	65.6	62.2	11.0	46.0	145.0	66.9	60.6	12.0	49.0	149.0
	0.05	21.1	16.6	7.0	16.0	42.0	21.5	17.5	7.0	16.0	44.0
	0.1	6.9	3.3	4.0	6.0	11.0	7.1	3.4	4.0	6.0	11.0
5 000	0	199.7	197.7	26.0	139.0	453.0	200.4	194.0	26.0	141.0	456.0
	0.025	66.3	61.7	11.0	48.0	145.0	66.6	61.3	12.0	47.0	146.0
	0.05	21.4	17.0	7.0	16.0	43.0	21.8	17.6	7.0	16.0	45.0
	0.1	7.0	3.4	4.0	6.0	11	7.0	3.4	4.0	6.0	11.0

表 5-13 参数估计下 ZZ_3 控制图监测 S 型特定变异的条件监控性能（$\eta_2=0$，$n=25$）

m	δ_2	UE ARL	SDRL	10th	50th	90th	OE ARL	SDRL	10th	50th	90th
30	0	174.7	167	24.0	125.0	399.0	221.5	213.8	28.0	154.0	510.0
	0.15	61.4	57.2	11.0	43.0	134.0	73.4	67.1	12.0	52.0	165.0
	0.2	41.3	35.7	9.0	31.0	89.0	46.7	41.2	9.0	34.0	101.0
	0.5	9.1	5.3	5.0	7.0	16.0	9.9	5.9	5.0	8.0	18.0

续表

m	δ_2	UE ARL	SDRL	10th	50th	90th	OE ARL	SDRL	10th	50th	90th
50	0	181.7	178.5	24.0	125.0	408.0	213.6	206.3	27.0	147.0	490.0
	0.15	64.2	59.8	12.0	45.0	142.0	70.5	65.6	12.0	50.0	156.0
	0.2	42.4	38.1	9.0	31.0	91.0	47.0	41.2	9.0	35.0	102.0
	0.5	9.1	5.2	5.0	7.0	16.0	9.7	5.6	5.0	8.0	17.0
100	0	188.0	188.2	25.0	133.0	415.0	218.1	215.6	26.0	150.0	504.0
	0.15	66.0	61.5	11.0	47.0	145.0	70.6	65.2	12.0	51.0	156.0
	0.2	42.4	38.2	8.0	30.0	93.0	46.9	41.5	9.0	34.0	101.0
	0.5	9.2	5.3	5.0	7.0	16.0	9.5	5.4	5.0	8.0	17.0
200	0	188.5	177.0	25.0	136.0	418.0	214.4	208.0	28.0	150.0	489.0
	0.15	64.9	60.2	11.0	47.0	143.0	70.4	65.3	12.0	50.0	155.0
	0.2	43.3	38.7	9.0	31.0	92.0	46.2	40.3	9.0	34.0	98.0
	0.5	9.1	5.1	5.0	7.0	16.0	9.4	5.2	5.0	7.0	16.0
500	0	194.1	189.8	25.0	136.0	430.0	207.4	201.8	26.0	147.0	468.0
	0.15	67.5	61.9	11.0	48.0	147.0	68.8	62.2	12.0	50.0	152.0
	0.2	42.9	38.3	9.0	31	94.0	45.1	40.1	9.0	33.0	97.0
	0.5	9.3	5.5	5.0	7.0	16.0	9.4	5.4	5.0	7.0	17.0
5 000	0	198.9	188.8	28.0	141.0	454.0	201.7	196.6	25.0	142.0	464.0
	0.15	67.9	63.6	11.0	48.0	148.0	68.0	62.3	12.0	49.0	148.0
	0.2	43.6	38.1	9.0	32.0	94.0	43.7	38.7	9.0	32.0	94.0
	0.5	9.6	5.8	5.0	7.0	17.0	9.4	5.6	5.0	7.0	17.0

当过程处于受控状态（即 $\delta_1=0$ 或 $\delta_2=0$）时，通过表 5-8 和表 5-9 可以看出，对于给定的 m 值，无论监测哪种类型的特定变异，ZZ_1 控制图的受控监控性能非常接近。另外，无论在哪种类型的特定变异下，对于较小的 m，参数估计低估会导致 ARL_0 低于其设计值 200，而高估会导致 ARL_0 高于 200。然而，随着 m 的增加，方差估计误差的影响会逐渐减小。这是因为随着 m 的增加，方差的估计值会收敛于方差参数的已知值，从而会使得 ARL_0 逐渐接近 ZZ_1 控制图的 ARL_0 设计值。类似地，通过表 5-10 至

表 5-13 可以得出，ZZ_2 控制图和 ZZ_3 控制图的性能表现具有类似的情况。

为进一步分析定向区域控制图在不同 n 取值情况下的受控监控条件性能，图 5-3 展示了不同参数估计下受控状态 ARL_0 的模拟值。其中，每行分别对应 ZZ_1、控制图 ZZ_2 控制图和 ZZ_3 控制图，第一列和第二列分别为监测二次型特定变异和 S 型特定变异的条件性能。从图 5-3 中可以看出，给定 m，方差估计误差的影响效果会随 n 的增大逐渐减小。另外，在受控状态下，估计误差对 ZZ_2 控制图的影响最小，而 ZZ_1 控制图的条件监控性能对估计误差最敏感。

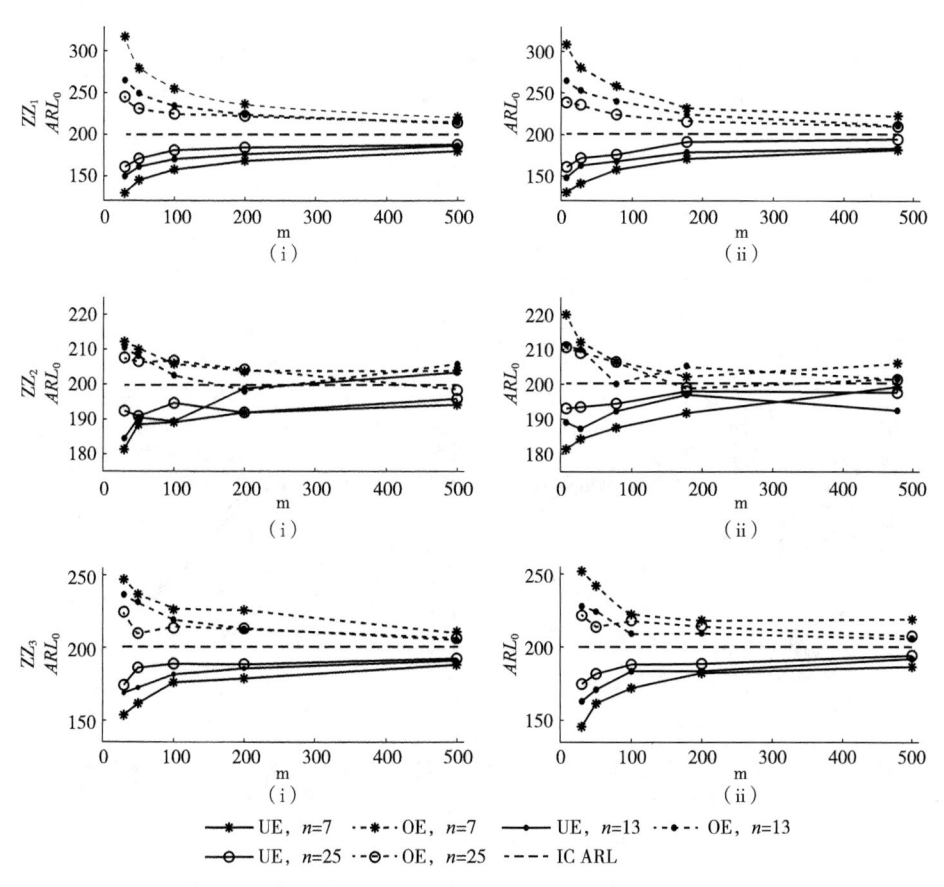

图 5-3 ZZ_1 控制图、ZZ_2 控制图和 ZZ_3 控制图在不同 n 和参数估计误差下受控条件监控性能

当过程处于失控状态时，通过表 5-8 至表 5-13 可以看出，估计误差

引起的 ARL_0 值的增加会导致失控 ARL 的值更高。这主要是因为定向区域控制图的失控监控性能与其 ARL_0 有很大关系。为进一步分析，图 5-4 和图 5-5 分别总结了不同 n 取值与方差的低估和高估下定向区域控制图的失控 ARL 值，其中，$m=\infty$ 为参数已知情况下失控性能。很容易看出，方差的低估会导致失控 ARL 值的降低，而高估则会导致失控 ARL 值的增加。仿真结果还表明，估计误差对定向区域控制图性能的影响程度随着 m 或偏移程度（δ_1 或 δ_2）的增加而减小。

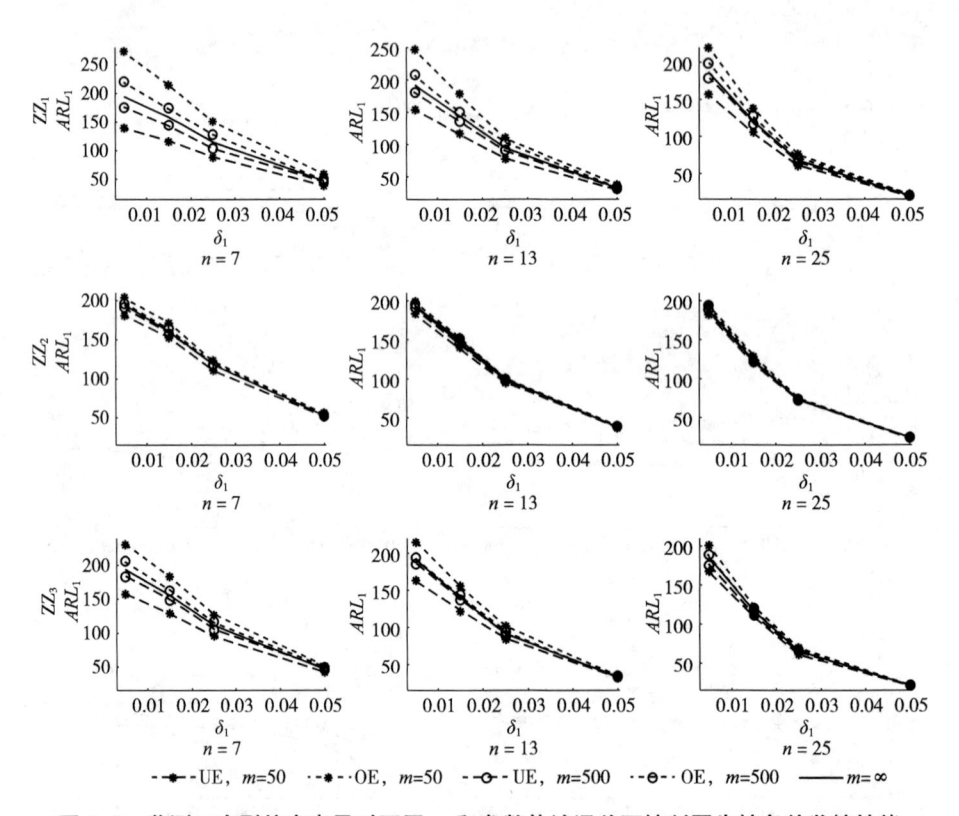

图 5-4　监测二次型特定变异时不同 m 和参数估计误差下控制图失控条件监控性能

5.3.2.2　控制图边际监控性能研究

为分析定向区域控制图的边际监控性能，采用平均 ARL（$AARL$）和 ARL 标准差（$SDARL$）作为边际监控性能指标，分析参数估计误差的影响。为得到定向区域控制图的 $AARL$ 和 $SDARL$ 值，同样可以采用类似条件

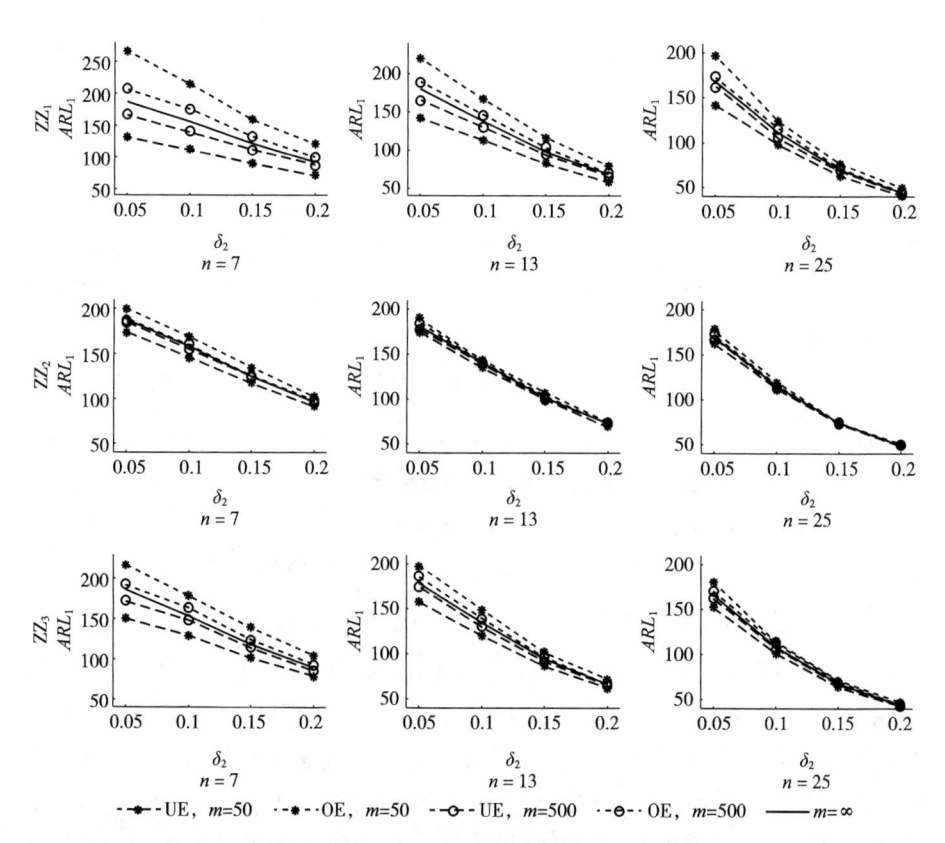

图 5-5 监测 S 型特定变异时不同 m 和参数估计误差下控制图失控条件监控性能

监控性能模拟仿真方法。具体来说，可以在上一小节条件监控性能蒙特卡洛模拟步骤基础上，调整其步骤（2）为步骤（2*），并增加步骤（7）。调整后的步骤（2*）和增加的步骤（7）分别为：

（2*）通过卡方分布 $\chi^2_{m(n-2)}$ 可以生成一个随机数，其为 MSE 与常数 $m(n-2)/\sigma^2_{\varepsilon 0}$ 的乘积。MSE 即为生成的方差 σ^2_{ε} 的一个估计值。

（7）重复步骤（2*）至步骤（6）1 000 次，则可基于 1 000 个 ARL 值计算得到模拟的 $AARL$ 和 $SDARL$。

当过程统计受控时，在不同 n 和不同类型特定变异下，表 5-14 和表 5-15 列出了三个定向区域控制图受控边际监控性能，并且可以得出如下结论：

(1) 对于较小的 m 和 n,ZZ_1 控制图受控 AARL(记为 $AARL_0$)值大于设定的 ARL_0 值;而且,随着 m 或 n 的增加,ZZ_1 控制图 $AARL_0$ 值逐渐趋近于 ARL_0 设定值 200。另外,ZZ_2 控制图和 ZZ_3 控制图 $AARL_0$ 值在较小 m 和 n 时非常接近于 ARL_0 设定值,而且随着 m 或 n 的增加几乎完全等于 ARL_0 设定值。显然,为获得期望的 ARL_0 值,ZZ_2 控制图和 ZZ_3 控制图需要的第一阶段轮廓样本量将会更少。因此,按照 $AARL_0$ 性能指标,推荐选择 ZZ_2 控制图和 ZZ_3 控制图,即采用(1,2,4,8)和(1,2,3,10)的定向区域控制图。

(2) 为考虑第一阶段数据集造成的参数估计的波动,需要选取 SDARL 作为性能指标,并根据 SDARL 落在 ARL_0 设定值的 5% 至 10% 范围内来确定第一阶段轮廓样本量和选择控制图。根据表 5-14 中的 SDARL 值,当受控 SDARL 值达到 10 时,即 ARL_0 设定值的 5% 时,ZZ_2 控制图在 $n=7$ 时需要 $m=50$,而当 $n=13$ 或 $n=25$ 时需要 $m<30$。ZZ_2 控制图需要的 m 值远小于其他两个定向区域控制图。ZZ_1 控制图在 $n=7$、13 和 25 下所需要的 m 值分别为 2 333、750 和 373;而 ZZ_3 控制图需要的 m 值分别至少为 500、200 和 100。很明显,根据受控 SDARL 性能指标,定向区域控制图所需要的第一阶段轮廓样本量要远大于依据 $AARL_0$ 性能指标所需的样本量。所以,按照受控 SDARL 性能指标,ZZ_2 控制图受控边际监控性能最优,而 ZZ_3 控制图性能表现则几乎全部优于 ZZ_1 控制图。因此,依据受控 $AARL_0$ 和受控 SDARL 性能指标,推荐 ZZ_2 控制图作为在参数估计下监测线性轮廓特定变异的统计质量方法。

表 5-14 监测二次型特定变异时参数估计下控制图受控边际监控性能

n	m	ZZ_1 AARL	ZZ_1 SDARL	ZZ_2 AARL	ZZ_2 SDARL	ZZ_3 AARL	ZZ_3 SDARL
7	30	214.0	81.7	198.6	13.6	197.9	38.4
	50	207.2	57.0	199.1	10.7	198.5	30.8
	100	204.0	38.5	199.7	7.9	199.7	20.7
	200	201.2	26.8	200.1	5.9	199.9	15.2
	500	200.0	16.9	200.1	4.4	200.0	9.5
	1 000	200.3	12.1	200.0	3.5	199.9	7.3

续表

n	m	ZZ₁ AARL	ZZ₁ SDARL	ZZ₂ AARL	ZZ₂ SDARL	ZZ₃ AARL	ZZ₃ SDARL
7	5 000	200.0	6.0	200.1	3.0	199.7	4.2
	10 000	200.0	4.7	200.0	2.9	199.9	3.6
13	30	201.6	46.0	199.1	9.5	198.6	26.0
	50	202.0	36.6	199.8	7.7	200.4	21.2
	100	201.4	26.2	199.9	5.8	200.0	14.7
	200	202.0	18.5	200.0	4.5	200.2	10.2
	500	200.7	11.6	200.0	3.4	200.1	7.2
	1 000	200.5	8.7	200.0	3.3	200.2	5.1
	5 000	199.8	4.7	200.0	2.8	199.9	3.4
	10 000	199.9	3.7	200.1	2.9	199.7	3.2
25	30	202.8	34.0	199.6	7.0	200.5	18.6
	50	202.4	25.6	199.9	5.6	199.9	14.2
	100	199.5	18.0	199.6	4.3	200.2	10.2
	200	199.9	12.7	199.9	3.7	200.1	7.3
	500	199.8	8.0	200.1	3.3	199.9	5.2
	1 000	200.0	6.3	199.9	2.9	199.8	4.0
	5 000	200.2	3.7	199.8	2.8	200.1	3.1
	10 000	200.2	3.2	200.1	2.6	200.0	3.0

表 5-15　监测 S 型特定变异时参数估计下控制图受控边际监控性能

n	m	ZZ₁ AARL	ZZ₁ SDARL	ZZ₂ AARL	ZZ₂ SDARL	ZZ₃ AARL	ZZ₃ SDARL
7	30	211.0	77.4	198.7	13.6	201.2	38.5
	50	205.5	56.8	198.9	10.7	199.4	29.0
	100	204.7	40.4	199.8	8.0	199.9	20.8
	200	199.9	26.2	199.7	5.9	200.3	15.5
	500	200.1	17.3	199.9	4.3	200.1	9.8
	1 000	200.6	11.8	200.0	3.6	199.9	7.3

续表

n	m	ZZ_1 AARL	ZZ_1 SDARL	ZZ_2 AARL	ZZ_2 SDARL	ZZ_3 AARL	ZZ_3 SDARL
7	5 000	199.9	5.9	200.1	2.9	200.1	4.2
	10 000	200.1	4.6	199.9	3.0	200.1	3.6
13	30	204.0	48.1	199.1	9.5	200.1	25.4
	50	202.9	36.8	199.7	7.6	200.3	20.8
	100	201.3	26.2	200.0	5.7	200.6	15.4
	200	200.8	18.2	199.8	4.5	199.1	10.1
	500	200.2	11.4	199.9	3.5	199.7	7.2
	1 000	200.0	8.5	199.9	3.2	199.9	5.2
	5 000	200.0	4.7	200.0	2.8	200.1	3.4
	10 000	200.0	3.6	200.0	2.8	199.9	3.1
25	30	203.3	32.4	199.9	6.8	199.5	18.0
	50	202.2	25.4	199.8	5.5	199.1	14.3
	100	200.1	17.7	200.0	4.2	200.5	10.3
	200	199.8	12.5	199.7	3.7	199.9	7.5
	500	200.2	8.1	200.1	3.2	200.2	5.2
	1 000	199.9	6.1	200.0	3.0	200.0	4.1
	5 000	200.0	3.8	200.1	2.8	200.0	3.1
	10 000	200.0	3.1	199.9	2.8	199.8	3.1

当过程失控发生特定变异时，表5-16至表5-17分别列出了在$n=25$下监测二次型特定变异和S型特定变异的失控AARL值，其中，$m=\infty$行表示参数已知情况下的AARL值。通过表5-16至表5-17可以得到如下结论：

（1）对于较小的m，ZZ_1控制图监测特定变异小偏移的性能出现退化，但是不如ZZ_2控制图和ZZ_3控制图的性能退化明显。这主要是因为参数估计误差对ZZ_2控制图和ZZ_3控制图的$AARL_0$影响较小。然而，当出现中度或较大偏移时，所有定向区域控制图的边际性能的退化现象均不明显。

表 5-16 监测二次型特定变异时参数估计下控制图失控边际监控性能（$n=25$）

	m	\multicolumn{6}{c}{δ_1}
		0.005	0.015	0.025	0.05	0.1	0.2
ZZ_1	30	187.9	120.9	68.2	20.4	5.7	2.4
	50	187.5	120.2	67.9	20.3	5.7	2.4
	100	187.2	120.2	67.8	20.2	5.7	2.4
	200	187.3	120.3	68.0	20.3	5.7	2.4
	500	186.6	120.2	67.9	20.3	5.7	2.4
	1 000	186.6	120.0	67.9	20.2	5.7	2.4
	5 000	186.8	120.1	67.9	20.3	5.7	2.4
	10 000	186.5	120.2	67.8	20.3	5.7	2.4
	∞	186.7	120.2	67.8	20.3	5.7	2.4
ZZ_2	30	186.8	123.2	72.6	24.8	8.5	4.3
	50	187.0	123.4	72.8	24.8	8.5	4.3
	100	187.1	123.4	72.7	24.8	8.5	4.3
	200	187.3	123.5	72.8	24.9	8.5	4.3
	500	187.2	123.4	72.8	24.9	8.5	4.3
	1 000	187.3	123.3	72.8	24.8	8.5	4.3
	5 000	187.2	123.5	72.8	24.8	8.5	4.3
	10 000	187.2	123.4	72.9	24.8	8.5	4.3
	∞	187.2	123.4	72.8	24.8	8.5	4.3
ZZ_3	30	185.6	116.1	65.8	21.4	7.0	2.8
	50	185.8	116.4	65.9	21.4	7.0	2.8
	100	185.7	116.4	66.1	21.5	7.0	2.8
	200	185.7	116.7	66.1	21.4	7.0	2.8
	500	185.3	116.6	66.1	21.4	7.0	2.8
	1 000	185.4	116.6	66.0	21.4	7.0	2.8
	5 000	185.5	116.7	66.0	21.4	7.0	2.8
	10 000	185.4	116.6	66.0	21.4	7.0	2.8
	∞	185.5	116.6	66.0	21.4	7.0	2.8

表5-17 监测S型特定变异时参数估计下控制图失控边际监控性能（$n=25$）

	m	\multicolumn{6}{c}{δ_2}
		0.05	0.1	0.15	0.2	0.5	1
ZZ_1	30	168.6	111.8	70.5	44.6	8.0	3.0
	50	170.2	111.7	70.1	44.9	8.0	3.0
	100	168.6	112.0	69.8	44.7	8.0	3.0
	200	168.2	111.4	69.7	44.7	8.0	3.0
	500	167.9	111.6	69.9	44.6	8.0	3.0
	1 000	167.9	111.5	69.8	44.6	8.0	3.0
	5 000	167.8	111.5	69.8	44.7	8.0	3.0
	10 000	167.6	111.5	69.8	44.6	8.0	3.0
	∞	167.8	111.6	69.8	44.6	8.0	3.0
ZZ_2	30	168.9	115.0	74.6	49.8	11.2	5.1
	50	169.0	114.9	74.6	49.9	11.2	5.1
	100	169.0	115.0	74.7	49.8	11.2	5.1
	200	169.3	115.2	74.7	49.8	11.2	5.1
	500	169.1	115.1	74.7	49.9	11.2	5.1
	1 000	169.2	115.2	74.7	49.9	11.2	5.1
	5 000	169.1	115.2	74.7	49.9	11.2	5.1
	10 000	169.1	115.2	74.7	49.8	11.2	5.1
	∞	169.2	115.1	74.7	49.9	11.2	5.1
ZZ_3	30	165.1	107.5	67.8	44.1	9.4	3.8
	50	165.4	108.5	67.9	44.2	9.4	3.8
	100	165.0	108.1	67.8	44.2	9.4	3.8
	200	165.2	108.1	67.8	44.2	9.4	3.8
	500	165.3	108.1	67.8	44.3	9.4	3.8
	1 000	165.4	108.2	67.8	44.2	9.4	3.8
	5 000	165.5	108.1	67.8	44.3	9.4	3.8
	10 000	165.5	108.1	67.9	44.3	9.4	3.8
	∞	165.4	108.1	67.8	44.2	9.4	3.8

（2）随着 m 的增加，定向区域控制图的边际失控性能变得接近参数已知时的性能表现。这主要是因为 $AARL_0$ 随着 m 的增加越来越接近 ARL_0 设定值。

（3）ZZ_3 控制图对特定变异小偏移更为敏感，而 ZZ_1 控制图则在监测中到大偏移时优于其他方法。

当 $n=7$ 和 $n=13$ 时也可以得到类似的结论（相关结果未列出）。而且，对于较小的 m 值，n 越小，在监测小偏移时控制图监测性能退化现象越明显。

为进一步分析在不同 m 取值下控制图在 $SDARL$ 性能指标上的表现，图 5-6 给出了 $n=25$ 时不同控制图的 $SDARL$ 性能比较。其中，（ⅰ）为二次

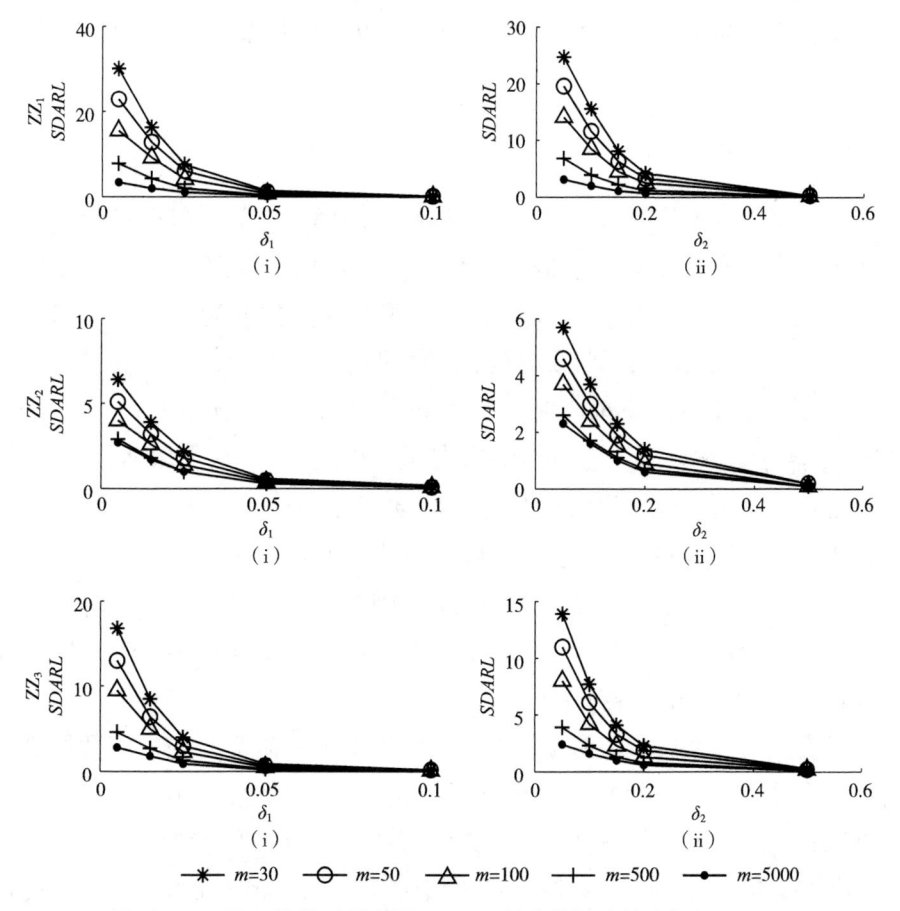

图 5-6 不同 m 取值下控制图 $SDARL$ 性能指标比较分析（$n=25$）

型特定变异，(ii) 为 S 型特定变异。结合表 5-16 和表 5-17 可知，依据 AARL 性能指标，ZZ_2 控制图在参数估计下特定变异监控性能最弱，但是在较小 m 下具有最小的 SDARL 值。因此，当第一阶段轮廓样本量或特定变异偏移量较小时，依据 SDARL 性能指标推荐使用 ZZ_2 控制图。否则，建议使用 ZZ_1 控制图和 ZZ_3 控制图监测特定变异的小到中度偏移。同样，在 $n=7$ 和 $n=13$ 时也可以得到类似的结论。

综合上述分析可以得出，给定 m 时，SDARL 值随着 n 的增加而急剧下降。这主要是因为每条轮廓上的观测值越多，误差项方差的信息就越多，从而误差项方差的估计误差就越小。因此，当使用的第一阶段轮廓样本量较少时，建议增加每条轮廓内部观测点的数量。这将降低参数估计的误差，从而提高定向区域控制图在 AARL 和 SDARL 性能指标上的边际监控性能。

5.4 应用示例分析

在定向区域控制图的应用示例分析中，同样采用前文研究过的圆柱体部件加工中轴向形状误差的监控实例。在此实例中，采用包含二次项的广义线性回归模型来建模。假设第 j 个样本观测值数据为 (x_i, y_{ij})，$i=1, 2, \cdots, n$，则考虑轴向形状误差的轮廓模型为：

$$y_{ij} = \beta_{0j} + \beta_{1j}x_i + \beta_{2j}(3x_i^2 - 1)/2 + \varepsilon_{ij}, \ i=1, 2, \cdots, n \tag{5-20}$$

其中，$\boldsymbol{\beta}_j = (\beta_{0j}, \beta_{1j}, \beta_{2j})$ 为模型参数向量，误差 ε_{ij} 独立且服从均值为 0、方差为 σ_j^2 的正态分布。当过程受控时，仍有 $\boldsymbol{\beta}_j = (r_0, 0, 0)$，$\sigma_j^2 = \sigma_0^2$，并且 r_0 和 σ_0^2 为已知的过程受控参数。另外，设定 $x_i = 6(i-1)/(n-1) - 5$，$r_0 = 5$，$\sigma_0^2 = 1$ 且 $n = 13$。设定 $ARL_0 = 200$，则无论发生哪种特定变异，可以获得 ZZ_1 控制图、ZZ_2 控制图和 ZZ_3 控制图的调节参数 K 的值分别为 1.273 9、2.083 6 和 1.184 2。

在实践中，模型参数总是未知的，应根据第一阶段受控轮廓数据进行估计。假设在第一阶段中获得 30 个受控轮廓样本。然后使用公式 (5-18) 可以得到误差项方差的估计为 0.993 5，并用于计算 z 统计量 z_j。

在参数估计的基础上，将定向区域控制图应用于二次型特定变异的监控。假设随着时间的推移已抽样观测到 25 个轮廓样本，其中前 20 个样本来自受控过程，后5个轮廓样本来自 $\beta_{2j}=0.10$ 的失控过程。然后，采用公式（5-12）并利用估计的方差来计算 z_j，同时计算 ZU_j 和 ZL_j，并将其列在表5-18中。同时，将 z_j 及控制界限分别绘制在ZZ_1控制图、ZZ_2控制图和ZZ_3控制图中，如图5-7所示。其中，ZZ_1控制图的控制界限为1.273 9、2.547 8和3.821 7；ZZ_2控制图的控制界限为2.083 6、4.167 2和6.250 8；ZZ_3控制图的控制界限为1.184 2、2.368 4和3.552 6。

表5-18 参数估计下ZZ_1控制图、ZZ_2控制图和ZZ_3控制图的统计量

	z_j	ZZ_1 $ZS(z_j)$	ZU_j	ZL_j	ZZ_2 $ZS(z_j)$	ZU_j	ZL_j	ZZ_3 $ZS(z_j)$	ZU_j	ZL_j
1	−0.374 0	0	0	0	−1	0	−1	−1	0	−1
2	1.288 9	2	2	0	1	1	0	2	2	0
3	3.206 4	3	5	0	2	3	0	3	5	0
4	0.084 1	0	5	0	1	4	0	1	6	0
5	−0.813 0	0	0	0	−1	0	−1	−1	0	−1
6	−0.354 0	0	0	0	−1	0	−2	−1	0	−2
7	−0.928 9	0	0	0	−1	0	−3	−1	0	−3
8	0.506 1	0	0	0	1	1	0	1	1	0
9	0.638 1	0	0	0	1	2	0	1	2	0
10	1.003 2	0	0	0	1	3	0	1	3	0
11	−0.316 8	0	0	0	−1	0	−1	−1	0	−1
12	−0.613 2	0	0	0	−1	0	−2	−1	0	−2
13	2.030 2	2	2	0	1	1	0	2	2	0
14	1.313 4	2	4	0	1	2	0	2	4	0
15	1.163 2	0	4	0	1	3	0	1	5	0
16	1.198 4	0	4	0	1	4	0	2	7	0
17	0.802 2	0	4	0	1	5	0	1	8	0
18	2.164 5	2	**6**	0	2	7	0	2	**10**	0
19	0.936 6	0	**6**	0	1	**8**	0	1	**11**	0
20	−0.054 8	0	0	0	−1	0	−1	−1	0	−1
21	1.585 1	2	2	0	1	1	0	2	2	0

续表

	z_j	ZZ₁ ZS(z_j)	ZZ₁ ZU_j	ZZ₁ ZL_j	ZZ₂ ZS(z_j)	ZZ₂ ZU_j	ZZ₂ ZL_j	ZZ₃ ZS(z_j)	ZZ₃ ZU_j	ZZ₃ ZL_j
22	2.7780	3	5	0	2	3	0	3	5	0
23	2.8540	3	**7**	0	2	5	0	3	8	0
24	3.0234	3	**10**	0	2	7	0	3	**11**	0
25	2.0449	2	**12**	0	1	**8**	0	2	**13**	0

通过图 5-7 和表 5-18 可以看出，ZZ₁ 控制图在第 18、19、23、24 和 25 个样本处给出了失控预警信号，ZZ₃ 控制图在第 18、19、24 和 25 个样

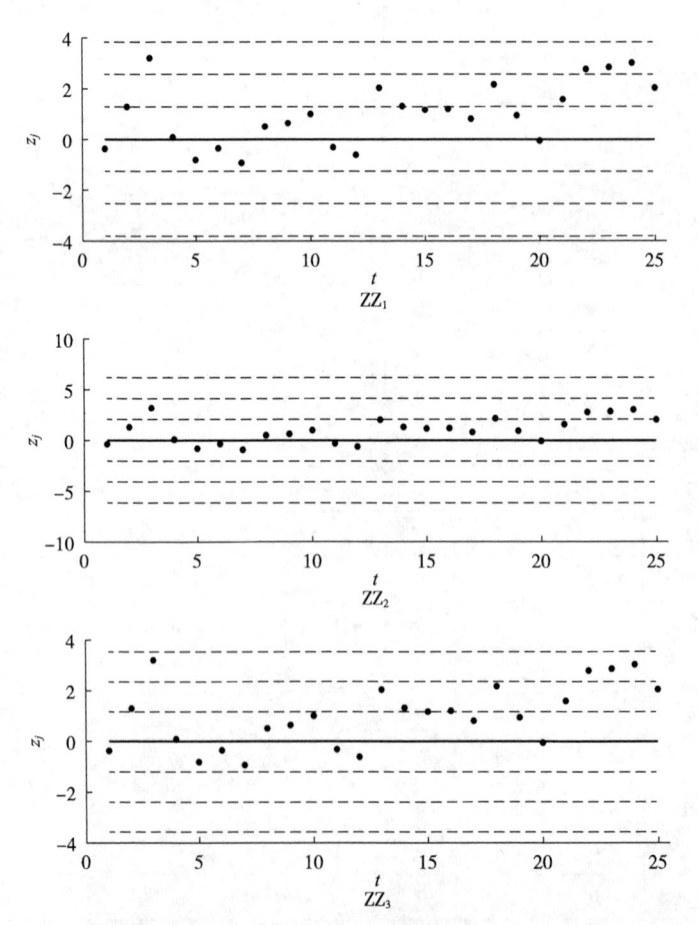

图 5-7 用于监测轴向形状误差的ZZ₁控制图、ZZ₂控制图和ZZ₃控制图

本处给出了失控信号，而ZZ_2控制图则仅在第 19 和 25 个样本处做出了预警。这与前文模拟仿真研究结论一致，即当发生特定变异中至大偏移时，定向区域控制图的性能受估计误差的影响较小，并且ZZ_1控制图和ZZ_3控制图在监测线性轮廓特定变异时比ZZ_2控制图的性能表现更好。

5.5 本章小结

为了构建对线性轮廓特定变异小至中度偏移敏感的定向轮廓控制图，本章提出了构建定向区域控制图。首先提出了基于t统计量的定向区域控制图，并考虑了三种权重分值下的区域控制图。同时，给出了控制界限的确定方法和基于马尔科夫链的受控平均运行链长的计算方法。通过模拟仿真分析研究发现，基于t统计量的ZT_1、ZT_2和ZT_3区域控制图监测有效，并且在监测特定变异的小偏移或中度偏移时比已有控制图更为敏感。

针对过程受控参数已知时，提出了基于z统计量的定向区域控制图，并分析了已知参数通过历史受控轮廓样本估计时估计误差对ZZ_1、ZZ_2和ZZ_3区域控制图监控性能的影响。采用 AARL 和 SDARL 性能指标分析了参数估计下定向区域控制图的条件监控性能和边际监控性能。定向区域控制图的条件监控性能表明，误差项方差的低估会导致受控 ARL 低于 ARL_0 设定值，而高估会导致较高的受控 ARL。然而，估计误差对ZZ_2控制图的影响最小。边际监控性能表明，依据 SDARL 性能指标所需的第一阶段轮廓样本量大于依据 AARL 值确定的所需样本量。而且，依据 SDARL 性能指标，当第一阶段轮廓样本量较小且偏移幅度较小时，推荐使用ZZ_2控制图；否则，建议使用ZZ_1控制图和ZZ_3控制图来监测特定变异的小到中度偏移。此外，如果可能的话，建议增加每条轮廓内观测点数量，特别是当第一阶段轮廓样本量较少时。

尽管需要增加每条轮廓内观测点数量，以获得大量历史数据，从而保证稳定的监控性能，但是未来应该提出一些降低第一阶段所需数据量的方法。此外，已有文献建议使用自举法来设计控制图，以实现受控监控性能的较小波动。然而，这种方法在某种程度上会对失控监控性能产生影响。因此，当轮廓样本数量较少时，如何提出平衡受控和失控监控性能的特定变异轮廓控制方法，值得进一步研究。

6 带有附加运行准则的线性轮廓定向控制图

6.1 引言

为常规控制图增加附加运行准则（supplementary runs rules），可以有效提高常规控制图监测中小偏移的能力，是除 EWMA 控制图、CUSUM 控制图和区域控制图之外的另一种对中小偏移较为敏感的控制图。附加运行准则通常是指根据控制图上描绘点排列模式检验过程异常的判异准则，而带有附加运行准则的控制图则是指附加其他判异准则的常规控制图。针对正态标准化样本均值，西方电气公司最早推荐了四种判异准则，即：①点超出 3 倍标准差控制界限；②连续 3 点中有 2 点落在中心线同一侧的 2 倍标准差以外；③连续 5 点中有 4 点落在中心线同一侧的 1 倍标准差以外；④连续 9 点落在中心线同一侧。其中，判异准则①即为常规控制图所采用的判异准则；准则②至④可以作为运行准则附加到常规控制图，以提升控制图检出过程异常的能力。

上述判异准则可以用更为一般化的运行准则来表示（Champ and Woodall, 1987; Champ, 1992）。这些运行准则可以描述为：如果最后 m 个连续点中有 k 个落在区间 (a, b) 内，则控制图发出过程失控预警信号，其中，$k \leqslant m$ 且 $a<b$。此运行准则可以表示为 $T(k, m, a, b)$。据此，西方电气公司准则可以分别表示为 $\{T(1, 1, -\infty, -3), T(1, 1, 3, \infty)\}$，$\{T(2, 3, -3, -2), T(2, 3, 2, 3)\}$，$\{T(4, 5, -3, -1), T(4, 5, 1, 3)\}$ 和 $\{T(8, 8, -3, 0), T(8, 8, 0, 3)\}$。除此之外，还有其他运行准则，如 $\{T(2, 2, -3, -2), T(2, 2, 2, 3)\}$、$\{T(5, 5, -3, -1), T(5, 5, 1, 3)\}$ 等（Champ and Woodall, 1987）。

与上述准则不同，部分运行准则采用了低于 3 倍标准差的指定的控制界限。例如，在这些准则中，判异准则包括连续2点落在该指定控制界限以外，或连续3点中有2点落在该双侧任意控制界限以外等（Derman and Ross, 1997）。另外，在对该类运行准则的改进中，有些判异准则会要求连续2点或连续3点中有2点均落在中心线同一侧的指定控制界限以外（Klein, 2000），此两种判异准则可分别记为R2/2和R2/3。仿真研究表明，后一种运行准则在监测小到中等的偏移方面比前一种更好。之后，R2/2和R2/3两种判异准则可进一步用作常规控制图的附加运行准则（Khoo and Ariffin, 2006），且基于此附加运行准则的常规控制图的性能较优。因此，在后续构建线性轮廓定向控制图时，将采用R2/2和R2/3作为附加运行准则。

带有附加运行准则的常规控制图在保持其监测较大偏移优势的同时，将提高常规控制图监测小偏移的能力（Koutras et al., 2007）。然而，同时采用较多的判异准则会显著提高误警率。为了克服此弱点，建议基于期望的误警率调整每个运行准则的控制界限（Champ and Woodall, 1987；Champ, 1992；Zhang and Wu, 2005）；或者引入并调整预警界限或内控制界限，以获得与期望误警率相应的平均运行链长（ARL_0）（Khoo and Ariffin, 2006；Antzoulakos and Rakizis, 2008）。在此类控制图中，将首先固定外控制界限，且外控制界限比3倍标准差界限更宽，然后使用马尔科夫链方法确定内控制界限，以期望获得所要求的ARL_0。基于此内控制界限和外控制界限，可进一步改进带有附加运行准则的控制图（Antzoulakos and Rakizis, 2008）。该控制图采用的判异准则为：点落在外控制界限以外；或连续m个点中有k个点落在中心线同一侧的内控制界限和外控制界限之间。

运行准测也附加应用于其他类型控制图，如应用于监测过程离散度的R控制图或S控制图（Lowry et al., 1995；Acosta-Mejia and Prgnatello, 2009；Riaz et al., 2011），或用于监测多元均值的Hoteling χ^2 控制图（Aparisi et al., 2004；Koutras et al., 2006）。另外，在评估带有附加运行准则的线性轮廓控制图时，发现此类控制图提高了监测截距、斜率和误差项方差的监控性能（Riaz and Touqeer, 2015）。为监测考虑特定变异的线性轮廓，运行准则$R2/2$和$R2/3$将被附加到基于t检验统计量的常规控制图中。同时，为了防止因采用较多判异准则而引起误警率的提升，将在带有附加运行准则的线性轮廓定向控制图中引入预警界限。

6.2 带有附加运行准则的 T 控制图

类似前文，为监测线性轮廓特定变异，将采用广义线性模型对含有多种类型特定变异的线性轮廓进行建模。假设 j 时刻样本轮廓观测数据为 (x_i, y_{ij})，$i=1, 2, \cdots, n$，$j=1, 2, \cdots$，其中对于不同的 j 设定 x_i 固定为 $(x_1, x_2, \cdots, x_n)$。则考虑线性轮廓的多种类型特定变异时，基于广义线性模型的 j 时刻轮廓模型为：

$$y_{ij} = \beta_{0j} + \beta_{1j} x_i + \beta_{2j} f(x_i) + \varepsilon_{ij}, \quad i=1, 2, \cdots, n \tag{6-1}$$

其中，$\boldsymbol{\beta}_j = (\beta_{0j}, \beta_{1j}, \beta_{2j})$ 为模型系数向量，误差项 ε_{ij} 独立同分布于均值为 0、方差为 σ_ε^2 的正态分布，$\beta_{0j} + \beta_{1j} x_i$ 表示轮廓线性部分。$f(x_i)$ 则表示轮廓特定变异部分，其为变量 x_i 的 a 次多项式（$a \geq 2$）或超越项（如三角函数项），且 $f(x_i)$ 的基本形式已知或者已通过历史数据拟合而获知。因此，为快速监测线性轮廓的特定变异，可以采用 t 检验来检验 $f(x_i)$ 的回归系数 β_{2j} 是否为 0。此处给出 t 检验方法中的 t 统计量，并将基于 t 统计量构建的控制图作为定向常规控制图。对 j 时刻样本轮廓，t 检验统计量为：

$$t_j = \hat{\beta}_{2j} / \sqrt{v_3 \hat{\sigma}_{\varepsilon j}^2} \tag{6-2}$$

其中，v_3 为 $(X'X)^{-1}$ 的对角线元素中对应 $\hat{\beta}_{2j}$ 的量，$\hat{\sigma}_{\varepsilon j}^2$ 是 σ_ε^2 的无偏估计且有 $\hat{\sigma}_{\varepsilon j}^2 = (\boldsymbol{y}_j' \boldsymbol{y}_j - \hat{\boldsymbol{\beta}}_j X' \boldsymbol{y}_j)/(n-3)$，$\hat{\boldsymbol{\beta}}_j = (\hat{\beta}_{0j}, \hat{\beta}_{1j}, \hat{\beta}_{2j}) = (X'X)^{-1} X' \boldsymbol{y}_j$ 为模型系数 $\boldsymbol{\beta}_j$ 的最小二乘估计，且有：

$$X = \begin{pmatrix} 1 & x_1 & f(x_1) \\ 1 & x_2 & f(x_2) \\ \vdots & \vdots & \vdots \\ 1 & x_n & f(x_n) \end{pmatrix}, \boldsymbol{y}_j = \begin{pmatrix} y_{1j} \\ y_{2j} \\ \vdots \\ y_{nj} \end{pmatrix}$$

当过程统计受控时，t_j 服从自由度为 $(n-3)$ 的 t 分布。而且，易知 t_j 的均值和方差分别为 0 和 $(n-5)/(n-3)$，$n>5$。因此，基于 t 检验统计量 t_j 可以构建线性轮廓定向常规控制图，记为 T 控制图。当 $|t_j| > t_{\alpha/2, n-3}$ 时，T 控制图给出过程失控预警信号，其中，$t_{\alpha/2, n-3}$ 是自由度为 $(n-3)$ 的 t 分布上的 $1-\alpha/2$ 分位数，α 为对应于期望 ARL_0 所需的误警率。

为构建带有附加运行准则的 T 控制图，将采用 R2/2 和 R2/3 判异准则，并将其附加到 T 控制图。判异准则 R2/2 和 R2/3 具体为：

R2/2：连续 2 点均落在同一上控制界限以外或均落在同一下控制界限以外；

R2/3：连续 3 点中有 2 点均落在同一上控制界限以外或均落在同一下控制界限以外。

可以明显看出，此两种运行准则均是考虑用于判异的 2 点均落在中心线的同一侧。因此，如果 1 点落在上控制界限以外且紧随的另 1 点落在下控制界限以外的话，该判异准则将不会给出失控预警信号。

在构建监测线性轮廓特定变异的定向控制图时，将采用此两种运行准则之一作为 T 控制图的附加判异准则。此处，将基于 R2/2 和 R2/3 的定向 T 控制图分别记为 T-R2/2 控制图和 T-R2/3 控制图。此时，运行准则的控制界限将变为预警界限或内控制界限。假设基于公式（6-2）的 T 控制图的中心线为 CL，控制界限为 (LCL, UCL)，且预警界限为 (LWL, UWL)，则有 $LCL<LWL<CL<UWL<UCL$。在 T-R2/2（或 T-R2/3）控制图中，当点落在 LCL 或 UCL 以外，或在 (LWL, UWL) 下满足判异准则 R2/2（或 R2/3）时，控制图将给出过程失控的预警信号。

在 T-R2/2 控制图和 T-R2/3 控制图的设计中，为获得期望的 ARL_0，首先确定 T 控制图的上下控制界限 LCL 和 UCL，然后采用马尔科夫链法确定预警界限 LWL 和 UWL。为设计两侧对称的定向控制图，设定 $UCL=-LCL$，且 $UWL=-LWL$。利用马尔科夫链法确定预警界限的具体方法和步骤与前章图 5-2 所示确定调节参数的搜索方法类似，主要的不同之处在于计算 ARL_0 的状态转移概率矩阵不同。此处主要给出分别在 R2/2 和 R2/3 运行准则下的状态转移概率矩阵和 ARL_0 的计算公式。

在 T-R2/2 控制图和 T-R2/3 控制图中，假设点落在 LWL 和 UWL 之间的概率为 p_1，落在上控制界限 UCL 和上预警界限 UWL 之间的概率为 p_2，落在 LCL 和 LWL 之间的概率为 p_3，落在 UCL 以外的概率为 p_4，落在 LCL 以外的概率为 p_5。另外，在两侧对称的 T-R2/2 控制图和 T-R2/3 控制图中，有 $UCL=-LCL$ 和 $UWL=-LWL$。而且，t_j 服从自由度为 $(n-3)$ 的 t 分布。因此，可知 $p_4=p_5=1-F_t(UCL)$，$p_2=p_3=F_t(UCL)-F_t(UWL)$，且 $p_1=1-$

$2(p_2+p_4)$，其中，$F_t(\cdot)$是自由度为$(n-3)$的t分布的累积分布函数。

针对T-R2/2控制图，利用马尔科夫链方法确定预警界限时，马尔科夫链状态空间包括四个状态，如表6-1所示。在状态1至状态3的状态表示向量中，第一个元素表示当前点是否落在(LCL, LWL)内，而第二个元素则表示当前点是否落在(UWL, UCL)内。1表示落在对应区间内，而0则恰好相反，表示当前点未落在对应区间内。以状态2为例，其状态表示为(01)，则表示当前点落在上预警界限和上控制界限之间，即落在(UWL, UCL)内。那么，针对T-R2/2控制图，基于表6-1所示马尔科夫链的转移状态，可以得到从当前状态转换到下一状态的状态转移概率矩阵，记为R_{22}。则R_{22}为表6-1中状态转移概率矩阵去除最后一行和最后一列之后的子矩阵。在控制界限确定并给定预警界限后，ARL_0可以通过如下公式计算得到，即

$$ARL_0 = s'(I-R_{22})^{-1}\mathbf{1} \tag{6-3}$$

其中，$s' = (1, 0, \cdots, 0)$为初始概率向量，其中第一个元素为1，其他元素均为0；I为单位矩阵；$\mathbf{1}$为所有元素均为1的向量。在控制界限确定后，通过调节预警界限，最终可以得到期望的ARL_0值。

表6-1 T-R2/2控制图的状态和状态转移概率矩阵

序号	j时刻状态 状态表示	$j+1$时刻状态 1	2	3	4
1	(00)	p_1	p_2	p_3	p_4+p_5
2	(01)	p_1	0	p_3	$p_2+p_4+p_5$
3	(10)	p_1	p_2	0	$p_3+p_4+p_5$
4	吸收状态	0	0	0	1

针对T-R2/3控制图，其马尔科夫链状态空间和状态转移概率矩阵如表6-2所示。在状态1至状态7的状态表示向量中，前两个元素表示前一点（第一个元素）或当前点（第二个元素）是否落在（LCL, LWL）内，而后两个元素则表示前一点（第三个元素）或当前点（第四个元素）是否落在（UWL, UCL）内。以状态6为例，其状态表示为（1001），则表

示前一点和当前点分别落在（LCL，LWL）和（UWL，UCL）内。记 T-R2/3 控制图的状态转移矩阵为 R_{23}，则 R_{23} 为表 6-2 中状态转移概率矩阵去除最后一行和最后一列之后的子矩阵。那么，对于 T-R2/3 控制图，其 ARL_0 可以通过：

$$ARL_0 = s'(I - R_{23})^{-1} \mathbf{1} \qquad (6-4)$$

计算得到，并且可以得到对应期望 ARL_0 值的预警界限。

表 6-2 T-R2/3 控制图的状态和状态转移概率矩阵

序号	j 时刻状态 状态表示	\multicolumn{8}{c}{$j+1$ 时刻状态}
		1	2	3	4	5	6	7	8
1	(0000)	p_1	p_2	0	p_3	0	0	0	p_4+p_5
2	(0001)	0	0	p_1	0	0	0	p_3	$p_2+p_4+p_5$
3	(0010)	p_1	0	0	p_3	0	0	0	$p_2+p_4+p_5$
4	(0100)	0	0	0	0	p_1	p_2	0	$p_3+p_4+p_5$
5	(1000)	p_1	p_2	0	0	0	0	0	$p_3+p_4+p_5$
6	(1001)	0	0	p_1	0	0	0	0	$p_2+p_3+p_4+p_5$
7	(0110)	0	0	0	0	p_1	0	0	$p_2+p_3+p_4+p_5$
8	吸收状态	0	0	0	0	0	0	0	1

通过上述基于马尔科夫链法计算 ARL_0 值和确定预警界限的方法可以看出，预警界限的确定仅依赖于控制界限 LCL 和 UCL 的预设值，以及统计量 t_j 的分布。因而，一旦 UCL 给定，无论线性轮廓特定变异是何种类型，预警界限 UWL 的值均相同。

另外，由于运行准则 R2/2 和 R2/3 附加后，T 控制图的误警率会增加，因而，带有附加运行准则的 T 控制图的控制界限会比无附加运行准则的控制界限更宽。而且，值得注意的是，针对特定 ARL_0，T 控制图的控制界限依赖于 t_j 分布的自由度，则会依赖于 n。那么，为获得期望的 ARL_0，n 较小时的控制界限会比 n 较大时的控制界限要宽。对于更小的 n 而言，如当 $n=7$ 时，这种情况更加明显。这主要是因为 T 控制图是基于 t 检验统计量构建的。对于特定的 α，$t_{\alpha/2,n-3}$ 在 $n=7$ 时的取值比 $n=13$ 或 $n=25$ 时的取值要大得多。

6.3 性能评估与比较研究

类似前文研究，在仿真分析中，选取受控轮廓模型为：

$$y_{ij}=\beta_{0j}+\beta_{1j}x_i+\varepsilon_{ij},\ i=1,\ 2,\ \cdots,\ n \qquad (6-5)$$

其中，ε_{ij} 为独立同分布随机变量且服从均值为 0、方差为 σ_ε^2 的正态分布。假设在模拟仿真中受控轮廓模型各参数取值为 $\beta_0=13$，$\beta_1=2$，$\sigma_\varepsilon^2=1$，x_i 取值范围为 $[-3, 3]$ 且 $x_i=-3+6(i-1)/(n-1)$，这与前文所使用的模型参数值一致。失控线性轮廓模型考虑二次型特定变异和 S 型特定变异，分别为：

(i) $\qquad y_{ij}=\beta_{0j}+\beta_{1j}x_i+\gamma_1\ (x_i^2-\eta_1)\ +\varepsilon_{ij},\ i=1,\ 2,\ \cdots,\ n \qquad (6-6)$

(ii) $\qquad y_{ij}=\beta_{0j}+\beta_{1j}x_i+\gamma_2(\sin\ (2\pi x_i/6)+\eta_2)+\varepsilon_{ij},\ i=1,\ 2,\ \cdots,\ n \qquad (6-7)$

其中，η_1 和 η_2 表示线性轮廓截距的偏移，$\gamma_1=\delta_1\sigma_\varepsilon$ 和 $\gamma_2=\delta_2\sigma_\varepsilon$ 表示过程特定变异偏移量，为误差项方差 σ_ε 的倍数。

6.3.1 受控监控性能分析

为评估分析 T-R2/2 控制图和 T-R2/3 控制图监测线性轮廓特定变异的监控性能，需要首先确定控制图的控制界限和预警界限。按照上一节所述，先确定 UCL，然后基于马尔科夫链法确定 UWL。如前所述，当 n 较小时，控制界限的范围应该要宽。因而，在这里，当 $n=7$ 时，我们将 UCL 的值设定为 5.6 到 5.9；而当 $n=13$ 和 $n=25$ 时，将 UCL 的值设定为 3.6 到 3.9。同时，设定 ARL_0 的期望值为 $ARL_0=200$，则可以确定 UWL 的值。表 6-3 给出了 T-R2/2 控制图和 T-R2/3 控制图对于不同 n 和 UCL 值的 UWL 值，以及其对应的 ARL_0 模拟值。除非另有说明，在数值模拟中，所有模拟值均通过 10 000 次重复模拟获得。表 6-3 进一步表明，一旦设置了 UCL 并且选择了 n 值，所确定的 UWL 对于无论哪种类型的特定变异都是可行的。

表 6-3　T-R2/2 控制图和 T-R2/3 控制图在不同类型特定变异下的受控监控性能

n	UCL	T-R2/2			T-R2/3		
		UWL	(i)	(ii)	UWL	(i)	(ii)
7	5.6	4.752	198.8	200.9	4.943	196.2	200.6)

续表

n	UCL	T-R2/2			T-R2/3		
		UWL	(i)	(ii)	UWL	(i)	(ii)
7	5.7	3.259	203.1	197.1	3.601	201.2	200.3
	5.8	3.012	199.4	200.9	3.319	198.3	201.0
	5.9	2.852	198.1	203.6	3.159	197.3	197.6
13	3.6	2.699	197.9	200.5	2.849	197.6	201.1
	3.7	2.267	201.4	200.1	2.445	203.9	201.0
	3.8	2.127	202.0	200.5	2.311	201.9	198.6
	3.9	2.047	196.8	199.2	2.235	205.8	201.4
25	3.6	1.798	201.7	198.6	1.965	198.1	201.5
	3.7	1.775	198.9	203.3	1.943	203.7	201.0
	3.8	1.758	199.6	199.6	1.927	198.7	202.5
	3.9	1.745	196.9	199.5	1.915	203.9	201.0

6.3.2 失控监控性能分析

为分析所提控制图的失控监控性能，表6-4和表6-5分别给出了T-R2/2控制图和T-R2/3控制图在特定 UCL 下的失控平均运行链长 ARL_1 值。通过表6-4和表6-5，可以得出如下结论：

（1）T-R2/2控制图和T-R2/3控制图均能有效地监测预先已知的线性轮廓特定变异，并且在 n 较大时具有更好的失控监控性能。

（2）T-R2/2控制图和T-R2/3控制图监测任何一种特定变异的变化时均具有稳健性。例如，当用于监测二次型特定变异时，随着失控轮廓沿 Y 轴移动，即 η_1 从-1.5到8.5变化，对于特定的 n 和 δ_1，ARL_1 值几乎保持不变。事实上，通过分析当 UCL 为其他取值时的失控性能仿真结果，也可以得到类似的结论。

因此，可以得知 T-R2/2 控制图和 T-R2/3 控制图均具有有效的失控监控性能，且其监控性能对于变化的 η_1 和 η_2 均是稳定的。因此，我们可以通过考虑 η_1 和 η_2 的特定值研究带有附加运行准则的定向 T 控制图的监控性能。此后，在不失一般性的情况下，我们只研究在 $\eta_1 = 3.5$ 和 $\eta_2 = 0$

时 T-R2/2 控制图和 T-R2/3 控制图的失控监控性能。

表 6-4　T-R2/2 控制图在特定 *UCL* 下的失控监控性能

	n	UCL	η_1	\multicolumn{6}{c}{δ_1}
				0.015	0.025	0.05	0.1	0.2	0.3
(i)	7	5.7	-1.5	192.6	183.0	135.1	64.0	15.3	5.4
			1.0	190.1	180.9	138.0	63.7	15.5	5.3
			3.5	191.2	178.8	136.5	62.8	15.3	5.5
			6.0	193.3	182.1	134.3	65.9	15.3	5.5
			8.5	190.0	181.4	138.7	65.5	15.3	5.4
	13	3.7	-1.5	179.0	152.5	83.5	23.6	4.1	1.8
			1.0	180.0	148.9	83.7	23.6	4.1	1.8
			3.5	180.3	151.3	83.2	24.3	4.1	1.8
			6.0	178.5	150.6	85.1	23.8	4.1	1.8
			8.5	180.5	151.5	82.2	23.5	4.2	1.8
	25	3.7	-1.5	153.3	106.6	38.1	8.1	2.1	1.3
			1.0	155.0	106.5	38.7	8.3	2.1	1.3
			3.5	154.5	107.2	38.9	8.3	2.1	1.3
			6.0	153.1	105.5	38.7	8.4	2.1	1.3
			8.5	153.9	106.6	38.3	8.4	2.1	1.3
	n	UCL	η_2	\multicolumn{6}{c}{δ_2}
				0.1	0.15	0.2	0.5	1	2
(ii)	7	5.7	-3.0	194.9	181.0	170.2	90.3	27.7	5.0
			-1.0	191.2	182.9	171.8	92.2	28.1	4.9
			0	192.5	182.3	168.9	89.8	27.7	5.0
			1.0	193.9	181.4	172.2	90.9	27.4	5.0
			3.0	187.4	182.3	170.8	90.3	27.9	5.0
	13	3.7	-3.0	174.7	154.6	128.6	38.0	7.0	1.6
			-1.0	173.8	155.3	131.5	38.5	7.1	1.6
			0	177.0	153.3	128.9	37.9	7.1	1.6
			1.0	175.8	151.8	131.5	37.9	7.2	1.6
			3.0	178.4	155.3	131.4	38.6	7.2	1.6
	25	3.7	-3.0	148.4	107.9	77.7	13.5	2.9	1.2
			-1.0	145.4	108.3	79.4	13.5	2.9	1.2
			0	145.7	107.9	77.7	13.5	2.8	1.2
			1.0	146.0	108.5	77.8	13.2	2.9	1.2
			3.0	145.4	108.6	78.1	13.7	2.8	1.2

表 6-5　T-R2/3 控制图在特定 *UCL* 下的失控监控性能

	n	UCL	η_1	\multicolumn{6}{c}{δ_1}
				0.015	0.025	0.05	0.1	0.2	0.3
(i)	7	5.7	-1.5	191.2	178.6	136.7	63.1	15.4	5.5
			1.0	191.6	179.7	136.3	64.2	15.2	5.5
			3.5	195.3	177.5	136.0	63.3	15.1	5.5
			6.0	190.4	178.3	132.5	64.9	15.3	5.5
			8.5	191.5	180.2	137.0	63.3	15.4	5.5
	13	3.7	-1.5	179.4	154.2	82.3	23.2	4.1	1.8
			1.0	180.9	150.4	81.8	23.2	4.1	1.8
			3.5	179.9	151.1	82.8	23.4	4.1	1.8
			6.0	180.0	152.9	82.5	23.5	4.1	1.8
			8.5	181.4	150.3	84.1	23.4	4.1	1.8
	25	3.7	-1.5	153.1	102.2	36.5	7.9	2.1	1.3
			1.0	148.0	102.0	36.3	7.9	2.1	1.3
			3.5	151.6	104.8	37.1	8.0	2.1	1.3
			6.0	150.1	101.8	36.8	7.9	2.1	1.3
			8.5	151.2	102.6	36.2	7.8	2.1	1.3

	n	UCL	η_2	\multicolumn{6}{c}{δ_2}
				0.1	0.15	0.2	0.5	1	2
(ii)	7	5.7	-3.0	195.5	181.7	170.9	90.2	27.5	5.0
			-1.0	191.7	183.0	171.7	92.3	28.1	5.1
			0	193.0	183.0	168.8	89.4	27.5	5.0
			1.0	194.3	181.7	172.0	91.0	27.6	5.1
			3.0	187.5	182.5	170.7	89.9	28.1	5.0
	13	3.7	-3.0	179.3	154.6	128.3	37.5	7.1	1.6
			-1.0	177.6	154.6	129.7	37.6	7.0	1.7
			0	173.8	153.0	127.4	37.3	7.1	1.6
			1.0	177.4	152.0	126.5	37.0	7.1	1.6
			3.0	175.6	156.5	130.1	37.4	7.1	1.6
	25	3.7	-3.0	142.8	104.4	73.6	12.6	2.8	1.2
			-1.0	143.2	104.2	74.6	12.7	2.8	1.2
			0	145.6	106.3	73.9	12.5	2.8	1.2
			1.0	143.6	104.7	73.8	12.7	2.8	1.2
			3.0	143.8	104.4	73.8	12.6	2.8	1.2

为进一步分析失控监控性能，表6-6和表6-7分别列出了T-R2/2控

制图和 T-R2/3 控制图在不同 UCL 取值下监测线性轮廓特定变异的失控监控性能，此处考虑 $\eta_1=3.5$ 和 $\eta_2=0$ 的情况。通过表 6-6 和表 6-7 可以得出如下结论：

（1）无论是 T-R2/2 控制图，还是 T-R2/3 控制图，采用较大 UCL 值时比采用较小 UCL 值时具有更优的失控监控性能。

（2）无论监测何种线性轮廓特定变异，T-R2/3 控制图的失控监控性能均优于 T-R2/2 控制图。

表 6-6 T-R2/2 控制图在不同 UCL 下的失控监控性能

	n	UCL	δ_1					
			0.015	0.025	0.05	0.1	0.2	0.3
(i) ($\eta_1=3.5$)	7	5.6	191.6	179.8	142.6	73.6	21.5	8.3
		5.7	191.2	178.8	136.5	62.8	15.3	5.5
		5.8	190.0	177.1	132.9	57.7	12.9	4.6
		5.9	193.0	175.0	125.8	54.4	11.7	4.4
	13	3.6	183.0	160.1	97.0	29.7	5.1	1.9
		3.7	180.3	151.3	83.2	24.3	4.1	1.8
		3.8	174.4	148.2	78.9	21.0	3.8	1.8
		3.9	175.9	142.7	74.2	19.5	3.7	1.8
	25	3.6	154.6	105.9	38.8	8.2	2.1	1.3
		3.7	154.5	107.2	38.9	8.3	2.1	1.3
		3.8	153.7	102.0	38.3	8.2	2.1	1.3
		3.9	153.7	103.7	37.8	8.2	2.1	1.3
	n	UCL	δ_2					
			0.1	0.15	0.2	0.5	1.0	2.0
(ii) ($\eta_2=0$)	7	5.6	189.2	182.7	172.5	100.7	35.6	7.4
		5.7	192.5	182.3	168.9	89.8	27.7	5.0
		5.8	189.9	178.9	165.8	84.8	24.1	4.3
		5.9	189.1	182.5	164.6	79.5	21.8	4.0
	13	3.6	182.0	162.0	139.5	47.0	9.3	1.7
		3.7	177.0	153.3	128.9	37.9	7.1	1.6
		3.8	176.3	149.8	125.3	34.2	6.6	1.7
		3.9	174.2	146.6	120.0	32.1	6.1	1.7
	25	3.6	147.4	108.3	78.4	13.5	2.8	1.1
		3.7	145.7	107.9	77.7	13.5	2.8	1.2
		3.8	147.0	107.3	76.2	13.2	2.9	1.2
		3.9	145.3	106.0	78.5	13.4	2.9	1.2

表 6-7　T-R2/3 控制图在不同 *UCL* 下的失控监控性能

	n	UCL	δ_1					
			0.015	0.025	0.05	0.1	0.2	0.3
(i) ($\eta_1 = 3.5$)	7	5.6	190.6	183.8	144.9	74.1	21.1	8.1
		5.7	195.3	177.5	136.0	63.3	15.1	5.5
		5.8	190.8	177.2	133.0	58.7	12.8	4.9
		5.9	189.9	174.6	127.7	53.3	11.8	4.5
	13	3.6	184.7	159.1	95.8	29.8	5.1	1.9
		3.7	179.9	151.1	82.8	23.4	4.1	1.8
		3.8	175.2	146.7	75.2	20.8	3.9	1.8
		3.9	176.4	143.0	71.7	19.5	3.8	1.8
	25	3.6	153.5	103.8	36.6	8.0	2.0	1.2
		3.7	151.6	104.8	37.1	8.0	2.1	1.3
		3.8	148.0	103.3	36.6	7.9	2.1	1.3
		3.9	150.7	102.5	36.0	8.0	2.1	1.3
	n	UCL	δ_2					
			0.1	0.15	0.2	0.5	1.0	2.0
(ii) ($\eta_2 = 0$)	7	5.6	188.9	182.6	172.4	100.8	35.6	7.5
		5.7	193.0	183.0	168.8	89.4	27.5	5.0
		5.8	190.1	178.4	165.7	84.7	24.0	4.4
		5.9	188.7	180.7	165.1	78.7	21.5	4.1
	13	3.6	182.9	162.9	139.1	46.8	9.1	1.7
		3.7	173.8	153.0	127.4	37.3	7.1	1.6
		3.8	176.3	147.2	123.1	33.7	6.4	1.7
		3.9	170.3	145.2	119.5	30.8	6.0	1.7
	25	3.6	143.9	104.8	74.7	12.9	2.8	1.2
		3.7	145.6	106.3	73.9	12.5	2.8	1.2
		3.8	142.0	103.5	73.0	12.5	2.9	1.2
		3.9	142.8	104.4	72.0	12.7	2.9	1.2

6.3.3　与现有方法比较分析

此处将比较分析带有附加运行准则的定向 T 控制图与前文基于得分检验的 ST 控制图和基于似然比检验的 LR 控制图的监控性能。图 6-1 至

图 6-3 分别给出了不同 n 取值下所比较方法的控制图的失控监控性能。其中，监测二次型特定变异时考虑 $\eta_1 = 3.5$，监测 S 型特定变异时考虑 $\eta_2 = 0$。另外，当 $n = 7$ 时，T-R2/2 控制图和 T-R2/3 控制图考虑 $UCL = 5.9$；当 $n = 13$ 和 $n = 25$ 时，则选取 $UCL = 3.9$。

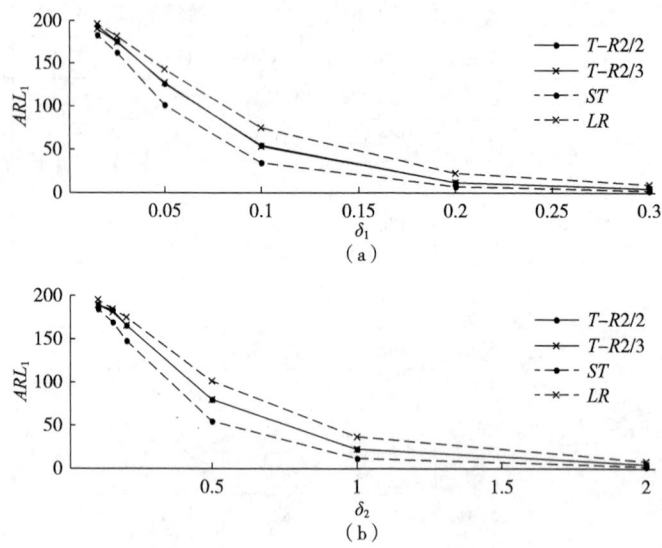

图 6-1 $n = 7$ 时不同控制图监测二次型特定变异（a）和 S 型特定变异（b）的失控监控性能比较

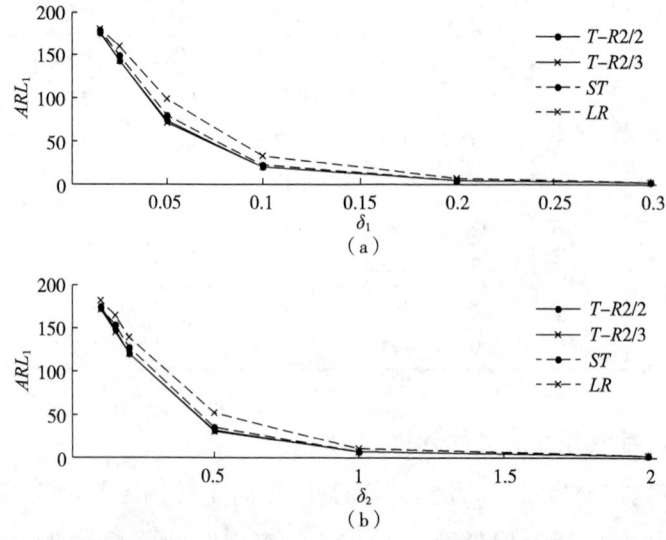

图 6-2 $n = 13$ 时不同控制图监测二次型特定变异（a）和 S 型特定变异（b）的失控监控性能比较

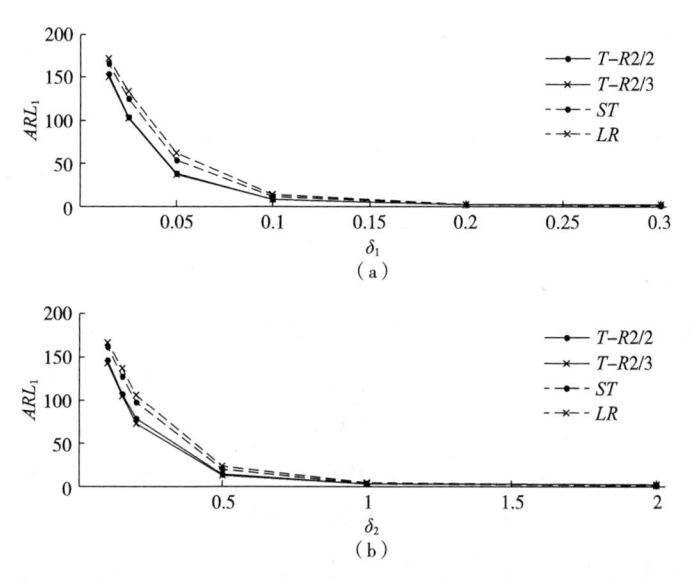

图6-3 $n=25$ 时不同控制图监测二次型特定变异（a）和 S 型特定变异（b）的失控监控性能比较

通过图 6-1 至图 6-3，可以得出如下结论：

（1）当 n 很小时，如图 6-1 所示，T-R2/2 控制图和 T-R2/3 控制图的失控监控性能优于 LR 控制图，但要弱于 ST 控制图。

（2）随着 n 的增加，T-R2/2 控制图和 T-R2/3 控制图的性能表现趋于一致，而且几乎完全优于 ST 控制图和 LR 控制图，尤其是当 n 较大时。

6.4 应用示例分析

在应用示例分析中，同样采用前文研究过的圆柱体部件加工中轴向形状误差和横截面形状误差的监控实例。首先在轴向形状误差实例中，采用包含二次项的广义线性回归模型建模。假设第 j 个样本观测值数据为 (x_i, y_{ij})，$i=1, 2, \cdots, n$，则考虑轴向形状误差的轮廓模型为：

$$y_{ij} = \beta_{0j} + \beta_{1j} x_i + \beta_{2j}(3x_i^2 - 1)/2 + \varepsilon_{ij}, \quad i = 1, 2, \cdots, n \tag{6-8}$$

其中，$\boldsymbol{\beta}_j = (\beta_{0j}, \beta_{1j}, \beta_{2j})$ 为模型参数向量，误差 ε_{ij} 独立且服从均值为 0、方差为 σ_j^2 的正态分布。当过程受控时，仍有 $\boldsymbol{\beta}_j = (r_0, 0, 0)$，$\sigma_j^2 = \sigma_0^2$，并且 r_0 和 σ_0^2 为已知的过程受控参数。设定 $x_i = 6(i-1)/(n-1) - 5$，$r_0 = 5$，

$\sigma_0^2 = 1$ 且 $n = 13$。在本示例中，假设随着时间的推移已获得 25 个样本轮廓，其中前 20 个样本轮廓来自受控过程，后 5 个样本轮廓来自失控过程且 $\beta_{2j} = 0.10$。

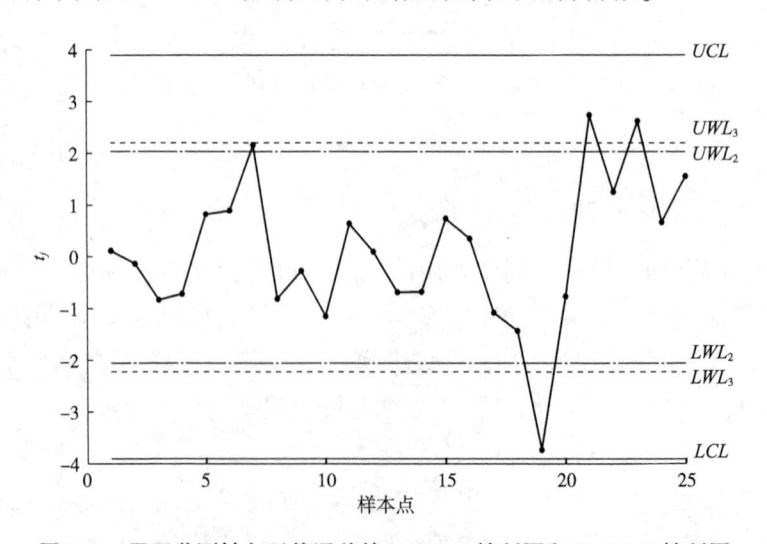

此外，T-R2/2 控制图和 T-R2/3 控制图的控制界限设定为 $UCL = -LCL = 3.9$，且设定 $ARL_0 = 200$。基于马尔科夫链法，可以确定 T-R2/2 控制图和 T-R2/3 控制图的预警界限分别为 $UWL_2 = -LWL_2 = 2.047$ 和 $UWL_3 = -LWL_3 = 2.235$。图 6-4 描绘了基于公式（6-2）所计算的 t 统计量 t_j，以及 T-R2/2 控制图和 T-R2/3 控制图的控制界限和预警界限。在图 6-4 中，T-R2/3 控制图利用上下控制界限 UCL 和 LCL，预警界限 UWL_3 和 LWL_3，以及 R2/3 运行准则进行过程是否发生异常的判断。通过图 6-4 中的统计量描绘点的位置可以看出，所有点都在控制界限范围之内，但到第 23 个样本点时点的排列满足 R2/3 运行准则的判异准则。也就是说，在第 23 个样本点时发现，连续的第 21、22 和 23 样本点中的第 21 和 23 点均落在上预警界限以外且落在上控制界限以内，满足连续 3 点中有 2 点均落在预警界限以外的判异准则。因此，T-R2/3 控制图将在第 23 个样本点给出失控预警信号。然而，通过图 6-4 可以看出，基于预警界限 UWL_2 和 LWL_2 及 R2/2 运行准则的 T-R2/2 控制图并未给出任何的预警警报。

图 6-4 用于监测轴向形状误差的 T-R2/2 控制图和 T-R2/3 控制图

接下来，分析用于监测横截面形状误差的性能表现。同样，假设第 j 个样本观测值数据为 (x_i, y_{ij})，$i=1, 2, \cdots, n$，则考虑横截面形状误差的轮廓模型为：

$$y_{ij} = \beta_{0j} + \beta_{1j} x_i + \beta_{2j} \cos(3x_i) + \varepsilon_{ij} \tag{6-9}$$

其中，过程受控状态下的模型参数设定与前相同。在本示例中，假设随着时间的推移同样获得了 25 条样本轮廓，其中前 15 条样本轮廓来自受控过程，后 10 条样本轮廓来自失控过程且 $\beta_{2j} = 0.80$。类似用于监控轴向形状误差时的设定，此处同样将 T-R2/2 控制图和 T-R2/3 控制图的控制界限设定为 $UCL = -LCL = 3.9$，且设定 $ARL_0 = 200$。同时，确定 T-R2/2 控制图和 T-R2/3 控制图的预警界限同样分别为 $UWL_2 = -LWL_2 = 2.047$ 和 $UWL_3 = -LWL_3 = 2.235$。

图 6-5 描绘了基于 25 条样本轮廓计算的 t 统计量值，同时绘制了上下控制界限和 T-R2/2 控制图与 T-R2/3 控制图的预警界限。通过图 6-5 可以看出，T-R2/2 控制图在第 24 和 25 个样本点给出了过程失控预警信号，而 T-R2/3 控制图则在第 20 和 25 个样本点发出了预警警报。

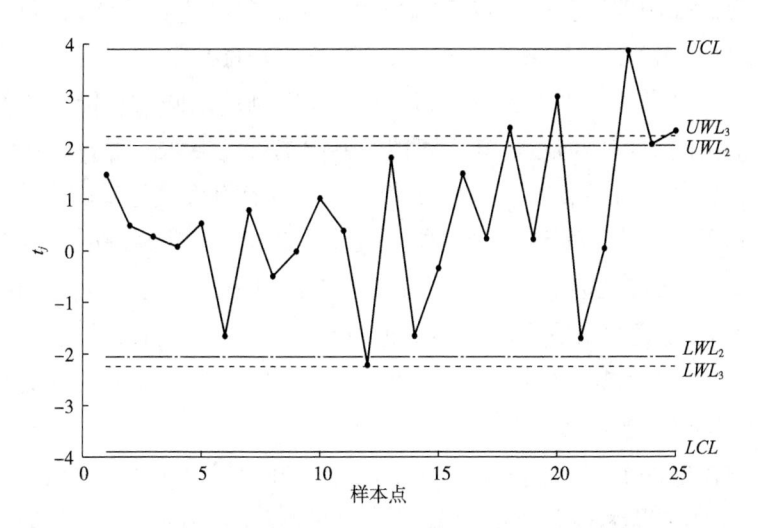

图 6-5 用于监测横截面形状误差的 T-R2/2 控制图和 T-R2/3 控制图

通过上述轴向形状误差和横截面形状误差的监控示例可以得出如下结论：

(1) T-R2/2控制图和T-R2/3控制图在监测线性轮廓特定变异时均具有有效性。

(2) 与仿真分析结果类似,T-R2/3控制图的监测性能要优于T-R2/2控制图。因为T-R2/3控制图在监测轴向形状误差和横截面形状误差时都能较早地给出过程失控的预警信号。

6.5 本章小结

带有附加运行准则的常规控制图是除EWMA控制图、CUSUM控制图和区域控制图之外的另一种对中小偏移较为敏感的控制图。附加运行准则是根据控制图上描绘点排列模式检验过程异常的判异准则。由于在常规控制图基础上增加了判异准则,因此会提升常规控制图的误警率。为降低误警率,提出扩大常规控制图的控制界限,并在此基础上确定附加运行准则的预警界限。

本章针对线性轮廓特定变异的监控问题,提出采用广义线性回归模型对考虑多种类型的线性轮廓进行建模,并在此基础上提出基于t统计量的定向常规T控制图。为提升定向常规T控制图监测小偏移量的监控能力,借鉴R2/2和R2/3运行准则(Klein, 2000),并将其附加到定向常规T控制图中,提出了T-R2/2控制图和T-R2/3控制图。同时,给出了基于马尔科夫链法的受控平均运行链长和预警界限的确定方法。通过模拟仿真分析可知,T-R2/2控制图和T-R2/3控制图均具有有效且稳定的失控监控性能;而且无论监测何种线性轮廓特定变异,T-R2/3控制图的失控监控性能要优于T-R2/2控制图。无论是T-R2/2控制图,还是T-R2/3控制图,采用较大UCL值时比采用较小UCL值时具有更优的失控监控性能。此外,当n较大时,T-R2/2控制图和T-R2/3控制图的性能表现几乎完全优于ST控制图和LR控制图。

圆柱体部件加工实例应用分析结果同样显示,T-R2/2控制图和T-R2/3控制图在监测轴向形状误差和横截面形状误差的特定变异时,均具有较好的监控效果。同时,T-R2/3控制图的监测性能要优于T-R2/2控制图,因其在监测轴向形状误差和横截面形状误差时都能较早地给出过程失控预警信号,这与模拟仿真分析结果一致。

第二篇

考虑内部相关性的线性轮廓控制

7 基于密度的内部相关性线性轮廓控制参数识别方法

7.1 引言

在实际生产过程中，轮廓数据间会呈现相关关系，包括轮廓内部数据间相关性（within-profile correlation，WPC）和轮廓间数据相关性（between-profile correlation，BPC）。其中，轮廓内部数据间相关性出现的原因有两个。第一，连续测量数据量大、时间间隔短等会使轮廓内测量点间存在时间序列或空间上的相关关系。如传感器在生产加工过程中的使用，数据采样间隔较短，会使采样数据间存在相关性。例如，在深反应离子刻蚀（DRIE）实例中，轮廓内部数据呈现序列相关性（Qiu et al., 2010a）；在木材制造加工过程中，沿板材长度的多个测量位置的连续厚度测量值显示出空间相关性，特别是在连续测量非常接近的情况下（Staudhammer et al., 2007）。第二，生产加工过程的系统性误差，也会导致轮廓内测量数据存在相关性（Steiner et al., 2016；Li and Zhou, 2017；Qiu et al., 2020；Kenett, 2021）。例如，在实际制造加工中，零件的表面几何特征可以分解为三个部分：设计几何形状、系统性加工误差和随机性加工误差（Xia et al., 2008）。其中，系统性加工误差是零件形状误差的常见原因。当存在系统性加工误差时，零件表面非常接近的测量显示出强相关性。忽略轮廓内部数据间相关性构建轮廓控制新方法或使用已有轮廓控制方法，会使该方法的监控性能出现退化。

轮廓控制通常包括两个阶段：第一阶段基于历史轮廓数据分析判断过程的稳定状况，并识别受控轮廓集和确定轮廓控制的参数，可称为轮廓控制参数识别阶段；第二阶段则基于第一阶段所确定的控制参数，建立控制图，实施过程监控，以及时、快速发现生产过程中出现的异常，称为轮廓控制监控阶段。轮廓控制第一阶段的一个目标是将收集到的来自异常生产过程中的质量特性数据（称为异常轮廓）和来自受控生产过程中的质量特性数据（称为受控轮廓）区分开来。在这里，异常生产过程是指产品质量特性函数中因变量和解释变量之间的函数关系（即轮廓）在某个时点发生了变化。这种变化可以通过轮廓模型的一个或多个参数的持续变化来表示。将来自异常生产过程中的轮廓数据从所得样本轮廓数据中删除，其余轮廓数据便可用于轮廓控制参数的识别分析。轮廓控制参数识别的关键在于受控轮廓集的识别，它是确定轮廓控制参数的基础。因此，第一阶段轮廓控制分析方法的关键在于受控轮廓集的识别和轮廓控制参数的计算。

在对线性轮廓控制第一阶段进行分析时，可以采用基于 F 检验（Kang and Albin, 2000; Mahmoud and Woodall, 2004）、变点模型（Mahmoud et al., 2007）等构建第一阶段线性轮廓控制方法。然而，在很多情况下，尤其是在复杂工艺流程的实践中，轮廓数据之间的关系较为复杂，轮廓数据并不能简单地拟合成线性回归模型。于是，现有文献针对非线性轮廓构建了第一阶段轮廓参数识别方法（Jin and Shi, 1999; Walker and Wright, 2002; Gupta et al., 2006; Ding et al., 2006）。这些轮廓控制参数识别方法大多假设轮廓内测量数据之间相互独立。当轮廓数据内部存在相关性时，这种忽略轮廓内部相关性的第一阶段轮廓控制方法已不再适用。这种线性轮廓内部相关性会影响轮廓控制的监控性能，增加轮廓控制的难度。因此，需要针对存在内部相关性的线性轮廓数据，提出相应的轮廓控制参数识别方法。

在对存在内部相关性的轮廓进行第一阶段监控时，可以通过线性混合模型（linear mixed model, LMM）考虑轮廓内部相关性对轮廓模型的影响（Laird et al., 1982）。之后，众多学者基于线性混合模型构建了多种第一阶段轮廓控制图，以用于判断以内部相关性线性轮廓为质量特性的过程稳定性，从而实现受控轮廓集的识别和轮廓控制参数的确定。例如，可以基于样本均值和方差构建 T^2 控制图（Waternaux et al., 1989）。T^2 控制图的统计量的方差-协方差矩阵是由最佳线性无偏估计量（eblups）计算得出的，而最佳线性无偏估计量受异常轮廓的影响极大，从而降低了 T^2 控制图的灵敏度。因此，可以采用连续差分估计量（successive difference estimator，SDE）代替上述 T^2 统计量的方差-协方差矩阵（Jensen et al.，2008），并在此基础上构建基于样本均值和 SDE 的 T^2 控制图。与此类似，还可以基于最小体积椭球（minimum volume ellipsoid，MVE）构建 T^2 控制图（Amiri et al.，2010；Koosha and Amiri，2013）。以上方法都实现了对基于样本均值和方差的 T^2 控制图的改进。

总体来说，上述方法首先采用线性混合模型进行轮廓建模与参数估计，之后构建基于轮廓参数的 T^2 控制图，通过 T^2 控制图判断过程稳定性并剔除符合控制图判异准则的样本轮廓，实现受控轮廓集的识别。然而，基于上述方法的 T^2 控制图在估计方差-协方差矩阵和确定控制界限时全都采用了所有样本轮廓数据。样本轮廓中的异常轮廓会影响 eblups 方法的精确度，从而影响 T^2 控制图的识别能力，降低 T^2 控制图的灵敏性。这虽然可以基于剔除异常轮廓后的轮廓数据集再次估计方差-协方差矩阵和相关参数，并重新构建控制图来再次对过程进行判稳，直至经多次迭代后再无异常轮廓筛出，但是，当异常轮廓数量较多时，会增加该类方法的复杂性。因此，上述方法更适用于轮廓样本中含有较少异常轮廓的情形。

为降低样本轮廓中异常轮廓的影响，一种基于层次聚类（cluster based，CB）思想的受控轮廓识别方法得以提出（Chen et al.，2015）。该方法首先利用 LMM 模型对每条样本轮廓进行拟合并估计模型参数和 SDE；其次基于模型参数和 SDE 构建模型参数的相似矩阵；然后基于相似矩阵采用层次聚类算法对样本轮廓进行聚类，其中较早包含至少一半以上样本轮廓的簇即为选定的初始受控轮廓集；之后基于初始受控轮廓集构建 T^2 控制图，并分析不在初始受控轮廓集中的样本轮廓是否在控制图控制界限内，如果仍在受控界限内，则并入受控轮廓集内；最后重复上一步直至受控轮廓集不再发生变化为止，从而可以基于最终的受控轮廓集估计得出轮廓控制参数。该方法基于部分样本轮廓构建 T^2 控制图，一定程度上降低了异常轮廓的影响，且当与其他方法相比时，基于层次聚类的 T^2 控制图的性能更好。回顾此方法可以发现，此方法存在两个缺陷：一是隐性假定了样本轮廓中受控轮廓占比较大且超过一半；二是依赖于层次聚类方法。这两个缺陷会影响此方法的适用性和有效性。前者隐性假定更多依赖于主观经验；后者不仅会对样本数据中的离群点比较敏感，而且还会受距离度量选取的影响，使用不同的距离度量会出现不同的聚类结果。

众所周知，聚类分析是依据样本或指标特征，对其进行分类的方法，以实现类内样本具有很大相似性、类间相异性很大。常见的聚类分析方法有 K 均值聚类算法和层次聚类算法，但是都存在一些固有的算法缺陷。例如，K 均值聚类算法依赖于初始聚类中心点及其数量，层次聚类算法受离群点影响较大等。其中，K 均值聚类算法和层次聚类算法的结果受距离度量方法的影响较大。当样本数据分布密度相差较大时，基于样本数据点之间距离的聚类算法往往不能得出精确的分类结果（Breuning et al.，2000；曹科研等，2017）。因此，在轮廓第一阶段控制分析中，基于聚类的思想，并克服已有聚类算法受离群点和距离度量的影响，来识别受控轮廓集，值得深入讨论。

为降低因选取不同距离度量对基于聚类思想的轮廓控制参数识别的影响，可以利用基于密度（density based，DB）的度量分析确定初始受控轮廓。因此，针对存在内部相关性的线性轮廓第一阶段控制分析，将构建基于密度和层次聚类思想的轮廓控制参数识别方法。该方法旨在提供一个过程，这个过程对于识别第一阶段包括失控轮廓的样本轮廓中的受控轮廓集是稳健的。基于密度的内部相关性线性轮廓控制参数识别方法包括基于线性混合模型的轮廓建模、基于密度的初始受控轮廓集确定、基于逐次迭代方法的受控轮廓集识别和轮廓控制参数确定等。具体而言，所提方法基于 LMM 估计每个轮廓的参数向量，并将样本轮廓用这些估计出的参数向量来表示；使用样本轮廓参数向量计算样本轮廓的密度；再基于样本轮廓的密度确定一部分初始受控轮廓，排除异常轮廓，尤其是离群值的干扰，从而有效地克服层次聚类算法的缺陷；随后基于样本均值和 SDE 构建 T^2 控制图，根据 T^2 控制图的统计量识别余下的受控轮廓，并经过多次迭代获得最终受控轮廓集；在此基础上，采用参数均值方法确定轮廓控制参数。由此得到的轮廓控制参数，可用于构建第二阶段的轮廓控制图。

7.2 基于 LMM 的内部相关性线性轮廓建模

在生产加工过程中，假定已获取 m 条样本轮廓数据，且第 i 条样本轮廓的观测数据为 (x_{it}, y_{it})，$i = 1, 2, \cdots, m$；$t = 1, 2, \cdots, n$。假设在不

同轮廓中测量点位置固定，即当 t 不变时，$x_{it}=x_t$。可以采用线性混合模型（LMM）描述广义线性轮廓（Jensen et al., 2008），进而建立考虑内部相关性的线性轮廓模型为：

$$Y_i = X_i\beta + Z_ib_i + \varepsilon_i, \quad i=1, 2, \cdots, m \tag{7-1}$$

其中，$Y_i = (y_{i1}, y_{i2}, \cdots, y_{in})^T$ 为第 i 条样本轮廓的测量值向量；X_i 是 $n \times o$ 阶向量，表示第 i 条样本轮廓的测量点位置向量；β 为 $o \times 1$ 阶向量，表示轮廓的固定影响效应参数向量，且在不同的轮廓中 β 不变；Z_i 为 $n \times s$ 阶矩阵；b_i 为 $s \times 1$ 阶向量，表示轮廓的随机影响效应参数向量，$b_i \sim MN(0, G)$，其中，G 为 $s \times s$ 阶矩阵；ε_i 为第 i 条轮廓的随机误差项向量，$\varepsilon_i \sim MN(0, R_i)$，其中，$R_i$ 为 $n \times n$ 阶矩阵（Demidenko, 2004）。

进而，公式（7-1）模型的矩阵表达式（Ruppert et al., 2003）为：

$$y = X\beta + Zb + \varepsilon \tag{7-2}$$

其中，$y=(Y_1, Y_2, \cdots, Y_m)^T$；$X=(X_1, X_2, \cdots, X_m)^T$；$Z=\text{diag}(Z_i)$；$b=(b_1, b_2, \cdots, b_m)^T$，$b \sim MN(0, B)$，$B=\text{diag}(G)$；$\varepsilon \sim MN(0, R)$，$R=\text{diag}(R_i)$。相应地有，$y$ 的条件分布为 $y \mid b \sim MN(X\beta+Zb, R)$，$y$ 的边缘分布为 $y \sim MN(X\beta, V)$，y 的方差矩阵 $V=\text{var}(y)=ZBZ^T+R$。其中，β 和 b 的估计为：

$$\hat{\beta} = (X^TV^{-1}X)^{-1}X^TV^{-1}y \tag{7-3}$$

$$\hat{b} = BZ^TV^{-1}(y-X\hat{\beta}) \tag{7-4}$$

在实际情况中，V 在一般情况下是未知的，常用最大似然估计或最小二乘法得到 B 和 R（Ruppert et al., 2003），从而得出 V。在本章后续仿真分析设置中，假设 V 已知。

基于公式（7-3）和公式（7-4），可以得到第 i 条轮廓的参数向量：

$$\hat{\beta}_i = \hat{\beta} + \hat{b}_i \tag{7-5}$$

其中，$\hat{b}_i$ 表示由矩阵 $\hat{b}$ 中的第 i 行元素组成的向量。

7.3 基于密度的线性轮廓控制参数识别方法

7.3.1 轮廓密度的概念

此处将数据向量密度定义为，以空间内某个数据向量为中心的最小半径的倒数，且此最小半径需包含周围 P 个数据向量（陈皓等，2019）。其中，P 表示密度参数，可根据具体情况来确定。不难看出，可以根据密度大小确定数据向量为离群点的可能性。当某个数据向量的密度越小时，其离周围 P 个数据向量的最大距离就越大，则该数据向量为离群点的可能性就越大。具体来讲，假设空间内有一组数据向量集 $U_\omega = \{\gamma_1, \gamma_2, \cdots, \gamma_\omega\}$，其中 $\gamma_l = (\gamma_{1l}, \gamma_{2l}, \cdots, \gamma_{\varphi l})$，$l=1, 2, \cdots, \omega$，为 φ 维向量。对于任意数据向量，分别计算 γ_l 与其最近的 P 个数据向量的距离 $D_{p,l} = \{d_{1,l}, d_{2,l}, \cdots, d_{p,l}\}$，则数据向量 γ_l 的密度 ρ_l 为 $\rho_l = 1/D_{\max,l}$，其中，$D_{\max,l} = \max\{d_{1,l}, d_{2,l}, \cdots, d_{p,l}\}$。数据向量密度的矩阵式算法如下：

对于数据向量集 U_ω 中任意数据向量 γ_l、γ_j，其中，$\gamma_l = (\gamma_{1l}, \gamma_{2l}, \cdots, \gamma_{\varphi l})$，$l=1, 2, \cdots, \omega$，$\gamma_j = (\gamma_{1j}, \gamma_{2j}, \cdots, \gamma_{\varphi j})$，$j=1, 2, \cdots, \omega$，计算每个向量之间的距离

$$d_{ij} = \sqrt{(\gamma_{1l}-\gamma_{1j})^2+(\gamma_{2l}-\gamma_{2j})^2+\cdots+(\gamma_{\varphi l}-\gamma_{\varphi j})^2} \tag{7-6}$$

其中，$l=1, 2, \cdots, \omega$，$j=1, 2, \cdots, \omega$。令

$$D = \begin{pmatrix} d_{11} & \cdots & d_{1\omega} \\ \vdots & \ddots & \vdots \\ d_{\omega 1} & \cdots & d_{\omega\omega} \end{pmatrix} \tag{7-7}$$

并把矩阵 D 的每一行数值由小到大进行排序，得到密度矩阵 D^*。将密度矩阵 D^* 的第 P 列元素记为 $D_p^* = (d_{1p}, d_{2p}, \cdots, d_{\omega p})$，则第 l 个数据向量的密度 $\rho_l = 1/d_{lp}$，$l=1, 2, \cdots, \omega$。显然，d_{lp} 越小，数据向量的密度越大。

轮廓数据的轮廓密度计算比向量数据的密度计算更复杂，尤其是当轮廓数据内部存在相关性时。此处将轮廓密度定义为基于轮廓参数向量所计算得到的数据向量的密度。具体而言，先采用回归模型拟合每条轮廓，并用估计的参数向量表示每条轮廓。就本章所关注的内部相关性线性轮廓数据而言，即是采用公式（7-2）所示 LMM 模型拟合轮廓数据，并以模型参数向量表示各条轮廓。之后，根据参数向量计算数据向量的密度，从而作为每条轮廓的密度。

7.3.2 基于密度的轮廓参数识别算法

基于密度的轮廓控制参数识别算法包括轮廓数据建模、初始受控轮廓确定、受控轮廓集识别和轮廓控制参数确定等四个阶段。其中，初始受控轮廓确定阶段是整个轮廓控制参数识别方法的重点，是根据轮廓模型参数

向量的密度选定初始受控轮廓；受控轮廓集识别阶段则是基于初始受控轮廓确定阶段的初始受控轮廓构建 T^2 控制图来识别受控轮廓与异常轮廓。

与基于层次聚类的方法相比，基于密度的方法在确定初始受控轮廓时可以事先排除离群轮廓。因此，基于密度的方法可以有效降低离群轮廓对控制参数识别的影响。基于密度的轮廓控制参数识别流程如图 7-1 所示，具体步骤如下。

阶段 1：轮廓数据建模。

基于公式 (7-2) 对 m 条样本轮廓进行建模，并估计轮廓参数向量集 $C = \{\hat{\boldsymbol{\beta}}_1, \hat{\boldsymbol{\beta}}_2, \cdots, \hat{\boldsymbol{\beta}}_m\}$，其中，参数向量 $\hat{\boldsymbol{\beta}}_i$ 可以用来表示第 i 条轮廓。

阶段 2：确定初始受控轮廓。

本阶段将基于轮廓密度确定初始受控轮廓。首先，基于公式 (7-6) 和公式 (7-7) 中密度的矩阵式算法，计算并获得参数向量集 C 的密度矩阵 $\boldsymbol{D}_C$。之后，选取 $\boldsymbol{D}_C$ 中第 P 列的 m 个元素，并将其按照从大到小的顺序排列。最后，选取元素排列中前 Q 个元素所对应的轮廓作为初始受控轮廓集 C_0。此处，影响参数 Q 和 P 的取值基于密度的轮廓控制参数识别的性能。参数 Q 和 P 设置对所提方法的影响将在仿真分析部分讨论。

阶段 3：受控轮廓集识别。

（1）设定受控轮廓集为 C_q，并先设定其初始值为初始受控轮廓集，即 $C_q = C_0$。

（2）基于 C_q 中 Q 条轮廓数据，利用公式 (7-3) 至公式 (7-5) 更新 C_q 中每个轮廓的参数，并计算均值 $\bar{\boldsymbol{\beta}}$。记 $\boldsymbol{C}_{m-q} = \boldsymbol{C} - \boldsymbol{C}_q$ 为不包含在 C_q 中的轮廓集，并计算其中第 τ 个轮廓的 T^2 统计量为：

$$T_\tau^2 = (\hat{\boldsymbol{\beta}}_\tau - \bar{\boldsymbol{\beta}})^\mathrm{T} \hat{\boldsymbol{S}}_D (\hat{\boldsymbol{\beta}}_\tau - \bar{\boldsymbol{\beta}}), \quad \tau = 1, \cdots, m-q \tag{7-8}$$

其中，$\hat{\boldsymbol{S}}_D = \dfrac{1}{2(m-1)} \sum\limits_{i=1}^{m-1} (\hat{\boldsymbol{\beta}}_{i+1} - \hat{\boldsymbol{\beta}}_i)(\hat{\boldsymbol{\beta}}_{i+1} - \hat{\boldsymbol{\beta}}_i)^\mathrm{T}$ （Sullivan and Woodall, 1996），$\bar{\boldsymbol{\beta}} = \dfrac{\sum\limits_{1}^{q} \boldsymbol{\beta}_i}{q}$，$q$ 是已确定的受控轮廓个数。

（3）本方法将基于 T_τ^2 判断第 τ 个轮廓是否为受控轮廓，即若 $T_\tau^2 < \chi_{1-\alpha,p}^2$，则第 τ 个轮廓为受控轮廓。其中，$\chi_{1-\alpha,p}^2$ 为自由度为 p 的卡方分布的

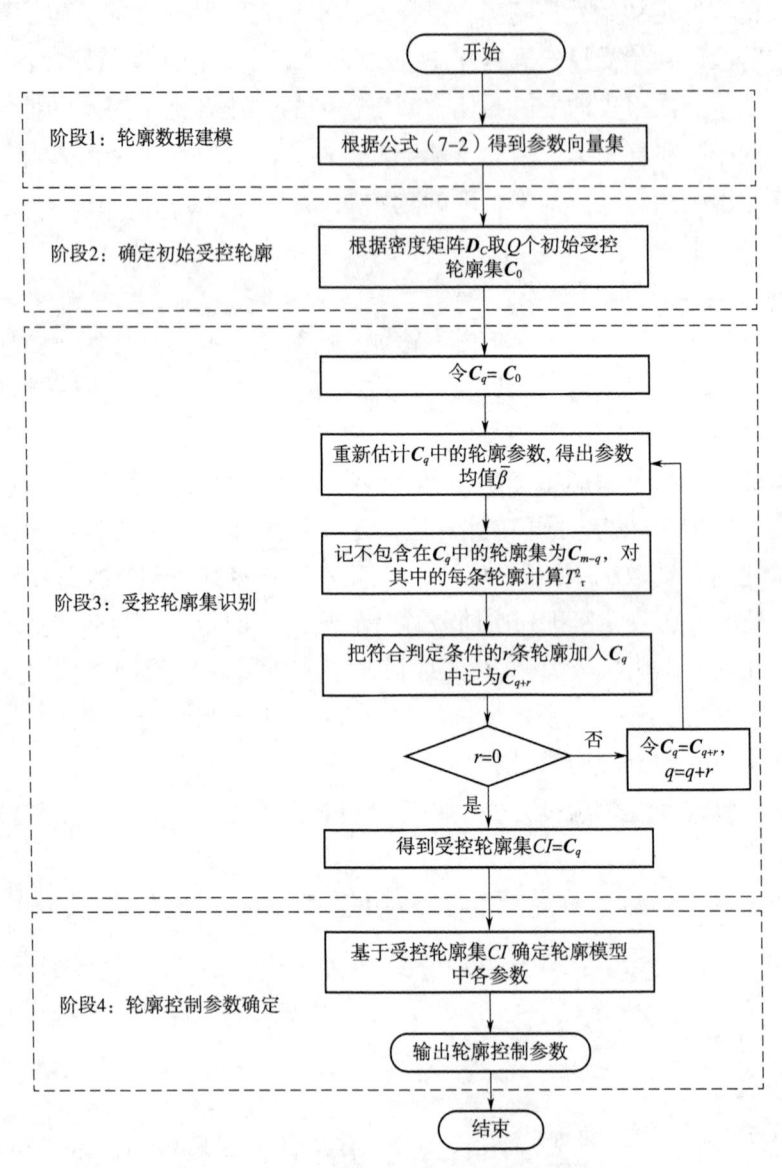

```
                      开始
                        │
┌─────────────────────────────────────────┐
│ 阶段1：轮廓数据建模   根据公式（7-2）得到参数向量集 │
└─────────────────────────────────────────┘
                        │
┌─────────────────────────────────────────┐
│ 阶段2：确定初始受控轮廓  根据密度矩阵$D_C$取$Q$个初始受控轮廓集$C_0$ │
└─────────────────────────────────────────┘
                        │
┌─────────────────────────────────────────┐
│                  令$C_q = C_0$             │
│                                         │
│       重新估计$C_q$中的轮廓参数，得出参数均值$\beta$   │
│                                         │
│   记不包含在$C_q$中的轮廓集为$C_{m-q}$，对其中的每条轮廓计算$T_τ^2$ │
│                                         │
│   把符合判定条件的$r$条轮廓加入$C_q$中记为$C_{q+r}$   │
│ 阶段3：受控轮廓集识别                          │
│            r=0  否 → 令$C_q=C_{q+r}$, $q=q+r$  │
│             是                              │
│           得到受控轮廓集$CI=C_q$               │
└─────────────────────────────────────────┘
                        │
┌─────────────────────────────────────────┐
│ 阶段4：轮廓控制参数确定  基于受控轮廓集$CI$确定轮廓模型中各参数 │
│                    输出轮廓控制参数            │
└─────────────────────────────────────────┘
                      结束
```

图7-1　基于密度的轮廓控制参数识别流程

$1-\alpha$分位数，α为置信水平。α对所提方法的影响也将在仿真分析部分讨论。被判定为受控轮廓的r条轮廓将被加入C_q中，从而受控轮廓集更新为C_{q+r}。

(4) 如果 $r=0$，那么 C_q 则为最终受控轮廓集 CI，且 $CI=C_q$，程序结束；若 $r\neq 0$，则令 $q=q+r$，$C_q=C_{q+r}$，并返回（2）。

阶段 4：轮廓控制参数确定。

利用所确定的受控轮廓集 CI，根据线性混合模型使用极大似然估计或最小二乘法，重新估计每条轮廓的参数，并求轮廓参数的均值，即可得轮廓控制参数。

7.4 性能分析与比较研究

轮廓控制参数识别方法的关键是正确地识别出受控轮廓集。性能分析与比较主要通过蒙特卡洛模拟来分析正确识别受控轮廓集的能力，并与已有方法进行比较分析。在模拟仿真分析中，假设有 m 条样本轮廓，其中前 m_1 条为受控轮廓，其余 $m-m_1$ 条为异常轮廓。针对 m_1 条受控轮廓，假设第 i 条受控轮廓的观测数据为 (x_{it}, y_{it})，且其轮廓模型为：

$$y_{it}=\beta_{1i}+\beta_{2i}x_{it}+\beta_{3i}x_{it}^2+\varepsilon_{it},\ i=1,2,\cdots,m_1,\ t=1,2,\ldots,n \tag{7-9}$$

这与陈等（Chen et al., 2015）在模拟分析中所采用的轮廓模型一致，其为广义线性轮廓模型。其中，n 表示每条轮廓内观测值的数目，$\varepsilon_i \sim MN(\mathbf{0}, \sigma^2 \mathbf{I}_{n\times n})$，$\beta_{1i}=\beta_3 \bar{x}^2+b_{1i}$，$\beta_{2i}=\beta_2-2\beta_3 \bar{x}^2+b_{2i}$，$\beta_{3i}=\beta_3+b_{3i}$。这里，$\boldsymbol{\beta}=(\beta_1, \beta_2, \beta_3)$ 表示轮廓的固定影响效应向量，对于每条轮廓都是相同的；$\boldsymbol{b}_i^T=(b_{1i}, b_{2i}, b_{3i})$ 为随机影响效应向量，且有：

$$\begin{pmatrix}b_{1i}\\b_{2i}\\b_{3i}\end{pmatrix} \sim MN\begin{pmatrix}\mathbf{0},\begin{pmatrix}\sigma_1^2 & 0 & 0\\ 0 & \sigma_2^2 & 0\\ 0 & 0 & \sigma_3^2\end{pmatrix}\end{pmatrix}$$

σ_1^2、σ_2^2 和 σ_3^2 分别为 b_{1i}、b_{2i} 和 b_{3i} 的方差，描述随机效应的波动情况。基于上述模型假设，公式（7-9）中的模型可以转化为公式（7-2）中的矩阵形式。另外，假设每条样本轮廓中观测点位置可以不同，且有 $\bar{x}=\sum_{i=1}^m\sum_{t=1}^n x_{it}/mn$，则当每条样本轮廓内观测点位置均相同时，对于不同的 i 有 $x_{it}=x_t$，且 $\bar{x}=\sum_{t=1}^n x_t/n$。

为考虑样本轮廓中的异常轮廓的建模，假设异常轮廓模型与受控轮廓模型形式一致但模型参数发生了异常变化。即在受控轮廓模型参数中加入

偏移量 δ 可以得出 $m-m_1$ 条异常轮廓，则异常轮廓的参数为 $\beta'_{1i} = (\beta_3+\delta)$ $\bar{x}^2+b_{1i}$，$\beta'_{2i}=\beta_2-2(\beta_3+\delta)\bar{x}^2+b_{2i}$，$\beta'_{3i} = (\beta_3+\delta) +b_{3i}$。在仿真分析中设定 $\sigma_1^2=\sigma_2^2=\sigma_3^2=0.5$，$\sigma^2=1$，$\beta_2=3$，$\beta_3=2$；$x_{ii}=t$，$i=1,2,\cdots,m$，$t=1,2,\cdots,n$；$m=30$，$m_1=20$，$n=10$；偏移量 δ 为 0.05、0.1、0.15、0.2、0.25、0.3。

基于蒙特卡洛模拟仿真分析的具体步骤如下：

（1）生成轮廓数据。面向线性混合模型 $y=X\beta+Zb+\varepsilon$，基于设定的模型参数生成均值为 **0**，方差为 **1** 的 30×10 阶 ε 随机矩阵，并生成 b_{0i}、b_{1i}、b_{2i} 向量。之后，根据输入的模型参数 $\beta_1=3$，$\beta_2=2$，可以分别得出受控轮廓模型参数 β_{1i}、β_{2i}、β_{3i} 和异常轮廓模型参数 β'_{1i}、β'_{2i}、β'_{3i}。最后，据此生成 m_1 条受控轮廓数据和 $m-m_1$ 条异常轮廓数据。

（2）估计轮廓模型参数。首先，根据线性混合模型 $y=X\beta+Zb+\varepsilon$，对生成的轮廓数据进行建模；**Z** 为以 Z_i 为对角线元素组成的矩阵，设定 Z_i 为 $n\times3$ 阶矩阵且对于不同的轮廓 Z_i 中所有元素都为 1；$b\sim MN(0,D)$，设定 **D** 为对角线元素为 **b** 方差的对角矩阵，本例中 **b** 方差为 0.5；$\varepsilon\sim MN(0,R)$，设定 **R** 为单位矩阵。然后根据公式 $\hat{\beta}=(X^T V^{-1}X)^{-1}X^T V^{-1}y$ 和 $\hat{b}=DZ^T V^{-1}(y-X\hat{\beta})$，得出随机影响效应参数 $\hat{\beta}$ 和 $\hat{b}$。最后根据估计出的 $\hat{\beta}$ 和 $\hat{b}$，使用公式 $\hat{\beta}_i=\hat{\beta}+\hat{b}_i$ 得出每个轮廓模型的参数估计 $\hat{\beta}_i$。

（3）受控轮廓集识别。根据 7.3.2 节中的轮廓参数识别算法，首先，基于估计出的轮廓参数计算每个轮廓参数的密度，选取一部分高密度轮廓作为初始受控轮廓，重新计算这些受控轮廓参数并求均值。然后，根据公式 $T_\tau^2=(\hat{\beta}_\tau-\bar{\beta})^T \hat{S}_D (\hat{\beta}_\tau-\bar{\beta})$ 分别计算样本轮廓中没有被选为初始受控轮廓的 T^2 统计量，如果得出的 T^2 统计量小于给定置信水平下的 T^2 值，则认为该轮廓受控，把该轮廓加入初始受控轮廓集中。最后，重新计算这些受控轮廓的参数并求均值，再计算样本轮廓中没有识别为受控轮廓的 T^2 统计量，找出受控轮廓，不断重复此步骤，直到再也找不出受控轮廓为止。

（4）计算单次模拟识别性能指标。分别统计样本轮廓被正确识别和错误识别的数量，并根据识别性能指标计算公式，计算此次模拟中的识别性能指标值。

（5）分析识别性能指标边际表现。重复以上步骤（1）至（4）的仿真过程 5 000 次，将每次得出的识别性能指标求平均值，即可得到内部相关性线性轮廓第一阶段分析性能指标值。该指标可以用于分析对应第一阶段分析方法的整体性能边际表现。

7.4.1 识别性能指标

轮廓控制参数识别方法正确识别受控轮廓集的能力，可以通过分类精度（FCC）、敏感性（sensitivity）、特异性（specificity）、假阳性率（FPR）和假阴性率（FNR）等性能指标来分析。基于表 7-1 的混淆矩阵，可根据表 7-2 的公式计算分类精度、敏感性、特异性、假阳性率和假阴性率等性能指标（Chen et al., 2015）。在表 7-1 的混淆矩阵中，a 为表示异常轮廓被正确识别出的个数，e 表示异常轮廓被错误识别出的个数，f 表示受控轮廓被错误识别出的个数，h 表示受控轮廓被正确识别出的个数。通过表 7-2 中各指标计算公式可以看出，分类精度，即准确度，是指分类结果与真实结果的接近程度；敏感性是指对异常轮廓识别的敏感度；特异性是指识别出受控轮廓的能力；假阳性率是指识别出异常轮廓的错误率；假阴性率是指识别出受控轮廓的错误率。显然，这些指标的取值范围均为 [0, 1]，而且当分类精度、敏感性和特异性这些指标的值越大，或假阳性率和假阴性率指标的值越小时，表明所分析方法正确识别受控轮廓集的能力越好。

表 7-1　混淆矩阵

分类情况	实际情况	
	异常轮廓	受控轮廓
异常轮廓	a	f
受控轮廓	e	h

表 7-2　性能指标公式

指标	分类精度	敏感性	特异性	假阳性率	假阴性率
公式	$\dfrac{a+h}{a+e+f+h}$	$\dfrac{a}{a+e}$	$\dfrac{h}{f+h}$	$\dfrac{f}{f+h}$	$\dfrac{e}{a+e}$

通过分析识别性能的指标发现：

$$敏感性 = 1 - 假阴性率 \qquad (7\text{-}10)$$

$$\text{特异性} = 1 - \text{假阳性率} \tag{7-11}$$

因此，可以仅采用敏感性和特异性，或假阳性率和假阴性率一组性能指标进行分析。

此外，还可以分析得出，特异性和敏感性呈现负相关关系，即敏感性的值变大（小）时特异性的值则会变小（大）。这会为同时采用敏感性和特异性比较不同方法性能时带来一定困难。因此，为方便后续的方法比较，可采用约登指数（Youden index）综合考虑敏感性和特异性指标分析受控轮廓集正确识别的能力（Youden, 1950; Hilden and Glasziou, 1996; Glas et al., 2003; Schisterman et al., 2007）。约登指数定义为：

$$\text{约登指数} = \text{敏感性} + \text{特异性} - 1 \tag{7-12}$$

类似地，约登指数的取值范围也为 [0, 1]，且取值越大识别性能越好。后续分析中将以分类精度和约登指数两个指标为主，参考敏感性和特异性指标分析参数取值和置信水平的影响，并对基于密度的轮廓控制参数识别方法与已有方法进行对比分析。

7.4.2 识别性能分析

由于基于密度的内部相关性线性轮廓控制参数识别方法依赖于密度参数 P、初始受控轮廓数目 Q 和置信水平 α，因此在识别性能分析中将研究在 P、Q 和 α 的不同取值情况下该方法识别性能的具体表现。

为分析参数 P 和 Q 对识别性能的影响时，首先通过多次蒙特卡洛模拟仿真初步分析参数 P 和 Q 的取值及其对应的性能指标取值。根据初步分析结果得知，当 P 和 Q 的值处于区间 $[[m/3]+1, [m/2]+1]$ 内时，性能指标相对较好。因此，为进一步分析该方法的识别性能，将分析 P 和 Q 不同取值的以下4种组合，即

C1：$P=[m/2]+1$，$Q=[m/2]+1$；
C2：$P=[m/3]+1$，$Q=[m/2]+1$；
C3：$P=[m/2]+1$，$Q=[m/3]+1$；
C4：$P=[m/3]+1$，$Q=[m/3]+1$。

置信水平 α 通常的取值范围为 [0.005, 0.05]，故而将分析此范围内 α 的不同取值对该方法识别性能的影响。此外，还将分析偏移量 δ 在不同取值下识别性能的变化。在蒙特卡洛仿真分析中，除非特别说明，不同偏移

量下各参数组合模拟仿真次数均为5 000次。表7-3至表7-5分别列出了 α 取 0.005、0.025 和 0.05 下参数 P 和 Q 不同组合下对应不同偏移量时各识别性能指标的模拟仿真结果，其中加粗数字为特定偏移量下不同参数组合中分类精度和约登指数的最优结果。

表7-3 参数 P 和 Q 不同组合下识别性能比较（$\alpha=0.005$）

偏移量	组合	分类精度	敏感性	特异性	约登指数
0.05	C1	0.668 0	0.022 2	0.990 9	0.013 1
	C2	0.667 8	0.022 7	0.990 4	0.013 1
	C3	0.667 4	0.020 5	0.990 8	0.011 4
	C4	**0.668 2**	0.023 9	0.990 3	**0.014 2**
0.1	C1	0.688 1	0.091 1	0.986 6	0.077 7
	C2	0.691 5	0.099 7	0.987 4	0.087 1
	C3	0.690 9	0.097 1	0.987 9	0.085 0
	C4	**0.696 2**	0.113 7	0.987 4	**0.101 1**
0.15	C1	0.756 2	0.288 2	0.990 2	0.278 3
	C2	0.765 9	0.315 9	0.990 9	0.306 8
	C3	0.764 8	0.312 5	0.990 9	0.303 4
	C4	**0.781 0**	0.361 6	0.990 7	**0.352 4**
0.2	C1	0.855 9	0.577 3	0.995 2	0.572 5
	C2	0.864 0	0.603 8	0.994 0	0.597 9
	C3	0.873 2	0.629 9	0.994 8	0.624 7
	C4	**0.889 6**	0.681 0	0.993 8	**0.674 8**
0.25	C1	0.940 2	0.829 1	0.995 8	0.824 9
	C2	0.940 0	0.829 3	0.995 4	0.824 7
	C3	0.956 1	0.876 7	0.995 7	0.872 5
	C4	**0.961 3**	0.894 5	0.994 7	**0.889 3**
0.3	C1	0.981 9	0.954 4	0.995 7	0.950 1
	C2	0.972 4	0.926 3	0.995 5	0.921 8
	C3	**0.987 6**	0.971 0	0.995 9	**0.967 0**
	C4	0.983 9	0.962 8	0.994 4	0.957 2

表 7-4 参数 P 和 Q 不同组合下识别性能比较 ($\alpha=0.025$)

偏移量	组合	分类精度	敏感性	特异性	约登指数
0.05	C1	0.664 7	0.069 2	0.962 4	0.031 6
	C2	0.662 7	0.068 5	0.959 7	0.028 3
	C3	0.665 0	0.071 7	0.961 7	0.033 4
	C4	**0.665 3**	0.073 8	0.961 1	**0.034 9**
0.1	C1	0.704 6	0.197 6	0.958 0	0.155 7
	C2	0.708 6	0.210 9	0.957 5	0.168 4
	C3	0.708 0	0.209 3	0.957 4	0.166 6
	C4	**0.714 6**	0.231 7	0.956 0	**0.187 8**
0.15	C1	0.796 1	0.447 6	0.970 4	0.418 0
	C2	0.805 0	0.476 4	0.969 3	0.445 7
	C3	0.808 0	0.486 8	0.968 6	0.455 4
	C4	**0.822 2**	0.533 1	0.966 7	**0.499 8**
0.2	C1	0.891 9	0.718 0	0.978 8	0.696 8
	C2	0.894 7	0.733 2	0.975 4	0.708 6
	C3	0.913 8	0.786 7	0.977 4	0.764 1
	C4	**0.920 4**	0.819 4	0.970 9	**0.790 4**
0.25	C1	0.947 8	0.886 1	0.978 6	0.864 7
	C2	0.948 2	0.890 3	0.977 2	0.867 5
	C3	0.966 8	0.945 2	0.977 6	0.922 8
	C4	**0.966 8**	0.952 5	0.974 0	**0.926 5**
0.3	C1	0.975 4	0.967 7	0.979 2	0.946 9
	C2	0.967 5	0.948 5	0.977 0	0.925 5
	C3	**0.983 3**	0.991 8	0.979 0	**0.970 9**
	C4	0.978 0	0.986 4	0.973 8	0.960 2

表 7-5 参数 P 和 Q 不同组合下识别性能比较 ($\alpha=0.05$)

偏移量	组合	分类精度	敏感性	特异性	约登指数
0.05	C1	0.655 9	0.108 0	0.929 8	0.037 8
	C2	0.657 3	0.114 3	0.928 8	0.043 1

续表

偏移量	组合	分类精度	敏感性	特异性	约登指数
0.05	C3	**0.658 5**	0.115 0	0.930 2	**0.045 2**
	C4	0.656 1	0.117 5	0.925 4	0.043 0
0.1	C1	0.709 1	0.270 5	0.928 3	0.198 8
	C2	0.714 4	0.285 0	0.929 0	0.214 0
	C3	0.714 2	0.286 5	0.928 1	0.214 6
	C4	**0.719 5**	0.309 2	0.924 6	**0.233 8**
0.15	C1	0.802 6	0.518 5	0.944 6	0.463 1
	C2	0.808 8	0.539 3	0.943 6	0.482 8
	C3	0.822 8	0.575 6	0.946 3	0.522 0
	C4	**0.833 5**	0.616 7	0.941 8	**0.558 5**
0.2	C1	0.889 1	0.753 3	0.957 1	0.710 3
	C2	0.893 8	0.775 7	0.952 8	0.728 5
	C3	0.916 0	0.837 5	0.955 2	0.792 7
	C4	**0.918 6**	0.863 5	0.946 1	**0.809 6**
0.25	C1	0.935 3	0.895 3	0.955 3	0.850 6
	C2	0.937 5	0.903 9	0.954 2	0.858 1
	C3	**0.956 9**	0.961 0	0.954 9	**0.915 9**
	C4	0.954 2	0.967 0	0.947 7	0.914 7
0.3	C1	0.962 8	0.970 4	0.959 0	0.929 4
	C2	0.954 0	0.954 1	0.953 9	0.908 0
	C3	**0.970 1**	0.994 3	0.958 0	**0.952 3**
	C4	0.964 0	0.989 3	0.951 4	0.940 7

7.4.2.1 参数 P 和 Q 的影响分析

通过分析表 7-3 至表 7-5，可以得出参数 P 和 Q 对识别性能影响的相关结论：

（1）针对特定偏移量，无论置信水平 α 取何值，依据分类精度所比较的不同参数 P 和 Q 取值组合下的识别性能表现与依据约登指数所得到的识别性能结果类似。

(2) 给定置信水平 α，对于特定参数 P 和 Q 组合，随着偏移量的不断增加，分类精度和约登指数也在逐步变大；而且当偏移量大于等于 0.25 时，分类精度和约登指数的取值大都超过 0.95，并接近于 1。

(3) 给定置信水平 α、参数 P 和 Q 组合时，随着偏移量的不断增加，特异性总体呈现增大趋势，但增大的幅度较小，即在不同偏移量下特异性基本类似，意味着受控轮廓识别能力基本稳定；同时，敏感性指数随着偏移量增加急剧增加，意味着对异常轮廓的识别能力迅速提升。

(4) 给定置信水平 α，当 P 一定时，对于任意偏移量，采用较小的 Q 值可获得分类精度和约登指数的较优结果。

(5) 给定置信水平 α，当 Q 一定时，对于小于等于 0.25 的偏移量，P 较小时分类精度和约登指数结果较优；而对于偏移量大于 0.25 的情况，P 较大时可获得较好的性能。

(6) 通过比较参数 P 和 Q 在不同组合下的分类精度和约登指数的值，可以发现，无论 P 取何值，当 $Q=[m/3]+1$ 时总能获得最优识别性能。

结合上述分析，在实际应用中，可以设定参数 Q 为 $[m/3]+1$，然后再根据偏移量大小设定参数 P 的值。具体而言，当偏移量为中小偏移时，设定 $P=[m/3]+1$ 且 $Q=[m/3]+1$；当偏移量为大偏移时，设定 $P=[m/2]+1$ 且 $Q=[m/3]+1$。

然而，上述参数 P 和 Q 的设定需要假设偏移量根据以往经验预先已知。当偏移量未知时，建议选取参数组合 C4，即设定参数 P 和 Q 分别为 $[m/3]+1$ 和 $[m/3]+1$。因为，虽然对于大偏移的情况，组合 C4 下分类精度和约登指数的取值比组合 C3 下要低，但是也超过了 0.95，并逐渐接近于 1。

7.4.2.2 置信水平 α 的影响分析

基于前述分析结果，将在参数 P 和 Q 分别取 $[m/3]+1$ 和 $[m/3]+1$ 的情况下进一步研究置信水平 α 对所提方法性能的影响。在不同 α 取值下，分类精度和约登指数随偏移变化情况做进一步总结并绘制在图 7-2 中。

由图 7-2 可知，对于偏移量为中小偏移的情况，$\alpha=0.05$ 时，分类精度和约登指数均为最优，除了分类精度在偏移量为 0.05 时取值最小之外。

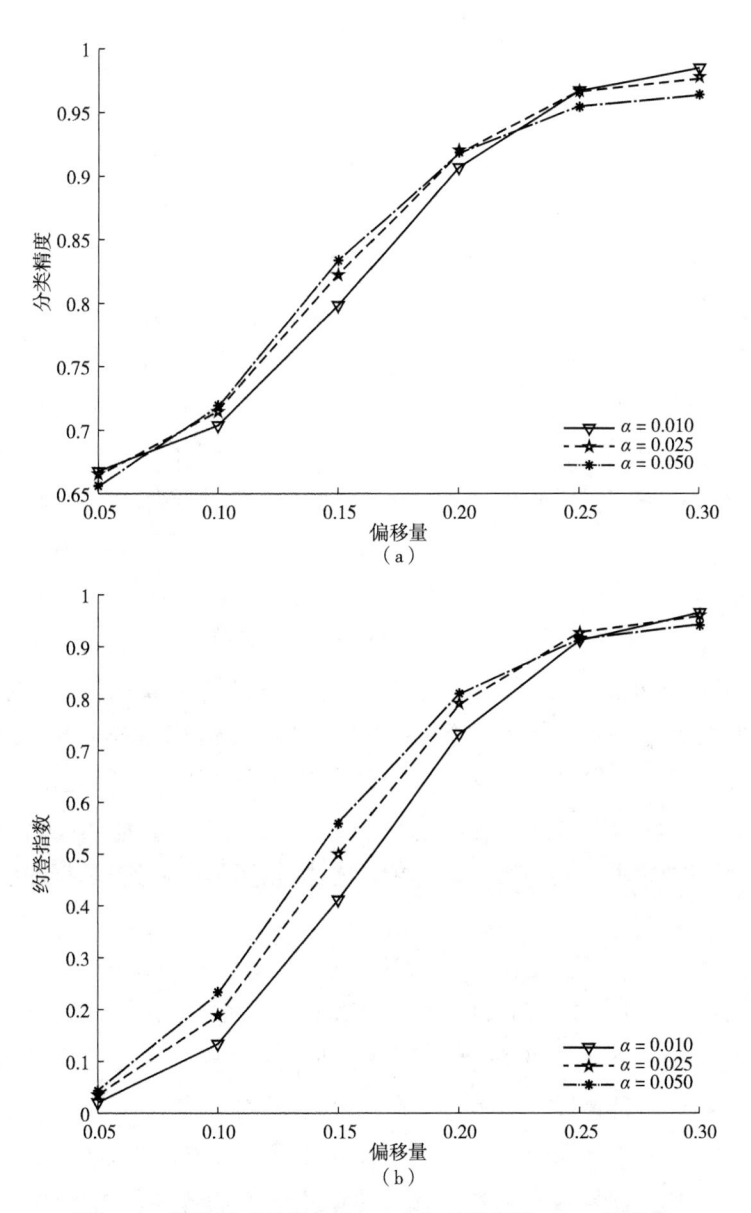

图 7-2　偏移量对分类精度 (a) 和约登指数 (b) 的影响

而当偏移量较大时，$\alpha=0.01$ 时性能较优。因此，若偏移量已知，可以为中小偏移给定相对较大的 α 值，此时识别准确性不高，较大的 α 值能够有效控制第 II 类错误的发生；而对于较大偏移，可以设定相对较小的 α 值以降低识别准确性很高时容易发生的第Ⅰ类错误的概率。

然而，当实际应用中偏移量未知时，建议 α 设定为 0.05。尽管较大的 α 值会削弱偏移量较大时该提方法的识别性能，但是偏移量较大时分类精度和约登指数都非常接近于1，也能得到良好的分类效果。

7.4.3 与其他方法比较分析

为比较分析基于密度的轮廓控制参数识别方法与其他方法的识别性能，将选取基于层次聚类的分析方法（Chen et al.，2015）、基于最小体积椭球的分析方法（Koosha and Amiri，2013）和基于连续差分的分析方法（Jensen et al.，2008），分别记为 CB 方法、MVE 方法和 SDE 方法。其中，MVE 方法和 SDE 方法均是基于 LMM 模型参数构建 T^2 控制图来识别失控样本轮廓并剔除，利用所剩余的样本轮廓更新 T^2 控制图控制界限并再次识别是否存在失控样本轮廓，重复此过程直至再无失控样本轮廓，所剩余的样本轮廓即为受控轮廓集，以用于轮廓控制参数的确定。两者的不同之处在于 T^2 控制图构建时所采用的方差-协方差矩阵估计方法不同，分别采用了 MVE 和 SDE 估计方法。CB 方法是借鉴层次聚类思想，首先通过对模型参数的聚类算法确定初始受控轮廓集，然后基于 SDE 估计方法构建 T^2 控制图分析不在初始受控轮廓集中的样本轮廓是否受控，从而得出受控轮廓集。此外，基于密度的线性轮廓控制参数识别方法即为 DB 方法，其与 CB 方法最大的不同在于 DB 方法中初始受控轮廓集的确定是基于密度分析得到的，而不是采用聚类算法。

在比较分析基于密度的分析方法（DB）与已有方法的识别性能时选取 $P=[m/3]+1$，$Q=[m/3]+1$，因为在大多数情况下参数 P 和 Q 的组合可以使得 DB 方法的识别性能更优。另外，DB 方法考虑 α 取 0.005、0.025 和 0.05 三种情况。在性能比较分析中采用蒙特卡洛模拟仿真，各种方法的性能指标结果均基于 5 000 次重复计算。各方法识别性能结果列于表 7-6 中，其中加粗数字为特定偏移量下不同方法各性能指标中的最优结果。通过表 7-6 可以得出如下结论：

（1）根据敏感性指标，可以发现在特定偏移量下 DB 方法的敏感性取值随着 α 值的增加而增加。无论 α 取何值，DB 方法均优于其他三种方法，尤其是在中小偏移量下其优势非常大，在大偏移量时也具有明显优势。此外，其他三种方法的敏感性均随偏移量的增加而变强，尤其是 CB 方法敏感性的提升非常快。由此可以看出，基于聚类思想的方法，如 DB 方法和 CB 方法，在敏感性上具有一定优势。

（2）依据特异性指标，在特定偏移量下 DB 方法的特异性取值随着 α 值的增加而降低。无论 α 取何值，DB 方法均要弱于其他三种方法，但是差距不大，尤其是当 α 取 0.005 时。此外，CB 方法的特异性表现在绝大多数情况下最好。

（3）根据约登指数，在中小偏移时，采用 $\alpha = 0.05$ 的 DB 方法要优于其他方法；而在中到大偏移时，采用 $\alpha = 0.025$ 的 DB 方法要优于其他方法。这主要是由于约登指数综合考虑了敏感性和特异性，而且 DB 方法的敏感性具有绝对的优势。在其他三种方法中，CB 方法要绝对优于其他两种方法。

（4）依据分类精度可以看出，在小偏移时，采用 $\alpha = 0.05$ 的 DB 方法要优于其他方法；在中度偏移时，采用 $\alpha = 0.025$ 的 DB 方法具有较大的优势；而在大偏移时，采用 $\alpha = 0.005$ 的 DB 方法要优于其他方法。同样，在其他三种方法中，CB 方法的识别性能表现比其他两种方法要好。

表 7-6 不同分析方法的性能表现

偏移量	方法	α	分类精度	敏感性	特异性	约登指数
0.05	DB	0.005	**0.668 2**	0.023 9	0.990 3	0.014 2
		0.025	0.665 3	0.073 8	0.961 1	0.034 9
		0.050	0.656 1	**0.117 5**	0.925 4	**0.043 0**
	CB	0.050	0.667 4	0.005 9	**0.998 1**	0.004 0
	MVE	0.050	0.667 0	0.005 9	0.997 8	0.003 3
	SDE	0.050	0.666 3	0.003 0	0.997 9	0.000 9
0.1	DB	0.005	0.696 2	0.113 7	0.987 4	0.101 1
		0.025	0.714 6	0.231 7	0.956 0	0.187 8
		0.050	**0.719 5**	**0.309 2**	0.924 6	**0.233 8**
	CB	0.050	0.678 7	0.039 1	**0.997 8**	0.036 9
	MVE	0.050	0.673 1	0.028 2	0.995 5	0.023 7
	SDE	0.050	0.666 1	0.003 2	0.997 6	0.000 8

续表

偏移量	方法	α	分类精度	敏感性	特异性	约登指数
0.15	DB	0.005	0.781 0	0.361 6	0.990 7	0.352 4
		0.025	0.822 2	0.533 1	0.966 7	0.499 8
		0.050	**0.833 5**	**0.616 7**	0.941 8	**0.558 5**
	CB	0.050	0.726 8	0.183 2	**0.998 6**	0.181 8
	MVE	0.050	0.691 3	0.089 9	0.992 0	0.081 9
	SDE	0.050	0.666 7	0.004 0	0.998 0	0.002 0
0.2	DB	0.005	0.889 6	0.681 0	0.993 8	0.674 8
		0.025	**0.920 4**	0.819 4	0.970 9	0.790 4
		0.050	0.918 6	**0.863 5**	0.946 1	**0.809 6**
	CB	0.050	0.823 4	0.471 6	**0.999 3**	0.470 9
	MVE	0.050	0.722 7	0.194 6	0.987 1	0.181 1
	SDE	0.050	0.668 6	0.009 6	0.998 1	0.007 7
0.25	DB	0.005	0.961 3	0.894 5	0.994 7	0.889 3
		0.025	**0.966 8**	0.952 5	0.974 0	**0.926 5**
		0.050	0.954 2	**0.967 0**	0.947 7	0.914 7
	CB	0.050	0.921 9	0.767 0	**0.999 4**	0.766 6
	MVE	0.050	0.762 7	0.324 1	0.982 1	0.306 2
	SDE	0.050	0.676 1	0.032 2	0.998 1	0.030 3
0.3	DB	0.005	**0.983 9**	0.962 8	0.994 4	0.957 2
		0.025	0.978 0	0.986 4	0.973 8	**0.960 2**
		0.050	0.964 2	**0.989 3**	0.951 4	0.940 7
	CB	0.050	0.974 9	0.925 6	0.997 8	0.923 4
	MVE	0.050	0.805 2	0.460 4	**0.998 2**	0.458 6
	SDE	0.050	0.695 5	0.091 8	0.997 8	0.089 6

综上可得，无论是根据分类精度还是根据约登指数，当选取 $P = [m/3] + 1$，$Q = [m/3] + 1$ 时，DB方法的综合识别性能表现均优于其他方法。另外，当偏移量较小时，推荐采用 $α$ 值较小的 DB 方法；而当偏移量较大时，推荐采用 $α$ 值较大的 DB 方法。也就是说，随着偏移量

的增加，DB 方法可以通过调大 α 的取值来增强其识别受控和失控轮廓集的能力。

7.5 应用示例分析

本节通过示例说明基于密度的内部相关性线性轮廓控制参数识别方法。基于上节中公式（7-9）的受控线性轮廓模型及受控轮廓模型设置，共生成 9 条样本轮廓，其中，6 条轮廓来自受控轮廓，3 条来自失控轮廓。在失控轮廓模型中，偏移量 δ 为 0.15。图 7-3 为生成的 9 条样本轮廓，其中虚线为受控轮廓，实线为失控轮廓。从图 7-3 中不能直接将实线失控样本轮廓与虚线受控样本轮廓区别开。

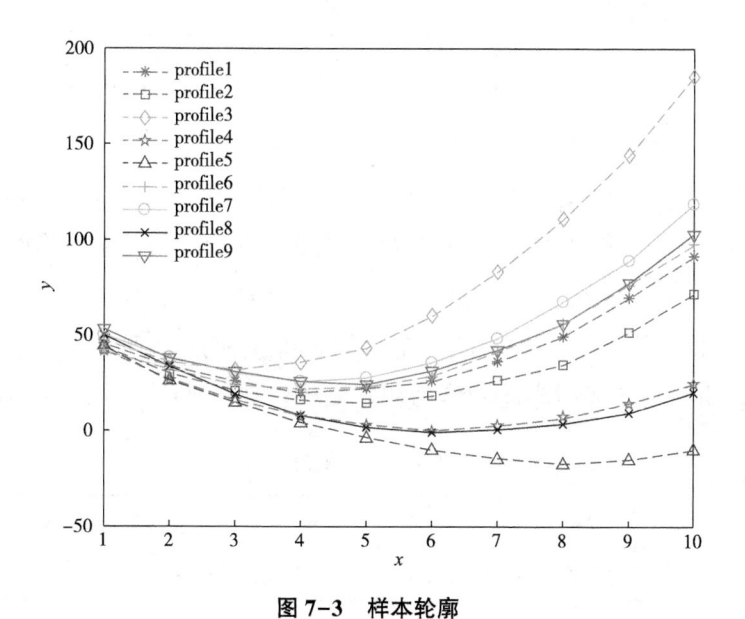

图 7-3 样本轮廓

阶段 1：轮廓数据建模。

基于所生成的样本轮廓数据，采用公式（7-3）进行建模。首先估计 LMM 模型参数，得到 $\hat{\boldsymbol{\beta}} = (64.313\,9, -20.014\,8, 2.140\,5)^T$。之后，根据 $\hat{\boldsymbol{\beta}}$ 可以计算得到 $\hat{\boldsymbol{b}}_i$，并继而得到 $\hat{\boldsymbol{\beta}}_i$。所生成的 9 条样本轮廓的 $\hat{\boldsymbol{b}}_i$ 和 $\hat{\boldsymbol{\beta}}_i$ 分别如表 7-7 和表 7-8 所示。

表 7-7　所估计的样本轮廓的 $\hat{b}_i$ 值

轮廓序号	1	2	3	4	5	6	7	8	9
$\hat{b}_{0i}$	-0.131 1	-1.354 4	-0.278 9	-1.482 3	-0.637 7	-1.515 7	1.535 1	1.534 7	2.330 4
$\hat{b}_{1i}$	0.223 3	-0.213 5	0.034 9	-0.505 7	-0.076 0	0.324 0	0.157 2	-0.428 9	0.484 7
$\hat{b}_{2i}$	0.116 7	-0.028 2	1.078 5	-0.455 7	-0.875 5	0.201 9	0.362 6	-0.561 3	0.161 0

表 7-8　所估计的样本轮廓的 $\hat{\beta}_i$ 值

轮廓序号	1	2	3	4	5	6	7	8	9
$\hat{\beta}_{0i}$	64.183	62.959	64.035	62.832	63.676	62.798	65.849	65.849	66.644
$\hat{\beta}_{1i}$	-19.792	-20.228	-19.980	-20.521	-20.091	-19.691	-19.858	-20.444	-19.530
$\hat{\beta}_{2i}$	2.257	2.112	3.219	1.685	1.265	2.342	2.503	1.579	2.301

阶段 2：确定初始受控轮廓。

本例中选取 $P=3$，$Q=3$。针对第一条样本轮廓，计算 $\hat{\beta}_1$ 和其他 $\hat{\beta}_i$ 的距离，记为 d_{1i}；之后将 d_{1i} 按从小到大的顺序进行排序，并选取第 3 个距离为 $\hat{\beta}_1$ 的密度，记为 d_{1r}。类似地，可以针对其余 8 条轮廓计算得到 d_{2r}，d_{3r}，…，d_{9r}。所生成的 9 条样本轮廓的密度按照从小到大的顺序列在表 7-9 中。选取前 3 条样本轮廓作为初始受控轮廓，则 $C_0 = \{2, 4, 6\}$。

表 7-9　所生成样本轮廓的密度 d_{ir}

轮廓序号	2	4	6	7	5	1	8	9	3
d_{ir}	0.607	1.036	1.059	1.094	1.118	1.154	1.411	1.411	1.543

阶段 3：识别受控轮廓集。

令 $C_q = C_0$。利用 LMM 模型针对 C_q 中的样本轮廓数据重新估计模型参数。对于不在 C_q 中的第 τ 个样本轮廓，计算其 T^2 统计量 T_τ^2，如表 7-10 所示。本例中选取 $\alpha = 0.05$，则可知 $\chi^2_{1-\alpha,3} = 7.814\ 7$。通过表 7-10 可以看出第 1、3 和 5 条样本轮廓的 T^2 统计量 T_τ^2 值小于 $\chi^2_{1-\alpha,3}$，则这 $r=3$ 条轮廓将被加入 C_q 中，即 $C_{q+r} = \{2, 4, 6, 1, 3, 5\}$。

表 7-10　不在 C_q 中样本轮廓的统计量 T_τ^2

轮廓序号	1	3	5	7	8	9
T_i^2	2.621 1	5.652 0	4.898 8	9.227 3	12.886 6	17.759 9

因为 $r \neq 0$，则令 $C_q = C_{q+r} = \{2, 4, 6, 1, 3, 5\}$。同时，针对 C_q 中的样本轮廓数据再重新估计模型参数，并计算不在 C_q 中各条轮廓的 T^2 统计量 T_τ^2，如表 7-11 所示。通过表 7-11 可以看出，所有 T^2 统计量均大于 $\chi^2_{1-\alpha,3}$，那么符合的轮廓可以加入 C_q 中。因此，$r = 0$，则可以得到最终的受控轮廓集为 $CI = C_q = \{2, 4, 6, 1, 3, 5\}$。

表 7-11　不在新的 C_q 中样本轮廓的统计量 T_τ^2

轮廓序号	7	8	9
T_i^2	56.286 8	43.114 1	42.676 1

阶段 4：确定轮廓控制参数。

基于最终受控轮廓集为 $CI = \{2, 4, 6, 1, 3, 5\}$，可以重新估计 CI 中每条轮廓的参数，并求得轮廓参数的均值，从而得到轮廓控制参数，进而基于所确定的轮廓控制参数构建第二阶段用轮廓控制图，以用于第二阶段的内部相关性线性轮廓控制。

通过上述示例可以发现，该方法可以准确地将失控样本轮廓与受控样本轮廓区分开，并进而得到受控轮廓集，为确定轮廓控制参数奠定基础。

7.6　本章小结

轮廓控制第一阶段分析的主要目的是判断过程稳定，识别受控轮廓集，并确定轮廓控制参数，为第二阶段构建控制图奠定基础。目前已有的第一阶段轮廓控制参数识别方法受异常轮廓的干扰较大。本章的基于密度的轮廓控制参数识别方法，改进了以往选择初始受控轮廓的方法，进而提高了估计轮廓参数 $\overline{\beta}$ 的准确性，获得了更为稳健的 T^2 统计量，从而可以提高识别性能。本章建议使用约登指数作为性能指标，以使得各种方法进行性能比较时更加方便。此外，基于蒙特卡洛模拟，分析了该方法中初始受

控轮廓数目 Q、密度参数 P 和置信水平 α 对识别性能的影响，并给出了当偏移量未知时 Q、P 和 α 的设定建议。最后，比较分析了该方法与其他方法的识别性能。结果显示，综合分类精度和约登指数的结果，认为基于密度的轮廓控制参数识别方法的性能要优于其他方法。因此，基于密度的轮廓控制参数识别方法在很大程度上削弱了异常轮廓对 T^2 控制图的干扰，对于识别产品或过程中的受控轮廓集非常有效。

由于基于密度的方法依赖于初始受控轮廓数目 Q 和密度参数 P，从而影响初始受控轮廓集的确定，因此，可以综合考虑运用其他方法，如 K 均值聚类等，来改进初始受控轮廓集的确定。例如，首先基于不同方法各自确定初始受控轮廓集，然后取交集作为改进后的初始受控轮廓集，从而进一步提升识别的准确率和轮廓控制参数的合理性。

8 内部相关性线性轮廓控制方法

8.1 引言

内部相关性线性轮廓第二阶段控制方法旨在基于通过第一阶段所确定的控制参数，建立控制图，以便当过程出现异常时及时基于轮廓数据给出过程异常预警信号，实现轮廓监控。在针对具有内部相关性的线性轮廓进行监控时，不仅需要考虑轮廓内部数据相关性对线性轮廓进行建模，还需要在监控线性轮廓整体趋势的同时，考虑监测轮廓内相关性的变化。

具有内部相关性（WPC）轮廓数据建模是监控轮廓数据的基础。自相关模型（Soleimani et al.，2009）、线性混合效应模型（linear mixed models，LMM）（Jensen et al.，2008）和非线性混合效应模型（nonlinear mixed models，NLMM）（Jensen et al.，2009）等可用于对呈现内部相关性的线性和非线性轮廓进行建模，包括基于 LMM 的多项式轮廓内自相关建模（Amiri et al.，2010）。众所周知，自相关模型仅考虑轮廓内数据在某一方向的相关性，但是，实际中轮廓内部相关性在轮廓曲线的两个方向上都会存在，尤其是对于制造加工零部件的外形轮廓曲线。虽然线性混合效应模型可以实现对轮廓内部相关关系的描述，但是对于复杂的相关关系，其会有较多模型参数，且模型参数关系较为复杂，不便于构建轮廓控制图。

为监控具有内部相关性的简单线性轮廓，在采用一阶自回归（AR(1)）模型对简单线性轮廓进行建模的基础上，可以使用数据变换方法消除轮廓内部观测数据的相关性，并基于变换后数据模型提出构建第二阶段控制方法（Soleimani et al.，2009）。该数据变换方法基于自相关系数进行变换，且假设自相关系数已知。然而，这在实践中通常是无效的，并且自相关系数应该首先根据来自过程受控历史轮廓数据进行估计。自相关系数估计对已有轮廓控制图监控性能的影响值得进一步研究，以便为后续研究奠定基础。

另外，现有大多数研究仅监测相关性的变化，并未考虑同时监测轮廓均值与相关性的变化。选择较为简单的内部相关性轮廓模型，并建立同时监控轮廓均值和相关性的控制方法，仍具有一定的挑战性。因此，为考虑监控具有内部相关性的线性轮廓，首先需要考虑选取模型参数较少、柔性较强的内部相关性模型，以作为轮廓控制方法建立的基础。为描述线性轮廓内部相关关系，本章在线性模型中引入高斯过程模型（Gaussian process model，GPM），作为拟合内部相关性线性轮廓数据的模型。由于高斯过程模型具有灵活性，能描述多种系统误差及多种空间几何特性，其在工程中应用广泛（Xia et al.，2008）。本章虽然利用 GPM 模型对系统制造误差进行了建模，并基于此模型估计了形状误差，但是并未对过程轮廓进行监控。因此，之后将基于 GPM 构建常规控制图，并构建用于第二阶段监控的线性轮廓控制方法。

8.2 基于 AR（1）的内部相关性线性轮廓控制方法

8.2.1 基于 AR（1）的内部相关性线性轮廓建模

假设所观测到的第 j 条样本轮廓内观测数据为 (x_i, y_{ij})，$i=1, 2, \cdots, n$，轮廓数据呈现线性趋势且轮廓内数据存在自相关。则当过程统计受控时，具有内部相关性的第 j 条样本轮廓可以通过如下模型描述：

$$y_{ij}=A_0+A_1 x_i+\varepsilon_{ij} \tag{8-1}$$

其中，ε_{ij} 为具有相关性的误差项，$\varepsilon_{ij}=\rho \varepsilon_{(i-1)j}+a_{ij}$，$a_{ij}$ 为独立同分布随机变量且服从于均值为 0、方差为 σ^2 的正态分布，ρ 为自相关系数。同时，假设不同轮廓内观测点位置固定不变，且均为 x_i。此处，假设模型参数 A_0、A_1 和 σ^2 已知。

为消除线性轮廓内自相关影响，采用数据变换方法（Soleimani et al.，2009），变换方法为：

$$y'_{ij}=y_{ij}-\rho y_{(i-1)j} \tag{8-2}$$

基于此数据变换，公式（8-1）中的内部自相关线性轮廓模型可以变换为误差项相互独立的简单线性轮廓模型，即

$$y'_{ij}=A'_0+A'_1 x'_i+a_{ij} \tag{8-3}$$

其中，$y'_{ij}=y_{ij}-\rho y_{(i-1)j}$，$x'_i=x_i-\rho x_{i-1}$，$A'_0=A_0(1-\rho)$，$A'_1=A_1$，$a_{ij}$ 为服从均值为 0、方差为 σ^2 的正态分布的随机误差项且相互独立。

8.2.2 自相关系数已知时的轮廓控制图

在公式（8-3）的线性轮廓模型中，观测数据值的变换需要基于自相关系数 ρ。当 ρ 为已知参数时，基于变换后的模型，可构建监控内部相关性线性轮廓的方法，包括 T^2 控制图和 EWMA3 控制图等（Soleimani et al., 2009）。

8.2.2.1 T^2 控制图

变换后的线性轮廓模型，可以降低轮廓误差项间的自相关影响。T^2 控制图的统计量 T_j^2（Soleimani et al., 2009）为：

$$T_j^2 = ([\hat{A}'_{0j}\hat{A}'_{1j}]-[A'_{0j}A'_{1j}])'S^{-1}([\hat{A}'_{0j}\hat{A}'_{1j}]-[A'_{0j}A'_{1j}]) \tag{8-4}$$

其中，

$$S = \begin{pmatrix} \sigma^2\left(\dfrac{1}{n-1}+\dfrac{\bar{x}'^2}{S_{x'x'}}\right) & -\dfrac{\sigma^2\bar{x}'}{S_{x'x'}} \\ -\dfrac{\sigma^2\bar{x}'}{S_{x'x'}} & \dfrac{\sigma^2}{S_{x'x'}} \end{pmatrix}$$

当过程统计受控时，T_j^2 服从自由度为 2 的中心卡方分布。因此，T^2 控制图的上控制界限 $UCL=\chi_{2,\alpha}^2$，其中，$\chi_{2,\alpha}^2$ 为自由度为 2 的卡方分布的第 $100(1-\alpha)$ 分位数。

8.2.2.2 EWMA3 控制图

在 EWMA3 控制图中，将同时考虑采用另外一种数据变换方法使得模型斜率和截距的估计间相互独立。此数据变换是将 x'_i 进行变换以使其变换后的均值为 0。设 x'_i 经变换后的值为 x''_i，则有 $x''_i=x'_i-\bar{x}'$。基于此，可以得到变换后模型为：

$$y'_{ij}=B_0+B_1 x''_i+a_{ij} \tag{8-5}$$

其中，$B_0=A'_0+A'_1\bar{x}'$，$B_1=A'_1$。从而基于公式（8-5）中的模型可以构建三个 EWMA 控制图分别监控截距、斜率和误差项方差。在对内部相关性线性轮廓进行监控时，同时采用这三个 EWMA 控制图，因而记为 EWMA3 控制图。EWMA3 控制图的统计量为：

$$EWMA_I(j)=\theta b_{0j}+(1-\theta)EWMA_I(j-1) \tag{8-6}$$

$$EWMA_s(j) = \theta b_{1j} + (1-\theta) EWMA_s(j-1) \tag{8-7}$$

$$EWMA_E(j) = \max\{\theta(MSE_j - 1) + (1-\theta) EWMA_E(j-1), 0\} \tag{8-8}$$

其中，θ（$0 < \theta \leqslant 1$）为平滑参数，并且在本研究中设定 $\theta = 0.2$。另外，$MSE_j = \dfrac{1}{n-1} \sum\limits_{2}^{n} (y'_{ij} - B_0 - B_1 x''_i)^2$，且有 $EWMA_I(0) = B_0$，$EWMA_s(0) = B_1$ 和 $EWMA_E(0) = 0$。此三个 EWMA 控制图的控制界限分别为：

$$LCL_I = B_0 - L_I \sigma \sqrt{\theta / [(2-\theta)(n-1)]}, UCL_I = B_0 + L_I \sigma \sqrt{\theta / [(2-\theta)(n-1)]}$$

$$LCL_S = B_1 - L_S \sigma \sqrt{\theta / [(2-\theta) \sum\limits_{2}^{n} x''^2_i]}, UCL_S = B_1 + L_S \sigma \sqrt{\theta / [(2-\theta) \sum\limits_{2}^{n} x''^2_i]}$$

$$LCL_E = 0, UCL_E = L_E \sqrt{\theta \text{Var}(MSE_j) / (2-\theta)}$$

其中，$\text{Var}(MSE_j) = 2\sigma^4 / (n-1)$，且 L_I、L_S 和 L_E 为控制限参数。通过调整 L_I、L_S 和 L_E 的值可以获得所需要的受控平均运行链长 ARL_0。

8.2.3 自相关系数估计时的轮廓控制图

上述 T^2 控制图和 EWMA3 控制图的构建是基于公式（8-2）中的观测数据变换。然而，在实际应用中，当自相关系数 ρ 未知时，公式（8-2）的数据变换不能直接使用，需要首先利用历史受控样本轮廓数据来估计 ρ。建议采用 Cochrane-Orcutt 方法估计自相关系数 ρ（Soleimani et al., 2009）。在 Cochrane-Orcutt 方法中，把误差项的自相关模型 $\varepsilon_{ij} = \rho \varepsilon_{(i-1)j} + a_{ij}$ 看作回归模型，其具体步骤如下：

（1）采用普通最小二乘法（OLS）估计公式（8-1）模型参数，并计算模型残差 e_{ij}。

（2）采用简单线性回归模型对 e_{ij} 和 $e_{(i-1)j}$ 进行拟合，但模型不包括截距。拟合模型中所估计的斜率即为自相关系数 ρ 的估计。

（3）采用 OLS 对公式（8-3）的变换后模型进行估计，可以得到 A'_0 和 A'_1 的估计，从而可得 $A_0 = A'_0 / (1-\rho)$，且 $A_1 = A'_1$。

（4）将步骤（3）中 A_0 和 A_1 的估计应用于公式（8-1）中的模型，可以得到一组新的残差估计。

（5）回到步骤（2）重新估计 ρ，并重复步骤（2）至（4），直到 ρ 的连续两次估计值之差小于等于预先给定的阈值，如 0.001。那么，最后一次的 ρ 估计值即为估计的自相关系数。

为降低估计误差，可以采用 m 条历史受控样本轮廓估计轮廓内自相关系数。假定对第 j 条样本轮廓，利用 Cochrane-Orcutt 方法可得到其自相关系数的估计为 $\hat{\rho}_j$，那么可以得到自相关系数的估计为：

$$\tilde{\rho} = \frac{1}{m}\sum_{j=1}^{m}\hat{\rho}_j \tag{8-9}$$

因此，当自相关系数未知时，自相关系数估计 $\tilde{\rho}$ 可以替代公式（8-3）中变换后模型的 ρ。之后，可以基于用 $\tilde{\rho}$ 替代 ρ 后的公式（8-3）中的模型构建 T^2 控制图和 EWMA3 控制图的统计量，从而建立当自相关系数为估计值时的 T^2 控制图和 EWMA3 控制图。接下来，将重点研究分析自相关系数估计误差和历史样本轮廓数量对 T^2 和 EWMA3 两种控制图监控性能的影响。

8.2.4　性能评估仿真分析

当使用自相关系数估计值代替已知参数时，类似于前文讨论过的参数估计的影响，自相关系数估计值的波动可能会对第二阶段控制图的监控性能产生较大影响。这主要是因为采用不同的历史轮廓数据估计自相关系数时，会因为历史轮廓数据的不同而出现不同的估计值，从而导致监控性能指标——平均运行链长（ARL）出现波动。因而，ARL 即变成了一个随机变量。因此，有必要采用平均 ARL（AARL）和 ARL 的标准差（SDARL）作为重要的性能指标分析轮廓内数据间自相关系数估计下轮廓控制方法的监控性能。

不失一般性，在性能仿真分析中，假设 $A_0 = 3$，$A_1 = 2$，$\sigma^2 = 1$，且轮廓内数据观测点位置 x_i 为 $x_i = 2 + 6(i-1)/(n-1)$，其中，$n = 1\,201$。假定用于估计自相关系数的历史样本轮廓数据量 m 的取值包括 $m = (30, 50, 100, 200, 500, 1\,000, 5\,000)$。此外，考虑自相关系数真实值为 $\rho = (0.1, 0.5, 0.9)$，在这三种情况下进行性能评估研究。为研究自相关下所估计误差对控制图受控监控性能的影响，将采用蒙特卡洛模拟方法，其步骤如下：

（1）首先确定自相关系数 ρ 已知时控制图的控制界限，以使控制图的受控平均运行链长达到需求值，即满足 $ARL_0 = 200$。T^2 控制图的控制界限为 10.597（采用 $\theta = 0.2$ 时 EWMA3 控制图的控制界限参数 L_I、L_S 和 L_E 的取值分别为 3.014、3.012 和 2.87）(Soleimani et al.，2009)。

（2）基于 m 条历史受控样本轮廓，通过 Cochrane-Orcutt 方法可以得到自相关系数的估计值 $\hat{\rho}$。

（3）基于公式（8-3）中的变换后模型，以 $\hat{\rho}$ 替代 ρ，生成轮廓内观测点位置数目为 n 的一条样本轮廓。

（4）基于公式（8-4）（或公式（8-6）至公式（8-8））计算 T^2 控制图（或 EWMA3 控制图）的监控统计量，并将其与相应的控制界限进行比较。

（5）记录所生成的轮廓样本数量，直至监控统计量超出控制界限发出警告信号为止。所记录的轮廓样本数量即为运行链长。

（6）重复步骤（3）至步骤（5）N 次，则可以获得 N 个运行链长值。通过对 N 个运行链长求平均可以获得平均运行链长 ARL。在仿真分析中，选取 N 为 1 000。

（7）重复步骤（2）至步骤（6）M 次，则基于所得到的 M 个 ARL 可以得到 AARL 和 SDARL。此处，选取 M 为 100。

基于上述蒙特卡洛模拟方法，可以得到在不同 ρ 下对应不同历史受控轮廓数量的受控 AARL 和 SDARL 值。表 8-1 和表 8-2 分别列出了 T^2 控制图和 EWMA3 控制图的 AARL 与 SDARL 值。通过表 8-1 和表 8-2 可以得出如下结论：

（1）无论是 T^2 控制图，还是 EWMA3 控制图，在给定的特定 ρ 下，随着 m 值的增加，其 AARL 值间彼此接近，与 AARL 值随 m 增大而增加的预想不同。这主要是因为自相关系数估计的抽样分布的均值在不同 m 值几乎保持一致，即受历史轮廓样本数量的影响不严重。另外，在给定的特定 ρ 下，SDARL 值随着 m 的增加而减小。其主要原因是自相关系数估计抽样分布的波动会随 m 的增加而降低。

（2）随着自相关系数 ρ 的增加，即轮廓内数据间相关性的增强，T^2 控制图受控 AARL 值逐步降低，但 SDARL 值却呈现递增。同时，可以发现 AARL 值均小于 ARL_0 设计值 200，并且随 ρ 的增加而变得更小。这主要是因为利用公式（8-9）估计 ρ 时 Cochrane-Orcutt 方法会低估 ρ，尤其是当误差为正自相关且较强时。自相关性越强时，自相关系数 ρ 的真实值越大，估计的误差就越大，自相关系数估计抽样分布的波动性也就越大。同样，EWMA3 控制图也可以得到类似的结论。

（3）通过比较表 8-1 和表 8-2 中 T^2 控制图和 EWMA3 控制图的受控性能，可以发现，无论采用 AARL 还是 SDARL 作为性能指标，EWMA3 控制图的受控监控性能均优于 T^2 控制图。

（4）根据 SDARL 性能指标，应力求 SDARL 值处于一个较小的范围，通常为 ARL_0 设计值的 5% 至 10% 范围内（Zhang et al., 2014）。这样就可以通过 SDARL 值确定所需的历史受控轮廓样本数量 m 并用来选择控制图。通过表 8-1 和表 8-2 可以看出，为使 SDARL 值接近 10（即 ARL_0 设计值 200 的 5%），对于 $\rho=0.1$、0.5 和 0.9，T^2 控制图所需的 m 值分别为 46、100 和 200，而 EWMA3 控制图所需的 m 值分别为 30、50 和 170。同样可以看出，ρ 越大，所需要的 m 就越大。因此，当历史受控轮廓样本数量较少时，强烈推荐使用 EWMA3 控制图。

表 8-1　自相关系数估计下 T^2 控制图受控监控性能

m	$\rho=0.1$		$\rho=0.5$		$\rho=0.9$	
	AARL	SDARL	AARL	SDARL	AARL	SDARL
30	194.1	13.3	185.7	18.8	125.5	29.3
50	197.0	9.3	186.7	14.9	126.5	22.0
100	195.8	8.5	184.6	10.4	126.4	17.5
200	194.7	7.9	185.4	8.8	127.5	10.9
500	196.2	7.3	187.1	7.1	126.1	7.7
1 000	195.8	7.0	186.7	7.0	125.0	6.6
5 000	195.2	5.7	186.1	5.4	125.9	4.4

表 8-2　自相关系数估计下 EWMA3 控制图受控监控性能

m	$\rho=0.1$		$\rho=0.5$		$\rho=0.9$	
	AARL	SDARL	AARL	SDARL	AARL	SDARL
30	196.3	10.2	191.1	13.4	150.1	22.4
50	198.3	8.1	193.0	9.9	151.2	17.8

续表

m	$\rho=0.1$		$\rho=0.5$		$\rho=0.9$	
	AARL	SDARL	AARL	SDARL	AARL	SDARL
100	199.1	8.3	192.9	7.8	152.7	12.0
200	197.5	5.2	191.7	6.2	151.4	9.2
500	199.7	5.7	194.3	6.4	152.5	6.9
1 000	198.2	6.8	193.0	7.0	151.3	6.0
5 000	198.1	5.8	192.4	5.2	152.9	5.7

8.3 基于GPM的内部相关性线性轮廓控制方法

8.3.1 基于GPM的内部相关性线性轮廓建模

8.3.1.1 高斯过程模型

高斯过程（GP）又称正态随机过程，是一种普遍存在和重要的随机过程，指的是一组随机变量的集合，此集合中任意有限的几个随机变量都服从联合高斯分布（Rasmussen and Williams, 2006; Diggle et al., 2003）。一个高斯过程完全由它的均值函数和协方差函数决定，只要均值函数和协方差函数确定了，这个高斯过程也就完全确定了。

定义实值过程 $\eta(x)$ 的均值函数和协方差函数分别为 $m(x)$ 和 $k(x, x')$，则有：

$$m(x) = \mathrm{E}[\eta(x)] \tag{8-10}$$

$$k(x, x') = \mathrm{E}[(\eta(x)-m(x))(\eta(x')-m(x'))] \tag{8-11}$$

此时，高斯过程可以表示为：

$$\eta(x) \sim GP(m(x), k(x, x')) \tag{8-12}$$

这里，随机变量为函数 $\eta(x)$ 在 x 处的取值。假设有 n 处测量点 $x_1, \cdots, x_n$，则 $\eta(x_1), \cdots, \eta(x_n)$ 服从联合高斯分布。

为进一步理解高斯过程，可以从先验分布为 $w \sim N(0, \Sigma_w)$ 的贝叶斯线性回归模型 $\eta(x) = \varphi(x)^\mathrm{T} w$ 得到高斯过程的一个简单示例（Rasmussen and Williams, 2006）。对于此贝叶斯线性回归模型有：

$$\mathrm{E}[\eta(x)] = \varphi(x)^\mathrm{T}\mathrm{E}(w) = 0$$

$$\mathrm{E}[\eta(x)\eta(x')] = \varphi(x)^\mathrm{T}\mathrm{E}(ww^\mathrm{T})\varphi(x') = \varphi(x)^\mathrm{T}\Sigma_w\varphi(x')$$

则 $\eta(x)$ 和 $\eta(x')$ 是均值为零向量、协方差阵为 $\varphi(x)^T \sum_w \varphi(x')$ 的联合高斯分布。

在高斯过程中，协方差函数是重要的组成部分，它定义了两点间的相近程度或相似性（Rasmussen and Williams，2006）。协方差函数形式很多，本章将采用空间统计学中常用的各向同性平方指数协方差函数，也称高斯相关函数，对轮廓内部相关性进行建模。高斯相关函数具体形式为：

$$k_{SE}(r) = \exp(-\theta r^2) \tag{8-13}$$

其中，$r = \|x - x'\|$ 为 x 和 x' 之间的欧式距离；$\theta > 0$ 为尺度参数，可以控制当两点间距离增大时相关性的衰减程度。

图 8-1 给出了分别来自不同高斯过程的两个随机过程实现，这两个高斯过程均值函数相同均为 0，而且协方差函数也都为高斯相关函数，唯一不同的是高斯相关函数中的尺度参数 θ 的取值不同。由图 8-1 可以看出，当尺度参数 θ 较大时，两点间的相关性会变弱，函数也会出现较大的波动。高斯相关函数可以用来对多种空间几何特性进行建模，同时也可描述制造产品的外形轮廓（Xia et al.，2008）。

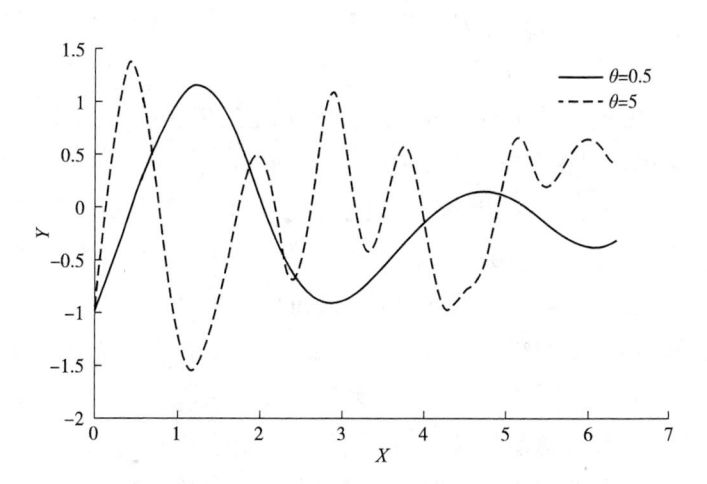

图 8-1　分别来自不同 θ 值的高斯过程的两个随机过程实现

8.3.1.2　内部相关性线性轮廓模型

为描述具有内部相关性的线性轮廓，考虑同时采用线性回归模型和高斯过程模型对线性轮廓进行建模。为简化分析，本章仅对单一协变量进行分析。假设 t 时刻, 样本轮廓测量数据为 (x_{ti}, y_{ti}), $i=1, 2, \cdots, n_t$。此处假设对于任意 t 当 i 固定时有 $x_{ti}=x_i$, 且对任意 t 有 $n_t=n$, 即轮廓内观测数据的位置固定不变。当过程处于统计受控时, t 时刻内部具有相关性的受控线性轮廓模型为:

$$y_{ti}=\beta_0+\beta_1 x_i+\eta_t(x_i)+\varepsilon_{ti}, \quad i=1, 2, \cdots, n \tag{8-14}$$

其中, $\beta_0+\beta_1 x_i$ 为线性部分, $\eta_t(x_i)$ 为一高斯过程, ε_{ti} 为独立同分布随机变量, 且服从于均值为 0、方差为 σ_ε^2 的正态分布。在公式 (8-14) 中, $\eta_t(x_i)$ 与 ε_{ti} 相互独立, 且其均值函数为 0、协方差函数为 $\mathrm{cov}(\eta_t(x_i), \eta_t(x_j))=\sigma_\eta^2 k_{SE}(r_{ij})$, 其中, σ_η^2 为过程方差, $k_{SE}(\cdot)$ 为高斯相关函数, 且 $r_{ij}=|x_i-x_j|$。在上述受控模型中, $\beta_0+\beta_1 x_i$ 描述线性轮廓整体趋势, $\eta_t(\cdot)$ 表示轮廓内部相关关系, ε_{ti} 为随机误差项。

依照高斯过程的定义可知, 当过程处于统计受控时, y_t 服从均值为 $X\boldsymbol{\beta}$、协方差矩阵为 V 的 n 维正态分布, 即

$$y_t \sim MN_n(X\boldsymbol{\beta}, V) \tag{8-15}$$

其中, $y_t=(y_{t1}, y_{t2}, \cdots, y_{tn})^T$, $X=(\mathbf{1}, x)$, $\mathbf{1}$ 为元素全为 1 的 $n\times 1$ 列向量, $x=(x_1, x_2, \cdots, x_n)^T$, $\boldsymbol{\beta}=(\beta_0, \beta_1)^T$, $V=\sigma_\eta^2 R+\sigma_\varepsilon^2 I$, I 为 n 维单位阵, R 为 n 维方阵且其第 (i, j) 个元素为 $k_{SE}(r_{ij})$。此性质在分析空间几何特性时非常重要, 更是构建本章所提轮廓控制图监控统计量的基础。

8.3.1.3 受控轮廓模型参数估计

在实际应用中, 受控线性轮廓模型的参数值通常未知, 需要基于历史受控数据估计模型受控参数。本节将介绍内部相关性线性轮廓模型参数的估计方法, 以便用于第二阶段轮廓控制图的建立。

假设经过第一阶段轮廓分析后得到的 m 条受控轮廓数据为 (x_i, y_{ti}), $i=1, 2, \cdots, n$, $t=1, 2, \cdots, m$。为估计受控参数值, 首先估计每条样本轮廓的模型参数, 然后计算 m 条轮廓的平均值, 将此参数平均值作为轮廓受控参数。记每条样本轮廓的模型参数为 $\boldsymbol{\Psi}_t=(\boldsymbol{\beta}_t, \theta_t, \sigma_{\eta t}^2, \sigma_{\varepsilon t}^2)$, 在得到其估计 $\widehat{\boldsymbol{\Psi}}_t$ 后即得到其平均值 $\overline{\widehat{\boldsymbol{\Psi}}}$:

$$\overline{\widehat{\boldsymbol{\Psi}}}=\sum_{t=1}^m \widehat{\boldsymbol{\Psi}}_t/m, \quad t=1, 2, \cdots, m \tag{8-16}$$

此即可作为轮廓模型受控参数。

目前，在高斯过程模型估计中，有两种方法可用来估计每条轮廓的模型参数。一种是经验贝叶斯方法（empirical Bayesian），即经验最大似然法；另一种是基于参数先验分布的完全贝叶斯方法（fully Bayesian）（Shi and Choi，2011）。此处将采用经验贝叶斯方法对模型参数进行估计（Diggle et al.，2003）。

当历史数据均为统计受控轮廓时，对于 t 时刻样本轮廓，有：

$$y_t \sim MN_n(X\boldsymbol{\beta}_t, V_t), \quad t=1, 2, \cdots, m \tag{8-17}$$

其中，$y_t = (y_{t1}, y_{t2}, \cdots, y_{tn})^T$，$\boldsymbol{\beta}_t$ 为模型系数向量，$V_t = \sigma_{\eta t}^2 R_t + \sigma_{\varepsilon t}^2 I$ 与参数 $(\theta_t, \sigma_{\eta t}^2, \sigma_{\varepsilon t}^2)$ 有关。模型参数组合 $(\boldsymbol{\beta}_t, \theta_t, \sigma_{\eta t}^2, \sigma_{\varepsilon t}^2)$ 成为模型的超参数，而且超参数的经验对数似然函数为：

$$l(\boldsymbol{\beta}_t, \theta_t, \sigma_{\eta t}^2, \sigma_{\varepsilon t}^2) = -0.5\{\log|V_t| + (y_t - X\boldsymbol{\beta}_t)^T V_t^{-1}(y_t - X\boldsymbol{\beta}_t) + n\log(2\pi)\} \tag{8-18}$$

超参数的经验贝叶斯估计可通过最大化公式（8-18）的经验对数似然函数得到。为方便计算，可引入参数 $v_t^2 = \sigma_{\varepsilon t}^2 / \sigma_{\eta t}^2$，并定义 $V_t^* = R_t + v_t^2 I$。给定 V_t^* 时，最大化公式（8-18）可得：

$$\widehat{\boldsymbol{\beta}}_t(V_t^*) = (X^T V_t^{*-1} X)^{-1} X^T V_t^{*-1} y_t \tag{8-19}$$

$$\widehat{\sigma}_{\eta t}^2(V_t^*) = n^{-1}(y_t - X\widehat{\boldsymbol{\beta}}_t)^T V_t^{*-1}(y_t - X\widehat{\boldsymbol{\beta}}_t) \tag{8-20}$$

将 $(\widehat{\boldsymbol{\beta}}_t(V_t^*), \widehat{\sigma}_{\eta t}^2(V_t^*))$ 代入公式（8-18）的经验对数似然函数中得到：

$$l(\theta_t, v_t^2) = -0.5\{n\log|\widehat{\sigma}_{\eta t}^2(V_t^*)| + \log|V_t^*| + n\log(2\pi)\} \tag{8-21}$$

最大化公式（8-21）中的边缘对数似然函数可得 $(\widehat{\theta}_t, \widehat{v}_t^2)$，之后代入公式（8-19）和公式（8-20）中可得 $\widehat{\boldsymbol{\beta}}_t$、$\widehat{\sigma}_{\eta t}^2$ 和 $\widehat{\sigma}_{\varepsilon t}^2$。此时，即得 t 时刻样本轮廓的超参数估计 $\widehat{\boldsymbol{\Psi}}_t = (\widehat{\boldsymbol{\beta}}_t, \widehat{\theta}_t, \widehat{\sigma}_{\eta t}^2, \widehat{\sigma}_{\varepsilon t}^2)$。

公式（8-21）最大化可通过迭代优化方法实现，如可以使用 Matlab 中的梯度优化算法进行计算（Xia et al.，2008）。为提高计算效率，在计算时还可以用 $(\exp(\theta_t), \exp(\sigma_{\eta t}^2), \exp(\sigma_{\varepsilon t}^2))$ 替代参数 $(\theta_t, \sigma_{\eta t}^2, \sigma_{\varepsilon t}^2)$（Xia et al.，2008）。因为这三个参数只能取正数，直接使用会导致约束优化问题，而使用转换后的参数，就变成了非约束优化问题，也就可以使用 Matlab 中的 fminunc 函数，从而很容易最大化对数似然函数。另外，估计受控轮廓模型参数，还可以使用 GPML（Gaussian Process for Machine Learning）工具箱中的 gp 算法（Rasmussen and Nickish，2010；2011）。GPML 工具箱是

一个通过 Matlab 实现高斯过程拟合和回归的算法集。

8.3.2 内部相关性线性轮廓联合控制图

为对第二阶段内部存在相关关系的线性轮廓进行控制，基于上节中的受控轮廓模型，提出同时控制线性部分和相关关系的联合控制图。此处假设受控轮廓模型参数已知或已通过第一阶段分析得到，且为 ($\boldsymbol{\beta}_0$, θ_0, $\sigma_{\eta 0}^2$, $\sigma_{\varepsilon 0}^2$)，并假设 t 时刻样本轮廓数据为 (x_i, y_{ti}), $i=1$, 2, $\cdots$, n。

8.3.2.1 监控轮廓均值变化的 $\mathbf{T}^2$ 控制图

当过程处于统计受控时，基于公式（8-14）中相关性由高斯过程模型描述的假设可知，对于 t 时刻样本轮廓，参数向量 $\boldsymbol{\beta}$ 的加权最小二乘估计为：

$$\hat{\boldsymbol{\beta}}_t = (\boldsymbol{X}^\mathrm{T} \boldsymbol{V}_0 \boldsymbol{X})^{-1} \boldsymbol{X}^\mathrm{T} \boldsymbol{V}_0^{-1} \boldsymbol{y}_t \tag{8-22}$$

其中，$\boldsymbol{V}_0 = \sigma_{\eta 0}^2 \boldsymbol{R}_0 + \sigma_{\varepsilon 0}^2 \boldsymbol{I}$，$\boldsymbol{R}_0$ 的第 (i, j) 个元素为 $k_{SE}(x_i, x_j) = \exp(-\theta_0 (x_i - x_j)^2)$，且 $i = 1, 2, \cdots, n$；$j = 1, 2, \cdots, n$。当过程处于统计受控时，$\hat{\boldsymbol{\beta}}_t$ 服从均值为 $\boldsymbol{\beta}_0$、协方差阵为 Σ_0 的多元正态分布，其中：

$$\Sigma_0 = (\boldsymbol{X}^\mathrm{T} \boldsymbol{V}_0 \boldsymbol{X})^{-1} \boldsymbol{X}^\mathrm{T} \boldsymbol{V}_0^{-1} ((\boldsymbol{X}^\mathrm{T} \boldsymbol{V}_0 \boldsymbol{X})^{-1} \boldsymbol{X}^\mathrm{T})^\mathrm{T} \tag{8-23}$$

为监控第二阶段轮廓模型中的线性部分，可基于 Hotelling 的 T^2 统计量构建多元常规控制图，记为 T^2 控制图。基于公式（8-22）可知，t 时刻样本轮廓的 T_t^2 统计量为：

$$T_t^2 = (\hat{\boldsymbol{\beta}}_t - \boldsymbol{\beta}_0)^\mathrm{T} \Sigma_0^{-1} (\hat{\boldsymbol{\beta}}_t - \boldsymbol{\beta}_0) \tag{8-24}$$

此时，基于过程统计受控的假设，T_t^2 服从自由度为 2 的卡方分布。则对于此 T^2 控制图可设其上控制界限为 $UCL_{T2} = \chi_{2,\alpha}^2$，其中，$\chi_{2,\alpha}^2$ 为卡方分布的上 α 分位数，α 为满足特定 ARL_0 的犯第 I 类错误的概率。

8.3.2.2 监控相关性变化的 MMR 控制图

内部相关性线性轮廓控制方法中另一重要部分即是对相关关系部分的监控。在公式（8-14）受控轮廓模型的假设下，即线性轮廓模型中用高斯过程模型描述内部相关性，对相关关系的监控即等同于对公式（8-15）中协方差阵的监控。目前已有多种多元控制方法（Yeh et al., 2006）用来控制服从多元正态分布的多元变量的协方差阵。因为每一测量时刻仅有一条样本轮廓，不易基于此时刻的样本数据估计样本协方差阵，所以很多基于样本协方差阵的多元控制图不再适用于此处对相关关系的控制。当每一测量时刻只有单一观测向量时，可以结合滑动方法和 EWMA 方法，构建 EWMA 控制图用于监控协方差阵的变化（Yeh et al., 2005）。借鉴一元滑动极差控制图的思想，还可构建用于控制第二阶段过程离散程度的多元控制图（Khoo and Quah, 2003）。此处，将借鉴该方法构建用于监控相关关系变化的多元休哈特类型控制图。

对于 t 时刻样本轮廓，当过程处于统计受控时，可知：

$$\mathbf{y}_t \sim MN_n(\mathbf{X}\boldsymbol{\beta}_0, \mathbf{V}_0), \quad t=1, 2, \cdots \tag{8-25}$$

则当 $t>2$ 时，基于连续多元观测向量间差值的统计量为：

$$M_t = ((\mathbf{y}_t - \mathbf{y}_{t-1})^T \mathbf{V}_0^{-1} (\mathbf{y}_t - \mathbf{y}_{t-1}))/2 \tag{8-26}$$

当过程统计受控时，M_t 服从自由度为 n 的卡方分布。此处考虑构建单侧常规控制图监控相关关系的变化，并记为 MMR 控制图。则 MMR 控制图的上控制界限为 $UCL_{MMR} = \chi^2_{n,\alpha}$，$\chi^2_{n,\alpha}$ 为卡方分布的上 α 分位数，α 为满足特定 ARL_0 的犯第 I 类错误的概率。

在实际应用中，T^2 控制图与 MMR 控制图同时用来分别监控过程中内部相关性线性轮廓的线性部分和相关关系。当使用此联合控制图时，需要通过分配两个控制图犯第 I 类错误的概率来控制联合控制图的总体受控平均运行链长，即总体 ARL_0。此处，选取分配因数为 0.5，即两个控制图具有相同的犯第 I 类错误的概率。

8.3.3 性能比较分析

当线性轮廓内数据存在相关关系时，为研究分析 T^2 控制图与 MMR 控制图分别监控线性部分和相关性时的控制性能，将与非参数混合效用（nonparametric mixed-effects, NME）模型的轮廓控制方法进行比较（Qiu et al., 2010a）。NME 模型比线性混合模型和公式（8-14）中基于高斯相关函数的受控模型更具有一般性。假设 t 时刻样本轮廓观测点为 (x_{ti}, y_{ti})，$i=1, 2, \cdots, n_t$，则 NME 模型为：

$$y_{ti} = g(x_{ti}) + f_t(x_{ti}) + \varepsilon_{ti}, \quad i=1, 2, \cdots, n_t \tag{8-27}$$

其中，g 为总体轮廓函数，f_t 为随机效用项，描述第 t 个个体轮廓与总体轮廓 g 之间的差异，误差项 ε_{ti} 为独立同分布的随机变量，且服从于均值为

0、方差为 σ_ε^2 的正态分布。通常假设随机效用项 f_t 与误差项 ε_{ti} 相互独立，而且 f_t 来自均值为 0、协方差函数为 $\gamma(x_1, x_2) = E[f_t(x_1)f_t(x_2)]$ 的随机过程。f_t 作为随机效用项，用来描述轮廓内各数据点间的相关性。NME 模型中的协方差函数既可是稳态的，也可是非稳态的；既可用来描述内部相关性线性轮廓，也可以表示内部存在相关关系的非线性轮廓。公式（8-14）中表示轮廓内部相关性的高斯相关函数也是稳态协方差函数。因此，将所提控制方法与基于 NME 模型的控制图进行比较时，NME 模型中的协方差函数可以选取具有稳态性的高斯相关函数。

为克服不同轮廓内观测点 $\{x_{ti}, i=1, 2, \cdots, n_t\}$ 不同的假设对模型估计带来的困难，可以采用局部线性核平滑技术和指数加权方法（Qiu et al.，2010a）。在考虑观测点异方差性的同时，对于任意点 s，可得 $g(s)$ 的局部线性核估计式为：

$$\hat{g}_{t,h,\lambda}(s) = \sum_{j=1}^{t}\sum_{i=1}^{n_j} U_{ji}^{(t,h,\lambda)}(s) y_{ji} \Big/ \sum_{j=1}^{t}\sum_{i=1}^{n_j} U_{ji}^{(t,h,\lambda)}(s) \quad (8\text{-}28)$$

其中，

$$U_{ji}^{(t,h,\lambda)}(s) = \frac{(1-\lambda)^{t-j} K_h(x_{ji}-s)}{v^2(x_{ji})} \times [m_2^{(t,h,\lambda)}(s) - (x_{ji}-s) m_1^{(t,h,\lambda)}(s)]$$

$$m_l^{(t,h,\lambda)}(s) = \sum_{j=1}^{t}(1-\lambda)^{t-j}\sum_{i=1}^{n_j}(x_{ji}-s)^l \times K_h(x_{ji}-s)/v^2(x_{ji}), \quad l=0, 1, 2$$

且 $v^2(\cdot) = \gamma(\cdot, \cdot) + \sigma_\varepsilon^2$，$K_h(\cdot) = K(\cdot/h)/h$，$K$ 为对称的核密度函数，h 为带宽，$0<\lambda<1$ 为权重因子。假设受控轮廓的回归函数及协方差函数均已知，且受控轮廓模型为 g_0。基于估计的残差函数 $\hat{\xi}_{t,h,\lambda}(s)$ 构建的统计量为：

$$T_{t,h,\lambda} = c_{0,t,\lambda} \int \frac{[\hat{\xi}_{t,h,\lambda}(s)]^2}{v^2(s)} \Gamma_1(s) \, ds \quad (8\text{-}29)$$

其中，$\hat{\xi}_{t,h,\lambda}(s)$ 可以由公式（8-28）通过将 y_{ji} 替换为 $\xi_{ji} = y_{ji} - g_0(x_{ji})$ 后估计得到，$c_{t_0,t_1,\lambda} = a_{t_0,t_1,\lambda}^2 / b_{t_0,t_1,\lambda}$，$a_{t_0,t_1,\lambda} = \sum_{j=t_0+1}^{t_1}(1-\lambda)^{t_1-j} n_j$，$b_{t_0,t_1,\lambda} = \sum_{j=t_0+1}^{t_1}(1-\lambda)^{2(t_1-j)} n_j$，$\Gamma_1$ 为预先设定的密度函数。实际中可以使用上述统计量的下列形式：

$$T_{t,h,\lambda} \approx \frac{c_{0,t,\lambda}}{n_0}\sum_{k=1}^{n_0} \frac{[\hat{\xi}_{t,h,\lambda}(s_k)]^2}{v^2(s_k)} \quad (8\text{-}30)$$

其中，$\{s_k, k=1, 2, \cdots, n_0\}$ 为来自 Γ_1 的一组独立同分布数据，n_0 为预先设定的常数，不宜太小，可选取 $n_0 \geq 40$（Qiu et al.，2010a）。当 $T_{t_0,t_1,\lambda} > L_{T1}$ 时，此控制图将会给出过程发生失控的信号，其中，L_{T1} 为上控制界限，可通过模拟仿真确定满足 ARL_0 要求的 L_{T1} 值。

为对轮廓内相关性进行监控，可以基于如下统计量（Chipman et al.，2010）构建的控制图来监测协方差函数中的偏移（Qiu et al.，2010b）。统计量具体形式为：

$$\tilde{T}_t = \sum_{j=0}^{t-1}(1-\rho)^{t-j}(\boldsymbol{y}_j - \boldsymbol{g}_{j0})' \Sigma_j^{-1} (\boldsymbol{y}_j - \boldsymbol{g}_{j0}) \quad (8-31)$$

其中，$\boldsymbol{y}_j = (y_{j1}, y_{j2}, \cdots, y_{jn_j})'$，$\boldsymbol{g}_{j0} = (g_0(x_{j1}), g_0(x_{j2}), \cdots, g_0(x_{jn_j}))'$，$\Sigma_j$ 是由第一阶段得到的 $\boldsymbol{y}_j$ 的协方差矩阵，$0<\rho<1$ 为权重因子。由公式（8-31）可知，$\tilde{T}_t$ 是基于 $\boldsymbol{y}_j$ 和 $\boldsymbol{g}_{j0}$ 间二次差异的 EWMA 统计量。当 $\tilde{T}_t > L_{T2}$ 时，基于公式（8-31）的控制图将会判定过程失控，其中，L_{T2} 为上控制界限，可通过模拟仿真计算满足 ARL_0 要求的 L_{T2} 值。

在模拟比较研究中，为比较控制图的控制性能，还将考虑高斯相关函数中尺度参数对其的影响。假设已知受控轮廓模型中的其他参数，且 $\boldsymbol{\beta}_0 = (3, 2)^T$，$\sigma_{\eta 0}^2 = 0.05$，$\sigma_{\varepsilon 0}^2 = 0.01$。不失一般性，假设对于所有 i 有 $x_i \in [0, 1]$，且 $x_i = (i-0.5)/n$，$i=1, 2, \cdots, n$，$n=20$。为与公式（8-14）中的受控轮廓模型一致，NME 模型中应有：

$$g(x_i) = \beta_0 + \beta_1 x_i, f_t(x_i) = \eta_t(x_i), x_i = (i-0.5)/n, n_t = n \quad (8-32)$$

且两个受控模型中的误差随机变量均服从同一分布。同时，假设 NME 模型中的测量点位置固定且与公式（8-14）中的取值相同。当测量点位置不发生变化时，可以选取 $s_k = (k-0.5)/n_0$，$k=1, 2, \cdots, n_0$，$n_0 = n = 20$（Qiu et al.，2010a）。由公式（8-32）可得 $v^2(x) = \gamma(x, x) + \sigma_{\varepsilon 0}^2 = \sigma_{\eta 0}^2 + \sigma_{\varepsilon 0}^2$。另外，公式（8-28）到公式（8-31）中所使用的核函数选择 Epanechnikov 核函数 $K(x) = 0.75(1-x^2)I(-1 \leq x \leq 1)$，并且 $h = 1.5 n^{-1/5} (\sum_{i=1}^{n}(x_i-\bar{x})^2/n)^{1/2}$，$\bar{x} = \sum_{i=1}^{n} x_i/n$。权重因子 $\lambda = 0.1$ 且 $\rho = 0.1$。

此处将基于公式（8-30）的控制图记为 QZW 控制图，将基于公式（8-31）的控制图记为 CMS 控制图。在模拟比较研究中，所有控制图的受控平均运行链长 ARL_0 均设为 200，而且模拟结果中所有平均运行链长值均是通过 10 000 次重复计算得到的。接下来，将以失控平均运行链长（记为 ARL_1）为准则，对控制图在过程失控时的监测性能进行比较。

8.3.3.1 轮廓均值变化监控性能比较

为比较 T^2 控制图与 QZW 控制图在轮廓均值，即轮廓线性部分发生变化时监测过程失控的监控性能，考虑两种具有代表性的失控模型：

$$y_{ti}=\beta_0+\beta_1 x_i+\tau(x_i)+\eta_t(x_i)+\varepsilon_{ti}, \quad i=1, 2, \cdots, n \quad (8-33)$$

其中，

(i) $\tau(x)=2\delta(x-0.5)$，

(ii) $\tau(x)=\delta\sin(\pi(x-0.5))$。

在（i）中，$\tau(x)$ 是一条直线；而在（ii）中，$\tau(x)$ 则表示一种非线性变化。参数 δ 表示偏移量。图 8-2 给出了分别来自受控模型和不同失控模型的一些轮廓样本，其中，图 8-2（a）给出了来自受控模型的轮廓样本，图 8-2（b）给出了来自失控模型（i）（$\delta=0.75$）的轮廓样本，而图 8-2（c）给出了一些来自失控模型（ii）（$\delta=2$）的轮廓样本。通过图 8-2 可以看出，图 8-2（b）中线性轮廓的斜率和截距均已发生变化，而在图 8-2（c）中则出现了非线性趋势。

在进一步的模拟仿真研究中，考虑过程受控时高斯相关函数中尺度参数的三种不同受控值的取值，即 $\theta_0=0.5$、$\theta_0=1$ 和 $\theta_0=2$，其中，$\theta_0=0.5$ 时轮廓内相关性最强，$\theta_0=2$ 时轮廓内相关性最弱。表 8-3 和表 8-4 分别列出了不同失控模型下 T^2 控制图与 QZW 控制图的失控平均运行链长 ARL_1 的模拟值。通过表 8-3 和表 8-4 可以得出以下结论：

（1）无论在失控模型（i）或（ii）下，对于特定偏移量 δ，T^2 控制图的 ARL_1 值均会随尺度参数 θ 变大而增加；然而，当 θ 较小时，QZW 控制图的监测性能较差。

（2）比较 T^2 控制图和 QZW 控制图，当尺度参数 θ 取值较小时，T^2 控制图的监测性能整体上优于 QZW 控制图。当 θ 变大时，在监测小偏移时，T^2 控制图要优于 QZW 控制图；但在监测大偏移时，T^2 控制图的监测性能不如 QZW 控制图。

（3）当 $\theta=2$ 时，QZW 控制图几乎完全优于 T^2 控制图。

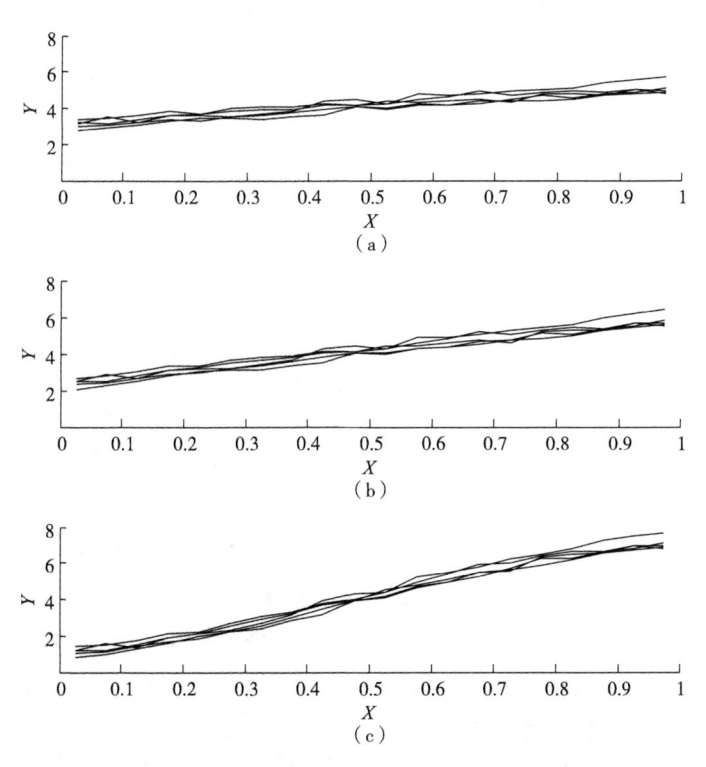

图 8-2 轮廓样本分别来自（a）受控模型、（b）失控模型（i）和（c）失控模型（ii）

表 8-3 失控模型（i）下 T^2 控制图与 QZW 控制图的 ARL_1 值

δ	$\theta_0=0.5$		$\theta_0=1$		$\theta_0=2$	
	T^2	QZW	T^2	QZW	T^2	QZW
0.02	182.2	194.2	187.8	193.1	190.5	192.9
0.04	147.3	179.1	164.6	175.4	172.8	167.3
0.06	105.8	155.3	132.7	147.3	145.4	131.9
0.08	74.2	128.8	98.8	116.6	115.6	96.8
0.10	50.4	96.6	76.7	85.1	93.5	66.0
0.15	20.9	38.9	36.6	30.5	49.4	23.1
0.20	9.4	13.4	18.0	11.6	26.3	9.5
0.30	2.8	2.3	5.6	2.5	8.7	2.6

表 8-4　失控模型 (ii) 下 T^2 控制图与 QZW 控制图的 ARL_1 值

δ	$\theta_0 = 0.5$		$\theta_0 = 1$		$\theta_0 = 2$	
	T^2	QZW	T^2	QZW	T^2	QZW
0.02	175.7	191.8	185.4	190.7	190.5	189.6
0.04	129.6	171.3	157.5	165.7	172.5	153.1
0.06	87.2	138.9	121.4	129.4	144.8	111.6
0.08	56.2	103.8	86.8	90.7	114.9	70.0
0.10	36.1	71.4	63.4	59.6	92.5	43.9
0.15	12.9	20.6	28.3	17.0	48.5	13.6
0.20	5.6	6.5	13.3	5.9	25.8	5.2
0.30	1.8	1.3	4.0	1.6	8.5	1.7

总体上，当受控轮廓内相关性较强时，T^2 控制图在监测线性部分变异时要优于 QZW 控制图，而且当受控轮廓内相关性变弱时，T^2 控制图对线性部分小偏移变异非常敏感。但是，当内部相关性很弱时，QZW 控制图几乎完全优于 T^2 控制图。这主要是因为：

(1) QZW 控制图通过局部线性核估计方法估计相关性，这种方法仅考虑了在带宽 h 内的一部分轮廓测量点。

(2) T^2 控制图的监测性能与线性部分参数的估计有关。

当尺度参数 θ 较小时，轮廓内的点与所有测量点均存在强相关关系，而 QZW 控制图的统计量忽略了带宽 h 以外其他测量点的影响。因此，当受控轮廓内部相关性较强时，QZW 控制图的监测性能较弱。由此可见，带宽 h 的选取对 QZW 控制图的监控性能有影响（Qiu et al., 2010a），这仍是值得研究的一个方面，而且这也会使 QZW 控制图在实际应用时表现出一定的复杂性。

当尺度参数 θ 较大时，内部相关性较弱，由图 8-1 可以看出，内部相关性线性轮廓就会表现出一定的波动性。此时，基于最小二乘估计的 T^2 控制图在监测线性部分的变异时性能较差，而考虑了所有测量位置处残差的 QZW 控制图则会对线性部分的波动很敏感。

8.3.3.2　内部相关性变化监控性能比较

此处通过模拟仿真研究，对内部相关性线性轮廓中内部相关关系发生变化时，MMR 控制图与 CMS 控制图的监测性能进行比较。考虑以下三种具有代表性的失控模型：

(iii) 尺度参数由 θ_0 变为 $\theta_1 = \delta\theta_0$，

(iv) 过程方差由 $\sigma_{\eta 0}^2$ 变为 $\sigma_{\eta 1}^2 = \delta\sigma_{\eta 0}^2$，

(v) 误差项方差由 $\sigma_{\varepsilon 0}^2$ 变为 $\sigma_{\varepsilon 1}^2 = \delta\sigma_{\varepsilon 0}^2$。

图 8-3 给出了分别来自受控模型和不同失控模型的轮廓样本，可以看出图 8-3 (b) 中两点间的相关关系已变弱，图 8-3 (c) 中轮廓间的方差出现了增长，而图 8-3 (d) 中轮廓内出现了较大的波动。MMR 控制图与 CMS 控制图在不同受控模型下的 ARL_1 值分别参见表 8-5 至表 8-7。

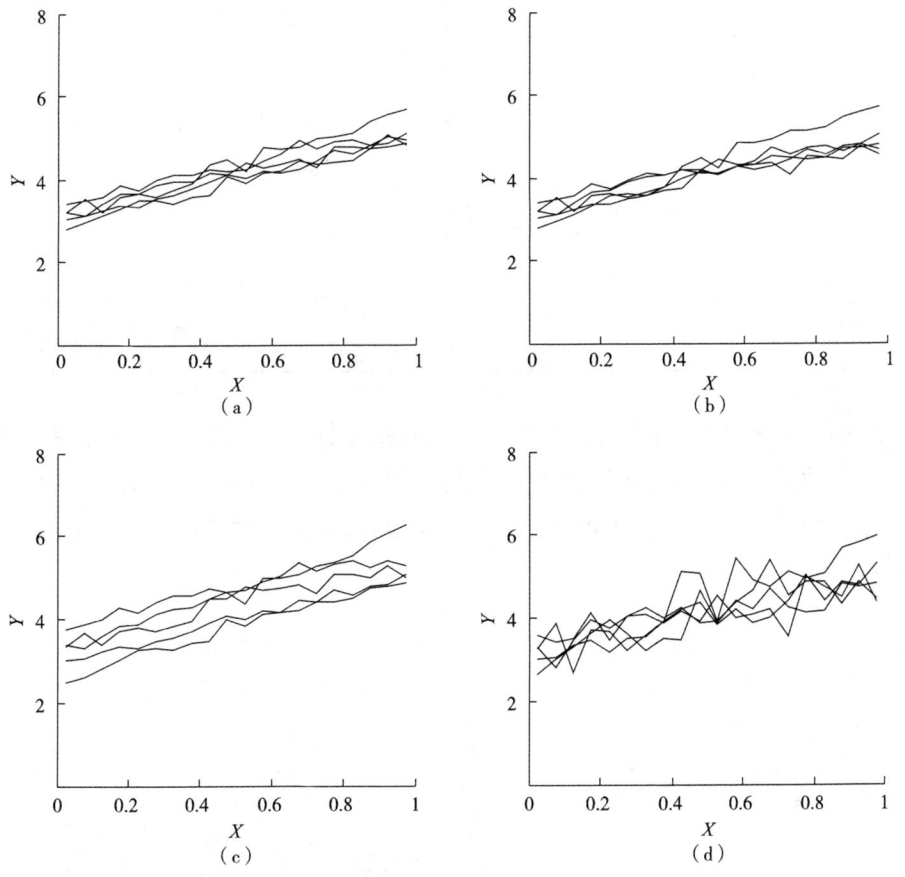

图 8-3 轮廓样本分别来自受控模型 (a)、失控模型 (iii) ($\theta_1 = 5$) (b)、失控模型 (iv) ($\sigma_{\eta 1}^2 = 0.25$) (c) 和失控模型 (v) ($\sigma_{\varepsilon 1}^2 = 0.1$) (d)

由表 8-5 可知，当受控尺度参数 $\theta_0 = 0.5$ 时，MMR 控制图对于失控尺度参数的较大偏移较为敏感，优于 CMS 控制图，但是对小偏移或中度偏移，MMR 控制图的监测性能相比 CMS 控制图而言较差。当受控轮廓内部相关性变弱，即尺度参数 θ_0 变大时，MMR 控制图对失控尺度参数的中度偏移变得较为敏感，而且在监测中度或大偏移时，监测性能优于 CMS 控制图。当 θ_0 变大时，CMS 控制图依然对失控尺度参数的小偏移较为敏感。

表 8-5 失控模型（iii）下 MMR 控制图与 CMS 控制图的 ARL_1 值

δ	$\theta_0 = 0.5$ MMR	$\theta_0 = 0.5$ CMS	$\theta_0 = 1$ MMR	$\theta_0 = 1$ CMS	$\theta_0 = 2$ MMR	$\theta_0 = 2$ CMS
1.10	193.0	176.6	188.6	168.7	182.8	160.2
1.50	145.6	113.4	124.2	93.6	104.2	76.8
2.00	97.9	73.0	70.5	55.0	50.3	43.0
2.50	64.1	51.9	40.7	38.3	27.7	30.2
3.00	44.2	40.8	25.7	30.0	16.7	23.8
3.50	30.9	33.7	18.1	25.0	11.6	19.9
4.00	23.4	28.6	13.6	21.6	8.7	17.3
5.00	14.7	22.9	8.5	17.4	5.8	14.0

通过表 8-6 可以看出，在监测过程方差变异时，对所有三种受控尺度参数的取值而言，MMR 控制图在监测过程方差的大偏移时均优于 CMS 控制图，但是对于过程方差的小偏移或中度偏移，其监测性能要弱于 CMS 控制图。

表 8-6 失控模型（iv）下 MMR 控制图与 CMS 控制图的 ARL_1 值

δ	$\theta_0 = 0.5$ MMR	$\theta_0 = 0.5$ CMS	$\theta_0 = 1$ MMR	$\theta_0 = 1$ CMS	$\theta_0 = 2$ MMR	$\theta_0 = 2$ CMS
1.10	181.6	159.7	178.4	154.3	174.1	147.8
1.50	111.8	79.7	101.9	72.0	90.6	63.8
2.00	60.8	47.9	52.7	42.3	43.1	37.0
2.50	36.4	34.7	31.1	30.8	25.1	27.2

续表

δ	$\theta_0 = 0.5$		$\theta_0 = 1$		$\theta_0 = 2$	
	MMR	CMS	MMR	CMS	MMR	CMS
3.00	23.8	27.9	19.3	25.0	15.8	21.9
3.50	16.8	23.8	13.7	21.2	11.2	18.7
4.00	12.7	20.8	10.4	18.6	8.3	16.5
5.00	8.3	17.0	6.8	15.2	5.6	13.4

而当监控误差项方差时，由表8-7可以看出，同样对于不同受控尺度参数取值，MMR控制图在监测误差项方差的中度或大偏移时比CMS控制图更为敏感；而对于误差项方差的小偏移，CMS控制图的控制性能优于MMR控制图的控制性能。

表8-7 失控模型（v）下MMR控制图与CMS控制图的ARL_1值

δ	$\theta_0 = 0.5$		$\theta_0 = 1$		$\theta_0 = 2$	
	MMR	CMS	MMR	CMS	MMR	CMS
1.05	127.8	87.7	128.7	88.8	130.1	90.2
1.10	84.0	54.0	85.5	54.8	86.6	55.9
1.20	39.9	31.3	41.0	31.7	42.6	32.4
1.30	22.6	23.1	23.1	23.5	24.0	23.9
1.40	14.1	18.7	14.5	18.9	14.9	19.3
1.50	9.4	15.9	9.7	16.1	10.3	16.5
1.70	5.2	12.5	5.4	12.6	5.6	12.9
2.00	2.8	9.6	2.9	9.7	3.1	9.9

分析表8-5至表8-7可得，在对内部相关性线性轮廓的内部相关关系进行监控时，对于相关性的较大偏移，MMR控制图的控制性能优于CMS控制图；但是对于相关性的较小偏移，相比CMS控制图的监控性能，MMR控制图的监测效果较差。这主要是因为MMR控制图为休哈特类型控制图，休哈特类型控制图本身就对过程大偏移敏感；而CMS控制图则采用指数加权技术，且EWMA控制图本身就比较容易监测过程中的小偏移。

总体上，通过对轮廓均值及内部相关性变化监测性能的比较研究可以看出：

(1) 在监控线性部分变化时，T^2 控制图的控制性能与受控轮廓内部相关性有关。当内部相关性较强时，T^2 控制图在监测线性变化和非线性（非周期）变化时优于 QZW 控制图；而当内部相关性较弱时，T^2 控制图相比 QZW 控制图而言性能较差。

(2) 当监测线性轮廓内部相关性变化时，对所有受控模型中尺度参数的取值，MMR 控制图监测内部相关性较大偏移时都优于 CMS 控制图；但是对于内部相关性较小偏移，CMS 控制图比 MMR 控制图更为敏感。

8.3.4 应用示例分析

为进一步分析说明 T^2-MMR 联合控制图及其应用，此处以产品质量特性为直线的制造加工实例（Xia et al.，2008）作为应用示例。直线特征的制造误差通常包括表面偏离、波动和随机误差等。由于加工过程中制造技术方法不同，测量中占主要部分的误差类型也不同。比如，在车床车工工艺加工中，加工力垂直施加在产品表面，相比其他类型误差而言，表面偏离就会成为主要的制造误差。为模拟质量特性数据建模，可以采用生成函数（Dowling et al.，1995）描述不同制造过程中的直线特征。此生成函数具体形式为：

$$y = \beta_0 + \beta_1 x - \frac{64}{L^6} R(x^3(L-x)^2) + A\sin\left(\frac{2\pi}{\lambda}x\right) + \xi \qquad (8-34)$$

其中，前两项 $\beta_0+\beta_1 x$ 表示被加工物体的直线特征；第三项表示表面偏离；第四项为波动模型；最后一项表示过程中的随机误差，并假设独立同分布于均值为 0、方差为 σ_ξ^2 的正态分布。此处，选取 $x_i = (i-0.5)/n$，$i = 1$，2，…，n，$n=20$。

为说明实际中 T^2-MMR 联合控制图的应用步骤，同时考虑公式（8-34）中的三种类型误差，不再考虑不同误差在制造误差中占主要部分的情况。因为，即使占主要部分的误差类型不同，联合控制图的应用过程也是相同的。公式（8-34）中各参数的具体含义及过程受控时的取值情况参见表 8-8。在此示例中，可以使用基于高斯相关函数的高斯过程模型对公式（8-34）表示的过程进行建模（Xia et al.，2008），这与公式（8-14）中的内部相关性线性轮廓模型类似。

表 8-8　公式（8-34）中各参数含义及其受控时取值

参数	含义	受控时取值
β_0（mm）	直线轮廓的截距	4
β_1	直线轮廓的斜率	2
L（mm）	直线轮廓的长度	1
R（mm）	表面偏离范围值	0.025
A（mm）	波动幅度	0.03
λ（mm）	波动范围宽度	20
σ_ξ^2（mm）	随机误差方差	0.01

在模拟研究中，基于公式（8-34）即可产生样本轮廓数据。因为此处关注第二阶段轮廓控制方法，故假设已有经过第一阶段分析后得到的受控样本轮廓数据。假设此受控样本轮廓为 50 条，如图 8-4 所示，基于此数据即可估计受控轮廓模型参数。之后，重新产生 50 条轮廓用于控制图应用分析。其中，前 30 条轮廓来自受控模型，参数值见表 8-8；后 20 条轮廓来自失控轮廓模型，相关参数变为 $\beta_1=2.1$，$R=0.035$，$A=0.05$，而其他参数不变。

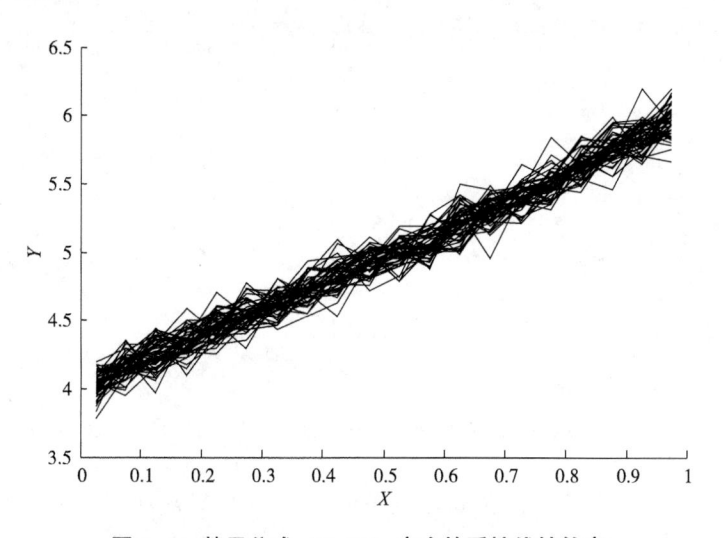

图 8-4　基于公式（8-34）产生的受控线性轮廓

T^2控制图与MMR控制图同时用于控制内部相关性线性轮廓,具体步骤为:

(1)估计轮廓模型受控参数。基于图8-4所示的经过第一阶段分析后得到的50条受控样本轮廓数据,采用上文介绍的估计方法估计受控轮廓参数。首先计算每条轮廓的模型参数,之后求得其平均值,此平均值即为受控轮廓参数,即$\hat{\beta}_0 = (1.9873, 3.9859)$,$\hat{\theta}_0 = 71.2468$,$\hat{\sigma}_{\eta 0} = 0.0065$,$\hat{\sigma}_{\varepsilon 0} = 0.0923$。

(2)选取特定ARL_0值,确定控制界限,构建控制图。此处,每个控制图均选取$ARL_0 = 200$,此时$\alpha = 0.005$。则对于T^2控制图,上控制界限为$\chi^2_{2,\alpha} = 10.5966$。因为每条轮廓内测量点数目为20,故MMR控制图的上控制界限为$\chi^2_{20,\alpha} = 39.9968$。基于建立的控制界限,在$T^2$控制图和MMR控制图内描绘50条历史受控轮廓对应的统计量,如图8-5所示。可以看出,这些历史线性轮廓的确处于统计受控。

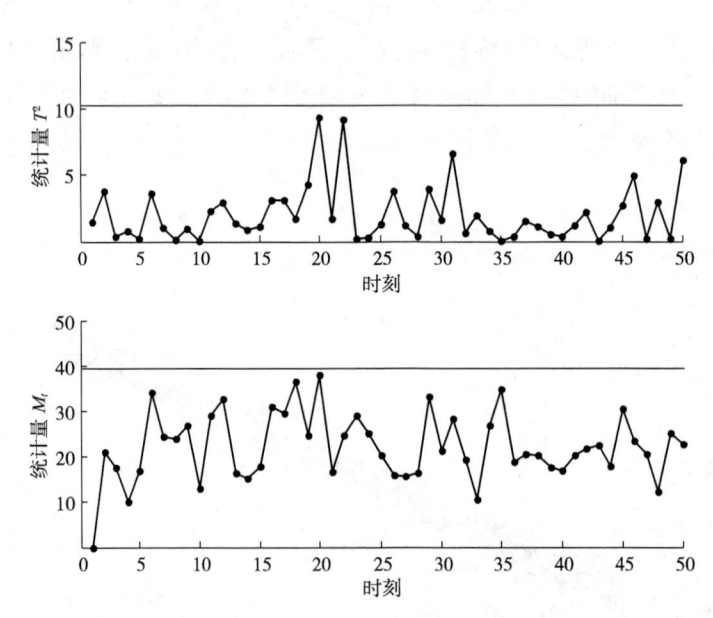

图8-5 历史受控轮廓的T^2-MMR联合控制图(上图为T^2控制图;下图为MMR控制图)

(3)启动过程控制,在固定测量时刻测量样本轮廓,利用联合控制图进行过程控制。基于公式(8-24)和公式(8-26)分别计算新测量的50

条线性轮廓（包括来自受控模型的 30 条样本轮廓与来自失控模型的 20 条样本轮廓）对应的 T^2 控制图和 MMR 控制图的统计量，并在相应控制图上描点，所得到的控制图如图 8-6 所示。

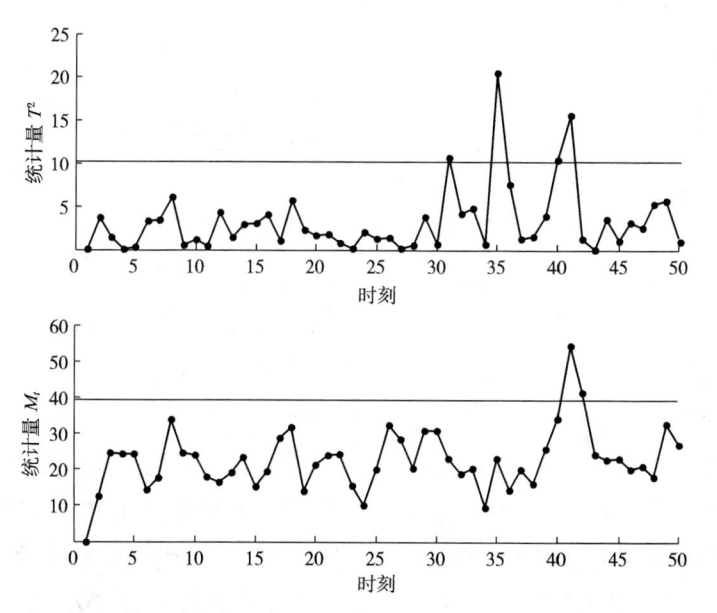

图 8-6 T^2-MMR 联合控制图（上图为 T^2 控制图；下图为 MMR 控制图）

（4）当控制图出现失控点时立即停止生产过程，找出失控原因。由图 8-6 可以看出，T^2 控制图中有三个失控点，分别在 31、35 和 41 时刻点；而 MMR 控制图中只有 2 个失控点，发生在 41、42 时刻点。这就意味着在 31 时刻线性部分已发生变化，而在 41 时刻轮廓内部相关性也出现了变异。造成此现象的相关原因应尽快找出并移除，调整过程至统计受控状态。

（5）重新启动过程，测量新到轮廓数据。继续计算对应的统计量，并在控制图上描点，监控过程稳定性。

8.4 本章小结

在实际生产过程中，轮廓内部数据间会呈现相关性。忽略这种相关性来构建或使用轮廓控制图会造成控制图监控性能的退化。当线性轮廓内部存在相关关系时，为对线性轮廓进行监控，本章研究了分别基于 AR（1）

和 GPM 模型的内部相关性线性轮廓控制方法。

针对轮廓内部数据存在自相关性的线性轮廓，自相关系数未知时提出采用 Cochrane-Orcutt 方法，利用历史受控样本轮廓估计自相关系数，并进一步研究了自相关系数估计误差对已有 T^2 控制图和 EWMA3 控制图受控监控性能的影响。仿真研究分析结果表明，T^2 控制图和 EWMA3 控制图的 AARL 值受到历史受控样本轮廓数量的影响不够显著，并且自相关系数估计抽样分布的变动显著影响 SDARL。由于自相关系数估计方法低估了 ρ 且估计误差随 ρ 变大而增加，因此 AARL 值小于 ARL_0 设计值，并且随着 ρ 增大而减小。此外，无论依据 AARL 还是 SDARL，强烈建议使用 EWMA3 控制图，并且 EWMA3 控制图需要较少的历史受控轮廓样本。

本章还基于 GPM 模型，结合线性回归模型，构建了内部具有相关性的线性轮廓模型。之后，提出了两种不同的多元控制图——T^2 控制图和 MMR 控制图，用来分别监控轮廓均值的变异和相关关系的变化；而且当两种变异同时存在时，可以同时使用这两种控制图对过程进行控制。本章通过模拟仿真，对两种轮廓控制图与已有控制方法（QZW 控制图和 CMS 控制图）分别进行了比较研究。比较结果显示，当受控线性轮廓内部相关性较强时，T^2 控制图对于线性部分变异的监测性能优于 QZW 控制图；在监控线性轮廓内部相关性时，与 CMS 控制图相比，MMR 控制图对于相关性较大偏移更为敏感。最后，针对实际制造加工过程中产品质量特性为直线且内部存在相关性，应用联合控制图对加工过程进行监控。应用研究表明，联合控制图在实际应用中较为方便，而且能有效地对过程进行控制。

第三篇

面向其他类型轮廓数据的轮廓控制

9 面向非线性轮廓数据的非参数轮廓控制方法

9.1 引言

在面向轮廓数据的统计质量控制中，有时线性回归模型可以充分表示轮廓，例如，半导体制造中的工艺曲线（Kang and Albin, 2000）。然而，在其他应用中，应使用非线性函数来描述轮廓数据。例如，在飞机发动机的叶片制造中，叶片截面轮廓曲线的几何形状设计是自由曲线，是由设计点序列而不是某种特定的函数关系表示的。这种自由曲线通常是非线性轮廓曲线。而且，在叶片检验过程中，叶片轮廓内测量点位置在不同测量时刻也会发生变化。轮廓曲线的非线性和测量点位置变化使得轮廓模型参数的估计过于复杂。

当轮廓曲线的参数估计非常复杂，或者样本量很小不能满足近似假设时，可以采用非参数度量方法监控非线性轮廓。其基本思想是构建一个基准轮廓曲线，用来与样本轮廓进行比较（Williams et al., 2007）。假设已知 m 条历史样本轮廓数据为 (x_i, y_{ti})，$i=1, 2, \cdots, n$；$t=1, 2, \cdots, m$。当受控非线性轮廓模型及其系数已知时，轮廓数据可以由以下函数关系表示：

$$y_{ti} = f(x_i, \boldsymbol{\beta}_0) + \varepsilon_{ti}, \quad i=1, 2, \cdots, n \tag{9-1}$$

则可选择已知的非线性轮廓函数为基准轮廓，即基准轮廓为 $\tilde{y}_i = f(x_i, \boldsymbol{\beta}_0)$。

当受控轮廓模型或其系数未知时，可通过第一阶段历史受控轮廓数据分析估计受控参数值，以此建立基准轮廓。针对过程轮廓形式较为复杂的情况，利用非参数拟合平滑技术对轮廓数据进行拟合后，最为常见的建立基准轮廓的方法是采用拟合的历史受控轮廓的平均值作为基准受控轮廓。设通过非参数拟合方法得到的第 i 条拟合轮廓为 y_{ti}，相应的基准受控轮廓为：

$$\tilde{y}_i = \sum_{i=1}^{m} y_{ti}/m, \quad i=1, 2, \cdots, n \tag{9-2}$$

一旦基准轮廓确定，就可以采用合适的度量来表征样本轮廓与基准轮廓之间的差异。之后，基于此差异度量，可构建针对非线性轮廓的非参数轮廓控制方法，以实现对非线性轮廓数据的在线监控。已有研究中的差异度量包括以下六种：

$$M_{1t} = \text{sign}\left(\max_i |y_{ti} - \tilde{y}_i|\right) \tag{9-3}$$

$$M_{2t} = \sum_{i=1}^{n} |y_{ti} - \tilde{y}_i| \tag{9-4}$$

$$M_{3t} = \sum_{i=1}^{n} |y_{ti} - \tilde{y}_i|/n \tag{9-5}$$

$$M_{4t} = \max_{1 \leq i \leq n} |y_{ti} - \tilde{y}_i| \tag{9-6}$$

$$M_{5t} = \sum_{i=1}^{n} (y_{ti} - \tilde{y}_i)^2 \tag{9-7}$$

$$M_{6t} = \left| \int_{x_1}^{x_n} f(x_i, \boldsymbol{\beta}_0) \, dx - S(y_t) \right| \tag{9-8}$$

其中，公式（9-8）中的定积分表示曲线 $f(x_i, \boldsymbol{\beta}_0)$ 与 x 轴间的面积，且当样本曲线的函数形式未知时，可以通过梯形数值积分方法进行计算；$S(y_t)$ 是通过梯形法得到的 y_t 的近似定积分（Vaghefi et al., 2009）。上述六种差异度量分别表示 t 时刻样本轮廓内观测点与基准轮廓上相应点之间偏差最大值的绝对值、绝对偏差之和、绝对偏差的平均值、绝对偏差的最大值、绝对偏差的平方和以及观测轮廓与基准轮廓之间的绝对偏差。波音公司研究者（1998）建议基于差异度量采用单值控制图对轮廓进行监控。一般情况下，上下控制界限可以分别设置为 $UCL_M = U_M$ 和 $LCL_M = 0$，其中，U_M 为一阈值，可通过模拟仿真确定满足所要求受控平均运行链长 ARL_0 的 H_M 值。

然而，上述基于差异度量的轮廓控制方法多数均假设各轮廓内测量点位置相同，不能直接用于轮廓内测量点位置在不同测量时刻发生变化的情况。本章从差异度量角度，利用工程实践中描述曲线形状精度的线轮廓度误差作为差异度量方法，研究不同轮廓内测量点位置发生变化时非线性轮廓控制方法的构建。所提方法不仅适用于受控时理论轮廓为已知函数的情况，还可在理论轮廓为自由曲线时应用。

9.2 基于线轮廓度误差的差异度量

9.2.1 线轮廓度误差的定义

依照 GB/T1182—1996 中的有关规定，线轮廓度公差带形状和公差值的含义为：

- 线轮廓度公差，属于形状公差，是限制实际曲线对理想曲线变动量的一项指标。它是对非圆曲线的形状精度要求。
- 线轮廓度公差带是包络一系列直径为公差值 ρ 的圆的两包络线之间的区域。诸圆的圆心位于具有理论正确几何形状的线上。

根据国标中的有关规定可知，线轮廓度的实际被测要素为一曲线，公差带形状为两等距曲线，此两等距曲线是一系列直径为公差带值，圆心位于理想曲线上的若干圆形成的两条包络线。公差值是两等距曲线之间的距离（如图 9-1 所示）。

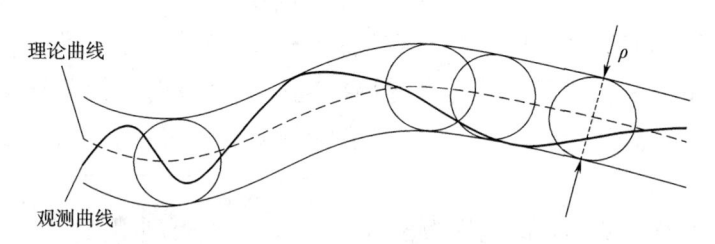

图 9-1 线轮廓度公差带

9.2.2 线轮廓度误差的评定

常用的评定轮廓度误差的方法有最小区域法和最小二乘法。最小区域法（最小条件法）指被测实际要素对其理想要素的最大变动量为最小的一种评定方法。此时的形状误差值用最小包容区（即最小区域）的宽度或直径表示。最小区域是指包容被测实际要素时，具有最小宽度或直径的包容区域。最小二乘法指被测实际要素上各点至其理想要素的距离的平方和为最小的一种方法。此处采用最小区域法进行线轮廓度误差的评定。

一般来说，轮廓内观测点并不在理论轮廓上，这是因为基准要素与理论要素之间存在偏差以及存在所要测量的线轮廓度误差。然而，与所测量的曲面或曲线尺寸相比，基准偏差与轮廓度误差是很微小的。因此，线轮廓度误差评定中多基于小偏差和小误差假设（Xiong，1990），具体为：

（1）测量或加工的轮廓与理论轮廓之间存在微小的基准偏差。

（2）所测量的轮廓存在微小的轮廓度误差。

由于平面内曲线 Γ 可以看成是相应的柱面 $f(x, y) = 0$ 与平面 $z = 0$ 的交线，其轮廓度可表示为：$\Gamma: f(x, y) = 0$。

无论工程中的平面曲线是充分光滑还是按段充分光滑，Γ 上的任意一点均可由各点矢径 $\boldsymbol{p}$、单位法矢量 $\boldsymbol{n}$、球切线矢量 $\boldsymbol{\tau}$ 这三个矢量来描述，并定义为：

$$\boldsymbol{p} = \boldsymbol{i}x + \boldsymbol{j}y, \quad \boldsymbol{n} = \boldsymbol{i}\cos\alpha + \boldsymbol{j}\cos\beta, \quad \boldsymbol{\tau} = \boldsymbol{p}\times\boldsymbol{n} = \boldsymbol{k}(x\cos\beta - y\cos\alpha) = \boldsymbol{k}\tau_z \qquad (9\text{-}9)$$

其中，$\cos\alpha = f_x / \sqrt{f_x^2 + f_y^2}$，$\cos\beta = f_y / \sqrt{f_x^2 + f_y^2}$，$f_x = \partial f/\partial x$，$f_y = \partial f/\partial y$。定义其影响函数为：$\lambda(p) = [\cos\alpha, \cos\beta, \tau_z]^T$。则在小偏差和小误差假设条件下，测点 $\boldsymbol{p}_i = \boldsymbol{i}x_i + \boldsymbol{j}y_i$ 到曲线 Γ 的距离为：

$$d(p_i) = f(x_i, y_i) / \sqrt{f_x^2 + f_y^2} \qquad (9\text{-}10)$$

由于实际测量时的基准要素与理想要素必然有偏差，在评定时应该进行微量调整。在一般情况下，微量调整包括两个方向的微分移动 $\mathrm{d}x$，$\mathrm{d}y$ 和微分转动 θ_z。令 $\boldsymbol{u} = [\mathrm{d}x, \mathrm{d}y, \theta_z]^T$ 称为描述变量，它描述要素的位置和姿态（方向）。

微量调整后实测点的坐标为 $p_i^* = (x_i^*, y_i^*)^T$，可利用微分变换公式

$$\begin{pmatrix} x_i^* \\ y_i^* \\ 1 \end{pmatrix} = \begin{pmatrix} 1 & -\theta_z & \mathrm{d}x \\ \theta_z & 1 & \mathrm{d}y \\ 0 & 0 & 1 \end{pmatrix} \begin{pmatrix} x_i \\ y_i \\ 1 \end{pmatrix} \qquad (9\text{-}11)$$

得到。p_i^* 到理想曲线 Γ 的距离和 u 有关，记为 $\mathrm{d}(p_i^*) = \mathrm{d}(p_i; \boldsymbol{u})$，称为描述函数，它是 u 的线性函数。由公式（9-10）可知：

$$\mathrm{d}(p_i^*) = f(x_i^*, y_i^*) / \sqrt{f_x^2 + f_y^2} \qquad (9\text{-}12)$$

由于 $f(x, y)$ 充分光滑，并且 $u = [\mathrm{d}x, \mathrm{d}y, \theta_z]^T$ 是微量，因此有：

$$f(x_i^*, y_i^*) = f(x_i, y_i) + f_x(\mathrm{d}x - y_i\theta_z) + f_y(\mathrm{d}y - x_i\theta_z)$$

将上式代入公式（9-12），经简化后得：

$$\mathrm{d}(p_i^*) = \mathrm{d}(p_i; \boldsymbol{u}) = \mathrm{d}(p_i) + u^T\lambda(p_i) \qquad (9\text{-}13)$$

为了按最小条件评定曲面轮廓度，由描述函数 $\mathrm{d}(p_i; \boldsymbol{u})$ 定义极差函数如下：

$$\begin{cases} \overline{D}(u) = \max\{\mathrm{d}(p_i;\ \boldsymbol{u}):\ i=1,\ \cdots,\ N\} \\ \underline{D}(u) = \min\{\mathrm{d}(p_i;\ \boldsymbol{u}):\ i=1,\ \cdots,\ N\} \end{cases} \tag{9-14}$$

$$F(u) = \overline{D}(u) - \underline{D}(u) \tag{9-15}$$

其中，$\overline{D}(u)$ 和 $\underline{D}(u)$ 是实测点对理想曲线的正向和负向最大变动量，$F(u)$ 是变动区域。$\overline{D}(u)$、$\underline{D}(u)$ 和 $F(u)$ 分别称为极大值函数、极小值函数和极差函数。满足极大值或极小值的点称为极值点。

采用最小区域法进行线轮廓度误差的评定时，即是求满足最大变动量最小的 u 值，在此即可求满足 $F(u)$ 最小的 u 值，记为 $\boldsymbol{u}^*$。

9.2.3　线轮廓度误差的分离与补偿

复杂非线性曲线轮廓度误差由形状误差、参数误差和位姿误差三部分组成，故采用不同的评定和剔除办法。由图 9-2 可以看出，椭圆的形状误差用阴影区域的宽度 $F(\boldsymbol{u}^*)$ 表示，它是衡量实际椭圆曲线与某一理想椭圆差异的定量指标。阴影区域中点形成的椭圆称为最佳椭圆，它与实际椭圆最接近，与我们要求加工的理想椭圆之间的差异称为参数误差 $P(\boldsymbol{u}^*)$。最佳调整量 u^*（描述变量的最优解）称为位姿误差。由于椭圆 $\boldsymbol{u}^* = [\mathrm{d}x^*,\ \mathrm{d}y^*,\ \theta_z^*]^\mathrm{T}$，因此 u^* 又分为两部分：位置误差 $\mathrm{d}x^*$、$\mathrm{d}y^*$ 表示椭圆原点 O 的位置偏移；方位误差 θ_z^* 表示椭圆主轴的方位偏移（熊有伦，1991）。

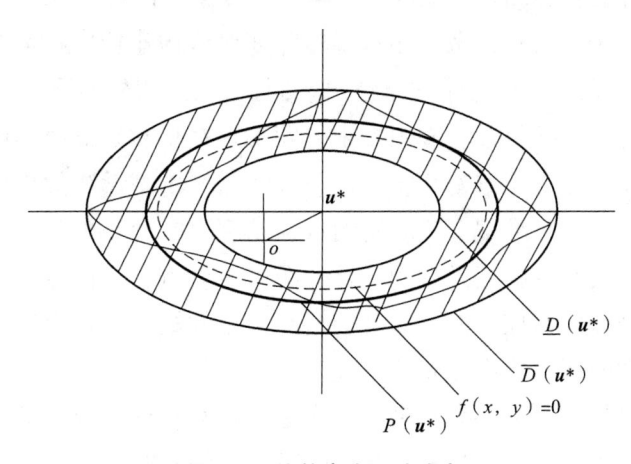

图 9-2　线轮廓度误差分离

根据最小区域评定复杂曲线的结果，实际上是将线轮廓度误差分离成三部分：

(1) 形状误差，$F(\boldsymbol{u}^*) = \overline{D}(\boldsymbol{u}^*) - \underline{D}(\boldsymbol{u}^*)$；

(2) 参数误差，$P(\boldsymbol{u}^*) = (\overline{D}(\boldsymbol{u}^*) + \underline{D}(\boldsymbol{u}^*))/2$；

(3) 位姿误差，$\boldsymbol{u}^*$，$\|\boldsymbol{u}^*\|_\rho$。

因为 $\boldsymbol{u}^*$ 是矢量，它的模为 $\|\boldsymbol{u}^*\|_\rho = \sqrt{\mathrm{d}x^2 + \mathrm{d}x^2 + \rho^2\theta^2}$，$\rho$ 是选取的等效半径。

针对三种误差所采取的补偿方法均不相同。以上述椭圆为例，位姿误差可以通过零件的安装位置和方位的调整来补偿；参数误差可以通过调整砂轮（刀具）与工件的距离来补偿；形状误差可以通过软件或靠模来补偿修正。

误差补偿的基本原则为：

(1) 根据 $\boldsymbol{u}^*$ 值，调整零件加工（测量）的位置和相位；

(2) 根据 $P(\boldsymbol{u}^*)$ 修正参数误差；

(3) 根据 $F(\boldsymbol{u}^*)$ 的值和极值点的位置，在软件中增减进给脉冲或修正靠模凸轮曲线。

9.2.4 差异度量的确定

目前，针对实际测量中基准要素与理想要素之间存在偏差时轮廓度误差评定的相关研究已有很多。在基于轮廓度误差构建轮廓控制方法时，将主要考虑轮廓度误差的统计分布情况。因此，为方便分析，不失一般性，可以假设测量时基准要素与理想要素之间不存在偏差。此时，线轮廓度误差的评定假设将变为无偏差和小误差假设，即：①测量或加工的轮廓与理论轮廓之间不存在基准偏差；②所测量的轮廓存在微小的轮廓度误差。上述假设不仅不会对轮廓度误差的统计分布产生影响，反而会便于分析所构建的轮廓控制图的监控性能。而且，据此建立的控制图可以应用到测量中基准要素与理想要素存在偏差的情况。

当实际测量中基准要素与理想要素之间不存在偏差时，即不考虑描述变量 $\boldsymbol{u} = [\mathrm{d}x, \mathrm{d}y, \theta_z]^{\mathrm{T}}$，因此不存在位置误差。此时，在无偏差和小误差的假设条件下，线轮廓度误差只包括形状误差 F 和参数误差 P，相应的误差计算也变得较为简单，则可以采用形状误差和参数误差作为差异度量，计算公式如下：

$$F = \overline{D} - \underline{D} \tag{9-16}$$

$$P = (\overline{D} + \underline{D})/2 \tag{9-17}$$

其中，

$$\begin{cases} \overline{D} = \max\{d(p_i): i=1,\cdots,N\} \\ \underline{D} = \min\{d(p_i): i=1,\cdots,N\} \end{cases}$$

且 $d(p_i) = f(x_i, y_i)/\sqrt{f_x^2 + f_y^2}$。应该注意到在上述公式中距离 $d(p_i)$ 是有正负的，表示观测点到理论曲线的正负偏差。

9.3 基于差异度量的 F&P 联合控制图

在实际生产过程中，过程（或产品）质量轮廓可以通过具体函数关系进行描述，然而，某些产品外形表面则是自由曲面——截面轮廓曲线为自由曲线。这些自由曲面或曲线是由一系列设计点定义的，通过插值方法，如样条插值、多项式插值等，生成自由曲面或曲线。不管理论轮廓是由具体函数描述还是由一系列设计点定义，均可把理论轮廓设定为基于差异度量轮廓控制方法中的基准轮廓。假设理论轮廓已知且其一般形式为：

$$y = f(x) \tag{9-18}$$

当理论轮廓为自由曲线时，可以通过插值进行定义。

假设 t 时刻样本轮廓测量点为 $Q_{ti}(x_{ti}, y_{ti})$，$i=1, 2, \cdots, n_t$。本章中假设不同轮廓中测量点位置可以发生变化，即对于不同 t、相同 i 时 x_{ti} 可以不同。此时，假设基于测量数据的轮廓拟合模型为：

$$y_{ti} = g(x_{ti}) + \varepsilon_{ti}, \ i=1,2,\cdots,n_t, \ t=1,2,\cdots \tag{9-19}$$

其中，误差项 ε_{ti} 为独立同分布变量且服从于均值为 0、方差为 σ^2 的正态分布，x_{ti} 为 t 时刻样本轮廓内的独立同分布变量。不失一般性，对所有 t 和 i 可假设 x_{ti} 服从于 [0, 1] 上的均匀分布。在构建轮廓控制图前，可通过平滑技术或非参数估计方法预先估计拟合函数 g。

在测量基准要素与理论要素之间不存在偏差和被测形状误差本身与相应的表面名义尺寸相比是微小误差的假设条件下，可基于形状误差 F 和参数误差 P，采用单值控制图构建方法建立轮廓非参数控制方法，分别监测形状误差和参数误差的小偏移,从而实现第二阶段非线性轮廓的监控。对于 t 时刻样本轮廓,基于形状误差 F 和参数误差 P 的 F&P 联合控制图的统计量为:

$$F_t = \overline{D}_t - \underline{D}_t \tag{9-20}$$

$$P_t = (\overline{D}_t + \underline{D}_t)/2 \tag{9-21}$$

其中,$\overline{D}_t = \max\{d_{ti}(Q_{ti}): i=1, \cdots, n_t\}$,$\underline{D}_t = \min\{d_{ti}(Q_{ti}): i=1, \cdots, n_t\}$,$n_t$ 为 t 时刻样本轮廓内测量点个数,$d_{ti}(Q_{ti})$ 为测量点 Q_{ti} 到基准轮廓的距离,且有:

$$d_{ti}(Q_{ti}) = (f(x_{ti}) - y_{ti})/\sqrt{(f'(x_{ti}))^2 + 1}$$

由统计量可以看出,F_t 为非负数,而且当过程统计受控时 F_t 和 P_t 均应接近于 0。将基于形状误差 F_t 和参数误差 P_t 的控制图分别记为 F 控制图和 P 控制图。设 F 控制图和 P 控制图的上控制界限分别为 H_F 和 H_P,下控制界限分别为 L_F 和 L_P。因 F_t 为非负数,故 $L_F = 0$。另外,为使 P 控制图控制界限宽度对任意 ARL_0 而言均最小,可设置上下控制界限对称,即 $L_P = -H_P$。在实际轮廓控制应用中,当 $F_t > H_F$ 或 $|P_t| > H_P$ 时,F&P 联合控制图即判断过程已发生失控。

9.3.1 F&P 联合控制图的设计

9.3.1.1 控制界限的确定

控制图的控制界限与过程受控时的平均运行链长有关,也就是说,通过控制界限的选择使 ARL_0 达到预先设定值。对于 F&P 联合控制图,由于通过理论计算控制界限较为困难,故此处考虑采用数值模拟方法确定控制界限 H_F、H_P 和 L_P。在第二阶段控制中,误差项方差 σ^2 通常假设已知,因此可以基于此产生一系列受控轮廓数据,之后可以使用蒙特卡洛方法确定轮廓控制图的控制界限。基于蒙特卡洛模拟确定控制界限的步骤为:

(1) 预先设定控制界限的一个取值。

(2) 产生受控轮廓数据,并计算相应的统计量。

(3) 重复步骤 (2) 直至统计量值超出控制界限,此时控制图判断过程失控,记录此时控制图的运行链长。

(4) 重复步骤 (2) 至 (3) M 次,并计算平均运行链长,此时即得

对应控制界限的 ARL_0。

（5）如果步骤（4）中得到的 ARL_0 满足要求，则模拟结束，对应控制界限即为所求；否则，重新设定控制界限，并重复步骤（2）至（5）直至得到满足 ARL_0 要求的控制界限。

本章控制图性能研究中，在确定联合控制图的控制界限时，$M = 50\,000$。

上述控制界限的确定方法假设误差项方差已知。然而，在实际应用中误差项方差通常未知，这就对通过数值方法产生轮廓数据，从而确定控制界限造成了困难。为此，需要大量历史受控数据来估计误差项方差。不过，当历史受控数据不足时，可以采用重采样技术（Zou et al.，2009），如 Bootstrap 方法（Wood et al.，1999）产生轮廓数据，估计控制图的控制界限。

9.3.1.2 分配因数 ω 的选择

F&P 联合控制图包含 F 与 P 两个控制图，因此在确定联合控制图的总体 ARL_0 时需要考虑到每个控制图 ARL_0 的设定。由前文可知，联合控制图 ARL_0 与第Ⅰ类错误概率 α 存在倒数关系，即 $ARL_0 = 1/\alpha$。设 F 控制图和 P 控制图的第Ⅰ类错误概率分别为 α_F 和 α_P，则有：

$$\alpha = 1 - (1 - \alpha_F)(1 - \alpha_P) \tag{9-22}$$

为确定联合控制图与其内部每个控制图的第Ⅰ类错误概率，以及它们之间的关系，可以采用分配因数 ω 给出（Liu et al.，2010）。针对 F&P 联合控制图，分配因数 ω 定义为：

$$\omega = \alpha_F / (\alpha_F + \alpha_P) \tag{9-23}$$

则有 $0 < \omega < 1$。通过调整分配因数 ω 可以调整联合控制图内各控制图的侧重程度。比如，在 F&P 联合控制图中，若侧重使用 F 控制图监测形状误差，则可以选择较大的 ω 值。因为，当 ω 较大时，$\alpha_F > \alpha_P$，F 控制图的控制界限变窄，而 P 控制图的控制界限边宽，则 F 控制图比 P 控制图有较强的检出力。

由公式（9-22）和公式（9-23）可得：

$$\alpha_F = \left(1 - \sqrt{1 - 4\omega(1-\omega)\alpha}\right) / (2(1-\omega)),\ \alpha_P = (\alpha - \alpha_F)/(1 - \alpha_F) \tag{9-24}$$

通常，选择 $\omega = 0.5$，此时 $\alpha_F = \alpha_P = 1 - \sqrt{1-\alpha}$，意味着联合控制图中 F

控制图和 P 控制图有着相同的监测能力。

9.3.1.3 距离 d_{ti} 的计算

当计算某点到理论轮廓的距离时,若理论轮廓关系已知,则可以通过距离理论公式计算。然而,对于自由曲线而言,不能通过理论公式计算距离。不过,可以采用一些算法,如基于黄金分割法的算法等,确定测量点 $Q_{ti}(x_{ti}, y_{ti})$ 到理论自由轮廓 $y=f(x)$ 的距离。使用黄金分割法距离算法的目的是在理论轮廓上寻找一点 $Q'_{ti}(x'_{ti}, y'_{ti})$ 使得 Q_{ti} 和 Q'_{ti} 之间的距离最小,则两点间的最短距离即为 d_{ti}。假设自由轮廓 $y=f(x)$ 由一系列设计点 $Q^*_j(x_j, y_j)$,$j=1, 2, \cdots, n_q$ 确定,具体算法步骤如下:

(1) 在理论轮廓上搜索实测点 $Q_{ti}(x_{ti}, y_{ti})$ 对应的理论曲线段。如果 $x_j < x_{ti} < x_{j+1}$,则 $[x_j, x_{j+1}]$ 即为所搜索的曲线段。令 $a=x_j$,$b=x_{j+1}$,$\vartheta=0.618$,$\xi > 0$ 为指定的精度,并且距离函数设为 $d(x) = \sqrt{(x_{ti}-x)^2+(y_{ti}-f(x))^2}$。

(2) 计算 $a_1=b-\vartheta(b-a)$,$f(a_1)$,$a_2=a+\vartheta(b-a)$,$f(a_2)$,从而可计算得出 $d(a_1)$ 和 $d(a_2)$。当 $d(a_1) \leqslant d(a_2)$ 时,转到步骤 (3);否则,转到步骤 (4)。

(3) 令 $b=a_2$,如果 $a-b<\xi$,转到步骤 (5);否则,转到步骤 (2)。

(4) 令 $a=a_1$,如果 $a-b<\xi$,转到步骤 (5);否则,转到步骤 (2)。

(5) 计算 $d(a)$ 和 $d(b)$。如果 $d(a) \leqslant d(b)$,则令 $x'_{ti}=a$,$D=d(a)$;否则,$x'_{ti}=b$,$D=d(b)$。

(6) 确定距离的正负。计算 $y'_{ti}=f(x'_{ti})$。如果 $y_{ti} \geqslant y'_{ti}$,则 $d_{ti}=D$;否则,$d_{ti}=-D$。

实际上,随着现代生产设备的发展及设备计算能力的提升,在轮廓测量时,利用先进的测量设备可直接计算测量点到理论轮廓的距离。这使本章所提出的基于轮廓度误差的非线性轮廓控制方法更为简便、更具有吸引力。

9.3.1.4 x_{ti} 和 n_t 的选取

在轮廓控制方法中,通常假设 x_{ti} 在测量前已确定,而且不同测量轮廓内测量点位置相同。但是,更为常见的情况是在测量过程中测量点位置是随机选择的,这也正是此处所要考虑的。为简便计算且不失一般性,在性能研究中假设 x_{ti}($i=1, 2, \cdots, n_t$) 服从 $[0, 1]$ 上的均匀分布,即 x_{ti} ~

$Uniform(0,1)$。显然，x_{ti} 的分布会影响轮廓控制图的性能，值得进一步研究。另外，对于不同轮廓，n_t 有时也会变化。不过，在过程监测和控制中，为方便测量分析，对于所有 t 可令 $n_t=n$。

9.3.2　F&P 联合控制图的实施

9.3.2.1　联合控制图的实施步骤

基于轮廓度误差的联合控制图在实际应用过程中，F 控制图和 P 控制图需要同时使用，具体应用于监测轮廓变异的实施步骤如下：

（1）设定联合控制图的 ARL_0。基于历史受控轮廓数据，通过模拟方法确定 F 控制图和 P 控制图的控制界限 H_F 和 H_P。当历史受控数据不充分时，可以采用 Bootstrap 重采样方法生成受控轮廓数据，从而确定控制界限。

（2）启动过程监控。从过程中采集样本轮廓数据，并计算轮廓内所有测量点到理论轮廓的距离。

（3）基于步骤（2）中的样本数据，利用公式（9-20）和公式（9-21）计算统计量 F_t 和 P_t。如果 $F_t > H_F$ 或 $|P_t| > H_P$，则认为过程已发生失控，则转到步骤（4）；否则，认为过程仍处于受控状态，转到步骤（2）。

（4）过程应立即停止，然后寻找可能存在的原因，并基于失控信号的信息按照过程调整原则对过程进行调整。

（5）在移除造成过程失控的可能原因并对过程进行调整后，重新启动过程监控，转到步骤（2）。

9.3.2.2　过程调整原则

形状误差和参数误差在实际中具有工程意义，故对形状误差和参数误差进行监控不仅可以监测轮廓的波动情况，而且还可以对过程的变异来源做出判断，从而可以基于误差补偿措施对过程进行调整。过程调整的具体原则如下：

（1）当 F 控制图发出警报而 P 控制图仍统计受控时，过程失控可能是因为过程波动太大，软件中进给脉冲或刀具出现了问题，需要对刀具进行检查，或者需要增减进给脉冲或刀具进给量。

（2）如果只有 P 控制图中出现失控点，则参数误差太大，可能是因为加工过程中加工基准与设计基准没有重合，需要调整刀具与工件的距离。

（3）当 F 控制图和 P 控制图中均发生失控时，则上述两种可能原因都已发生。此时，需要同时采取上述两种调整方案对过程进行调整。

F&P 联合控制图主要用于监测过程是否受控，初步判断过程失控原因，对于过程调整有一定的指导作用，但具体的过程失控原因需要对过程进行监测后才能有更为详细的了解。另外，当利用上述调整原则对过程进行调控时，基于统计量 F_t 和 P_t 的值还可以估计补偿量。这对工程师及现场操作者进行过程调整是很有帮助的。

9.3.3 性能比较分析

本节通过模拟仿真比较 F&P 联合控制图与其他基于差异度量的控制图的监测性能。假设 t 时刻样本轮廓上观测点为 (x_{ti}, y_{ti})，$i = 1, 2, \cdots, n_t$，且轮廓模型为：

$$y_{ti} = \begin{cases} g_0(x_{ti}) + \varepsilon_{ti}, & 1 \leq t \leq \tau \\ g_1(x_{ti}) + \varepsilon_{ti}, & t > \tau \end{cases} \quad (9-25)$$

其中，τ 为过程发生失控时的时刻点；ε_{ti} 为独立同分布随机误差项，且服从于均值为 0、方差为 σ^2 的正态分布；$g_0(x)$ 为受控轮廓模型且假设已知；失控轮廓模型为 $g_1(x) = g_0(x) + \delta(x)$ 且模型形式及参数未知。在本节模拟仿真中，假设受控轮廓模型为 $g_0(x) = f(x) = 1 - \exp(-x)$。同时，假设 $\sigma = 0.1$；对于所有 t，$n_t = n = 20$；$x_{ti} \sim Uniform(0, 1)$，$i = 1, 2, \cdots, n_t$。在计算控制界限时，模拟仿真程序重复运行 50 000 次。除非特殊说明，本节中 ARL 的仿真结果均是经过 50 000 次重复运行程序得到的。另外，本节中所有控制图的总体 ARL_0 均设定为 200。

本节首先通过模拟仿真确定在不同分配因数 ω 取值下 F&P 联合控制图的控制界限，结果如表 9-1 所示。可以看出，随着 ω 变大，α_F 逐渐变大，F 控制图的控制界限变窄，而 α_P 则逐渐变小，P 控制图的控制界限变宽。也就是说，随着 ω 由小变大，联合控制图由主要检出参数误差失控逐渐变为主要监控形状误差的变异。

表 9-1 不同 ω 取值下 F&P 联合控制图的控制界限（$ARL_0 = 200, L_P = -H_P$）

ω	α_F	α_P	H_F	H_P
0.1	0.000 5	0.004 5	0.572 8	0.098 1

续表

ω	α_F	α_P	H_F	H_P
0.2	0.001 0	0.004 0	0.554 1	0.099 6
0.3	0.001 5	0.003 5	0.542 9	0.101 2
0.4	0.002 0	0.003 0	0.534 9	0.103 1
0.5	0.002 5	0.002 5	0.528 3	0.105 4
0.6	0.003 0	0.002 0	0.522 8	0.108 0
0.7	0.003 5	0.001 5	0.518 3	0.111 4
0.8	0.004 0	0.001 0	0.514 5	0.116 0
0.9	0.004 5	0.000 5	0.510 8	0.123 5

之后，比较 F&P 联合控制图与前文所介绍的几种基于差异度量的轮廓控制方法。然而，在这几种差异度量方法中，M_{2t} 与 M_{3t} 是等价的，而且只差一个常数系数；M_{4t} 是 M_{1t} 的绝对值，则基于二者的控制图性能也相类似；M_{6t} 计算复杂，实际应用中不易使用。因此，考虑选取差异度量 M_{1t}、M_{3t} 和 M_{5t} 作为比较研究的方法，记基于此三种度量方法的单值控制图分别为 M_1 控制图、M_3 控制图和 M_5 控制图。

针对非线性轮廓内测量点位置发生变化的情况，已有文献中的 NPC 控制图可以用来监控非线性轮廓的变化（Qiu and Zou, 2010）。但是，NPC 控制图是基于大样本含量的，在有些实际应用中很难实现。同时，在使用 NPC 控制图时，参数的选取较为复杂，不方便工程师或现场操作者在线使用。所以，在此处的控制性能比较研究中，不考虑 NPC 控制图。

为考虑测量点位置的变化，针对 t 时刻样本轮廓数据，修正后的差异度量 M_{1t}、M_{3t} 和 M_{5t} 分别为：

$$M_{1t} = \text{sign}(\max_i |y_{ti} - f(x_{ti})|) \quad (9-26)$$

$$M_{3t} = \sum_{i=1}^{n} |y_{ti} - f(x_{ti})|/n \quad (9-27)$$

$$M_{5t} = \sum_{i=1}^{n} (y_{ti} - f(x_{ti}))^2 \quad (9-28)$$

基于上述修正后三种差异度量的单值控制图 M_1、M_3 和 M_5，可以通过数值模拟仿真方法确定其控制界限，相应的 ARL_0 设定为 200。假设 M_1 控制图上下控制界限对称，则当 $ARL_0 = 200$ 时，其上下控制界限分别为 0.280 6 和 -0.280 6；M_3 控制图和 M_5 控制图的上控制界限分别为 0.117 2 和 0.4。

在性能比较研究中，主要研究当过程失控时的控制图性能，即关注失控平均运行链长 ARL_1。理想状态下，过程受控时，控制图的受控运行链长越长越好；而过程失控时，控制图的失控运行链长则要求越短越好。因此，当比较两个或多个控制图时，首先设定各控制图受控平均运行链长 ARL_0 相同，然后计算各控制图在过程失控状态下的 ARL_1，基于 ARL_1 值判断控制图性能。一般认为具有较小 ARL_1 的控制图的监控性能优于具有较大 ARL_1 的控制图。

在模拟仿真研究中，假设失控轮廓模型为 $g_1(x) = g_0(x) + \delta(x)$，$\delta(x)$ 为过程异常波动。考虑如下两种具有代表性的过程异常波动模型：

（Ⅰ） $$\delta_1(x) = \theta(0.9x + 0.1) \quad (9\text{-}29)$$

（Ⅱ） $$\delta_2(x) = \theta\sin(2\pi(x-0.5)) \quad (9\text{-}30)$$

其中，θ 为偏移量。在波动模型（Ⅰ）中，$\delta_1(x)$ 为一条直线，而且此波动模型会使受控轮廓 $g_0(x)$ 发生整体偏移，因此按照轮廓度误差的有关概念，$\delta_1(x)$ 可以看作一种参数误差。然而，在波动模型（Ⅱ）中，$\delta_2(x)$ 会引起受控轮廓的上下波动，故可认为是形状误差。因实际生产中两种误差会同时存在，故需要同时考虑上述两种模型，为此考虑如下失控模型：

$$\delta(x) = \theta(r(0.9x+0.1) + (1-r)\sin(2\pi(x-0.5))) \quad (9\text{-}31)$$

其中，$0 \leq r \leq 1$ 为权重因子。r 越大，$\delta_1(x)$ 比重越大，参数误差发生也就越频繁。特殊地，当 $r=1$ 时，$\delta(x)$ 即为参数误差；当 $r=0$ 时，$\delta(x)$ 即为形状误差。失控模型 $\delta(x)$ 更具有一般性。因为在实际中过程异常波动信息通常未知，故两类轮廓度误差同时存在且在不同环境下表现为不同的权重。F&P 控制图与其他控制图将分别在不同权重 r 值下进行比较研究。

9.3.3.1 仅有参数误差时监控性能比较（$r=1$）

当过程中仅存在参数误差时，即 $r=1$ 时，F&P 联合控制图的 ARL_1 值如表 9-2 所示。由表 9-2 可以看出，当 $r=1$ 时，对某一确定的偏移量 θ，在 ω 变大的同时，ARL_1 值也变大。也就是说，当过程仅存在参数误差时，分配因子 ω 越小时，P 控制图检出作用越大，F&P 联合控制图性能也就越好。此时,可以选择 $\omega=0.1$ 的 F&P 控制图对过程进行监控。

表 9-2 不同 ω 取值下 F&P 联合控制图的 ARL_1 值 ($ARL_0=200$,$r=1$)

θ	\multicolumn{9}{c}{ω}
	0.1	0.2	0.3	0.4	0.5	0.6	0.7	0.8	0.9
0.02	148.02	152.26	155.55	161.72	169.27	171.71	177.43	183.72	193.64
0.03	107.38	113.73	119.18	125.26	132.26	140.72	151.11	162.87	176.40
0.04	75.94	80.44	86.28	92.06	101.02	107.63	120.14	135.18	154.55
0.05	53.66	57.41	61.12	66.20	73.24	80.65	92.00	107.17	129.88
0.06	37.68	40.41	43.68	47.67	53.28	59.38	68.67	83.44	106.36
0.07	26.61	29.06	31.23	34.26	38.08	43.26	50.33	62.15	84.29
0.08	19.44	21.01	22.61	24.81	27.72	31.87	37.28	46.81	64.82
0.09	14.35	15.38	16.68	18.32	20.47	23.36	27.47	34.38	48.89
0.10	10.82	11.61	12.60	13.72	15.25	17.23	20.45	25.50	36.93
0.13	5.17	5.46	5.84	6.32	6.90	7.76	8.93	11.08	15.78
0.15	3.46	3.68	3.86	4.13	4.50	4.95	5.62	6.76	9.44
0.17	2.51	2.63	2.76	2.92	3.12	3.39	3.78	4.49	5.98
0.20	1.77	1.81	1.88	1.96	2.06	2.17	2.38	2.70	3.40

当过程仅有参数误差时,比较了 F&P 联合控制图取 $\omega=0.1$ 时与 M_1 控制图、M_3 控制图和 M_5 控制图的监测性能。图 9-3 显示了各控制图的 ARL_1 值。由图 9-3 可以看出,F&P 联合控制图取 $\omega=0.1$ 时的监测性能整体优于其他三种基于差异度量的控制图。这是因为 P 控制图对参数误差很敏感。相比而言,M_1 控制图在所有方法中性能最差;M_3 控制图和 M_5 控制图的性能相近,且优于 M_1 控制图,但比 F&P 控制图差。

9.3.3.2 仅有形状误差时监控性能比较 ($r=0$)

当过程中仅存在形状误差时,即 $r=0$ 时,F&P 联合控制图的 ARL_1 值如表 9-3 所示。总体来讲,F&P 联合控制图取特定 ω 值时监测过程异常的性能表现很好。但是,对于不同 ω 值,F&P 联合控制图在监测小偏移或大偏移时性能差异不大,而在监测中度偏移时有较为明显的差异。图 9-4 显示了当过程仅存在形状误差时 F&P 联合控制图在 $\omega=0.9$ 时以及 M_1 控制

面向轮廓数据的统计质量控制方法

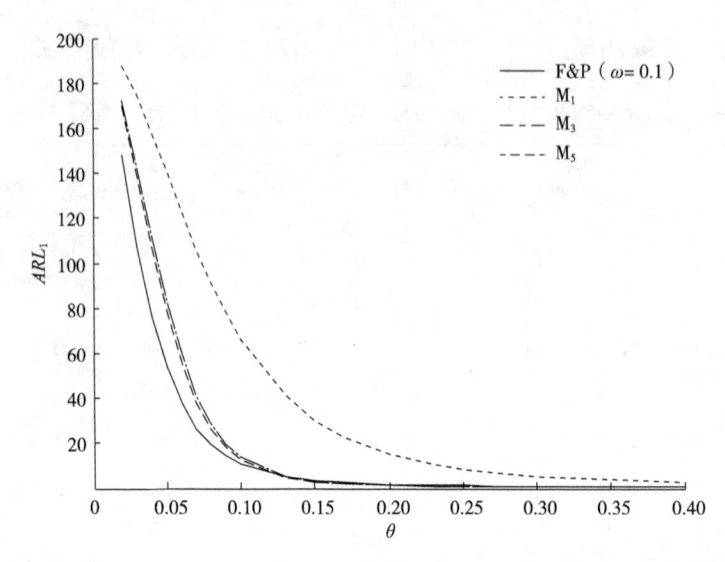

图 9-3 F&P 联合控制图（$\omega=0.1$）与 M_1 控制图、M_3 控制图和 M_5 控制图性能比较（$r=1$）

图、M_3 控制图和 M_5 控制图的监控性能。

表 9-3 不同 ω 取值下 F&P 联合控制图的 ARL_1 值（$ARL_0=200$，$r=0$）

θ	ω								
	0.1	0.2	0.3	0.4	0.5	0.6	0.7	0.8	0.9
0.02	186.62	185.86	185.34	184.68	183.95	182.28	181.27	180.83	180.18
0.03	165.84	165.14	163.61	162.51	161.08	159.56	157.38	155.18	154.69
0.04	145.91	142.96	140.96	138.25	134.78	132.71	129.88	128.82	124.12
0.05	127.23	121.01	117.86	113.04	108.86	106.24	102.98	101.28	97.84
0.06	107.92	101.57	95.29	91.24	87.20	82.93	80.09	77.29	74.24
0.07	90.49	82.09	76.12	71.92	67.27	63.12	60.77	57.83	55.13
0.08	75.73	67.10	60.50	55.12	51.28	47.93	44.70	42.97	40.81
0.09	62.84	53.40	46.73	42.65	38.98	35.95	33.68	31.73	30.02
0.10	50.84	41.8	36.05	32.27	29.16	26.75	24.72	23.26	22.03
0.13	25.56	19.04	15.84	13.80	12.32	11.18	10.32	9.70	9.08
0.15	15.28	11.10	9.21	8.02	7.24	6.57	6.08	5.73	5.43
0.17	9.09	6.66	5.52	4.94	4.48	4.07	3.84	3.61	3.46
0.20	4.42	3.39	2.94	2.64	2.45	2.30	2.20	2.11	2.03

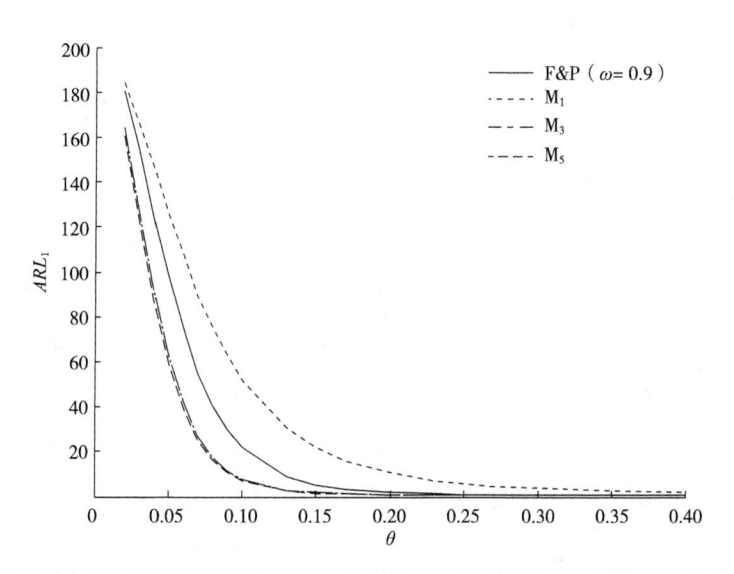

图 9-4　F&P 联合控制图（$\omega=0.9$）与 M_1 控制图、M_3 控制图和 M_5 控制图性能比较（$r=0$）

由图 9-4 可以看出，M_3 控制图和 M_5 控制图的性能仍然相似且在所有控制方法中表现最好，而 M_1 控制图仍表现最差。与监测参数误差时性能不同，F&P 联合控制图监测形状误差的性能与 M_3 控制图和 M_5 控制图相比略差。这主要是因为相比 M_3 控制图和 M_5 控制图，F&P 联合控制图的统计量本身使用的数据信息很少，尤其是统计量 F_t。在 F&P 联合控制图统计量中仅考虑了所有轮廓测量点中的最大偏移量和最小偏移量，而 M_3 控制图和 M_5 控制图则考虑了所有测量点信息。充分利用所有轮廓测量数据有利于分析轮廓形状，进而充分了解轮廓形状误差。因此，M_3 控制图和 M_5 控制图在监测形状误差时会优于 F&P 联合控制图。

9.3.3.3　两种误差同时存在时监控性能比较（$0<r<1$）

在研究两种误差同时存在时控制图的监控性能时，为简单分析，选取 $r=0.5$，表明在失控模型中两种误差被赋予了相同权重。表 9-4 列出了 F&P 联合控制图的 ARL_1 值。可以看出，对于不同的 ω 值，F&P 联合控制图在监测大偏移时性能差异不大，而在监测中小偏移时有较为明显的差异；另外，F&P 联合控制图在取 $\omega=0.1$ 时要优于其他 ω 取值情况。

表 9-4 不同 ω 取值下 F&P 联合控制图的 ARL_1 值（$ARL_0=200$，$r=0.5$）

θ	\multicolumn{9}{c}{ω}
	0.1	0.2	0.3	0.4	0.5	0.6	0.7	0.8	0.9
0.02	170.91	173.85	176.14	179.93	181.46	182.55	187.87	188.14	188.67
0.03	142.10	145.05	148.47	151.87	156.55	159.63	165.06	168.73	174.07
0.04	114.46	118.81	120.89	124.85	130.43	135.01	139.98	145.33	153.47
0.05	90.73	94.33	97.02	101.16	107.08	19.86	116.53	122.89	130.93
0.06	71.58	74.56	78.10	81.02	85.36	89.36	94.00	101.88	19.07
0.07	56.26	58.18	60.61	63.84	67.09	71.46	76.18	83.13	90.79
0.08	44.60	46.43	48.55	51.15	53.68	57.44	61.30	67.27	74.38
0.09	35.47	37.08	38.62	40.65	43.13	45.82	49.12	53.95	60.40
0.10	28.82	29.83	30.94	32.38	34.30	36.37	39.00	42.85	48.48
0.13	16.04	16.63	16.99	17.56	18.45	19.40	20.74	22.73	25.70
0.15	11.42	11.74	11.89	12.22	12.69	13.26	13.95	15.26	16.86
0.17	8.50	8.50	8.59	8.79	8.93	9.29	9.79	10.47	11.46
0.20	5.66	5.58	5.55	5.56	5.67	5.76	5.91	6.25	6.74

F&P 联合控制图取 $\omega=0.1$ 时与 M_1 控制图、M_3 控制图和 M_5 控制图在两种误差同时存在时的监测性能如图 9-5 所示。可以看出，F&P 联合控制图与 M_3 控制图和 M_5 控制图的监测性能相似。具体地，当两种误差同时存在时，在监测小偏移时 F&P 联合控制图优于 M_3 控制图和 M_5 控制图；而在监测大偏移时 M_3 控制图和 M_5 控制图优于 F&P 联合控制图。在所有控制方法中，M_1 控制图仍表现最差。

总体来讲，通过上述模拟比较研究，F&P 联合控制图表现较好。F&P 联合控制图的监测性能在所有情况中均优于 M_1 控制图。与 M_3 控制图和 M_5 控制图相比，F&P 联合控制图在监测参数误差或当两种误差同时存在的情况下监测小偏移时优于 M_3 控制图和 M_5 控制图；而在监测形状误差或当两种误差同时存在的情况下监测中大偏移时比 M_3 控制图和 M_5 控制图的监控性能要差。

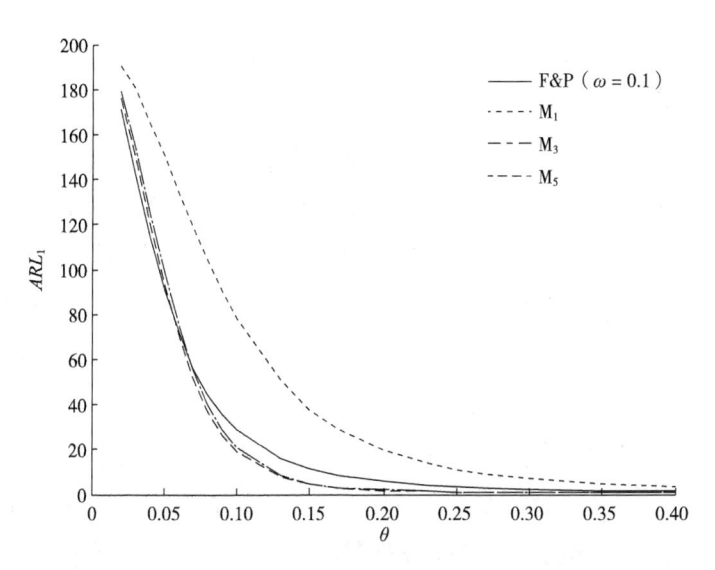

图 9-5　F&P 联合控制图（$\omega=0.1$）与M_1控制图、M_3控制图和M_5控制图性能比较（$r=0.5$）

9.4　基于差异度量的 FPEWMA 联合控制图

9.4.1　FPEWMA 控制图的设计

F&P 联合控制图在监控非线性轮廓发生中或大偏移时表现出了良好的监测性能，但是在非线性轮廓发生较小偏移时监控性能欠佳。由于 EWMA 技术对变异的小偏移的敏感性，可以考虑基于 F_t 和 P_t 统计量分别构建 F_t 和 P_t 的 EWMA 统计量，从而分别构建 FEWMA 控制图和 PEWMA 控制图，进而建立联合 FEWMA 控制图和 PEWMA 控制图的 FPEWMA 联合控制图。针对 FEWMA 控制图和 PEWMA 控制图，其监控统计量分别为：

$$EWMAF_t = \lambda F_t + (1-\lambda) EWMAF_{t-1} \quad (9-32)$$
$$EWMAP_t = \lambda P_t + (1-\lambda) EWMAP_{t-1} \quad (9-33)$$

其相应的控制界限分别为：

$$UCL_F = u_F + k\sigma_F \sqrt{\frac{\lambda(1-(1-\lambda)^{2t})}{(2-\lambda)}}, LCL_F = u_F - k\sigma_F \sqrt{\frac{\lambda(1-(1-\lambda)^{2t})}{(2-\lambda)}} \quad (9-34)$$

$$UCL_P = u_P + k\sigma_P \sqrt{\frac{\lambda(1-(1-\lambda)^{2t})}{(2-\lambda)}}, LCL_P = u_P - k\sigma_P \sqrt{\frac{\lambda(1-(1-\lambda)^{2t})}{(2-\lambda)}} \quad (9-35)$$

其中，u_F 为 $EWMAF_t$ 统计量的均值，u_P 为 $EWMAP_t$ 统计量的均值，σ_F 为

$EWMAF_t$ 统计量的标准差，σ_P 为 $EWMAP_t$ 统计量的标准差，λ 设定为 0.2。k 为控制界限调节参数，可以通过模拟仿真分析得到使模拟的受控平均运行链长满足设定 ARL_0 的 k 值。

FPEWMA 联合控制图包含 FEWMA 控制图与 PEWMA 控制图，同样可以通过公式（9-23）分配因数 ω 来调整联合控制图内各控制图的侧重程度。在实际非线性轮廓监控中，当监控统计量 $EWMAF_t$ 或 $EWMAP_t$ 超过其对应的上下控制界限时，FPEWMA 联合控制图即判断过程已发生失控。

9.4.2 性能比较分析

在本节非线性轮廓控制方法的监控性能比较中，将对比分析 FPEWMA 联合控制图、F&P 联合控制图、M_1 控制图、M_3 控制图和 M_5 控制图等的监控性能。受控轮廓模型与失控轮廓模型设定将沿用公式（9-25）至公式（9-31）中的相关设置。为研究 FPEWMA 控制图的性能，首先通过模拟仿真得出在不同分配因数 ω 取值下 FPEWMA 联合控制图的控制界限，结果如表 9-5 所示。不难发现，随着分配系数 ω 的增大，FEWMA 控制图发生虚发警报的概率逐渐变大，FEWMA 控制图的控制界限逐渐变窄，FEWMA 控制图的平均运行链长逐渐减小；同时，PEWMA 控制图发生虚发警报的概率则逐渐变小，PEWMA 控制图的控制界限逐渐变宽，PEWMA 控制图的平均运行链长逐渐增加。可以看出，随着分配系数 ω 的增大，FPEWMA 联合控制图由偏重于识别参数误差逐步转变为偏重于识别形状误差。

表 9-5 不同 ω 取值下 FPEWMA 联合控制图的控制界限（$ARL_0 = 200$）

ω	α_F	α_P	u_F	u_P
0.1	0.000 5	0.004 5	0.349 1	0.031 6
0.2	0.001 0	0.004 0	0.388 9	0.032 0
0.3	0.001 5	0.003 5	0.386 1	0.032 4
0.4	0.002 0	0.003 0	0.383 5	0.033 0
0.5	0.002 5	0.002 5	0.381 7	0.033 7
0.6	0.003 0	0.002 0	0.380 2	0.034 3

续表

ω	α_F	α_P	u_F	u_P
0.7	0.003 5	0.001 5	0.378 9	0.035 4
0.8	0.004 0	0.001 0	0.377 4	0.036 7
0.9	0.004 5	0.000 5	0.376 6	0.038 9

9.4.2.1 仅有参数误差时监控性能比较（$r=1$）

当过程发生异常状态、非线性轮廓只存在参数误差时，对于不同的分配系数 ω，在不同的偏移量下，对 FPEWMA 联合控制图进行模拟仿真，表 9-6 列出了具体模拟的 ARL_1 值。通过分析表 9-6 可以发现，当非线性轮廓数据仅存在参数误差时，随着分配因数 ω 的增大，控制图 ARL_1 的值也逐渐增大。这是因为当设定较小的分配因数 ω 时，PEWMA 控制图识别非线性轮廓发生异常的能力较强，故而 FPEWMA 联合控制图表现出较好的整体性能。因此，当生产过程中非线性轮廓只存在参数误差时，FPEWMA 联合控制图可以采用较小的 ω，从而能够得到良好的监控效果。

表 9-6　不同 ω 取值下 FPEWMA 联合控制图的 ARL_1 值（$ARL_0=200$，$r=1$）

θ	ω								
	0.1	0.2	0.3	0.4	0.5	0.6	0.7	0.8	0.9
0.02	33.24	34.93	38.99	42.16	47.78	50.85	60.02	72.52	98.69
0.03	12.25	12.80	14.73	16.19	16.73	20.21	23.00	27.62	41.22
0.04	5.63	6.23	6.12	6.50	7.36	7.85	9.52	11.15	16.39
0.05	3.04	3.18	3.39	3.43	3.81	3.96	4.42	5.22	7.23
0.06	1.94	2.00	2.04	2.16	2.16	2.40	2.70	3.13	3.72
0.07	1.40	1.48	1.50	1.53	1.56	1.64	1.68	1.90	2.22
0.08	1.18	1.20	1.25	1.23	1.27	1.30	1.36	1.39	1.55
0.09	1.08	1.07	1.09	1.09	1.11	1.13	1.15	1.20	1.25
0.10	1.02	1.03	1.03	1.03	1.04	1.05	1.05	1.08	1.11
0.13	1.00	1.00	1.00	1.00	1.00	1.00	1.00	1.00	1.00
0.15	1.00	1.00	1.00	1.00	1.00	1.00	1.00	1.00	1.00

续表

θ	ω								
	0.1	0.2	0.3	0.4	0.5	0.6	0.7	0.8	0.9
0.17	1.00	1.00	1.00	1.00	1.00	1.00	1.00	1.00	1.00
0.20	1.00	1.00	1.00	1.00	1.00	1.00	1.00	1.00	1.00

为比较 FPEWMA 联合控制图、F&P 联合控制图与其他控制图，将设置 FPEWMA 联合控制图和 F&P 联合控制图中 $\omega=0.1$。因为根据前述研究结果，当只存在参数误差时，FPEWMA 联合控制图和 F&P 联合控制图在 $\omega=0.1$ 时表现出良好的性能。上述各控制图的 ARL_1 值如图 9-6 所示。通过图 9-6 可以看出，当 $\omega=0.1$ 时，在各种偏移情况下，FPEWMA 联合控制图的 ARL_1 值均小于其他基于差异度量方法的 ARL_1 值，尤其是在小偏移情况下。例如，当偏移量为 0.02 时，FPEWMA 联合控制图的 ARL_1 小于 40，而其他方法的 ARL_1 均大于 140。因此，FPEWMA 联合控制图的性能最佳。

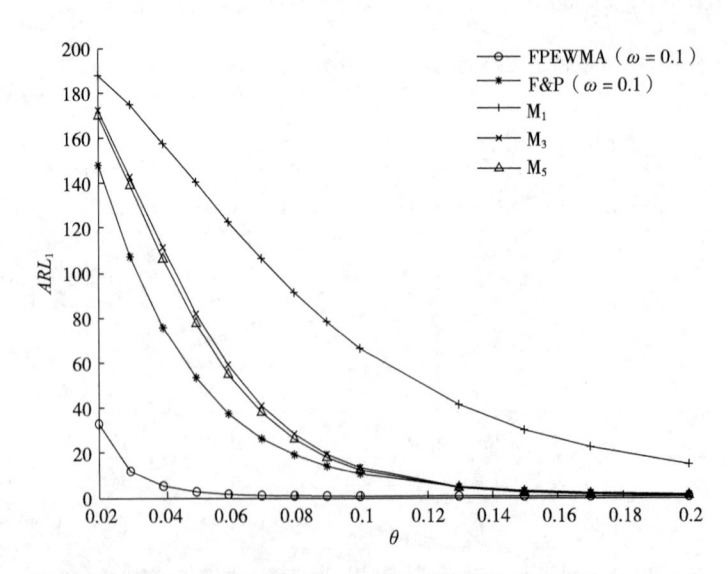

图 9-6 FPEWMA 联合控制图与其他控制图监控性能比较（$r=1$）

9.4.2.2 仅有形状误差时监控性能比较（$r=0$）

当非线性轮廓的异常变化只有形状误差时，对于不同的分配系数 ω，在不同的偏移量下，对FPEWMA联合控制图进行模拟仿真，表9-7中列出了ARL_1的仿真结果。总的来说，当在FPEWMA联合控制图中取特定的分配因数ω时，FPEWMA联合控制图在监控过程发生异常时的性能较好。

表9-7　不同ω取值下FPEWMA联合控制图的ARL_1值（$ARL_0=200$，$r=0$）

θ	ω								
	0.1	0.2	0.3	0.4	0.5	0.6	0.7	0.8	0.9
0.02	144.62	144.98	139.59	141.22	141.35	133.72	136.12	128.41	132.96
0.03	105.75	104.98	96.89	98.32	94.71	87.95	87.63	86.22	87.08
0.04	72.30	66.37	60.10	56.63	55.07	52.94	51.95	47.43	48.43
0.05	46.49	40.86	37.57	34.80	31.47	29.66	28.01	25.08	24.27
0.06	28.63	24.21	20.32	18.42	16.15	15.21	15.64	13.79	12.84
0.07	16.21	12.19	11.02	9.87	8.71	7.82	7.97	6.93	7.13
0.08	8.77	6.97	5.92	5.09	4.86	4.56	4.19	4.15	3.84
0.09	4.91	4.14	3.70	3.03	3.02	2.73	2.68	2.59	2.35
0.10	3.08	2.40	2.32	2.09	1.94	1.80	1.78	1.67	1.68
0.13	1.19	1.11	1.11	1.11	1.06	1.06	1.06	1.06	1.04
0.15	1.02	1.01	1.01	1.01	1.00	1.00	1.00	1.00	1.00
0.17	1.00	1.00	1.00	1.00	1.00	1.00	1.00	1.00	1.00
0.20	1.00	1.00	1.00	1.00	1.00	1.00	1.00	1.00	1.00

当仅存在形状误差时，在FPEWMA联合控制图中设定分配系数$\omega=0.9$。为了得出客观的比较结果，同时在F&P联合控制图中设定分配系数$\omega=0.9$，各控制图的ARL_1值如图9-7所示。在各种偏移情况下，FPEWMA联合控制图的ARL_1值均小于其他同类基于差异度量方法的ARL_1，因此FPEWMA联合控制图的性能最佳。

9.4.2.3　两种误差同时存在时监控性能比较（$0<r<1$）

当过程同时存在参数误差和形状误差时，对于不同的分配系数ω，在不同的偏移量下，对FPEWMA联合控制图取$r=0.5$进行模拟仿真，表9-8中列出了ARL_1具体仿真结果。不难发现，当选取不同的分配系数ω时，FPEWMA联合控制图监控过程发生中小偏移时性能差别相对明显；在监控

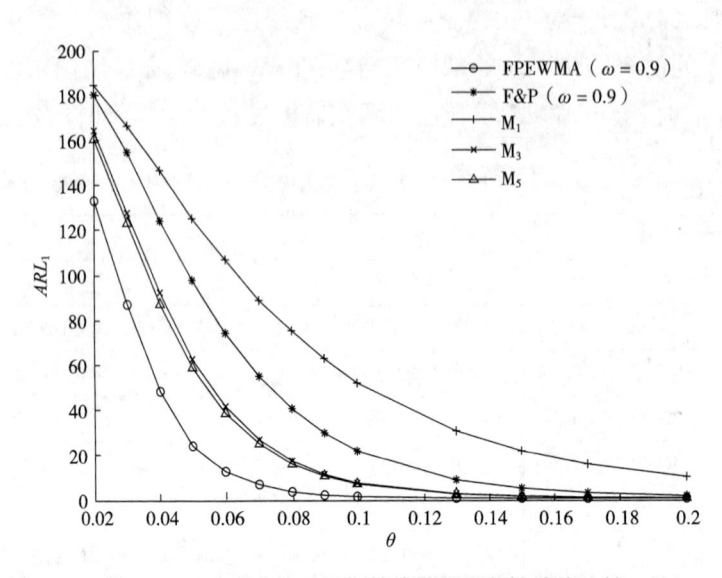

图 9-7　FPEWMA 联合控制图与其他控制图监控性能比较（$r=0$）

过程发生大偏移时性能差别不大。当分配系数 $\omega=0.1$ 时，FPEWMA 联合控制图的性能最优。

表 9-8　不同 ω 取值下 FPEWMA 联合控制图的 ARL_1 值（$ARL_0=200$，$r=0.5$）

θ	\multicolumn{9}{c}{ω}
	0.1	0.2	0.3	0.4	0.5	0.6	0.7	0.8	0.9
0.02	74.57	77.14	80.95	87.35	93.81	97.13	107.78	115.45	132.94
0.03	37.08	38.53	40.69	44.76	49.07	51.86	59.81	68.19	85.43
0.04	19.00	20.10	21.31	23.05	25.65	27.29	31.83	37.63	49.59
0.05	11.09	11.43	11.85	12.94	14.31	15.23	17.97	20.85	27.50
0.06	6.64	6.95	7.23	7.64	8.32	8.88	10.39	11.80	15.43
0.07	4.32	4.45	4.69	4.89	5.36	5.68	6.40	7.24	9.21
0.08	3.07	3.16	3.26	3.41	3.64	3.76	4.22	4.74	5.80
0.09	2.32	2.35	2.43	2.53	2.65	2.72	2.98	3.28	3.86
0.10	1.86	1.88	1.90	1.97	2.05	2.10	2.25	2.44	2.78
0.13	1.23	1.23	1.23	1.22	1.24	1.26	1.29	1.31	1.40
0.15	1.08	1.07	1.07	1.08	1.08	1.08	1.08	1.10	1.12

续表

θ	ω								
	0.1	0.2	0.3	0.4	0.5	0.6	0.7	0.8	0.9
0.17	1.02	1.02	1.02	1.02	1.02	1.02	1.02	1.02	1.03
0.20	1.00	1.00	1.00	1.00	1.00	1.00	1.00	1.00	1.00

当过程中同时存在参数误差和形状误差时，在 FPEWMA 联合控制图中设定分配系数 $\omega=0.1$。为了得出客观的比较结果，同时在 F&P 联合控制图中设定分配系数 $\omega=0.1$。各控制图的 ARL_1 值如图 9-8 所示。在各种偏移情况下，FPEWMA 联合控制图的 ARL_1 值均小于其他同类基于差异度量方法的 ARL_1，尤其是在小偏移情况下。例如，当偏移量为 0.02 时，FPEWMA 联合控制图的 ARL_1 值小于 80，而其他方法的 ARL_1 值均大于 160。因此，FPEWMA 联合控制图的性能最佳。

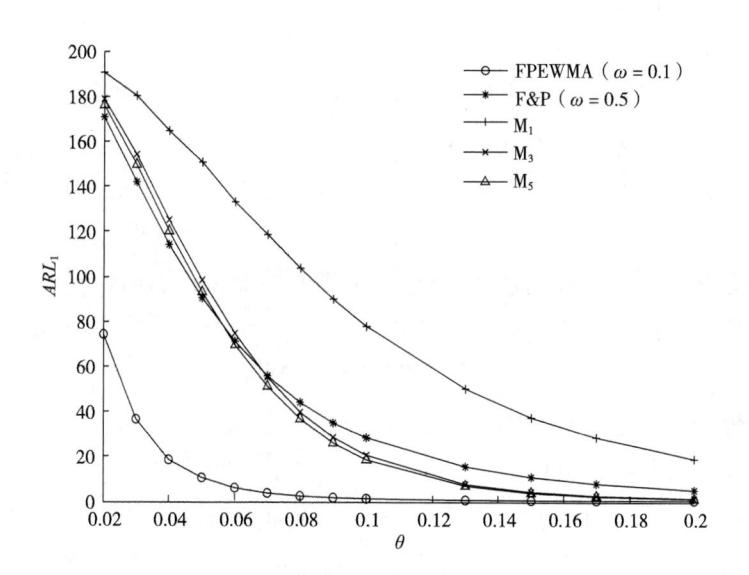

图 9-8 FPEWMA 联合控制图与其他控制图监控性能比较（$r=0.5$）

9.5 应用案例分析

飞机发动机叶片是发动机的核心部件之一，它起着将蒸汽的动能转换为机械能的作用。在航空发动机制造中，各类叶片所占比重约为 30%。发动机的性能在很大程度上取决于叶片型面的设计和制造水平（刘艳，2002）。叶片在发动机中的功能使命及其工作特点，决定了叶片是发动机中形状复杂、尺寸跨度大、受力恶劣、承载最大的零件。它在高温、高压和高速状态下运行，通常由合金化程度很高的钛合金、铝合金以及高温合金等材料制成。为满足发动机高性能、工作安全性、可靠性以及寿命的要求，叶片必须具有精确的尺寸、准确的形状和严格的表面完整性。

目前国内航空发动机叶片和压气机叶片的制造大部分是经由数控加工生产的。在叶片加工过程中，叶身型面加工是整个叶片加工的难点，而叶型的加工则是叶片加工的关键，因为它直接关系到叶片型面的一致性和发动机的性能。虽然使用数控加工技术可以提高加工速度，使叶片形状和尺寸能较好地符合设计图纸要求，但是加工过程中异常因素（如刀具磨损加快、走刀步距调错等）的出现会对整个加工过程产生很大影响，从而影响叶片质量。这就需要对叶片加工过程进行质量控制，以降低叶片不合格品率，减少质量损失，降低成本。

数控加工中刀具轨迹对叶片加工质量有直接影响，而刀具轨迹是根据叶片理论形状生成的，因此就需要解决三个方面的问题，即刀具路径拓扑（决定粗糙度）、走刀步距（决定误差）和切削行距（决定残留高度），以及无干涉刀具轨迹生成（刘玉娟，2009）。其中，走刀步距对叶型加工误差有重要影响。叶片理论形状是通过给定叶型曲线经插值形成的，而叶型曲线则是通过给定型值点插值出来的。因此，整个叶片质量取决于叶型曲线的加工质量。故在对叶片加工质量进行控制时，首先要保证叶型曲线的加工质量符合理论设计要求。

叶片叶型曲线由叶背叶身两条自由曲线以及两个连接半圆弧组成，如图9-9所示。为方便计算且不失一般性，仅考虑对叶型曲线的叶身部分曲线，应用基于差异度量的非参数联合控制图进行监控。在本节仅采用F&P联合控制图进行示例分析，以说明该方法的有效性。FPEWMA联合控制图的使用可以参照本示例进行。

在叶片加工设计中，理论叶型曲线是对多个型值点通过B-样条函数插值生成的B-样条插值曲线。表9-9为叶型曲线叶身部分的理论型值点数据，每行内对应x值和y值组成型值点坐标。因真实理论数据不便透露，

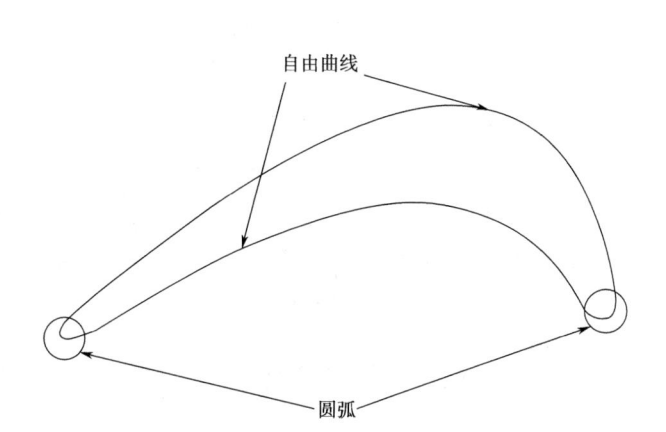

图 9-9 叶型截面轮廓

故这些数据是在真实数据上处理后的实验数据。虽然处理后数据构成的叶片形状发生了一定的变化，但不会影响数据的统计分析和过程控制研究。

表 9-9 叶型曲线叶身部分设计型值点数据

x	-25.0	-24.0	-21.0	-18.0	-15.0	-11.0	-7.0	-3.0
y	57.0	52.0	43.0	33.5	24.0	14.5	5.0	-3.0
x	1.0	6.0	11.0	16.0	21.0	26.0	30.0	30.5
y	-11.0	-20.0	-29.0	-38.0	-46.5	-55.0	-61.5	-62.0
x	31.0	31.5	32.0	32.5	33.0	33.5	34.0	34.5
y	-63.0	-64.0	-65.0	-65.5	-66.0	-66.2	-66.4	-66.5

在测量过程中，目前通常采用三坐标测量仪在轮廓曲线上进行接触测量。因测量头是球面形状，但测量仪读数为测头中心坐标值，所以测量仪读数需经过测头半径补偿及误差补偿后才能使用。但是测量误差补偿并非本章研究内容，故假设在应用研究中所使用数据均是经误差补偿后的测量数据，而且不考虑因测量产生的误差对控制图效果的影响。表 9-10 列出了实际中得到的 3 组测量数据。从表 9-10 可以看出，每次测量点横坐标均不固定，而且每个样本轮廓中测量点数目也不相同。本章 F&P 联合控制图并未假设轮廓内测量点位置不变和各轮廓内测量点数目相同。因此，可

以将 F&P 联合控制图应用于对叶片叶身轮廓的监控。

为应用 F&P 联合控制图，需首先基于历史数据判断过程的稳定性，并估计过程受控参数。现有 25 条按时间顺序收集的历史轮廓数据，每条轮廓内各有 16 个测量点。所有测量数据均通过三坐标测量仪测得，而且利用一些计算机软件可以直接得到测量点到理论轮廓的距离。在 25 条历史轮廓数据中，前 20 条轮廓用来判断过程的稳定性以及确定控制图的控制界限，后 5 条用来监测过程是否发生异常。

表 9-10　叶型曲线叶身部分测量数据

1		2		3	
x	y	x	y	x	y
-24.571 6	55.997 0	-24.657 1	56.385 0	-24.624 7	56.523 0
-20.978 8	41.313 6	-22.719 9	45.463 0	-24.012 0	52.268 7
-16.952 9	31.967 9	-18.163 2	33.225 9	-21.497 4	43.164 6
-12.478 6	22.795 7	-13.115 7	21.077 2	-18.586 5	33.701 1
-11.023 0	13.816 4	-11.536 0	12.419 4	-15.295 3	24.282 2
-7.610 0	5.069 4	-7.562 4	4.069 5	-11.642 2	15.000 7
-2.424 2	-3.493 1	-1.622 0	-4.018 5	-7.644 3	5.838 4
3.019 8	-15.870 2	1.624 3	-11.959 7	-3.258 2	-3.115 1
6.449 5	-20.254 3	5.848 2	-20.027 8	1.467 1	-11.953 2
11.867 6	-28.684 0	10.365 1	-28.147 8	6.305 1	-20.683 8
16.216 8	-37.158 8	15.178 2	-36.340 9	11.151 0	-29.417 3
24.538 3	-50.598 7	21.921 5	-44.558 0	16.085 6	-38.115 7
29.885 6	-60.956 3	27.605 9	-56.858 2	21.026 4	-46.790 2
30.405 2	-62.596 8	30.694 0	-63.224 0	26.071 7	-55.422 1
31.333 8	-64.102 9	32.538 0	-65.756 8	30.534 4	-62.823 9
32.974 2	-66.049 7	—	—	33.457 5	-66.219 6
34.028 9	-66.221 5	—	—	—	—

按照前文中 F&P 联合控制图的实施步骤，F&P 联合控制图在叶片加工过程中的具体应用分析过程如下：

(1) 设定 F&P 联合控制图的总体 ARL_0 为 200，$\omega=0.5$，因此 F 控制图和 P 控制图各自的 ARL_0 均为 400。基于 20 条历史轮廓数据，采用重采样方法确定控制图的控制界限，得到 F 控制图的上下控制界限分别为 3.309 1 和 0，P 控制图的上下控制界限分别为 0.621 8 和 −0.695 1。

(2) 利用前文距离计算方法计算新的样本轮廓（此处为后 5 条历史轮廓）上各测量点到理论轮廓的距离，并找出所有距离中的最大值与最小值。

(3) 基于上述（2）中的最大距离和最小距离，利用公式（9-20）和公式（9-21）计算统计量 F_t 和 P_t，并分别在 F 控制图和 P 控制图中描点。图 9-10 给出了 F 控制图和 P 控制图中 25 条轮廓对应的统计量 F_t 和 P_t 的描点。

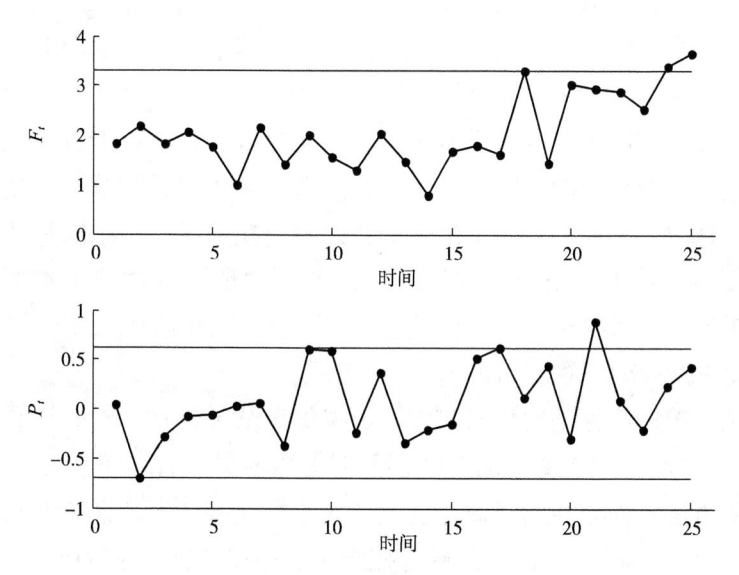

图 9-10 叶片加工过程中 F&P 联合控制图（上图为 F 控制图；下图为 P 控制图）

(4) 由图 9-10 可以明显看出过程已发生失控。因此，应该立即停止生产过程并找出可能原因。从 F 控制图中可以看出，第 24 和 25 时刻点统计量值已超出上控制界限，也就意味着过程中可能出现了形状误差。在 P 控制图中，第 21 时刻点统计量同样也超出了上控制界限，表明加工过程中参数误差可能已出现。根据上述失控信息，可采用前文介绍的过程调整原则对过程进行调整。例如，在第 21 时刻点 P 控制图给出了过程失控信号，则应该检查夹具与刀具之间的基准位置是否一致，或者利用实际工程经验查找可能导致参数误差出现的原因。一旦找到原因，则应解决问题并对过程进行调整。

（5）重新启动监控过程，测量新的样本轮廓数据，计算统计量，在控制图上描点，直至控制图中出现失控信号，并采用（4）中分析得出的方案进行过程调整。

9.6 本章小结

针对非线性轮廓内测量点位置发生变化的情况，本章提出从差异度量角度，选取工程中常用的轮廓评价方法——线轮廓度误差作为差异度量方法，构建非参数轮廓控制图。首先介绍了线轮廓度误差的定义、评定方法以及其分离和补偿等基本概念。之后，提出了基于线轮廓度误差中形状误差和参数误差的 F&P 联合控制图监控非线性轮廓，并引入了分配因数对联合控制图中各控制图的权重进行调整。详细给出了 F&P 联合控制图的设计方法，包括控制界限的确定、分配因数的选择、距离的计算、测量点位置和数量的选取等。此外，还给出了联合控制图在实际应用中的具体实施步骤，并提出了基于控制图失控信息和误差补偿理论的过程调整原则。同时，为提升 F&P 联合控制图监测过程变异小偏移的能力，结合 EWMA 技术构建了 FPEWMA 联合控制图。

在控制图监测性能比较研究中，模拟仿真结果显示，F&P 联合控制图和 FPEWMA 联合控制图监测参数误差时非常有效，优于其他基于差异度量的控制方法；而且在同时监测过程中的参数误差和形状误差时对于小偏移非常敏感。此外，基于 F&P 联合控制图的失控信息，还可以利用提出的过程调整原则对生产过程进行调整，以便工程师对过程进行控制。

F&P 联合控制图和 FPEWMA 联合控制图作为一种基于差异度量的非参数控制方法，并不是一定要确定理论轮廓的参数模型，因此，可用于理论轮廓由一系列设计点定义的自由曲线的轮廓控制中。以叶片加工过程为例，将 F&P 联合控制图应用到叶片叶身曲线———种典型的自由曲线的监控过程中。应用分析显示，F&P 联合控制图监测过程变异效果明显，而且在实践中应用方便。

10 面向角度变量数据的线性轮廓控制

10.1 引言

角度变量（circular random variable）是在圆周上取值的随机变量，取值通常为角度数据。在实际应用中，使用并获取角度变量数据的情况普遍存在，如风向、洋流方向数据等（Mardia and Jupp, 1999）。当测量数据为角度变量时，有些情况下角度变量间也会存在一定的函数关系。基于角度变量的普通线性回归虽然也是一种简单的曲线，通常解释变量与响应变量均为角度变量，但是它经常发生，尤其是在校准过程中。

较为典型的例子是，在对测量风向的两个设备进行校正时，校正过程特征即为角度变量线性轮廓。风向是一个典型的角度变量，可以同时通过锚定浮标（记为 Y）和雷达（记为 X）进行测量。此时，对于校正数据应有 $y=x$。角度变量的取值空间是一个有界封闭空间，其具有周期性，这与常见的欧几里得空间的线性变量不同。例如，对于角度变量，1°与359°之间仅相差2°。因此，点(1°, 359°)应在理论模型 $y=x$ 附近。但是，在变量为线性变量时的线性模型中，此点会被认为是出界点或异常点。

因为角度变量与线性变量之间的这种差异，故需针对基于角度变量的轮廓提出相应的控制方法。借鉴前文轮廓控制图构建思路，将首先分析解释变量与响应变量均为角度变量的线性轮廓模型，之后构建第二阶段控制图监控角度变量线性回归模型参数，并提出第一阶段控制方法，以实现对基于角度变量的线性轮廓的控制。

10.2 基于角度变量的线性轮廓建模

10.2.1 角度变量线性回归模型

假设 t 时刻样本轮廓测量值为 (x_{ti}, y_{ti})，$i=1, 2, \cdots, n_t$，其中，x_{ti}

和 y_{ti} 均为角度变量。当过程处于统计受控时，样本测量值满足如下角度线性轮廓模型，具体形式（Hussin，2006）为：

$$y_{ti}=a+bx_{ti}+\varepsilon_{ti} \pmod{2\pi} \tag{10-1}$$

其中，a，b 为模型系数；随机误差 ε_{ti} 为独立同分布的角度变量，且服从角度均值为 0、尺度参数为 k 的冯·米塞斯（von Mises）分布，即 $\varepsilon_{ti} \sim VM(0, k)$。此处，假设对于不同 t，当 i 固定时，测量点位置不变即 $x_{ti}=x_i$；且对于所有 t，假设 $n_t=n$，则 t 时刻样本轮廓模型系数的估计值可以通过极大似然估计得到。

10.2.2 模型参数估计

为估计 t 时刻样本轮廓模型系数，可采用极大似然估计法（Gould，1969），具体迭代算法如下：

(1) 预先设定估计值 $\hat{b}_t$ 的初始值 $\hat{b}_t^{(0)}$，即令 $\hat{b}_t=\hat{b}_t^{(0)}$，然后运用公式 (10-2) 计算 $\hat{a}_t$。

$$\hat{a}_t = \begin{cases} \tan^{-1}(S/C), & S>0, C>0 \\ \tan^{-1}(S/C)+\pi, & C<0 \\ \tan^{-1}(S/C)+2\pi, & S<0, C>0 \end{cases} \tag{10-2}$$

其中，$S=\sum_{i=1}^{n}\sin(y_{ti}-\hat{b}_t x_i)$，$C=\sum_{i=1}^{n}\cos(y_{ti}-\hat{b}_t x_i)$。

(2) 运用公式 (10-3) 计算 $\hat{b}_t^{(1)}$。

$$\hat{b}_t^{(1)} \approx \hat{b}_t^{(0)} + \frac{\sum_{i=1}^{n} x_i \sin(y_{ti}-\hat{a}_t-\hat{b}_t^{(0)} x_i)}{\sum_{i=1}^{n} x_i^2 \cos(y_{ti}-\hat{a}_t-\hat{b}_t^{(0)} x_i)} \tag{10-3}$$

(3) 令 $\hat{b}_t=\hat{b}_t^{(1)}$，运用公式 (10-2) 重新计算 $\hat{a}_t$。之后转至步骤 (2)，利用公式 (10-3) 重新计算 $\hat{b}_t^{(1)}$。以上迭代程序不断进行，直至满足收敛判别准则为止。

根据估计得到的最终估计系数（$\hat{a}_t$，$\hat{b}_t$），可得测量值的残差为预测值与测量值之差，即

$$e_{ti}=y_{ti}-\hat{a}_t-\hat{b}_t x_i \tag{10-4}$$

此时，残差 e_{ti} 是相互独立的随机变量，且服从角度均值为 0、集中参数为 k 的冯·米塞斯分布。其中，k 的估计值 $\hat{k}_t$ 为：

$$\widehat{k}_t = A^{-1}\left(\frac{1}{n}\sum_{i=1}^{n}\cos\left(y_{ti}-\widehat{a}_t-\widehat{b}_t x_i\right)\right) \quad (10-5)$$

其中，A 为一阶第一类修正 Bessel 函数和零阶第一类修正 Bessel 函数的比值。

10.3 第二阶段角度线性轮廓控制图

为监控角度线性轮廓，将基于统计假设检验构建第二阶段 FC 控制图。在第二阶段控制中，通常假设轮廓模型参数已知，此处即假设公式（10-1）角度线性模型中的模型系数 a、b 及集中参数 k 均已知。然而，在实际应用中，a、b 和 k 在某些情况下均是未知的。此时，可以基于第一阶段历史数据估计模型参数，构建第一阶段控制方法，分析历史数据，并估计得到受控模型参数。

10.3.1 第二阶段控制图

假设 t 时刻样本轮廓测量值为 (x_i, y_{ti})，$i=1, 2, \cdots, n$，其中，x_i 和 y_{ti} 均为角度变量。当过程处于统计受控时，基于角度变量的线性轮廓模型如公式（10-1）所示。为对此角度线性轮廓进行第二阶段监控，需同时监控模型系数 a 和 b。在此处，假设集中参数 k 随时间推移不发生变化，即只考虑控制受控模型系数。这类似于在采用常规控制图监控过程平均值时假设过程波动方差不发生变化。基于上述假设，对于 t 时刻样本轮廓，其模型系数的假设检验为：

$$H_0: a_t = a(\mathrm{mod}2\pi), b_t = b \leftrightarrow H_1: a_t \neq a(\mathrm{mod}2\pi) \text{ 或 } b_t \neq b \quad (10-6)$$

对于角度变量 θ_i，如果其服从冯·米塞斯分布，即 $\theta_i \sim VM(0, k)$，则当 k 较大时，可知 $2kR$ 服从自由度为 n 的卡方分布（Mardia and Jupp, 1999），其中，

$$R = n - \sum_{i=1}^{n}\cos\theta_i \quad (10-7)$$

根据公式（10-1）中的假设，当过程处于统计受控时，可有 $\varepsilon_{ti} \sim VM(0, k)$，$i=1, 2, \cdots, n$。假设 t 时刻 R 在原假设 H_0 与备择假设 H_1 下的值分别为 R_{0t} 和 R_{1t}，此时有：

$$R_{0t} = n - \sum_{i=1}^{n}\cos(y_{ti}-a-bx_i) \quad (10-8)$$

$$R_{1t} = n - \sum_{i=1}^{n} \cos(y_{ti} - \hat{a}_t - \hat{b}_t x_i) \tag{10-9}$$

则当 k 较大时，有：

$$2kR_{1t} \sim \chi^2(n-2), \quad 2k(R_{1t} - R_{0t}) \sim \chi^2(2) \tag{10-10}$$

通常 $2kR_{1t}$ 与 $2k(R_{1t} - R_{0t})$ 可认为是相互独立的，因此有：

$$FC_t = ((n-2)(R_{1t} - R_{0t}))/(2R_{1t}) \tag{10-11}$$

则有 FC_t 服从自由度为 $(2, n-2)$ 的 F 分布。此时，可基于统计量 FC_t 构建第二阶段角度线性轮廓控制图，以监测轮廓受控模型系数的变化。记此控制图为 FC 控制图，其上控制界限为 $UCL_{FC} = F_{1-\alpha}(2, n-2)$，其中，$F_{1-\alpha}(2, n-2)$ 为 F 分布的上 $1-\alpha$ 分位数，α 为犯第 I 类错误的概率；下控制界限为 $LCL_{FC} = 0$。当 $FC_t > UCL_{FC}$ 或 $FC_t < LCL_{FC}$ 时，FC 控制图即给出过程失控信号，此时即可判断过程已发生失控，角度线性轮廓模型系数已经变化。

10.3.2 第二阶段控制图性能评估

在模拟仿真研究中，假设过程处于受控时，角度线性轮廓模型的受控参数 a、b 和 k 均已知，且犯第 I 类错误的概率 α 选取为 0.005，即受控平均运行链长 $ARL_0 = 200$。

在模拟仿真中，不失一般性，可选取受控角度线性轮廓模型为：

$$y = 3 + 2x + \varepsilon \pmod{2\pi} \tag{10-12}$$

其中，$\varepsilon \sim VM(0, k)$。假设每条样本轮廓中测量点数目 n 相同，并且假设测量点位置不发生变化且为：

$$x_i = 2\pi(i-1)/n, \quad i = 1, 2, \cdots, n$$

10.3.2.1 受控监控性能分析

由于控制图统计量中 $2kR_{1t}$ 与 $2k(R_{1t} - R_{0t})$ 在 k 较大时服从卡方分布，所以基于 F 分布构建的控制图只有在较大 k 值下才能达到所设计的监控性能。当 k 较小时，控制图的监控性能会受 k 值的影响。因此，在受控监控性能分析中，将考虑不同 k 值的影响。另外，将分析每条轮廓内测量点数目对监控性能的影响。

为深入分析控制图的受控监控性能，将采用受控平均运行链长的均值（$AARL_0$）和标准差（$SDARL_0$）作为性能分析指标。FC 控制图在不同 k 值和 n 值下的受控性能如表 10-1 所示。

表 10-1　参数已知时 FC 控制图的 $AARL_0$ 和 $SDARL_0$ 模拟值

k	$n=10$		$n=15$		$n=30$	
	$AARL_0$	$SDARL_0$	$AARL_0$	$SDARL_0$	$AARL_0$	$SDARL_0$
5	236.39	6.74	247.52	6.87	261.90	7.79
10	215.91	6.76	219.57	6.75	225.32	7.28
15	210.47	6.77	211.25	7.10	215.69	6.47
20	207.14	6.66	209.75	7.02	213.34	6.91
30	205.86	6.62	205.67	6.26	206.46	6.06

由表 10-1 可以看出，给定 n 值，随着参数 k 的变大，FC 控制图的 $AARL_0$ 值逐步变小，并接近于控制图设定值 $ARL_0=200$。这意味着当参数 k 较小时，FC 控制图出现受控性能退化的现象，主要是因为 $2kR_{1t}$ 和 $2k(R_{1t}-R_{0t})$ 在 k 较大时才服从卡方分布。另外，还可以发现在给定 k 值下，随着 n 的增大，$AARL_0$ 值逐渐变大。这说明该退化现象随着 n 的变大变得更加明显。这主要是因为 n 的增大会使得获取的轮廓数据信息增多，从而能够更精确地估计角度线性轮廓模型参数，进而将这种退化现象通过性能指标 $AARL_0$ 反映出来。具体而言，可以通过角度线性轮廓模型参数估计值的精确度和波动情况来解释。表 10-2 和表 10-3 列出了在不同 k 和 n 取值下模型参数估计值的平均值及其方差。此平均值和方差是基于 1 000 个模型参数估计值计算得出的。通过表 10-2 和表 10-3 发现，随着 k 值和 n 值的逐渐变小，模型参数估计值的方差逐渐增大，则表明模型参数估计值波动增大，估计值间的差异变大。给定 k 值，随着 n 变小，这种变大的差异反映了受控轮廓样本间差异较大，即受控轮廓样本的估计值偏离真实值的概率会变大，因此 FC 控制图给出失控信号（此时是误警信号）的概率增加，因此使得 ARL_0 的值逐渐变小。

表 10-2　角度线性轮廓模型参数 a 的估计情况

k	$n=10$		$n=15$		$n=30$	
	均值	方差	均值	方差	均值	方差
5	3.002	0.279	2.990	0.237	3.005	0.167
10	3.002	0.186	3.002	0.158	2.999	0.114

续表

k	$n=10$ 均值	方差	$n=15$ 均值	方差	$n=30$ 均值	方差
15	3.000	0.152	3.004	0.129	3.005	0.093
20	2.995	0.132	3.001	0.111	3.004	0.078
30	2.997	0.108	3.003	0.091	3.001	0.066

表 10-3　角度线性轮廓模型参数 b 的估计情况

k	$n=10$ 均值	方差	$n=15$ 均值	方差	$n=30$ 均值	方差
5	1.999	0.077	2.003	0.064	1.999	0.046
10	1.999	0.050	1.999	0.044	2.001	0.031
15	2.000	0.040	1.999	0.034	2.000	0.025
20	2.001	0.037	1.999	0.029	2.000	0.022
30	2.001	0.028	2.000	0.024	2.000	0.018

当 k 较小时，为了降低 FC 控制图受控性能退化对控制图失控监控性能的影响，可以通过调整控制界限来使得 FC 控制图在特定 k 下的受控平均运行链长达到设计值。引入控制界限调节参数 L，构建调整后控制界限为：

$$UCL_{FC}^* = L \times UCL_{FC}, \quad LCL_{FC}^* = LCL_{FC} = 0$$

控制界限调节参数 L 的具体取值可以基于二分法通过蒙特卡洛模拟仿真方法得到，具体步骤为：

（1）确定所要求的平均运行链长值为 ARL_0，给定 L 的取值范围 $[L_a, L_b]$。

（2）基于蒙特卡洛模拟方法分别得到范围区间两端的平均运行链长值，并记为 ARL_a 和 ARL_b。

（3）如果 $ARL_a < ARL_0 < ARL_b$，则转至步骤（4）；否则，转至步骤（5）。

（4）令 $L_c = L_a + (L_b - L_a)/2$，并获得 L_c 下的平均运行链长值，记为 ARL_c。如果 $ARL_c > ARL_0$，则令 $L_b = L_c$，$ARL_b = ARL_c$，并转至步骤（6）；否

则，令 $L_a=L_c$，$ARL_a=ARL_c$，并转至步骤（6）。

（5）如果 $ARL_a>ARL_0$，令 $L_b=L_a$，$ARL_b=ARL_a$，$L_a=L_a-step$，并重新获得更新后 L_a 下的平均运行链长值，记为 ARL_a。否则，令 $L_a=L_b$，$ARL_a=ARL_b$，$L_b=L_b+step$，并重新获得更新后 L_b 下的平均运行链长值，记为 ARL_b。然后，转至步骤（6）。

（6）如果 $|ARL_a-ARL_0|<\xi$ 或 $|ARL_b-ARL_0|<\xi$ 或 $|L_b-L_a|<\zeta$，则转至步骤（7）；否则，转至步骤（2）。

（7）如果 $|ARL_a-ARL_0|<|ARL_b-ARL_0|$，则令 $L^*=L_a$；否则，令 $L^*=L_b$。

基于上述步骤所得到的 L^* 即为最终所确定的满足特定平均运行链长 ARL_0 的调节参数。在上述步骤中，$step$ 为调节参数的修正步长，用于调节取值；ξ 和 ζ 为大于 0 的较小数，作为迭代步骤终止条件。

表 10-4 列出了不同 k 值和 n 值下采用上述方法得出的控制界限调节参数 L 及对应的平均运行链长模拟值。可以看出，给定 k 值，当 n 增大时，L 值逐渐减小；同样，给定 n 值时，L 值则会随着 k 的增大而变大。表 10-4 中的 L 值可以直接用于 FC 控制图的第二阶段监控中。

表 10-4 FC 控制图控制界限调节参数 L 和 ARL_0 模拟值

k	$n=10$ L	$n=10$ ARL_0	$n=15$ L	$n=15$ ARL_0	$n=30$ L	$n=30$ ARL_0
5	0.953 1	200.44	0.943 4	199.08	0.937 5	199.66
15	0.986 9	199.54	0.986 9	199.66	0.980 5	200.14
30	0.994 7	199.10	0.992 2	200.14	0.992 2	200.26

10.3.2.2 失控监控性能分析

为研究 FC 控制图在监测参数偏移时的监控性能，过程失控模型中将会考虑角度线性模型的截距、斜率的变化及截距和斜率同时发生变化的情况。此处假设线性模型截距由 a 变为 $a+\lambda\sigma_\varepsilon$，斜率由 b 变为 $b+\delta\sigma_\varepsilon$，其中 $\sigma_\varepsilon=1/\sqrt{k}$。在模拟仿真研究中，所有平均运行链长的模拟值均是通过 5 000 次仿真得到的。

表 10-5 列出了 $k=15$ 和 $n=10$ 下截距和斜率发生变化时 FC 控制图的

ARL 值。其中，在表 10-5 中左上角为过程受控部分（$\lambda=0$，$\delta=0$），其余为不同过程失控情形（λ 和 δ 取不同值的组合）下的模拟结果。从表 10-5 可以看出，通过模拟仿真得到的受控平均运行链长 ARL_0 为 199.7，与设定的 FC 控制图 ARL_0 值 200 近似相等。这也就意味着，当过程处于统计受控时，FC 控制图具有较好的监控性能。当过程发生失控时，由表 10-5 第一行可以看出，当过程中仅斜率发生偏移时，FC 控制图较为敏感。因为 δ 值轻微的增加会引起失控平均运行链长 ARL_1 下降。另一方面，当过程中仅截距发生偏移时，如表 10-5 中第一列所示，当偏移量 λ 变大时 ARL_1 大幅度变小。此外，当模型中截距和斜率同时发生变化时，由表中 ARL_1 值可以看出，与单独发生截距或斜率变化时相比，ARL_1 值快速变小，则 FC 控制图的监测性能迅速提高，更为敏感。

表 10-5 截距和斜率发生变化时 FC 控制图的 ARL 值

λ	δ					
	0	0.02	0.04	0.06	0.08	0.1
0	199.70	188.83	150.88	115.33	82.47	57.59
0.2	126.86	94.43	67.96	47.72	34.74	24.80
0.4	49.27	37.49	27.54	20.47	15.60	11.52
0.6	20.85	16.17	12.48	9.59	7.49	6.21
0.8	9.50	7.46	6.09	5.05	4.21	3.57
1.0	5.05	4.22	3.59	3.01	2.69	2.31

为进一步分析在不同 k 值和 n 值下 FC 控制图的失控监控性能，将监测截距和斜率变异的 ARL_1 值分别绘制在图 10-1 和图 10-2 中。通过图 10-1 中监测截距变异时的失控监控性能，可以得出如下结论：

（1）给定 k 值和 n 值时，随着 λ 的增大，ARL_1 值逐渐减小，表明 FC 控制图对于截距的较大偏移更加敏感，具有有效的失控监控性能。

（2）给定 k 值，对于特定 λ，当 n 变大时，ARL_1 值快速下降，如图 10-1 左侧三个图所示。这意味着 FC 控制图的失控监控性能受轮廓内观测点数目影响较大。

（3）给定 n 值时，如图 10-1 右侧三个图所示，在特定 λ 下，不同 k

值下的 ARL_1 值十分接近。因而，FC 控制图的失控监控性能受误差项分布的尺度参数影响不大。

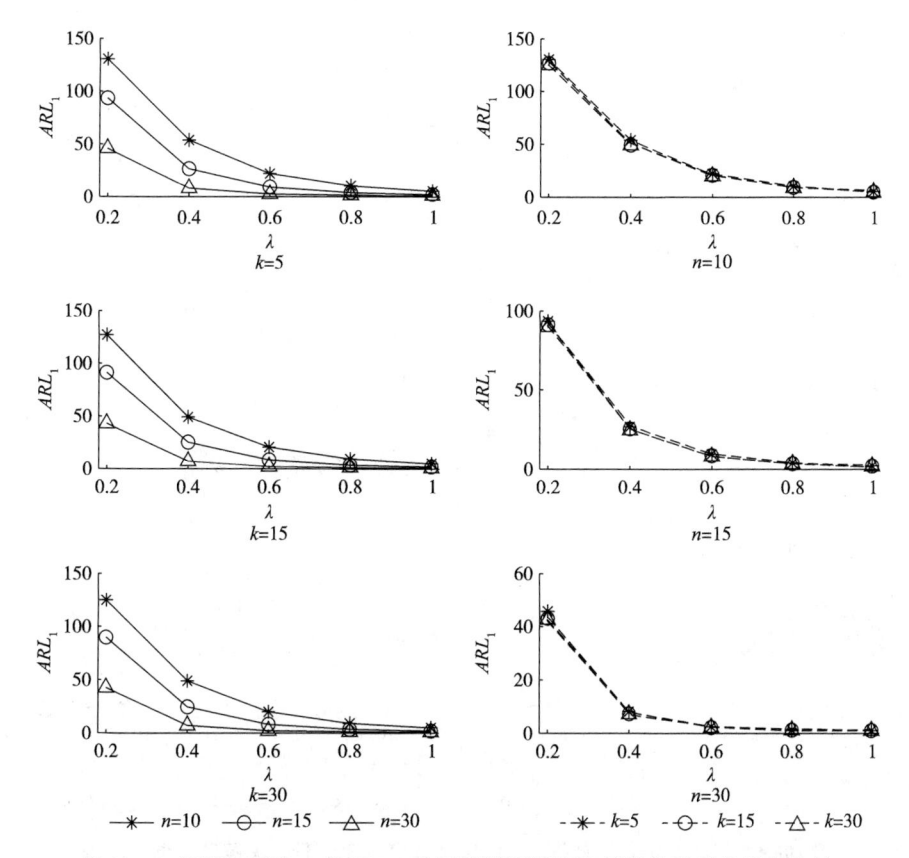

图 10-1　不同 k 值和 n 值下 FC 控制图监测截距变异的失控监控性能比较

同样，通过图 10-2 中 FC 控制图监测斜率变异的失控性能，可以得到如下结论：

（1）给定 k 值和 n 值时，随着 δ 的增大，ARL_1 值逐渐减小，表明 FC 控制图对于斜率的较大偏移更为敏感，具有有效的失控监控性能。

（2）给定 k 值时，如图 10-2 左侧三个图所示，在特定 δ 下，不同 n 值下的 ARL_1 值十分接近。因而，FC 控制图的失控监控性能受轮廓内观测点数目影响不大。

（3）给定 n 值，对于特定 δ，当 k 变大时，ARL_1 值快速下降，如

图 10-2 右侧三个图所示。这意味着 FC 控制图的失控监控性能受误差项分布的尺度参数影响较大。

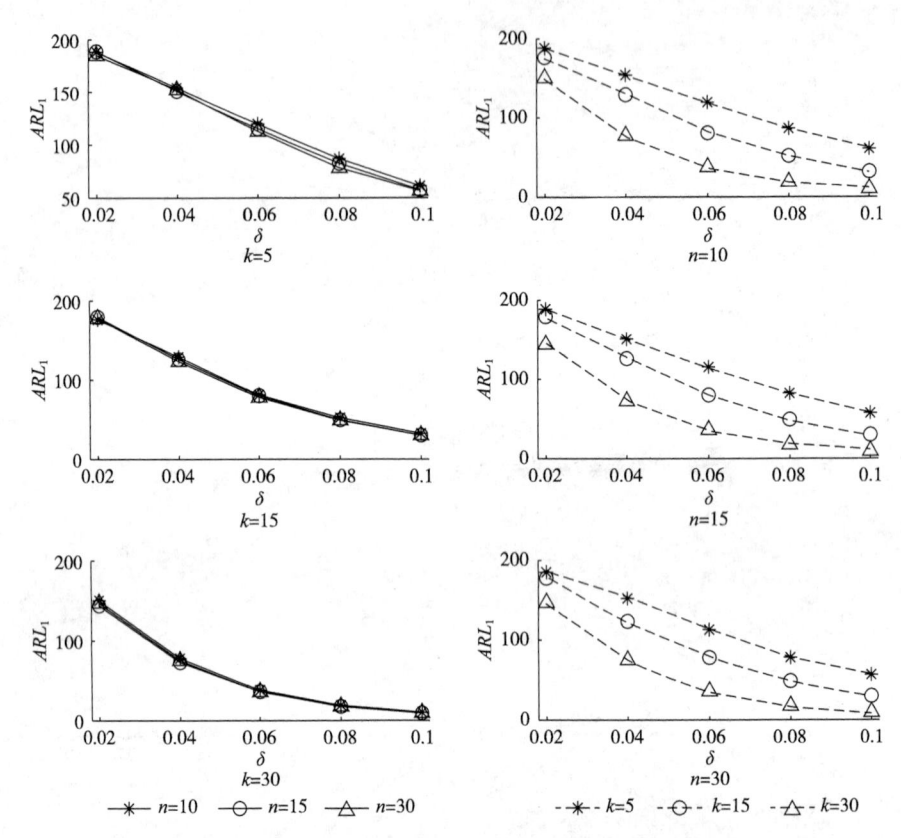

图 10-2 不同 k 值和 n 值下 FC 控制图监测斜率变异的失控监控性能比较

综上分析,当过程处于统计受控时,FC 控制图具有较好的运行性能。在监控角度线性轮廓模型时,对于过程中的截距或斜率偏移 FC 控制图具有较小的 ARL_1 值,对于较小偏移较为敏感,而且能够有效地监测过程变异。另外,当以监测截距变异为主时,可以适当增加轮廓内观测点数目,即可以在轮廓内适当增加采样测量点。然而,当以监测斜率变异为主时,轮廓内观测点数目对 FC 控制图的监测性能影响不大,可以适当减少轮廓内采样测量点,以降低监控成本。

10.4 角度线性轮廓模型参数估计影响研究

第二阶段控制图中假设角度线性轮廓模型参数 a、b 和 k 均已知，但是实际中模型参数通常未知，需要对模型参数进行估计。但是，模型参数估计存在误差，这种误差会影响所构建的第二阶段 FC 控制图的监控性能。本节分析模型参数估计对 FC 控制图监控性能的影响。

10.4.1 模型参数的估计

假设有 m 条历史样本轮廓，基于轮廓数据可采用公式（10-2）和公式（10-3）估计每条角度线性轮廓的模型系数，同时利用公式（10-4）和公式（10-5）估计每条轮廓中误差项的集中参数 k。记每条轮廓的参数估计为 $\hat{a}_t$、$\hat{b}_t$ 和 $\hat{k}_t$，计算 m 条轮廓的平均值得到：

$$\bar{a}=\frac{1}{m}\sum_{t=1}^{m}\hat{a}_t(\bmod 2\pi), \bar{b}=\frac{1}{m}\sum_{t=1}^{m}\hat{b}_t, \bar{k}=\frac{1}{m}\sum_{t=1}^{m}\hat{k}_t \qquad (10-13)$$

则可基于上述平均值构建过程角度线性轮廓的基准轮廓。

另一种估计模型参数的方法是：基于所有轮廓样本数据计算得到平均轮廓，之后采用公式（10-2）和公式（10-3）估计平均角度线性轮廓的模型系数，并利用公式（10-4）和公式（10-5）估计平均轮廓的集中参数。

10.4.2 参数估计下监控性能影响分析

为分析参数估计下 FC 控制图的监控性能，可以采用公式（10-13）中的参数估计方法得到模型参数的估计值。然而，从公式（10-11）中 FC 控制图的统计量可以看出，统计量 FC_t 不涉及参数 k。因而，此处仅考虑分析模型截距和斜率的估计对 FC 控制图受控监控性能的影响。

10.4.2.1 条件性能评估研究

在 FC 控制图条件性能分析中，将考虑模型参数在低估（UE）和高估（OE）两种条件下 FC 控制图的受控监控性能表现。具体而言，将考虑基于公式（10-13）的模型参数估计的第 10 和第 90 百分位值。此两个百分位估计值分别对应模型参数的过低估计和过高估计，反映了参数估计存在的低估和高估两种误差类型。在低估（UE）和高估（OE）两种条件下，将通过蒙特卡洛模拟方法获得 FC 控制图在受控状态下的 $AARL$ 和 $SDARL$。

给定 k 和 n 时，评估模型参数估计误差对受控监控性能影响的蒙特卡洛模拟步骤如下：

（1）设定受控 ARL_0，并确定 FC 控制图的控制界限调节参数 L 及控制界限。当 ARL_0 设定为 200 时，L 取值情况可以参见表 10-4。

（2）确定模型参数估计值。可以通过模拟仿真得到模型参数估计的第 10 和第 90 百分位值。首先，根据 m 条轮廓数据，利用公式（10-13）可得到模型参数估计值。然后，重复此估计步骤 1 000 次，可以得到 1 000 个截距估计值和斜率估计值，据此可得到模型参数估计的第 10（或第 90）百分位数，对应模型参数估计的过低估计（或过高估计）。

（3）利用公式（10-12）轮廓模型生成一组随机样本轮廓数据。

（4）利用步骤（2）中的模型参数估计值代替公式（10-8）中的 a 和 b 来计算 R_{0t}，进而计算 FC_t 统计量，并与控制图的控制界限进行对比分析。

（5）记录随机生成的样本轮廓的数量，直至基于 z 统计量的定向区域控制图给出预警信号。此记录的样本轮廓数量即为运行链长 RL。

（6）重复步骤（3）至（5）N 次，则可计算得到 N 个 RL，进而可以得到平均运行链长 ARL 和运行链长的标准差 $SDRL$。在模拟仿真中取 $N = 5\ 000$。

基于上述蒙特卡洛模拟仿真步骤，可以得到在模型参数过低估计和过高估计下 FC 控制图的条件受控监控性能。表 10-6 给出了当 $n = 15$ 时在不同尺度参数下的受控条件监控性能，其中在参数过低估计或过高估计中考虑截距和斜率同时为过低估计或过高估计。依据表 10-6 可以得到如下结论：

（1）无论模型参数是过低估计还是过高估计，FC 控制图的 ARL 值均小于 ARL_0 设定值，均表现出误警率增大的监控性能退化现象。

（2）在给定 k 值下，当模型参数过低估计或过高估计时，随着 m 的增加，FC 控制图的 ARL 值均增大，而且逐渐接近于 ARL_0 设定值。这表明，m 的增加可以降低参数估计误差，从而提升 FC 控制图的监控性能。

（3）在不同 k 值下，FC 控制图的性能表现比较接近，模型参数估计误差对监控性能的影响受误差项尺度参数的影响不大。

表 10-6　模型参数估计下 FC 控制图受控条件监控性能（$n=15$）

k	m	UE ARL	SDRL	10th	50th	90th	OE ARL	SDRL	10th	50th	90th
5	30	77.3	77.1	9.0	55.0	174.0	76.5	77.1	9.0	53.0	171
	50	103.6	104.3	12.0	72.0	239.0	104.3	104.7	11.0	72.0	235.5
	100	141.4	143.3	16.0	97.0	324.5	147.4	144.8	16.5	102.0	332.0
	500	183.3	186.9	19.0	126.0	417.0	181.8	181.9	20.0	128.0	409.5
	1 000	188.3	191.9	20.0	130.0	440.0	189.9	194.4	20.0	131.0	430.0
	3 000	197.1	201.2	21.0	133.5	466.0	193.7	192.2	21.0	133.0	447.0
15	30	80.8	80.3	8.0	56.0	187.5	77.3	77.3	9.0	54.0	173.5
	50	110.7	110.6	12.0	76.0	254.0	108.4	109.2	12.0	73.0	253.5
	100	141.0	140.4	15.0	98.5	324.0	136.5	138.2	14.0	92.0	314.5
	500	183.5	179.0	21.0	130.0	417.0	186.3	191.2	21.0	124.0	436.0
	1 000	188.4	188.7	21.0	133.0	434.5	196.3	193.1	21.0	135.5	457.0
	3 000	201.4	203.2	21.0	140.0	459.5	196.0	190.8	23.0	139.0	446.0
30	30	79.9	80.0	9.0	55.0	184.0	74.0	73.8	8.0	52.0	170.0
	50	108.4	107.7	11.0	76.0	246.0	103.4	98.7	13.0	74.0	237.0
	100	136.8	134.9	15.0	96.0	315.0	139.2	138.3	14.0	96.0	315.0
	500	185.2	186.2	20.0	127.0	423.0	179.6	176.4	20.0	126.0	415.5
	1 000	192.6	192.9	21.0	132.5	438.0	188.5	185.6	21.0	133.0	424.5
	3 000	199.5	196.5	21.0	140.0	461.5	192.0	191.9	21.0	131.0	446.5

为进一步分析轮廓内观测点数目的影响，图 10-3 绘制了当 $k=15$ 时在不同 n 和模型参数估计误差下 FC 控制图的受控条件监控性能。通过图 10-3 可以发现，随着 n 的减小，FC 控制图的 ARL 值逐渐变大。而且，在给定 n 值下，模型参数过低估计下 FC 控制图的监控性能与模型参数过高估计下非常接近。这意味着给定 n 值时，模型参数的过高估计和过低估计对监控性能的影响类似。

10.4.2.2　边际性能评估研究

在 FC 控制图边际性能分析中，将考虑模型参数估计的平均值，即基于 m 条历史轮廓样本根据公式（10-13）得到的参数估计值。同样，在边

面向轮廓数据的统计质量控制方法

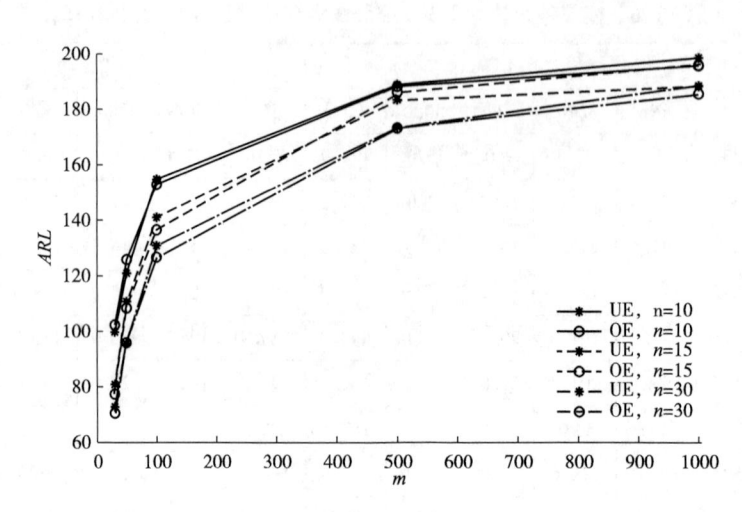

图 10-3 FC 控制图在不同 n 和参数估计误差下受控条件监控性能（$k=15$）

际性能分析中，也将通过蒙特卡洛模拟方法获得 FC 控制图在受控状态下的 AARL 和 SDARL。给定 k 和 n 时，该模拟仿真的具体步骤可以参照条件性能分析的模拟步骤，不同之处在于步骤（2）中模型参数估计不同，以及新增步骤（7）。边际性能模拟分析中调整后的步骤（2^*）和新增步骤（7）分别为：

（2^*）确定模型参数估计值。基于 m 条历史轮廓样本和公式（10-13）估计模型截距和斜率。

（7）重复步骤（2^*）至（6）M 次，则可计算得到 M 个 ARL，进而得到平均运行链长的均值 AARL 和方差 SDARL。M 取值为 100。

当过程统计受控时，在不同 k 和 n 下，基于 m 条历史轮廓样本的参数估计对 FC 控制图的监控性能如表 10-7 所示。

表 10-7 模型参数估计下 FC 控制图受控边际监控性能

k	m	$n=10$ AARL	$n=10$ SDARL	$n=15$ AARL	$n=15$ SDARL	$n=30$ AARL	$n=30$ SDARL
5	30	187.76	14.55	178.72	16.59	175.19	17.41
	50	192.17	12.51	186.80	14.20	182.18	13.76
	100	199.78	7.91	191.86	9.80	188.36	9.94

续表

k	m	$n=10$ AARL	$n=10$ SDARL	$n=15$ AARL	$n=15$ SDARL	$n=30$ AARL	$n=30$ SDARL
5	500	203.95	7.00	197.11	6.96	194.67	7.02
5	1 000	204.40	7.38	198.82	6.26	195.42	5.72
5	3 000	205.70	7.12	199.94	6.59	195.45	5.31
5	5 000	204.52	6.76	198.85	6.16	195.65	5.56
5	10 000	204.88	6.43	199.75	6.04	196.11	6.51
15	30	183.65	15.13	183.28	17.79	166.36	19.60
15	50	193.99	8.97	188.16	11.79	180.93	13.76
15	100	194.80	7.81	195.48	8.47	187.21	9.60
15	500	199.90	6.49	200.49	6.39	193.21	7.24
15	1 000	201.19	6.17	200.71	6.52	194.05	6.12
15	3 000	201.35	6.19	201.83	6.95	195.39	6.36
15	5 000	201.36	6.71	201.05	6.66	196.04	5.17
15	10 000	201.69	5.61	201.16	6.74	197.49	5.28
30	30	181.98	16.44	175.39	20.24	171.29	21.14
30	50	190.22	11.24	185.37	12.86	180.30	12.41
30	100	193.62	8.61	189.48	9.12	187.63	8.27
30	500	198.53	7.06	196.53	6.55	192.45	6.14
30	1 000	199.24	6.18	196.74	6.57	194.93	6.34
30	3 000	199.53	6.31	198.33	5.77	195.58	6.70
30	5 000	200.53	6.37	197.37	5.81	197.24	7.37
30	10 000	200.95	6.36	199.42	6.77	198.19	6.06

通过表 10-7 可以得出以下结论：

（1）当 m 较小时，FC 控制图的受控边际监控性能出现退化现象。即给定 k 和 n，且无论 k 和 n 取何值，当 m 较小时，AARL 比设计的 ARL_0 要低。而且，随着 m 的减小，这种差异程度更加明显。这种差异也会受 k 和 n 的影响，且随着 k 或 n 的增加，差异程度也变得更加明显。此外，随着 m 的增加，FC 控制图的 AARL 值逐渐接近于设计的 ARL_0。

（2）随着 m 的增加，FC 控制图的 SDARL 值逐渐降低，这意味着历史轮廓样本量的增加会降低参数估计对控制图监控性能波动的影响。依据 SDARL 性能指标，可以根据 SDARL 落在 ARL_0 设定值的 5% 至 10% 范围内来确定历史轮廓样本量。根据表 10-7 中的 SDARL 值，当 $50<m<100$ 时，FC 控制图的受控 SDARL 值便可降至 10，即 ARL_0 设定值的 5%。因此，建议历史轮廓样本量应在 [50, 100] 之间，以降低模型参数估计的影响。

10.5 第一阶段角度线性轮廓控制方法

在统计过程控制的第一阶段分析中，应基于历史收集的过程数据分析构建控制图的控制界限，判断过程在收集数据期间是否处于统计受控。如果过程稳定且处于统计受控，则可以基于此历史数据，建立可靠的控制界限，以对下一阶段制造过程进行在线监控。然而，当过程失控或存在异常点时，则应先对异常情况进行调查并去除异常原因后再次对过程进行分析，之后再确定第二阶段用控制图的控制界限。本节旨在通过建立第一阶段角度线性轮廓分析方法来识别过程异常点，以期得到受控角度线性轮廓数据。

10.5.1 第一阶段控制方法

在第一阶段控制中，控制方法应能识别过程中的异常点，并且估计过程参数，以便用于第二阶段控制图的构建。第一阶段控制方法的具体实施步骤为：

（1）基于 m 个历史样本数据，运用公式（10-2）至公式（10-5）估计每条轮廓的模型参数 $\hat{a}_t$、$\hat{b}_t$ 和 $\hat{k}_t$，之后基于公式（10-13）估计模型参数 $\bar{a}$、$\bar{b}$ 和 $\bar{k}$。

（2）基于每条轮廓模型的估计参数，运用公式（10-14）中改进后的样本统计量 $FC_t^{(1)}$ 作为第一阶段用控制图的监控统计量。

$$FC_t^{(1)} = ((n-2)(R_{1t}^{(1)} - R_{0t}^{(1)}))/(2R_{1t}^{(1)}), \quad t=1, 2, \cdots, m \quad (10\text{-}14)$$

其中，$R_{0t}^{(1)} = n - \sum_{i=1}^{n} \cos(y_{ti} - \bar{a} - \bar{b}x_i)$，$R_{1t}^{(1)} = n - \sum_{i=1}^{n} \cos(y_{ti} - \hat{a}_t - \hat{b}_t x_i)$。

（3）计算上控制界限 $UCL_{FC} = F_{1-\alpha}(2, n-2)$，建立第一阶段用 FC 控制图，并在其中绘出所有样本统计量 $FC_t^{(1)}$。

(4) 如果所有样本统计量 $FC_t^{(1)}$ 均在 FC 控制图的控制界限内，那么 $\bar{a}$、$\bar{b}$ 和 $\bar{k}$ 即为角度线性轮廓模型的最优估计，此时第一阶段即可结束；否则，转到步骤（5）。

(5) 当 FC 控制图中出现失控点时，则需要将这些数据从历史样本中移除。之后，运用公式（10-13）重新估计模型参数 $\bar{a}$、$\bar{b}$ 和 $\bar{k}$，并转到步骤（2）。

经过以上第一阶段分析的步骤，获得移除失控点后的 l（$l \leq m$）个样本，由此可以得到过程中角度线性轮廓的基准轮廓，进而得到过程控制参数，以便用于第二阶段控制。

10.5.2 应用示例分析

本节通过示例说明所提第一阶段角度线性轮廓控制方法的应用。假设第一阶段共有 $m=30$ 条轮廓数据，其中 4 条轮廓来自失控过程，其他为受控轮廓。前 26 条受控轮廓的产生基于公式（10-12）的受控线性轮廓模型及受控轮廓模型设置，其中 $k=5$，$n=15$。而后 4 条失控轮廓数据来自基于公式（10-12）的 $\lambda=1$、$\delta=0.1$ 的失控轮廓模型。利用第一阶段控制方法，可以估计模型参数，计算监控统计量，并绘制得到第一阶段 FC 控制图，如图 10-4 所示。通过图 10-4 可以发现第 27、28 和 29 个轮廓样本点超出上控制界限。因此，按照第一阶段控制方法中的步骤（4），出现失控

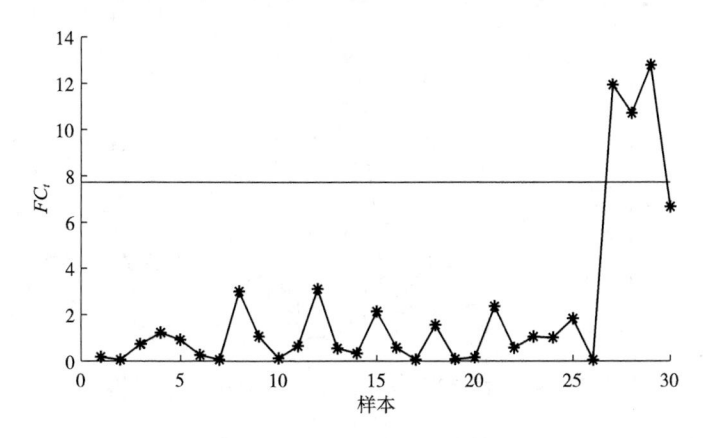

图 10-4 第一阶段 FC 控制图

点后需要将这些轮廓样本移除，之后重新执行第一阶段控制方法，继而得到图 10-5。从图 10-5 可以进一步发现仍存在超出上控制界限的失控点，为第 27 个样本轮廓。所以，需要继续移除失控轮廓样本数据，并继续进行第一阶段分析，进而得到图 10-6。图 10-6 显示所有轮廓样本统计量均处于控制界限之内。因此，可以识别出前 26 条样本轮廓即为最终受控样本轮廓数据集，可以用于估计轮廓模型参数。

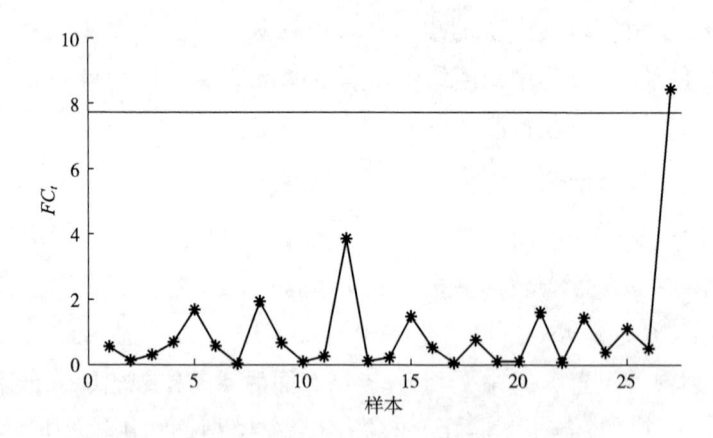

图 10-5　移除失控点后的第一阶段 FC 控制图

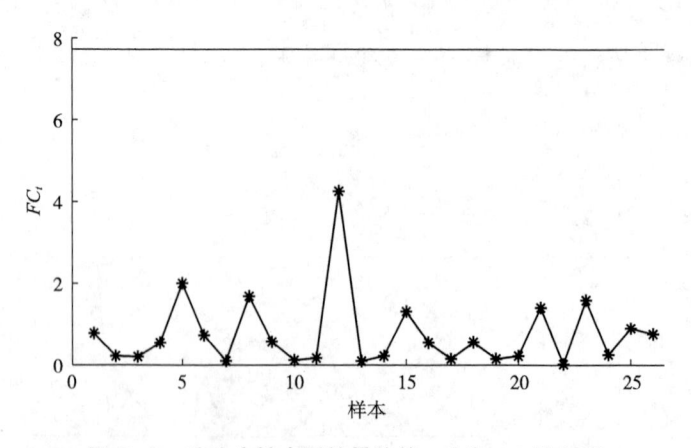

图 10-6　移除失控点后的最终第一阶段 FC 控制图

10.6 本章小结

针对测量过程中测量数据为角度变量数据，本章研究了线性轮廓的控制方法。为对角度线性轮廓进行第二阶段控制，基于模型参数的假设检验提出了 FC 控制图。通过模拟仿真研究了 FC 控制图第二阶段的控制性能。研究结果显示：FC 控制图在过程处于统计受控时具有较好的运行效果；当过程中仅发生截距偏移时，FC 控制图非常敏感；而当仅有斜率偏移时，FC 控制图性能逐步提高；当截距和斜率同时发生变化时，FC 控制图的监控性能快速提升，能够有效地监测过程变异。同时，本章还研究了角度线性轮廓模型参数估计对 FC 控制图受控监控性能的影响。另外，本章提出了用于分析历史样本轮廓的第一阶段轮廓控制方法及其具体步骤，并且通过示例分析说明了所提第一阶段控制方法的有效性。

参考文献

[1] ABDELLA G, YANG K, ALAEDDINI A. Effect of location of explanatory variable on monitoring polynomial quality profiles [J]. International journal of engineering-transactions a: basics, 2012, 25 (2): 131-140.

[2] ABDEL - SALAM A S G, BIRCH J B, JENSEN W A. A semiparametric mixed model approach to phase I profile monitoring [J]. Quality and reliability engineering international, 2013, 29 (4): 555-569.

[3] ACOSTA-MEJIA C A, PIGNATIELLO J J Jr. ARL-design of s charts with k - of - k runs rules [J]. Communications in statistics - simulation and computation, 2009, 38 (8): 1625-1639.

[4] ALI S H R, MOHAMED H H, BEDEWY M K. Identifying cylinder liner wear using precise coordinate measurements [J]. International journal of precision engineering and manufacturing, 2009, 10 (5): 19-25.

[5] ALY A A, SALEH NA, MAHMOUD M A, et al. A re-evaluation of the adaptive exponentially weighted moving average control chart when parameters are estimated [J]. Quality and reliability engineering international, 2015, 31 (8): 1611-1622.

[6] AMIRI A, EYVAZIAN M, ZOU C, et al. A parameters reduction method for monitoring multiple linear regression profiles [J]. The international journal of advanced manufacturing technology, 2012, 58 (5): 621-629.

[7] AMIRI A, JENSEN W A, KAZEMZADEH R B. A case study on monitoring polynomial profiles in the automotive industry [J]. Quality and reliability engineering international, 2010, 26 (5): 509-520.

[8] ANTZOULAKOS D L, RAKITZIS A C. The revised m-of-k runs rule [J]. Quality engineering, 2008, 20 (1): 75-81.

[9] APARISI F, CHAMP C W, GARCÍA-DÍAZ J C. A performance analysis of Hotelling's X^2 control chart with supplementary runs rules [J]. Quality engineering, 2004, 16 (3): 359-368.

[10] AYTAÇOĞLU B, TÜRKER BAYRAK Ö. Effect of estimation under nonnormality on the phase II performance of linear profile monitoring approaches [J]. Quality and reliability engineering international, 2019, 35 (7): 2429-2441.

[11] BOX G, RAMIREZ J. Cumulative score charts [J]. Quality and reliability engineering international, 1992, 8 (1): 17-27.

[12] BREUNING M M, KRIEGEL H-P, NG R, et al. Identifying density-based local outliers [C]. Proceedings of the 2000 acm sigmod international conference on management of data. Dallas, USA, 2000: 93-104.

[13] CELANO G, CASTAGLIOLA P, FICHERA S, et al. Performance of t control charts in short runs with unknown shift sizes [J]. Computers & industrial engineering, 2013, 64 (1): 56-68.

[14] CELANO G, CASTAGLIOLA P. On-line monitoring of extreme values of geometric profiles in finite horizon processes [J]. Quality and reliability engineering international, 2020, 36 (4): 1313-1332.

[15] CHAMP C W. Steady-state run length analysis of a Shewhart quality control chart with supplementary runs rules [J]. Communications in statistics-theory and methods, 1992, 21 (3): 765-777.

[16] CHAMP C W, WOODALL W H. Exact results for Shewhart control charts with supplementary runs rules [J]. Technometrics, 1987, 29 (4): 393-399.

[17] CHANG S I, TSAI T R, LIN D K J, et al. Statistical process control for monitoring nonlinear profiles: a six sigma project on curing process [J]. Quality engineering, 2012, 24 (2): 251-263.

[18] CHANG S I, YADAMA S. Statistical process control for monitoring non-linear profiles using wavelet filtering and B-Spline approximation [J]. International journal of production research, 2010, 48 (4): 1049-1068.

[19] CHEN S, NEMBHARD H B. A high-dimensional control chart for profile monitoring [J]. Quality and reliability engineering international, 2010, 27 (4): 451-464.

[20] CHEN Y, BIRCH J B, WOODALL W H. A phase I cluster-based method for analyzing nonparametric profiles [J]. Quality and reliability engineering international, 2014, 31 (8): 1675-1689.

[21] CHEN Y, BIRCH J B, WOODALL W H. Cluster based profile analysis in phase I [J]. Journal of quality technology, 2015, 47 (1): 14-29.

[22] CHEW X, KHOO M B C, TEH S Y, et al. The run sum Hotelling's X^2 control chart with variable sampling intervals [J]. Quality and reliability engineering international, 2016, 32 (7): 2573-2590.

[23] CHEW X Y, KHOO M B, TEH S Y, et al. The variable sampling interval run sumx control chart [J]. Computers & industrial engineering, 2015 (90): 25-38.

[24] CHICKEN E, PIGNATIELLO JR J J, SIMPSON J R. Statistical process monitoring of nonlinear profiles using wavelets [J]. Journal of quality technology, 2009, 41 (2): 198-212.

[25] CHIPMAN H A, MACKAY R J, STEINER S H. Comment: nonparametric profile monitoring by mixed effects modeling [J]. Technometrics, 2010, 52 (3): 288-293.

[26] COLOSIMO B M, MAMMARELLA F, PETRO S. Quality control of manufactured surfaces [J]. Frontiers in statistical quality control, 2010 (9): 55.

[27] COLOSIMO B M, PACELLA M. A comparison study of control charts for statistical monitoring of functional data [J]. International journal of production research, 2010, 48 (6): 1575-1601.

[28] COLOSIMO B M, PACELLA M. On the use of principal component analysis to identify systematic patterns in roundness profiles [J]. Quality and reliability engineering international, 2007, 23 (6): 707-725.

[29] COLOSIMO B M, SEMERARO Q, PACELLA M. Statistical process

control for geometric specifications: on the monitoring of roundness profiles [J]. Journal of quality technology, 2008, 40 (1): 1-18.

[30] CROSIER R B. A new two-sided cumulative sum quality control scheme [J]. Technometrics, 1986, 28 (3): 187-194.

[31] DAVIS R B, HOMER A, WOODALL W H. Performance of the zone control chart [J]. Communications in statistics-theory and methods, 1990, 19 (5): 1581-1587.

[32] DAVIS R B, JIN C, GUO Y Y. Improving the performance of the zone control chart [J]. Communications in statistics-theory and methods, 1994, 23 (12): 3557-3565.

[33] DEMIDENKO E. Mixed models: theory and applications [M]. Hoboken: Wiley, 2004: 32-98.

[34] DERMAN C, ROSS S M. Statistical aspects of quality control [M]. San Diego: Academic Press, 1997.

[35] DIGGLE P J, RIBEIRO P J, CHRISTENSEN O F. An introduction to model-based geostatistics. Chapter 2 in Møller, J. (ed.) Spatial statistics and computational methods [M]. Springer Verlag, 2003.

[36] DING Y, ZENG L, ZHOU S. Phase I analysis for monitoring nonlinear profiles in manufacturing processes [J]. Journal of quality technology, 2006, 38 (3): 199-216.

[37] DOWLING M, GRIFFIN P M, TSUI K L, et al. A comparison of the orthogonal least squares and minimum enclosing zone methods for form error estimation [J]. Manufacturing review, 1995 (8): 120-134.

[38] EYVAZIAN M, NOOROSSANA R, SAGHAEI A, et al. Phase II monitoring of multivariate multiple linear regression profiles [J]. Quality and reliability engineering international, 2011, 27 (3): 281-296.

[39] FAN S K S, CHANG Y J, AIDARA N. Nonlinear profile monitoring of reflow process data based on the sum of sine functions [J]. Quality and reliability engineering international, 2013, 29 (5): 743-758.

[40] FAN S K S, YAO N C, CHANG Y J, et al. Statistical monitoring of

nonlinear profiles by using piecewise linear approximation [J]. Journal of process control, 2011, 21 (8): 1217-1229.

[41] FRIEDMAN J, HASTIE T, TIBSHIRANI R. The elements of statistical learning [M]. Berlin: Springer, 2001: 44-49.

[42] GARDNER M M, LU J C, GYURCSIK R S, et al. Equipment fault detection using spatial signatures [J]. Components, packaging, and manufacturing technology, part c, ieee transactions on, 1997, 20 (4): 295-304.

[43] GHOSH M, LI Y, ZENG L, et al. Modeling multivariate profiles using Gaussian process-controlled B-splines [J]. IISE transactions, 2021, 53 (7): 787-798.

[44] GIAS A S, LIJMER J G, PRINS M H. et al. The diagnostic odds ratio: A single indicator of test performance [J]. Journal of Clinical Epidemiology, 2003, 56 (11): 1129-1135.

[45] GOULD A L. A regression technique for angular variates [J]. Biometrics, 1969 (25): 683-700.

[46] GRAHAM M A, CHAKRABORTI S, MUKHERJEE A. Design and implementation of CUSUM exceedance control charts for unknown location [J]. International journal of production research, 2014, 52 (18): 5546-5564.

[47] GUPTA S, MONTGOMERY D C, WOODALL W H. Performance evaluation of two methods for online monitoring of linear calibration profiles [J]. International journal of production research, 2006, 44 (10): 1927-1942.

[48] HADIZADEH R, SOLEIMANI P. Monitoring simple linear profiles in the presence of generalized autoregressive conditional heteroscedasticity [J]. Quality and reliability engineering international, 2017, 33 (8): 2423-2436.

[49] HAWKINS D M, OLWELL D H. Cumulative sum charts and charting for quality improvement [M]. New York: Springer science & business media, 1998.

[50] HENKE R P, SUMMERHAYS K D, BALDWIN J M, et al. Methods for evaluation of systematic geometric deviations in machined parts and their

relationships to process variables [J]. Precision engineering, 1999, 23 (4): 273-292.

[51] HILDEN J, GLASZIOU P. Regret graphs, diagnostic uncertainty and Youden's Index [J]. Statistics in Medicine, 1996, 15 (10): 969-986.

[52] HUNG Y C, TSAI W C, YANG S F, et al. Nonparametric profile monitoring in multi-dimensional data spaces [J]. Journal of process control, 2012, 22 (2): 397-403.

[53] HUSSIN A G. Hypothesis testing of parameters for ordinary linear circular regression [J]. Pakistan journal of statistics and operation research, 2006, 2 (2): 185-188.

[54] IZADBAKHSH H, NOOROSSANA R, ZARINBAL M, et al. An EWMA - based method for monitoring polytomous logistic profiles [C] // Industrial engineering and engineering management (IEEM), 2011 IEEE International Conference on IEEE, 2011: 1359-1363.

[55] JAEHN A H. Zone control charts: a new tool for quality-control [J]. Tappi journal, 1987, 70 (2): 159-161.

[56] JENSEN W A, BIRCH J B, WOODALL W H. Monitoring correlation within linear profiles using mixed models [J]. Journal of quality technology, 2008, 40 (2): 167-183.

[57] JENSEN W A, BIRCH J B, WOODALL W H. Profile monitoring via linear mixed models [J]. Journal of quality technology, 2009, 49 (1): 18-34.

[58] JEONG M K, LU J C, WANG N. Wavelet-based SPC procedure for complicated functional data [J]. International journal of production research, 2006, 44 (4): 729-744.

[59] JIN J, SHI J. Feature - preserving data compression of stamping tonnage information using wavelets [J]. Technometrics, 1999, 41 (4): 327-339.

[60] JONES M A, STEINER S H. Assessing the effect of estimation error on risk-adjusted CUSUM chart performance [J]. International journal of quality

in healthcare, 2012, 24 (2): 176-181.

［61］KANG L, ALBIN S L. On-line monitoring when the process yields a linear profile ［J］. Journal of quality technology, 2000, 32 (4): 418-426.

［62］KAZEMZADEH R B, NOOROSSANA R, AMIRI A. Monitoring polynomial profiles in quality control applications ［J］. The international journal of advanced manufacturing technology, 2009, 42 (7): 703-712.

［63］KAZEMZADEH R B, NOOROSSANA R, AMIRI A. Phase I monitoring of polynomial profiles ［J］. Communications in statistics—theory and methods, 2008, 37 (10): 1671-1686.

［64］KAZEMZADEH R B, NOUR A R, AMIRI A. Phase II monitoring of autocorrelated polynomial profiles in AR (1) processes ［J］. Statistica sinica, 2010, 17 (1): 12-24.

［65］KENETT R S. Discussion of article by Zwetsloot and Woodall: A review of some sampling and aggregation strategies for basic statistical process monitoring ［J］. Journal of quality technology, 2021, 53 (1): 29-32.

［66］KHALILI S, NOOROSSANA R. Online monitoring of autocorrelated multivariate linear profiles via multivariate mixed models ［J］. Quality technology & quantitative management, 2022, 19 (3): 319-340.

［67］KHOO M B C, QUAH S H. Multivariate control chart for process dispersion based on individual observations ［J］. Quality engineering, 2003, 15 (4): 639-642.

［68］KHOO M B C, SITT C K, WU Z, et al. A run sum Hotelling's X2 control chart ［J］. Computers & industrial engineering, 2013, 64 (2): 686-695.

［69］KHOO M B C, ARIFFIN K N. Two improved runs rules for the Shewhart $\bar{X}$ control chart ［J］. Quality engineering, 2006, 18 (2): 173-178.

［70］KIM K, MAHMOUD M A, WOODALL W H. On the monitoring of linear profiles ［J］. Journal of quality technology, 2003, 35 (3): 317-328.

［71］KIM S H, ALEXOPOULOS C, TSUI K L, et al. A distribution-free tabular CUSUM chart for autocorrelated data ［J］. IIE transactions, 2007, 39

(3): 317-330.

[72] KLEIN M. Two alternatives to the Shewhart $\bar{X}$ control chart [J]. Journal of quality technology, 2000, 32 (4): 427-431.

[73] KOOSHA M, AMIRI A. Generalized linear mixed model for monitoring autocorrelated logistic regression profiles [J]. The international journal of advanced manufacturing technology, 2013, 64 (1-4): 487-495.

[74] KOUTRAS M V, BERSIMIS S, ANTZOULAKOS D L. Improving the performance of the chi-square control charts via runs rules [J]. Methodology and computing in applied probability, 2006 (8): 409-426.

[75] KOUTRAS M V, BERSIMIS S, MARAVELAKIS P. Statistical process control using Shewhart control charts with supplementary runs rules [J]. Methodology and computing in applied probability, 2007, 9 (2): 207-224.

[76] LAIRD N M, WARE J H. Random-effects models for longitudinal data [J]. Biometrics, 1982, 38 (4): 963-974.

[77] LI J, ZHOU Q. A general approach for monitoring serially dependent categorical processes [J]. Journal of quality technology, 2017, 49 (4): 365-379.

[78] LI Z, WANG Z. An exponentially weighted moving average scheme with variable sampling intervals for monitoring the linear profile [J]. Computer & industrial engineering, 2010, 59 (4): 630-637.

[79] LI C-I, PAN J-N, LIAO C H. Monitoring nonlinear profile data using support vector regression method [J]. Quality and reliability engineering international, 2019, 35 (1): 127-135.

[80] LIU Y, HE Z, SHAMSUZZAMAN M, et al. A combined control scheme for monitoring the frequency and size of an attribute event [J]. Journal of applied statistics, 2010, 37 (12): 1991-2013.

[81] LOWRY C A, WOODALL W H, CHAMP C W, et al. A multivariate exponentially weighted moving average control chart [J]. Technometrics, 1992, 34 (1): 46-53.

[82] LOWRY C A, CHAMP C W, WOODALL W H. The performance of

control charts for monitoring process variation [J]. Communications in statistics-simulation and computation, 1995, 24 (2): 409-437.

[83] MAHMOUD M A, PARKER P A, WOODALL W H, et al. A change point method for linear profile data [J]. Quality and reliability engineering international, 2007, 23 (2): 247-268.

[84] MAHMOUD M A, WOODALL W H. Phase I analysis of linear profiles with calibration applications [J]. Technometrics, 2004, 46 (4): 380-391.

[85] MAHMOUD M A. Phase I analysis of multiple linear regression profiles [J]. Communications in statistics—simulation and computation, 2008, 37 (10): 2106-2130.

[86] MAHMOUD M A, MORGAN J P, WOODALL W H. The monitoring of simple linear regression profiles with two observations per sample [J]. Journal of applied statistics, 2010, 37 (8): 1249-1263.

[87] MARDIA K V, JUPP P E. Directional statistics [M]. Chichester: Wiley, 1999.

[88] MONTGOMERY D C. Statistical quality control: a modern introduction (6th edition) [M]. NY: John Wiley & Sons, Inc, 2009.

[89] MOSESOVA S A, CHIPMAN H A, MACKAY R J, et al. Profile monitoring using mixed-effects models [R]. BISRG Report RR-06-06, 2007, www.bisrg.uwaterloo.ca.

[90] MYERS R H, MONTGOMERY D C, VINING G G. Generalized linear models: with applications in engineering and the sciences [M]. NY: John Wiley & Sons, 2012.

[91] NASSAR S H, ABDEL-SALAM A-S G. Semiparametric MEWMA for phase II profile monitoring [J]. Quality and reliability engineering international, 2021, 37 (5): 1832-1846.

[92] NEMBHARD H B, CHANGPETCH P. Directed monitoring using Cuscore charts for seasonal time series [J]. Quality and reliability engineering international, 2007, 23 (2): 219-232.

[93] NENES G, TAGARAS G. An economic comparison of CUSUM and Shewhart charts [J]. IIE transactions, 2007, 40 (2): 133-146.

[94] NOOROSSANA R, AMIRI A, SOLEIMANI P. On the monitoring of autocorrelated linear profiles [J]. Communications in statistics—theory and methods, 2008, 37 (3): 425-442.

[95] NOOROSSANA R, EYVAZIAN M, AMIRI A, et al. Statistical monitoring of multivariate multiple linear regression profiles in phase I with calibration application [J]. Quality and reliability engineering international, 2010a, 26 (3): 291-303.

[96] NOOROSSANA R, EYVAZIAN M, VAGHEFI A. Phase II monitoring of multivariate simple linear profiles [J]. Computers & industrial engineering, 2010b, 58 (4): 563-570.

[97] NOOROSSANA R, VAGHEFI A, DORRI M. Effect of non-normality on the monitoring of simple linear profiles [J]. Quality and reliability engineering international, 2011, 27 (4): 425-436.

[98] PACELLA M, SEMERARO Q. Monitoring roundness profiles based on an unsupervised neural network algorithm [J]. Computers & industrial engineering, 2011, 60 (4): 677-689.

[99] PAN J-N, LI C-I, LU M Z. Detecting the process changes for multivariate nonlinear profile data [J]. Quality and reliability engineering international, 2019, 35 (6): 1890-1910.

[100] PAYNABAR K, JIN J. Characterization of non-linear profiles variations using mixed-effect models and wavelets [J]. IIE transactions, 2011, 43 (4): 275-290.

[101] PIRI S, ABDEL-SALAM A-S G, BOONE E L. A wavelet approach for profile monitoring of Poisson distribution with application [J]. Communications in statistics - simulation and computation, 2021, 50 (2): 525-536.

[102] QIU P, LI W, LI J. A new process control chart for monitoring short-range serially correlated data [J]. Technometrics, 2020, 62 (1): 1537-

1723.

[103] QIU P, ZOU C, WANG Z. Nonparametric profile monitoring by mixed effects modeling [J]. Technometrics, 2010a, 52 (3): 265-277.

[104] QIU P, ZOU C, WANG Z. Rejoinder: nonparametric profile monitoring by mixed effects modeling [J]. Technometrics, 2010b, 52 (3): 288-293.

[105] QIU P, ZOU C. Control chart for monitoring nonparametric profiles with arbitrary design [J]. Statistica sinica, 2010, 20 (4): 1655-1682.

[106] QUEVEDO A V, VINING G G. Online monitoring of nonlinear profiles using a Gaussian process model with heteroscedasticity [J]. Quality engineering, 2022, 34 (1): 58-74.

[107] RAKITZIS A C, ANTZOULAKOS D L. Run sum control charts for the monitoring of process variability [J]. Quality technology & quantitative management, 2016, 13 (1): 58-77.

[108] RASMUSSEN C E, NICKISCH H. Gaussian processes for machine learning (GPML) toolbox [J]. The journal of machine learning research, 2010, 11 (6): 3011-3015.

[109] RASMUSSEN C E, NICKISCH H. The GPML toolbox-version 3.1 [EB/OL]. www.GaussianProcess.org/gpml, 2011.

[110] RASMUSSEN C E, WILLIAMS C K I. Gaussian processes for machine learning [M]. Cambridge, MA: The MIT Press, 2006.

[111] REYNOLDS J H. The run sum control chart procedure [J]. Journal of quality technology, 1971, 3 (1): 23-27.

[112] RIAZ M, MEHMOOD R, DOES R J M M. On the performance of different control charting rules [J]. Quality and reliability engineering international, 2011, 27 (8): 1059-1067.

[113] RIAZ M, TOUQEER F. On the performance of linear profile methodologies under runs rules schemes [J]. Quality and reliability engineering international, 2015, 31 (8): 1473-1482.

[114] ROBERTS S W. Control chart tests based on geometric moving

averages [J]. Technometrics, 1959, 1 (3): 239-250.

[115] RUPPERT D, WAND M P, CARROLL RJ. Semiparametric regression [M]. Cambridge: Cambridge University Press, 2003: 91-111.

[116] SAGHAEI A, AMIRI A, MEHRJOO M. Performance evaluation of control schemes under drift in simple linear profiles [C] //Proceedings of the World Congress on Engineering. July 1-3, 2009, London, U. K., vol. 1.

[117] SAGHAEI A, MEHRJOO M, AMIRI A. A CUSUM-based method for monitoring simple linear profiles [J]. The international journal of advanced manufacturing technology, 2009, 45 (11-12): 1252-1260.

[118] SCHISTERMAN E F, FARAGGI D, REISER B, et al. Youden Index and the optimal threshold for markers with mass at zero [J]. Stotistics in Medicine, 2007, 27 (2): 297-315.

[119] SHANG Y, TSUNG F, ZOU C. Profile monitoring with binary data and random predictors [J]. Journal of quality technology, 2011, 43 (3): 196-208.

[120] SHARAFI A, AMINNAYERI M, AMIRI A. Identifying the time of step change in binary profiles [J]. The international journal of advanced manufacturing technology, 2012, 63 (1-4): 209-214.

[121] SHI J Q, CHOI T. Gaussian process regression analysis for functional data [M]. London: Chapman & Hall, 2011.

[122] SHIAU J J H, HUANG H L, LIN S H, et al. Monitoring nonlinear profiles with random effects by nonparametric regression [J]. Communications in statistics—theory and methods, 2009, 38 (10): 1664-1679.

[123] SHU L, APLEY D W, TSUNG F. Autocorrelated process monitoring using triggered cuscore charts [J]. Quality and reliability engineering international, 2002, 18 (5): 411-421.

[124] SITT C K, KHOO M B, SHAMSUZZAMAN M, et al. The run sum t control chart for monitoring process mean changes in manufacturing [J]. The international journal of advanced manufacturing technology, 2014, 70 (5-8): 1487-1504.

[125] SOLEIMANI P, NOOROSSANA R, AMIRI A. Simple linear profiles monitoring in the presence of within profile autocorrelation [J]. Computers & industrial engineering, 2009, 57 (3): 1015-1021.

[126] SOLEIMANI P, NOOROSSANA R. Investigating effect of autocorrelation on monitoring multivariate linear profiles [J]. International journal of industrial engineering & production research, 2012, 23 (3): 187-193.

[127] SOLEIMANI P, ASADZADEH S. Effect of non-normality on the monitoring of simple linear profiles in two-stage processes: a remedial measure for gamma-distributed responses [J]. Journal of applied statistics, 2022, 49 (11): 2870-2890.

[128] SOLEIMANIA P, NOOROSSANAB R, NARVANDC A. Phase ii monitoring of MA (1) linear profiles [C] //Proceedings of the 41th international conference on computers and industrial engineering. 2011: 1063-1068.

[129] STAUDHAMMER C L, MANESS T C, KOZAK R A. profile charts for monitoring lumber manufacturing defects using laser range sensor data [J]. Journal of quality technology, 2007, 39 (3): 224-240.

[130] STEINER S, JENSEN W A, GRIMSHAW S D, et al. Nonlinear profile monitoring for oven-temperature data [J]. Journal of quality technology, 2016, 48 (1): 84-97.

[131] SULLIVAN J H, WOODALL W H. A Comparison of multivariate control charts for individual observations [J]. Journal of Quality Technology, 1996, 28 (4): 398-408.

[132] VAGHEFI A, TAJBAKHSH S D, NOOROSSANA R. Phase II monitoring of nonlinear profiles [J]. Communications in statistics-theory and methods, 2009, 38 (11): 1834-1851.

[133] VARBANOV R, CHICKEN E, LINERO A, et al. A Bayesian approach to sequential monitoring of nonlinear profiles using wavelets [J]. Quality and reliability engineering international, 2019, 35 (3): 761-775.

[134] WALKER E, WRIGHT S P. Comparing curves using additive models [J]. Journal of quality technology, 2002, 34 (1): 118-129.

[135] WATERNAUX C, LAIRD N M, WARE J H. Methods for analysis of longitudinal data: blood-lead concentrations and cognitive development [J]. Journal of the American statistical association, 1989, 84 (405): 33-41.

[136] WEI Y, ZHAO Z, LIN D K J. Profile control charts based on nonparametric L-1 regression methods [J]. The annals of applied statistics, 2012, 6 (1): 409-427.

[137] WILLIAMS J D, WOODALL W H, BIRCH J B. Statistical monitoring of nonlinear product and process quality profiles [J]. Quality and reliability engineering international, 2007, 23 (8): 925-941.

[138] WOOD M, KAYE M, CAPON N. The use of resampling for estimating control chart limits [J]. Journal of the operational research society, 1999, 50 (6): 651-659.

[139] WOODALL W H. Current research on profile monitoring [J]. Produção, 2007, 17 (3): 420-425.

[140] WOODALL W H, SPITZNER D J, MONTGOMERY D C, et al. Using control charts to monitor process and product quality profiles [J]. Journal of quality technology, 2004, 36 (3): 309-320.

[141] XIA H, DING Y, WANG J. Gaussian process method for form error assessment using coordinate measurements [J]. IIE transactions, 2008, 40 (10): 931-946.

[142] XIONG Y L. Computer aided measurement of profile error of complex surfaces and curves: theory and algorithm [J]. International journal of machine tools and manufacture, 1990, 30 (3): 339-357.

[143] XU L, WANG S, PENG Y, et al. The monitoring of linear profiles with a glr control chart [J]. Journal of quality technology, 2012, 44 (4): 348-362.

[144] YEH A B, HUWANG L, LI Y M. Profile monitoring for a binary response [J]. IIE Transactions, 2009, 41 (11): 931-941.

[145] YEH A B, HUWANG L, WU C W. A multivariate EWMA control chart for monitoring process variability with individual observations [J]. IIE transactions, 2005, 37 (11): 1023-1035.

[146] YEH A B, LIN D K J, MCGRATH R N. Multivariate control charts for monitoring covariance matrix: a review [J]. Quality Technology and Quantitative Management, 2006, 3 (4): 415-436.

[147] YEH A B, ZEREHSAZ Y. Phase I control of simple linear profiles with individual observations [J]. Quality and reliability engineering international, 2013, 29 (6): 829-840.

[148] YOUDEN W J. Index for rating diapnostic tests [J]. Cancer, 1950, 3 (1): 2-3.

[149] YU G, ZOU C, WANG Z. Outlier detection in functional observations with applications to profile monitoring [J]. Technometrics, 2012, 54 (3): 308-318.

[150] ZHANG H, ALBIN S. Detecting outliers in complex profiles using a χ^2 control chart method [J]. IIE transactions, 2009, 41 (4): 335-345.

[151] ZHANG J, LI Z, WANG Z. Control chart based on likelihood ratio for monitoring linear profiles [J]. Computational statistics and data analysis, 2009, 53 (4): 1440-1448.

[152] ZHANG M, PENG Y, SCHUH A, et al. Geometric charts with estimated control limits [J]. Quality and reliability engineering international, 2013, 29 (2): 209-223.

[153] ZHANG M, MEGAHED F M, WOODALL W H. Exponential CUSUM charts with estimated control limits [J]. Quality and reliability engineering international, 2014, 30 (2): 275-286.

[154] ZHANG S, WU Z. Designs of control charts with supplementary runs rules [J]. Computers & industrial engineering, 2005, 49 (1): 76-97.

[155] ZHANG X D, ZHANG C, WANG B, et al. Unified functional tolerancing approach for precision cylindrical components [J]. International journal of production research, 2005, 43 (1): 25-47.

[156] ZHANG Y, HE Z, FANG J, et al. Nonparametric control scheme for monitoring phase II nonlinear profiles with varied argument values [J]. Chinese journal of mechanical engineering, 2012, 25 (3): 587-597.

[157] ZHOU Q, QIU P. Phase I monitoring of serially correlated nonparametric profiles by mixed-effects modeling [J]. Quality and reliability engineering international, 2022, 38 (1): 134-152.

[158] ZI X, ZOU C, TSUNG F. A distribution-free robust method for monitoring linear profiles using rank-based regression [J]. IIE transactions, 2012, 44 (11): 949-963.

[159] ZOU C, NING X, TSUNG F. LASSO-based multivariate linear profile monitoring [J]. Annals of operations research, 2012, 192 (1): 3-19.

[160] ZOU C, QIU P, HAWKINS D. Nonparametric control chart for monitoring profiles using change point formulation and adaptive smoothing [J]. Statistica sinica, 2009, 19 (3): 1337.

[161] ZOU C, TSUNG F, WANG Z. Monitoring general linear profiles using multivariate exponentially weighted moving average schemes [J]. Journal of quality technology, 2007a, 49 (4): 395-408.

[162] ZOU C, TSUNG F, WANG Z. Monitoring profiles based on nonparametric regression methods [J]. Technometrics, 2008, 50 (4): 512-526.

[163] ZOU C, ZHANG Y, WANG Z. A control chart based on a change-point model for monitoring linear profiles [J]. IIE transactions, 2006, 38 (12): 1093-1103.

[164] ZOU C, ZHOU C, WANG Z, et al. A self-starting control chart for linear profiles [J]. Journal of quality technology, 2007b, 39 (4): 364-375.

[165] 曹科研, 栾方军, 孙焕良, 等. 不确定数据基于密度的局部异常点监测 [J]. 计算机学报, 2017, 40 (10): 2231-2244.

[166] 陈皓, 冀敏杰, 郭紫园, 等. 一种时间序列数据的动态密度聚类算法 [J]. 控制理论与应用, 2019, 36 (8): 1304-1314.

[167] 刘艳. 叶片制造技术 [M]. 北京: 科学出版社, 2002.

［168］刘玉娟. 航空发动机叶片制造技术研究［D］. 兰州：兰州理工大学, 2009.

［169］熊有伦. 线性轮廓度和面轮廓度的评定和判别［J］. 计量学报, 1991, 12（2）: 108-116.